除了野蛮国家，整个世界都被书统治着。

司母戊工作室
诚挚出品

欧洲文艺复兴大师

European Renaissance Masters

Caravaggio

卡拉瓦乔

【意】克劳迪奥·斯特里纳蒂(Claudio Strinati)主编　张梦佳 周宇航 刘　湃 译

人民东方出版传媒
東方出版社

图书在版编目（CIP）数据

卡拉瓦乔 / （意）克劳迪奥·斯特里纳蒂著 ; 张梦佳，周宇航，刘湃译. -- 北京 : 东方出版社，2020.3
书名原文：Caravaggio Vero
ISBN 978-7-5207-1247-7

Ⅰ. ①卡… Ⅱ. ①克… ②张… ③周… ④刘… Ⅲ. ①卡拉瓦乔（Caravaggio, Michelangelo da 1573-1610）—人物研究—文集 Ⅳ. ①K835.465.72-53

中国版本图书馆 CIP 数据核字（2019）第 245482 号

卡拉瓦乔
(KALAWAQIAO)

主　　编：［意］克劳迪奥·斯特里纳蒂（Claudio Strinati）
译　　者：张梦佳 周宇航 刘湃
策　　划：姚　恋
责任编辑：王家欢
封面设计：郭天孜
出　　版：东方出版社
发　　行：人民东方出版传媒有限公司
地　　址：北京市朝阳区西坝河北里 51 号
邮　　编：100028
印　　刷：北京图文天地制版印刷有限公司
版　　次：2020 年 5 月第 1 版
印　　次：2020 年 5 月第 1 次印刷
开　　本：787 毫米 ×1092 毫米　1/16
印　　张：28.75
字　　数：300 千字
书　　号：978-7-5207-1247-7
定　　价：198.00 元
发行电话：（010）85924663　85924644　85924641

出版说明

卡拉瓦乔在其短暂而跌宕的一生创作了很多伟大的作品，他的人生经历和艺术成就总能触动人们内心深处的情感。这本书便是对这位传奇画家的介绍和诠释。希望对卡拉瓦乔感兴趣的读者，能够和我们共享这种感受。

卡拉瓦乔的影响长达几个世纪，很多人将毕生精力用于对他的研究。《卡拉瓦乔》便是他们思想和智慧的结晶。

各种诠释和思想在此碰撞、交融，萌生出新的火花，并形成新的观察视角和阐释结果。为了更具说服力，*Scripta Maneant* 出版社尝试了多种叙述方式：从整体介绍到局部分析，最后分享最新的思考和猜想。

本书为渴望了解卡拉瓦乔的读者提供了一条通道。这是一条洋溢着热情的探索之路，*Scripta Maneant* 出版社衷心地肯定和感谢铺就了这条道路的所有人。

责任编辑

费德里科·法拉利

目录

左图，卡拉瓦乔，《被蜥蜴咬到的少年》，1594年，佛罗伦萨，罗伯托·朗吉艺术史研究基金会。

主编寄语

[意] 克劳迪奥・斯特里纳蒂

希望本书能在众多卡拉瓦乔研究书籍中占有一席之地。它不是传统意义上的专题著作，也不是会议大纲或者展览引言的简单集合，而是精密的调查研究，尤其重视客观性。实际上，有关卡拉瓦乔存在着许多相互矛盾的言论。卡拉瓦乔激发了人们强烈的研究热情，有的研究其绘画技艺，有的研究其生平事迹，在此基础上产生了各种各样，甚至是相互对立的解释性猜测，一些还上升到了意识形态学和政治学的范畴。无数历史评论家和权威学者对其画作做出大胆的猜测，涉及画作的归属问题、绘画日期、画家与订购者之间的关系、画家的想法意图等，由此便生出许多“卡拉瓦乔”。借用政治上的专有名词比喻，卡拉瓦乔是“不确定性的”，这也许是意大利艺术史上的特例。他可能属于左派，可能属于右派，甚至属于中间派，这取决于人们诠释的角度。最明显的例子就是对卡拉瓦乔本人的评价，有负面评价，说他是弃儿、是杀人犯、攻击性强、轻视宗教；有正面评价，说他聪明、平易近人、懂礼仪、紧随社会变革趋势、信奉宗教（以他的方式）；也有折中的评价，说他虽然出于某些原因被送上法庭，但却比同期的任何一个艺术家都更大方、聪慧、品性高尚。

本书的内容是什么？肯定不是平衡这些争议并提出最终可靠的方案，也不是全盘同意专家们针锋相对的观点，因为这会使我们丧失辨别信息的能力——毕竟有历史文献支持的有效信息和无文献支持的混乱信息，不加以分辨容易进入知识盲区。我们是这样做的：精选一些和卡拉瓦乔有关的话题，寻找对应研究，并深入拓展。每位编写有关卡拉瓦乔书籍的人都相信自己发现了前人未发现的真理，但这并非我们的预想。我们清楚地知道这项工作的严肃性，并向读者保证，不会预设任何目的或障碍。在这里你会通过作品直接了解卡拉瓦乔，知道是谁影响了卡拉瓦乔。一切都可以在公开展示的作品中寻到踪迹，而不是泛泛的评论。作者和编辑对卡拉瓦乔的热爱和忠诚是毋庸置疑的。

画作的归属问题是卡拉瓦乔研究的重要课题。长久以来，各种各样的作品都被划归到卡拉瓦乔的名下。有高质量画作，也有残次的作品；有充满魅力的争议性画作，也有完全不符合卡拉瓦乔风格的作品。这些作品纷繁混杂，归属问题成为研究的重中之重。在本书中，我们会以例证的方式严肃、全面地对待这个问

左图，卡拉瓦乔，《马耳他骑士像》，1608 年，佛罗伦萨，皮蒂宫帕拉提那美术馆，局部。

第 10-11 页，卡拉瓦乔，《祈祷中的圣方济各》，1603 年，科雷莫纳，阿拉・蓬佐内市立博物馆，局部。

第 12-13 页，卡拉瓦乔，《七件善事》，1606 年，那不勒斯，皮奥蒙特仁慈小教堂，局部。

第 14-15 页，卡拉瓦乔，《施洗圣约翰》，1604 年，罗马，科尔西尼宫国家古代艺术美术馆，局部。

题。在这“汪洋大海”中难以确定方向的还有卡拉瓦乔研究的核心问题——他的宗教信仰以及其宗教画作真正的意图，让人难以确定（凯安礼）。他是极其虔诚但又怙恶不悛的罪人，还是饱读诗书却又粗鲁无比的渎神者？本书将从卡拉瓦乔的作品和经历出发，以更具体、更有迹可循的方式解读他的宗教信仰问题。当然本书也不会忽略卡拉瓦乔真实生活中出现的巨大“黑洞”，例如他的青少年时代。这是段重要时期，然而我们仍然没有可靠的材料来了解他来罗马之前和其初期阶段的生活状态。因此，很有必要用一章来回应这些疑问并介绍近年来的一些新猜测（库尔蒂）。所以说，有关卡拉瓦乔的疑云并没有减少。至于卡拉瓦乔的青年时代，有丰富材料可供借鉴。对青年卡拉瓦乔来说最重要的元素是音乐，这是他人生发展的重要阶段，因此专门有一章讨论这个话题（拉波尔塔）。此外，有一章专门讨论卡拉瓦乔绘画技艺的不同方面（马里亚尼），研究其画技的发展，以及与画技密不可分的绘画表达方式的变化，近些年这些问题被一再研究和验证。总之，如果我们不能谨慎地去重塑卡拉瓦乔的一生（库波内），那么一切都失去了意义。我们借鉴大量历史资料，向读者提供最权威的解读，区分“清晰的”“确定的”区域与“疑惑的”区域，这也是卡拉瓦乔拥有磁铁般的吸引力的原因。总之，本书与其他书籍不同，可以根据不同环境对其进行不同的解释，目的是重塑一个完整且复杂的卡拉瓦乔，减少意识形态（但不是指“政治”）的影响。我们承认卡拉瓦乔确实拥有某种特殊性，当参观者站在其作品面前时，不用听取讲解，就能感受到作品直接的冲击力。在本书中读者能看到，我们并不尝试把卡拉瓦乔塑造成一位与世决裂的孤独天才，也不把他定义为像卡拉奇和波马兰切一样的艺术领袖——不是说他艺术造诣不高，相反，他就是艺术领袖，但他身为艺术领袖的“社会地位”是含糊的，这与他本人的矛盾复杂性息息相关。本书的最后解释了卡拉瓦乔的独特性，同时代所有知名画家中唯有他没开设画室，没营造高大的社会形象，他比同期的画家更简单、直接、明确。卡拉瓦乔拒绝普通的生活，他是绘画界的诗人、哲学家。对卡拉瓦乔不同的解读进行对比（库尔切蒂），重新审阅相关话题，可能会前进，也可能造成倒退，但都是为了更全面地了解这位伟大的画家。

引言

[意] 法比奥·斯卡莱蒂

欣赏米开朗基罗·梅里西（即卡拉瓦乔，1571年生于米兰，1610年逝于埃尔科雷港）作品的最佳方式自然是亲自观看，用双眼直视它们。因为卡拉瓦乔就是用双眼直视生活并作画的，这也是其作品永远鲜活的原因。不是所有人都有机会亲眼观赏到这些作品，就算有也只是接触到有限的画作。了解作品是欣赏一幅画的基础，但并非人人都具备如此的艺术修养。因此就需要艺术图书通过图片和文字两种方式，起到正确的引导作用（这也是本书及同类图书的文化意义）。虽然书中这位大师的画作是印刷品，不是收录在博物馆、教堂、私人珍藏中“有血有肉”的真品，但图片呈现了清晰的人物肖像，展现了惊人的绘画技艺。即使是浏览印刷品，读者也能感受到画家表达的情感和想法。书中图片的文字注解均由专业人士执笔。我建议读者在阅读之前大体了解一下画家，就像是认识一位陌生人，不仅要知道他的名字，还要了解他的个人事迹、私生活及职业情况等信息。如前文所说，了解画家是欣赏其作品的基础，有时必须通过他人的讲解来了解他，而讲解必然是他人主观诠释的结果。对卡拉瓦乔这位伦巴第大师进行诠释几乎是徒劳的，几世纪以来各种诠释纷繁复杂，甚至相互矛盾，此情况至今愈演愈烈。克劳迪奥·斯特里纳蒂主编此书并非随意而为，他并不想在嘈杂中整理出秩序，而是从另一个角度入手：提出问题，给丰富的话题和复杂的理论画上问号，引发人们思考。特别是近年来，有关卡拉瓦乔的研究越发繁荣，人们能够在新的环境中重新启动这项工作。例如，卡拉瓦乔的早期真迹很难判定，因为同时期有几十名画家，还有成百上千份手稿，但如今判定的误差（笔者倾向使用“不容性”这个词）可以缩减。即便如此，针对他的研究仍有一些疑云，譬如他在米兰时期为数不多的作品，初入罗马社交圈时创作静物画、肖像画所使用的绘画技艺，等等。有的学者建议引入“自然主义”的概念，认为这是卡拉瓦乔与当时其他的流派形成对比的美学的核心。卡拉瓦乔也被赋予了“革命者”的称号。他与他的追随者、其他绘画学院、其他流派之间的关系非常复杂，学者们因此得出不同的结论。但可以肯定的是，卡拉瓦乔凭借其独特的个性和独一无二的绘画技巧而被奉为神祇，但他却不愿描绘具有神性的作品。

过去和当代的评论都承认卡拉瓦乔的最初灵感（有时也是疯狂）来源于他与自身信仰的

关系。卡拉瓦乔出生于米兰，成长于罗马。考虑其所生活的年代，他不可能不画宗教画。在他艺术生涯的第二阶段，大概有十五年的时间，他确实成了完完全全的宗教画家（并不意味着他的信仰虔诚）。卡拉瓦乔作为宗教式诗人有两组著名的代表作，现分别存于罗马圣王路易教堂的肯塔瑞里小堂和人民圣母教堂的切拉西小堂。作品展现出的神性生活和世俗生活、永恒世界和现实世界的差距明显减少（卡拉瓦乔一贯如此，甚至在某些情况下消除这种差距），紧挨大门的普通人甚至有可能成为主角或者神性故事的一员。彼得·凯安札以《圣马太蒙召》为基础，进行了清晰、有力、详尽的解读。

大师的青年时代则由维罗妮卡·拉波尔塔负责，她发现卡拉瓦乔的很多作品都以音乐为主题。在红衣主教德尔蒙特门下时，他选择了业余音乐家这个独特的身份，而且相比合奏，他更倾向单独演奏。此时也是他的个人绘画风格慢慢形成的时期。

卡拉瓦乔极强的独特性体现在很多方面。他将独一无二的个人魅力融入作品，他赞扬现世生活，并不受阶级和传统的束缚。近年来人们通过先进的视觉仪器发现他对作品进行过去

左图，卡拉瓦乔，《圣母与毒蛇》，1606年，罗马，博尔盖塞美术馆，局部。

黑暗化处理，即运用光线、结构和渲染等方法，使主体所处环境的黑暗程度比现实更强，这无疑是他的绘画技巧。卡拉·马里亚尼认为，卡拉瓦乔的绘画技巧包括：在画室让绘画使用的松节油在空气中充分氧化；在以灰色为主蓝色为辅的调色板上蘸笔作画，构筑特别的层次；在没有在纸上打草稿的情况下直接绘画，或视线在画架和模特之间不断转移，用简单的涂鸦打草稿等。

要了解卡拉瓦乔的绘画技巧和笔触，最佳方式是从其作品出发：作者查阅了历史文献（配有包含拓展信息的说明文字）并收集了画作——准确地说，是七十七幅画作（大部分是被专家们认可的真迹，有一些有某种程度的不确定性）。卡拉瓦乔作品的归属问题至今都是大家争论的焦点，也是近年来我研究的重点。我更倾向于向读者展示整体而非局部，就像品尝菜单里的每一道菜，不会因最重要的“第一道”或“第二道”而放弃其他菜肴。我尽力客观公正，多提供信息，少做评价，以同样的方式展示其他学者的意见，展示卡拉瓦乔艺术领域的全景。此外，要从“别人都是错误的，只有我是正确的”的自恋中解脱出来，尽管这种声音不绝于耳。总之，我们要谨记，卡拉瓦乔的研究不会终止，将与我们同行。

我国的历史学家在史料研究方面取得的重大成果，能有效帮助专家判断画作是否出自卡拉瓦乔之手。意大利一直是卡拉瓦乔研究的先锋国家，我们也希望继续保持这种领先。

米凯莱·库波内的最新研究文字非常精准，能使我们了解到画家的生平和作品。弗兰切斯卡·库尔蒂的文章借助史料，讲述了画家初入罗马社交圈时建立友谊（和竞争关系）并创作作品的经历。雅各布·库尔切蒂重述了画家生平中的重要时期，强调了历史档案，并展示了并非媒体口中“大人物”的真实的卡拉瓦乔。

卡拉瓦乔作品对大众的影响难以忽视，我们再次邀请读者一起欣赏这位伟大画家的作品，他的每一幅作品都是艺术界的翘楚。这本书是一个放在书架上的画展，不会辜负你的期待。

第22-23页，肯塔瑞里小堂全貌，罗马，圣王路易教堂。

卡拉瓦乔早期生涯之谜

克劳迪奥·斯特里纳蒂

卡拉瓦乔的早期生涯鲜为人知，人们只知道他曾在米兰的西蒙尼·皮特扎诺画室学习过绘画。皮特扎诺师从提香学派，是当时最有影响力的大师之一，他在当时颇具声望，是远近闻名的大画家，也是杰出画家、诗人与文人乔万尼·保罗·洛马佐的好友。卡拉瓦乔在皮特扎诺画室长达四年之久，或许皮特扎诺的教导对他具有决定性作用，但由于皮特扎诺与洛马佐相从甚密，因此洛马佐对青年时期的卡拉瓦乔来说同样是重要的榜样与老师。卡拉瓦乔在皮特扎诺门下期间，洛马佐正在撰写美术领域中的一部重要著作。洛马佐是优秀的绘画研究者与理论家，同时也是极具才能的画家，只是在一场重疾后，他几近失明，再无作画的可能。洛马佐曾执教于布莱尼山谷学院。此学院是一个十分特殊的文化协会，集结了一批文人与艺术家，旨在丰富对文化物质的学习、研究与利用的方式，在双重视域（属于精英知识分子的哲学视域及属于普通大众的通俗视域）下进行艺术作品与普遍审美经验的研究。由于每个艺术欣赏者的文化与知识结构皆不同，少数精英层级与大众通俗层级上的这两种欣赏角度通常会相互叠加和重合。洛马佐对意大利、德国及弗兰德斯地区大众文化的亚流派十分关注，曾于1590年左右出版了一篇至关重要的美学理论论文《绘画的神庙理念》。

此文付梓时卡拉瓦乔年仅19岁，刚刚结束在皮特扎诺画室的学徒生涯。他应该听说过这篇对

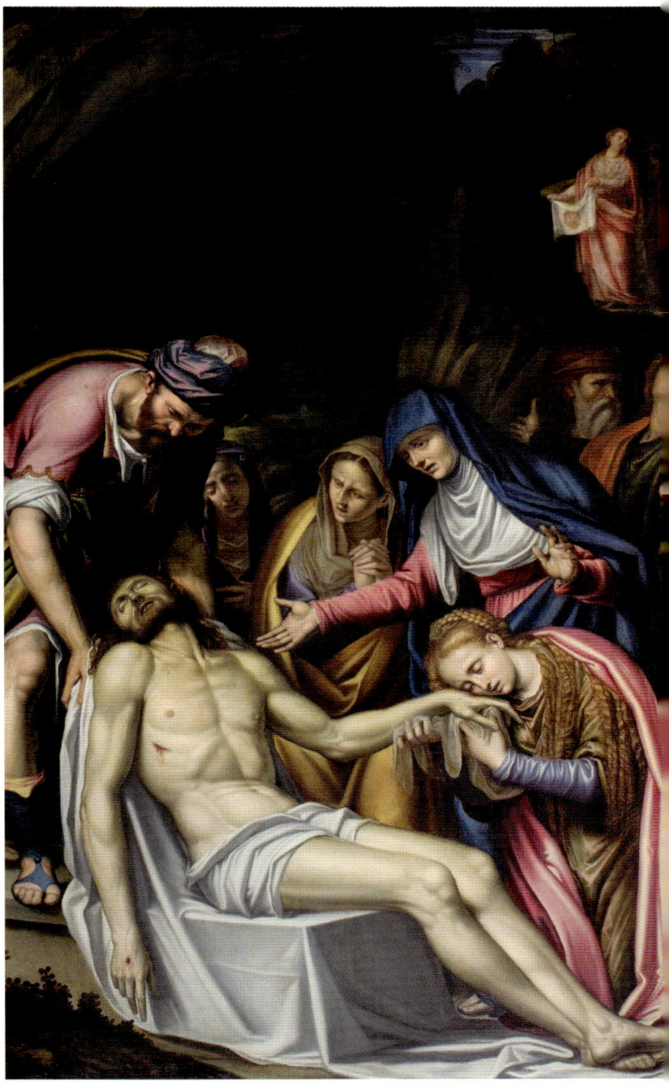

左图和第26–27页，卡拉瓦乔，《生病的酒神》，1593年，罗马，博尔盖塞美术馆，局部。

上图，西蒙尼·皮特扎诺，《下十字架》，1573－1583年，米兰，圣斐德理堂。

画家及理论家来说均极具教育性的重要论文，但我们无法确切了解卡拉瓦乔在此时的真实文化素养，甚至也无法肯定年纪轻轻的艺术家确实阅读过此鸿篇巨著。然而我们依然可以合理推测，皮特扎诺与洛马佐的密切来往应对卡拉瓦乔产生过不可估量的影响。洛马佐在其诗学与批评著作中，曾满怀敬仰地提及皮特扎诺，对其画作做出了高度评价。或许洛马佐对卡拉瓦乔的影响有如小小种子，初时不觉，却能随着岁月逐渐萌芽成长。

我们无从得知卡拉瓦乔究竟从皮特扎诺处学习了哪些具体的艺术实践知识，因目前尚未有确凿证据可证明其学习成果。更蹊跷的是，没有任何明确指向属于该学徒期间的画作。在画室的四年光阴中，卡拉瓦乔应不可能未创作过任何重要作品，但据后人记载，他似乎无法绘制壁画，不曾参加过恩师的壁画项目。有学者认为保存在斯福尔扎古堡皮特扎诺基金会中的部分画作是卡拉瓦乔在学徒期间所作，但此理论似乎并不令人信服。毫无疑问，在皮特扎诺浩瀚的画集中，有部分画作或许已经预示出了（即使仍十分遥远）卡拉瓦乔在盛年时期作品中的某些场景或局部。但这些仅仅是相似之处，认为二者具有联系的说法的确有其可取之处，但可信度仍稍显不足。事实上，在卡拉瓦乔整个艺术生涯中，并不存在任何确切记载时间的画作。此种类比，尽管不是完全不可能，但也是难以取信的。某些画作看起来确实可以被归类成卡拉瓦乔“青年时期”的作品，但这也只是一种推断，而非客观证据。即使不少权威或敏锐的研究者指出，皮特扎诺某些画作中的局部体现出了卡拉瓦乔的“青年”风格，但此类理论同样尚未被证实。

如同当时几乎所有的大师一样，皮特扎诺当然会将其大幅画作中的某些次要人物或附加部分分配给其他画师来完成，以减轻工作量。但皮特扎诺画作的风格具有高度的一致性，倘若指名道姓地推测其作品中某些人物或局部图是由其他画师所作，这似乎不太可信。总之，卡拉瓦乔的早期生涯十分神秘。或许他创作过肖像画，或许他还创作过一些宗教作品或其他不需要体现艺术家原创性的作品。但这些仍仅是推测，我们必须承认，卡拉瓦乔并未展现出

早慧的苗头。关于青年时期的卡拉瓦乔的资料甚少，甚至此“青年时期”持续的时间也无法确定，因为尚未有确切史料记载卡拉瓦乔真正“出道”的时间。即使所有古史中都记载了他曾居住于罗马，但对其居住的具体时间尚未有明确界定。大家都知道卡拉瓦乔的艺术成就在罗马时期达到了巅峰，但他究竟从何时开始在罗马定居仍是个未解之谜。不少历史学家曾推测，卡拉瓦乔应在米兰与罗马之间的其他重要文化中心居住过。或许他曾受到过伦巴第区域（包括威尼斯）艺术氛围的影响，或许他在1588年到1590年或1591年期间曾在意大利其他重要艺术中心有过停留。他很有可能对博洛尼亚与佛罗伦萨艺术流派有所了解。也不排除他曾去过费安德烈，因为有确切史料表明其了解十六世纪北欧的自然主义风格。尽管此类假设均缺乏史料佐证，但仍有助于阐释卡拉瓦乔早期风格（或是现在普遍认为的早期作品）的形成过程。试图从传统语言学（即文字角度）寻找艺术家表达方式形成原因的研究者们需要找到一种崭新的、无法比拟的成熟方式。若是将传统语言学应用在卡拉瓦乔研究上，将遭遇巨大阻碍。必须严格审核现今能找到并研究的资料，必须对其进行谨慎分析与筛选。当然，此准则对古今所有艺术家均适用。但卡拉瓦乔的情况更复杂，无怪乎某权威研究者提出的理论常被其他知名学者推翻或质疑，如卡拉瓦乔究竟何时抵达罗马，或卡拉瓦乔何时以真正意义上的“画家”身份进行创作，此类问题便是研究者面临的首要难题。卡拉瓦乔是历史上最奇特也最具有魅力的艺术家之一，然而对其艺术生涯的重构却缺乏可信证据。这不是一个简单的数字问题，是真正理解这位大师艺术的重要一环，有助于挖掘出其深层次的动机，了解其最本质的目标。而在过去，此类问题更难以解决，甚至连大师的生卒年份也尚未有确切记载。尽管现在普遍认为卡拉瓦乔于1571年9月29日在米兰出生，但此日期并未经过严格证实。对此类重要事实做出澄清，对研究卡拉瓦乔的罗马生涯具有重要意义。

传统历史学家根据史料记载，认为卡拉瓦乔于1592年定居罗马。他在罗马并不受欢迎，创作情况也并不乐观。但历史学家并未提及，或许卡拉瓦乔此前便已抵达罗马（不规律的拜访），因为其早期作品的风格（或现在普遍认为的早期作品）与皮特扎诺的已经相去甚远了。遗憾的是，历史学家认为这一点是次要的。但对卡拉瓦乔罗马时期的研究，必须从确定其何时到达罗马的时间入手。不久前，一批新史料被发现，不少文献专家或历史学家据此推测，实际上卡拉瓦乔在罗马的定居应不早于1596年。四年之差对一个伟大的艺术家来说是极其重要的。目前已发现的资料表明，卡拉瓦乔的罗马时期应始于1596年（或早一年），而这也更突出了其早期教育的问题。卡拉瓦乔在罗马并不会感到不知所措，他能轻松地找到朋

友。有许多艺术家（不止艺术领域）来自伦巴第地区，甚至其中有不少人与卡拉瓦乔是同乡。在他到达罗马时，这些人仍活跃在罗马，有些甚至早在罗马落脚扎根——比如，杰出的建筑家费尔墨·卡拉瓦乔就于十六世纪早期参与了卡波迪费罗家族在罗马宫殿的建造。此外，卡拉瓦乔的教父叔叔也曾居住在罗马。可见，即使在青年时期，卡拉瓦乔在罗马的日子也不会太过难堪。或许在1596年前他曾常去罗马，但既然现有史料表明其定居时间应不早于1596年，必须承认卡拉瓦乔是从25岁时开始，才真正认识到了罗马对于画家艺术生涯的重要性。但正是卡拉瓦乔在十六世纪最后十年在罗马的创作，才令他在此文化背景及历史时期中的处境显得扑朔迷离。卡拉瓦乔的确是在某个确定时间之后（但我们无法完全确定此时期）才固定生活在罗马，但即使是这个简单的“确定”本身也是个问题。因为要生活在罗马这样一座对壁画需求量巨大的城市，艺术家必须接受过壁画训练，更何况罗马的艺术作品还有很多是肖像画、宗教画、模仿画或其他大师的衍生画。

有关最后一种创作类型，目前尚不存在直接证据。但不少学者在研究文献时也敏锐地觉察到，卡拉瓦乔有可能参与了当时的潮流创作，随后才逐渐形成自己独特的风格。至于宗教绘画，目前尚未有任何证据表明卡拉瓦乔曾参与了1590－1600年之间在罗马开展的大型壁画项目。那么究竟是什么原因驱使卡拉瓦乔来到罗马呢？既然他并不擅长壁画创作，那么他在罗马将无法找到谋生之道。一个可能的解释是，当时的绘画领域仍存在不少其他类型的创作，受众也相当广泛。卡拉瓦乔必然擅长这些类型的绘画，如肖像画等（市场对其肖像画需求较大）。卡拉瓦乔的早期挚友安蒂维杜多•格拉玛蒂卡甚至被谑称为“头头”（Capocciante），这是罗马方言，

左图（上），西皮奥内·普尔佐内，《耶稣被钉上十字架》，1583－1593年，罗马，小谷圣母教堂。

左图（下），雅各布•祖齐，《爱神丘比特和普赛克》，1589年，罗马，博尔盖塞美术馆。

指代那些仅会画“脑袋”的画师。当卡拉瓦乔来到罗马时，罗马活跃着大量极具声望的肖像画家，如加埃塔的西皮奥内·普尔佐内与佛罗伦萨的雅各布·祖齐（祖齐对卡拉瓦乔早期的优雅与矫饰风格具有巨大影响）。此外，还有不少如今看来略显次要，但当时在罗马地位显赫的艺术家也值得一提，如加拉尼诺的巴尔达萨莱·阿洛伊西（来自博洛尼亚）和皮特·法凯提（来自摩德纳）等。法凯提是样式主义者，深受卡拉瓦乔影响，在其晚期艺术生涯中，曾创作出不少卡拉瓦乔式的作品。

法凯提对卡拉瓦乔的模仿并非个案，因为罗马当时活跃着众多画家，不少艺术家迅速意识到卡拉瓦乔的独特性，并吸收了其风格与表现方式。其中不乏著名例子，如乔万尼·巴里恩内与欧拉兹奥·真蒂莱斯基。这两位画家略比卡拉瓦乔年长，他们在卡拉瓦乔到达罗马前便已开始创作。然而二人在见到卡拉瓦乔在十六世纪晚期与十七世纪早期创作的作品后，便重新调整了自己的风格，其作品中明显可见卡拉瓦乔的影响，如对光线的创造性运用，对人物场景的安排等。巴里恩内很早便以样式主义画师的身份出道，他曾师从一位神秘的托斯卡纳画家，此画家拥有罗马一家极为显赫的画室，即弗朗切斯科·莫雷利画室。

目前尚未发现有关莫雷利的资料（即确切时间的作品），因此巴里恩内的早期经历仅止于此。但可确定莫雷利是样式主义画派的大师，因为在现知的巴里恩内早期作品中，可以明显看到其反自然主义的倾向。教皇西斯图五世最偏爱的流派正是样式主义，巴里恩内是在此时期开始其艺术生涯的。而欧拉兹奥·真蒂莱斯基同样是在西斯图教皇时期了解到了样式主义。根据史料记载，教皇曾开展了大量大型装饰画项目。1590年教皇佩雷蒂逝世后，西斯

右图（上），乔万尼·巴里恩内，《神圣之爱与世俗之爱》，1602 年，罗马，巴贝里尼宫古代艺术国家美术馆。

右图（下），欧拉兹奥·真蒂莱斯基，《圣母领报》，约 1623 年，热那亚，圣西罗教堂。

图又在罗马授权开展了多项壁画工程，如罗马圣母大殿中的主要壁龛图，真蒂莱斯基在其中负责绘制《神庙献礼》。尽管此壁画体现出了沉重粗糙的样式主义风格，缺乏重要的美学或风格价值，但仍是较佳的装饰画。

除此二位艺术家外，还有不少画家也深受卡拉瓦乔影响，在此无须赘述了。总之，卡拉瓦乔式风格逐渐成为了潮流。即便画家们此前曾接受过优秀的学院教育，也会拜服在其画作下。1600年年初，卡拉瓦乔创作了第一幅公共绘画。他在圣王路易教堂的肯塔瑞里小堂中绘制了圣马太的故事。此作品完成后，巴里恩内便成为了卡拉瓦乔的忠实拥趸。在斯丰德拉托主教的委托下，巴里恩内在罗马越台伯河区的圣塞西莉亚大教堂绘制了卡拉瓦乔风格的伟大壁画，而此壁画正是在卡拉瓦乔绘制肯塔瑞里小堂不久后完成。1603年，巴里恩内曾与卡拉瓦乔本人对簿公堂，因巴里恩内指控卡拉瓦乔的友人对其进行诽谤。卡拉瓦乔得知其“版权”被侵犯，愤怒不已，而其友人便开始散播讽刺诋毁巴里恩内的诗歌，维护画家的声誉。卡拉瓦乔试图对其“发明”进行真正的保护，以便从此让某类画作属于且仅属于自己。

但果真如此吗？换句话说，真的是卡拉瓦乔独自发明了这种全新的风格吗？是他找出了至深的黑暗与至亮的光明之间那强烈而摄人心魄的明暗对比，是他开始将日常生活中的物品有如圣经故事中的神圣人物一般绘制在画作中，是他开始用一种直接、自如、戏剧性又真实无比的方式来呈现现实的吗？

若笼统地回答，答案应该是肯定的，但此问题的本质远非如此简单。

人们长期以来将卡拉瓦乔定义为“反叛者”。此理论至今仍有不少拥护者，但与卡拉瓦乔同时代的某些画家（主要指托斯卡纳大区

左图，卡拉瓦乔，《捧果篮的少年》，1593年，罗马，博尔盖塞美术馆，局部。

的画家）更愿意将其称为“革新者”，这是一种十分有趣的视角。样式主义流派在十六世纪的意大利及欧洲大部分地区广为流行，几乎已经成为了宗教及世俗领域绘画艺术（雕塑艺术）的通行证（这是几百年的研究与推论得出的重要结论）。样式主义并不是一种确定的艺术“运动”，但其具有某些极易识别及描述的共同特征。大致认为此术语形成于十九世纪末期（与“印象派”或“立体派”等术语同期），但显然无法确定样式主义从何时开始流行（有学者认为应始于拉斐尔早期学派，也有学者认为始于米开朗基罗的模仿潮流之后，还有学者认为始于佛罗伦萨的安德烈·德尔·萨托学派）。但学界对样式主义结束时间的意见倒很统一（虽然一个具体的时间难以确定），从而确定了此艺术流派的大致结束时期。卡拉瓦乔见证了样式主义的消亡，根据历史记载，卡拉瓦乔是一个绘画“救世主”般的存在。其周围很快便聚集起了一批追随者，他们并非真正意义上的学生，只是被其作画风格所吸引，以至于想要踏上卡拉瓦乔本人走过的真理之道。

上图，胡塞佩·德·里贝拉，《圣塞巴斯蒂亚诺被圣依琳治愈》，1628年，圣彼得堡，国家遗产博物馆。

卡拉瓦乔如同现代版耶稣，是一个完完全全的反叛者。他并没有纠正或完善样式主义的既有技巧（样式主义并非对文艺复兴大师的机械模仿，也并非像不少学者理解的，完全与现实脱节），而是完全与历史传统割裂，在一片崭新的土壤上进行开垦。他在黑暗中摸索前行（“黑暗”同时也是其“反叛”的最高反映），这位“人类救世主”或许也曾对其追随者说“爱我者追随我”。

爱他并追随他的人在其生时便已众多，此热情甚至在下一代中仍不见消减。

此“卡拉瓦乔现象”十分可信，同时也是上文所说的另一个理论，即“样式主义革新者”的佐证。部分学者认为，在卡拉瓦乔革命同时期或稍早一些，即十六世纪末期，不少权威艺术家便已开始对样式主义流派进行修正。当然，他们并非完全摒弃样式主义，而是根据一种更为“自然”及正常的角度对其进行重构。样式主义者们通常被诟病为缺乏固定模

式，他们的作品被贬为头脑发热的心血来潮。这不可避免地导致他们只能模仿他人的样式，而无法看到艺术最本质的来源：自然。艺术仅是“自然的模仿”，而样式主义者摒弃自然，转而模仿他人的作品，势必走向枯竭、空洞与无意义。但在此角度下，当样式主义者开始（至少是部分）观察自然事物，那么样式主义的致命弱点将不复存在，而其艺术风格又将得到弘扬。革新的样式主义者，如桑梯·迪提托、法布里奇奥·桑塔费德、朱利奥·凯撒·普洛卡奇尼、多梅尼科·帕斯尼安诺、西皮奥内·普尔佐内、克里斯托法诺·荣卡利、费德里科·祖卡里、托马索·劳雷提等艺术家致力于将自然主义风格纳入样式主义框架中，最终形成一种更为优雅、更贵族、更美妙且更具欣赏价值的样式主义。但他们并非反叛者，他们只是改革者，他们仍停留在青年时期便已接受的知识体系内，只是对其进行了优化和完善。

因此，一边是反叛者（卡拉瓦乔）与其追随者，另一边则是一群主张各异却能互相融合的改革者。

反叛者与改革者之争贯穿了整个西方政治史，艺术家的这种对立同样具有政治特点。从此角度看，卡拉瓦乔可谓极端主义者，而其他人应是保守主义者。

卡拉瓦乔似乎具备极端主义者的所有特征。众所周知，他一生饱受暴力事件的折磨，甚至还卷入谋杀案。卡拉瓦乔易怒、傲慢、性情激烈，被认为是一个没有教养、难以相处、绝望又好斗的人。他在波尔托埃尔科雷港的神秘猝死为其饱含争议的人生画上了句点。

关于他的个性，我们所知甚少。当然，关于卡拉瓦乔的生平或是画作，已知的史料能提供大量可信的证据。但大师未留下任何信件、著作或其他可信资料，后人无法更好地了解他的为人、他所接受的文化教育、他与友人的相处方式、他内心隐秘的情感世界，或是他对艺术与文化的理想（假设他具有理想）。我们并不知道卡拉瓦乔是否曾加入过圣卢卡学院（在他前往罗马不久前成立）。1593年，费德里科·祖卡里在主教费德

上图，乔万尼·安东尼奥·嘉利，别称“斯帕达里诺”，《两名大天使》，约1647年，罗马，斯帕达美术馆。

上图，卡罗·萨拉切尼，《朱迪斯与荷罗孚尼的头颅》，约1610年，维也纳，历史博物馆，局部。

里科·博罗梅奥的支持下得到了一个项目。此项目几年前曾由伦巴第画家杰罗拉莫·穆齐亚诺负责开展，目标为在罗马成立一个艺术家学院，此学院应比从十五世纪便已存在的旧式学院更现代化且更具操作性。

在祖卡里的设想中，此学院（与祖卡里的好友乔治·瓦萨里最近刚成立的佛罗伦萨设计学院相比）应成为艺术家之间的沟通桥梁，应是一个培训与进修的学校，可分配工作，让学员得以进一步提升其艺术造诣。但卡拉瓦乔未能进入圣卢卡学院，尽管他曾在学院的前身机构（即“兄弟会”）中有不少关系。进入圣卢卡学院意义重大，因为有不少艺术家曾在此任教。学院中的某些课程流传于世，这让我们能够更好地了解大师们的艺术水平与思想深度。

卡拉瓦乔从未有机会在此学院执教，因此我们无从得知他是否对艺术有着独特的见解，无法了解他对绘画诗学以及绘画技术的理解。卡拉瓦乔是否使用过镜子或某些特殊光学仪器（其中包括一间原始的暗室）仍备受争议，因目前已知的理论更多是猜测，而非基于史料的论证。档案等历史资料尚不足以得出卡拉瓦乔艺术诗学的充分结论。但即使我们仅能获得少量资料，也不应忽视此问题。实际上，文琴佐·朱斯蒂尼亚尼侯爵曾在其绘画论文中提及，卡拉瓦乔某天曾说“完成一幅花朵的画作与完成一幅人物画一样，同样需要慎重对待”。此外，乔万尼·彼得·贝洛里曾论及，某天卡拉瓦乔与友人参观罗马圣卡特琳娜·富纳里教堂，见到汉尼拔·卡拉奇在祭坛刚完成的圣玛格丽特画像（画架仍在现场）时，大声惊呼：“这个时代居然有真正的画家，我真开心！”卡拉瓦乔与巴里恩内曾对簿公堂，因为卡拉瓦乔圈子中的友人为其打抱不平，在公共场合散播了不少诋毁对方的言论。因此巴里恩内声称其画家声誉受损，人格被侮辱，对其进行起诉。卡拉瓦乔在法庭中对法官列举出了他心目中优秀的罗马画家，赞誉他们是真正“有价值的人”。而当法官请求其解释何为“有价值之人”时，他回答说是“懂得描绘并模仿自然事物的画家”。

除此类散乱碎片外，我们还能找到其他类似资料。但这些资料都大同小异，如记录员采集的证词，或是一份时隔七十年后在某文中提及的声明，或是朱斯蒂尼亚尼侯爵在其美学论文中引用的某句话，不足以让我们窥见卡拉瓦乔的内心，更遑论那些更隐秘的爱恋与友谊！不少学者抓住卡拉瓦乔早期画作中人物的柔性特征，得出卡拉瓦乔是同性恋的结论。也有不少研究者引用某些古史中提及的只言片语，如“蕾娜是卡拉瓦乔的女人”等，从而得出相反的结论。也有学者认为卡拉瓦乔流连于风月场所。1606年5月28日的一场老式网球比赛后，卡拉瓦乔曾与拉努齐奥·托马索尼发生争执，随后用一把短剑将其杀死。此事件导致卡拉瓦乔遭到通缉，因而被迫逃离罗马，以躲避死刑的罪罚。

但此类资料同样不足以让后人了解大师的为人处世方式，卡拉瓦乔与格斯坦扎·科伦娜的关系仍扑朔迷离，而这也是造成后人无限联想的根源。了解卡拉瓦乔对友情的处理方式尤为重要，他在罗马曾有一堆时常见面、昼夜笙歌的“酒肉朋友”。但卡拉瓦乔为何又似乎对亲密关系深恶痛绝？为何他不收学徒，不愿与人共度一生？在史料中，我们能发现不少重要人士的名字，他们似乎在卡拉瓦乔早期的罗马生活中与其有密切联系，其中有画家、建筑家、艺术商人、收藏家、贵族、业余爱好者等。但我们可以注意到一个有趣的现象，这批人中的贵族都是历史上已知的著名人物，但其中的画家（至少史料如此提及）却是现代史中的未知（“未知”指未记载其画作）人物。档案资料显示卡拉瓦乔的画家朋友有：洛伦佐·卡尔利，他拥有一家小画室，卡拉瓦乔

上图，朱塞佩·凯撒（别名“达尔皮诺骑士”），奥尔加提小教堂穹顶壁画，1587年，罗马，圣普拉赛德大教堂。

第36-37、39页，卡拉瓦乔，《算命者》，1594年，罗马，卡比托利欧美术馆，背面与局部。

年轻时曾在此工作过；未有任何作品存世的画家菲利普·特里塞尼，他是卡拉瓦乔的挚友，英年早逝，但其对卡拉瓦乔的影响极其深远；乔万尼·安德烈，我们甚至不知其姓氏；维多里奥·特拉瓦尼，我们对其生平一无所知。但卡拉瓦乔的第一位传记作家，锡耶纳医生朱利奥·曼齐尼，却丝毫未提及上述画家。曼齐尼是博学多才的艺术爱好者，曾与卡拉瓦乔有过私交，他在《美术沉思》（此著作最近由林琴科学院出版）中提及，卡拉瓦乔虽未收弟子，但却拥有一大批重要的追随者，他们形成了一个真正的学院，完全可与罗马当时存在的其他学院相提并论，如朱塞佩·凯撒（别名“达尔皮诺骑士”）的学院、或是由克里斯托法诺·龙卡利（别名波玛兰乔）掌管的私人学院，或是其他一些小型学院等。卡拉瓦乔学院中有一些响当当的大人物，如巴尔托罗梅奥·曼弗雷迪、胡塞佩·德·里贝拉、切科·卡拉瓦乔、斯帕达里诺、卡罗·萨拉切尼（部分参与）。尽管如今我们都知道曼齐尼提及的这些画家（都比卡拉瓦乔更晚离世）具有“卡拉瓦乔性”（但“卡拉瓦乔性”这一术语近年来反复被历史学家们修正），但我们完全不清楚上文提到的另外一批画家，如卡尔利或特里塞尼等人，是否具有“卡拉瓦乔性”。也就是说，不少画家曾陪伴卡拉瓦乔度过了其在罗马的日子，这是确凿的事实，但为何这些人物却在历史中销声匿迹了？而为何曼齐尼提及的那些画家却具有“卡拉瓦乔性”？此问题对理解卡拉瓦乔早期生涯具有重要意义，但我们无法给出一个满意的答案。这些神秘的画家究竟是否曾与卡拉瓦乔共同作画？在这群画家中，时常会出现一个名为格斯坦提诺·斯帕达的艺术商人，此人应与当时重要的画作雇主及购买者有十分紧密的联系。这些雇主包括主教弗朗切斯科·玛利亚·波尔本·德尔·蒙特，他是卡拉瓦乔的重要保护者，甚至曾让画家在其罗马的家中居住过好几年。那么这批画家究竟在从事何种事业？或许在卡拉瓦乔的艺术圈中存在一个专门从事绘画创作与交易的古董贩卖与艺术创作委员会？卡拉瓦乔本人年轻时曾做过艺术商人，而在罗马这样一个城市中，不管是公共领域（如教堂或礼拜堂的壁画等）还是私人领域（如肖像画、人物画或神话题材的绘画等），不管是穷人还是权贵阶层，对画作的需求量都极大。据称（曼齐尼在卡拉瓦乔的传记中提及），卡拉瓦乔一抵达罗马，便开始替权贵潘多尔菲·普奇·达·雷卡纳蒂作画。卡拉瓦乔应绘制过“虔诚”系列画（此为曼齐尼的原文），随后此系列被送至雷卡纳蒂家，可惜如今早已散佚。

如今早已无人能找到此画，而它对理解卡拉瓦乔早期风格（当然此风格尚需商榷）具有重要意义。“早期”意指卡拉瓦乔在彻底离开米兰后，在威尼斯、费安德雷、佛罗伦萨等地短暂居住的那段日子。但此类宗教题材的画究竟是完全由卡拉瓦乔单独完成，还是卡拉瓦乔以商人身份采购的其他画家的作品呢？

此问题无人能知，但卡拉瓦乔对艺术的确具有敏锐的洞察力，否则在1603年时，他必无法准确地向法官枚举出罗马的优秀画家。他的证词，似乎更像是一则艺术史小论文。

事实上，卡拉瓦乔提及的所有艺术家也的确在随后的历史中被广泛熟知，其中有不少画家至今仍被认为是卓越的大师。卡拉瓦乔对当时的艺术现状具有清晰而准确的认识，当然这或许也得益于他做艺术商人的实践经验。此外，历史上另一件知名的事件可提供间接佐证。在对“达尔皮诺骑士”的财产没收行动中，税务工作人员在画家的书房中找到了几幅年份可能较久的卡拉瓦乔画作。当时的没收官并未判断出此画为卡拉瓦乔真迹，直到最近，历史学家才最终将其作者认定

为卡拉瓦乔。赫赫有名的大师达尔皮诺其实与其兄长贝尔纳尔迪诺·凯撒（同为优秀画家）共同从事着美术商业活动。达尔皮诺的书房中既有画家本人正在绘制的画作，也有不少私人画家委托其进行贩卖的画作。没收发生的时间为1607年，但达尔皮诺拥有的卡拉瓦乔画作的年份应更早，因为显然不能将诸如《捧果篮的少年》或《生病的酒神》等画作认定是卡拉瓦乔成熟期的作品。而1607年的卡拉瓦乔早已功成名就，其社会影响力也达到了顶峰（当然杀死拉努齐奥·托马索尼的事件对其造成了不小的影响）。因此在1607年购买一幅卡拉瓦乔的画作应是大商人、艺术委托人或收藏家们梦寐以求的事情。为何达尔皮诺在其画室中长期收藏着卡拉瓦乔年轻时的作品？难道他未曾注意到这些画作与卡拉瓦乔成熟时期的作品有太多不同吗？他不可能不注意，但另一种解释更不可能：尽管卡拉瓦乔与达尔皮诺已多年不联系，但他亲自向达尔皮诺提供了自己的作品。此外，另一种猜测同样让人怀疑：即卡拉瓦乔与达尔皮诺的关系对卡拉瓦乔来说至关重要。事实上，我们并不清楚卡拉瓦乔与其同时代其他画家的关系究竟如何。不少画家在其青年时期曾拥有过画室，如安蒂维杜多•格拉玛蒂卡等。格拉玛蒂卡几乎与卡拉瓦乔同年，是优秀的美术理论家，同时也被许多学者认为是伟大的画家。早期他以样式主义为主，随后转向卡拉瓦乔式风格，直到1626年去世前都未再变。但能确定的是，卡拉瓦乔在达尔皮诺画室度过的岁月对卡拉瓦乔的艺术成长具有决定作用。如优秀的理论家兼传记家乔万尼·彼得·贝洛里曾指出，卡拉瓦乔从年轻时起便开始在达尔皮诺画室中绘制花朵与水果。学者们普遍将此视为一种“辅助”，似乎是卡拉瓦乔只能在达尔皮诺的作品中做些边缘的辅助工作，因为大型画作总是需要一些静物素描。在卡拉瓦乔来到罗马时，达尔皮诺早已是艺术界声名显赫的大师。但达尔皮诺是一个极难相处，也广受争议的大师。他常有无赖行径或是暴力行为，或许将其称为街边“土匪”也不为过。尽管如此，达尔皮诺仍是无人能匹敌的大艺术家，在教皇西斯图五世期间即已创作出不少杰出作品。西斯图五世主张在教堂与城市建筑中大量运用样式主义绘画风格的画作。起初，达尔皮诺显然对采用与其同时代人的艺术家相同的样式主义风格持反对态度，之后其风格渐趋优雅、睿智与个人化，尽管达尔皮诺仍对自然主义思潮不太热衷，但其作品依稀能看出不少自然主义的影响。在罗马的圣普拉赛德教堂的奥尔加提小礼拜堂中，达尔皮诺留下了一组壁画，如今我们仍能感受到其创作的精妙与优美。达尔皮诺是十分博学的理论家，但他却缺少创造力，一旦他找到最佳方案，便从不更改。1600年，卡拉瓦乔在圣王路易教堂肯塔瑞里小堂绘制出了经典壁画。同年，达尔皮诺在拉特拉诺的圣乔万尼教堂特兰赛托小堂中绘制的巨幅壁画《基督升天》已显露出其对绘画的倦意，同时也能看到达尔皮诺对拉斐尔《耶稣显圣容》拙劣模仿的痕迹。而此类衰退迹象在达尔皮诺随后四十年的生涯中依然持续，从此达尔皮诺风格再无转变，其创意也未再丰富。因此，尽管历史学家早已公认达尔皮诺对卡拉瓦乔具有至关重要的影响，但此事件仍带有几分神秘色彩。为何与达尔皮诺的关系对卡拉瓦乔随后的艺术生涯会具有重要影响？年轻的卡拉瓦乔来到达尔皮诺画室中的真实动机是什么？

难道达尔皮诺在寻找一位擅长静物的画家时，是在个人判断或他人建议下找到卡拉瓦乔的？卡拉瓦乔是静物素描的一把好手，他留下了许多永垂不朽的经典，如《果篮》的典型细节（藏于安布罗西阿娜美术馆）、《鲁特琴演奏家》中的静物（藏于圣彼得堡国家遗产博物馆）、用高超手法描绘的《以马忤斯的晚餐》的

左图，卡拉瓦乔，《被蜥蜴咬到的少年》，1594年，佛罗伦萨，罗伯托·朗吉艺术史研究基金会，局部。

桌子边缘（曾藏于马泰藏品，现藏于伦敦国家美术馆）。卡拉瓦乔是否曾借助暗室进行研究，或是完全采用暗室来绘制这些静物的细节？我们无法确定。《果篮》整幅画作中只有静物，其构思与创作过程至今仍是未解之谜。卡拉瓦乔曾研究过主教德尔蒙特之兄及科学家圭多巴尔多的光学理论。圭多巴尔多曾就此问题撰写了一篇重要论文，或许卡拉瓦乔对此有所了解。他在这些知识的帮助下制作出了暗室。静物描写在卡拉瓦乔青年时期的创作中占有绝对重要的地位，这点是毋庸置疑的。因此，结合上文中提及的贝洛里关于卡拉瓦乔在达尔皮诺画室中进行过“辅助性”静物描绘的论证，上述假设应是可信的。显然，卡拉瓦乔意图构思或创作出完全以静物为主题的画作，将它们与达尔皮诺在佛罗伦萨画室中的作品完全区分开来。而现今所知的达尔皮诺所有画作中的静物细节，不存在任何卡拉瓦乔真迹的可能。因此，如果达尔皮诺曾委托卡拉瓦乔在其画室中描绘静物，那么它们究竟在何处呢？在达尔皮诺画作，或是其学派的众多画作中，无法找到任何证据。我们最多可以假设，卡拉瓦乔曾在达尔皮诺画室中工作过，但并非直接与达尔皮诺合作，而只是与大师众多的优秀弟子一同为其服务。但此推断同样可引申出另一个问题，那么贝洛里所言又有何深意？相反，可以看出，达尔皮诺的所有作品未见任何受卡拉瓦乔风格影响的痕迹。

一方面，这点固然是正常的，因为达尔皮诺更年长，也更权威（我们并不清楚卡拉瓦乔究竟何时与达尔皮诺相识）；但另一方面，此推论似乎不太可信，因为达尔皮诺显然不可能没有注意到卡拉瓦乔的卓越才能。而考察两位画家在同一场合绘制的作品，同样一无所获。如在圣王路易教堂肯塔瑞里小堂中，达尔皮诺与卡拉瓦乔均创作了壁画，尽管这两幅作品具有细微的相似之处，但从风格来看，二者却大相径庭，两位画家的风格截然不同。时任圣卢卡学院院长费德里科·祖卡里曾参观肯塔瑞里小堂，他评论卡拉瓦乔绘制的《圣马太蒙召》是对乔尔乔内，而非对达尔皮诺的模仿。根据现在的史料来看，祖卡里的判断或许有误。但很有可能现有史料并不完备，卡拉瓦乔或许曾受过威尼斯学派的影响，而卡拉瓦乔早期曾是西蒙尼·皮特扎诺的学

上图，乔万尼·巴蒂斯塔·波佐，《圣杰内斯奥：圣人殉教》，16 世纪 90 年代，罗马，圣苏珊娜教堂。

徒，皮特扎诺与乔尔乔内风格极为接近，因此卡拉瓦乔模仿乔尔乔内，这并不奇怪。身为优秀的艺术家与博识的学者，费德里科·祖卡里却丝毫未考虑卡拉瓦乔与达尔皮诺之间的联系，不管此判断是否正确，都将卡拉瓦乔的研究推向了另一种更为复杂的方向，即迫使学者开始考察卡拉瓦乔与非罗马艺术流派是否具有某种联系。或许祖卡里并不看重达尔皮诺，即使达尔皮诺在当时罗马艺术环境中是大名鼎鼎的人物。这究竟是为何？

另一个隐藏的证人提供了一个可能的解释。1600－1602年是罗马艺术的繁荣期，此时卡拉瓦乔的地位已渐稳固，其名望仍在逐步上升。卡拉瓦乔在肯塔瑞里小堂进行的壁画（广受争议的画作）早已结束，政府或私人委托订单正在逐渐增加。卡拉瓦乔于1601年签订合同，将在圣玛利亚人民教堂的切拉西小堂中绘制两侧的壁画。乔万尼·巴里恩内是卡拉瓦乔当时的头号仇敌，二人曾对阵于1603年的诉讼官司中。巴里恩内被卡拉瓦乔及其友人（包括特力塞尼、真蒂莱斯基、奥诺里奥·隆吉等）所作的讽刺诗羞辱，发起起诉，并将卡拉瓦乔传唤至庭。这份法庭证词对理解卡拉瓦乔生平及当时的罗马艺术环境具有重要意义。

巴里恩内同为画家，但他与卡拉瓦乔一样，生性好斗（有不少史料为证）。多年后，他曾撰写一部传记，但在此传记中，巴里恩内将多年前的纷争放在一边，将叙述主要聚焦在一个特殊的人物上。巴里恩内将他谑称为“喉舌”（即卡拉瓦乔的支持者），此人即为普罗斯佩罗·奥尔西，别名“怪诞装饰画的普洛斯佩里诺”。奥尔西同样是个神秘人物，他对理解卡拉瓦乔行为的深层动机具有关键作用。

“怪诞装饰画的普洛斯佩里诺”这一绰号，似乎是因为画家从青年时即开始进行怪诞装饰画的创作。与大多数人一样，普洛斯佩里诺最初也在西斯图教皇时期的众多画室中工作过。1585－1590年，普洛斯佩里诺的创作颇丰，他不仅绘制怪诞装饰，也创作人物画。“圣阶”是西斯图五世最钟爱的建筑物，教皇在其中装饰了大量壁画，杂糅了多种艺术风格，包括意大利流派与弗兰德斯画派等。尽管普洛斯佩里诺在其中承担了并不十分重要的角色，但巴里恩内于1642年撰写

上图，马尔切诺·维努斯提，《圣贝尔纳尔达》，1563年，梵蒂冈，梵蒂冈博物馆。

《画家传》时，曾打算记录几幅由普洛斯佩里诺完全独立创作的壁画。巴里恩内记载了普洛斯佩里诺在圣阶中是如何“描绘了以撒为雅各祈福的场景，风格清新自然”。因此即使在样式主义盛行的年代，普洛斯佩里诺的画作竟然是“清新自然”的！自然风格正是卡拉瓦乔日后取得荣耀成就的支撑点，而大家都认为这完全是他的独创！在样式主义盛行时，还有人与巴里恩内一样，采用“清新自然”的方式作画。但普洛斯佩里诺并不仅是因此才出名，更重要的原因在于其出身名门。其兄长奥雷里奥·奥尔西曾是法尔内塞朝中的幕僚，他是优秀的诗人与文人，极具世界性眼光，学识浩瀚渊博。达尔皮诺在寻找自己的门客时，立刻注意到他。

巴里恩内如此评价普洛斯佩里诺：“此人曾是达尔皮诺的好友，研究并模仿过达尔皮诺的风格。尽管其画作均不完整，但仍是一流之作。”因此普洛斯佩里诺可谓达尔皮诺圈子中的核心成员。但随后巴里恩内的话锋一转：“但不久后，不知为何，他与达尔皮诺似乎发生龃龉，转而成为了卡拉瓦乔的‘喉舌’，开始逐渐与达尔皮诺对立。普洛斯佩里诺真是个墙头草。”

尽管巴里恩内的叙述有所保留，但仍很重要，必须经过仔细研究。普洛斯佩里诺最初与达尔皮诺相从甚密，甚至在其画作中模仿后者的风格，但随后又转而支持卡拉瓦乔（成为了达尔皮诺的对立者），甚至不惜诋毁达尔皮诺。这是何时发生的事？转变的原因为何？我们对普洛斯佩里诺的绘画知之甚少。史料再一次与当时的艺术作品发生了矛盾。现今无法找到任何一幅可以被认定为普洛斯佩里诺所作的画作。这些与达尔皮诺风格如此接近的作品究竟散落在何处？无人得知。当普洛斯佩里诺转为卡拉瓦乔的喉舌时，应同样地创作出一些卡拉瓦乔风格的作品。那么这些画作又在何处？一些学者曾在某些卡拉瓦乔风

右图，卡拉瓦乔，《天使和圣弗朗西斯的狂喜》，1595年，康涅狄格州哈特福德市，沃兹沃斯艺术博物馆，局部。

格明显的作品，如圣卡罗、圣菲利普·内利中可辨认出普洛斯佩里诺风格的痕迹。这些作品来自马泰藏品，多年前被当代重要的卡拉瓦乔研究者毛里齐奥·卡尔维西发现。但即使此推论成立，也仅是特例，仍无法组建成一个坚实的理论框架。因此，我们对普洛斯佩里诺的绘画至今仍一无所知。但这依然具有重要意义，有助于理解普洛斯佩里诺在朱比雷奥期间所持的“政治”立场。普洛斯佩里诺最初是达尔皮诺的“代理人”，随后成了卡拉瓦乔的支持者。他很有可能是挑拨二者矛盾的关键人物，普洛斯佩里诺是否刻意制造出达尔皮诺“样式主义”与卡拉瓦乔“现实主义”之间的绝对对立？现代艺术继承了这两种主义的对立，难道普洛斯佩里诺就是其幕后推手？

当然我们无法给出令人信服的答案，但仍可得出一些重要结论。从已知史料来看，普洛斯佩里诺享年甚高，一直生活至教皇乌尔班八世巴尔贝里尼时期。在卡拉瓦乔去世后，他开始兜售其“名下所有”（至少史书中如此记载）的卡拉瓦乔作品。普洛斯佩里诺曾与卡拉瓦乔来往密切，那这些画作他理所应当可以继承。但很有可能普洛斯佩里诺所拥有作品并非卡拉瓦乔的“原创”，或许根本就是普洛斯佩里诺自己通过模仿卡拉瓦乔风格所作。要知道，正如巴里恩内所言，普洛斯佩里诺是卡拉瓦乔的忠实“喉舌”。“喉舌”这一术语，更接近“代理”，或“支持人”，即“担保人”的含义。卡拉瓦乔很有可能对其作品申请了“专利”，这也是其与巴里恩内胜诉的正当理由。卡拉瓦乔发现了一条前无古人的崭新道路，自然不会轻易拱手让与他人。“卡拉瓦乔式”的众多模仿者也只能在卡拉瓦乔死后开始创作，可以说，几乎没有任何卡拉瓦乔式作品是在卡拉瓦乔在世期间所作。尽管当时并不存在如现代一样严格的专利权，但倘若有人胆敢在

第 46-47 页，卡拉瓦乔，《酒神巴库斯》，1596 年，佛罗伦萨，乌菲齐美术馆，局部。

上图，卡拉瓦乔，《果篮》，1597 年，米兰，安布罗西阿娜美术馆。

卡拉瓦乔在世时尝试模仿其风格（如巴里恩内所为），则会招致猛烈攻击，迫使他们立刻放弃抄袭。当然巴里恩内在1600—1602年间创作的画作排除在外，即其在越台伯河区的圣塞西莉亚大教堂中的壁画。除此之外，1600—1606年间（卡拉瓦乔逃离罗马），甚至直到1610年（卡拉瓦乔离世）前，罗马并未出现任何卡拉瓦乔式的作品（不管是共有还是私人领域）。卡拉瓦乔在罗马艺术界与那不勒斯艺术界（指包括那不勒斯及西西里西班牙统治范围在内的所有区域）开创了一条崭新的道路，因此他对原创的坚定维护是完全合乎逻辑的。

或许存在另一种解释，尽管这种推断相当复杂，但同样可信。卡拉瓦乔抵达罗马时，罗马各个艺术领域正在如火如荼地开展对“自然主义”新思潮的讨论，当然其中某些理念与卡拉瓦乔日后的创作风格完全不相容。此外，从米兰前往罗马的卡拉瓦乔似乎并不归属于罗马这个完全独立的艺术王国。当然罗马居住着一些伦巴第画家，他们与卡拉瓦乔仍具有某种联系。1591年，米兰画家乔万尼·巴蒂斯塔·波佐在圣苏珊娜教堂佩雷提小堂中创作了一组壁画，在样式主义的大环境中注入了一股清新的“自然主义”风。其画作质量极高，卡拉瓦乔想必对其有所了解。此外，还有一位伟大的伦巴第样式主义画家，即杰罗拉莫·穆齐亚诺。他于1592年逝世（波佐著名的项目启动一年后），但出现了不少模仿者与后继者，其中便包括奥尔维耶托地区的画家，凯撒·内比亚。尽管在卡拉瓦乔抵达罗马时，画家马尔切诺·维努斯提早已逝世多年，但他引领了一种黑暗绘画主义（部分取自塞巴斯斯蒂亚诺·德尔·皮翁布）。从这我们可以窥见伦巴第画家在罗马的重要影响。16世纪末期罗马艺术界的自然主义浪潮不仅限于伦巴第画家圈中，对随后组成“克雷申奇学院”的众多画家们同样影响深远，从这里我们可以找到卡拉瓦乔自然主义苗头的根源。与巴里恩内类似，侯爵乔万尼·巴蒂斯塔·克雷申奇同样活跃在艺术领域中。他不仅创作，同时也是卓越的理论家与推广者。论及十六世纪与十七世纪之交历史—艺术背景的书籍中曾多次提到侯爵的重要性，但这些对于完整再现人物特点是远远不够的。根据巴里恩内记载，侯爵克雷申奇曾被大主教保罗五世博尔格斯任命为“罗马圣母大殿的宝丽娜小堂的全权代理”。此记载似乎与卡拉瓦乔无关，因为圣母大殿的宝丽娜小堂的壁画绘制工作是在卡拉瓦乔逝世后才开始进行。但若将此记载放在侯爵全部艺术活动的大框架内，将提供另一种有趣的视角。克雷申奇侯爵热爱艺术，曾师从克里斯托法诺·荣卡利（别称“普玛兰奇奥”）。1596年，他曾绘制祭坛柱子（此时克雷申奇年仅19岁），画作主角为圣安东尼奥修士。圣安东尼奥修士来自位于翁布里亚的瓦尔卡斯托丽安娜的圣艾乌提茨奥教堂，当时他正担任画家兄长贾科莫·克雷申奇的受托修士。

该作品至今仍能在皮埃迪瓦勒的圣乔万尼·巴蒂斯塔教堂中找到，这可以证明当卡拉瓦乔抵达罗马时，克雷申奇侯爵早已以画家身份进行过创作，因此，他很有可能在其“万神殿”的家中着手组建一个艺术学院。此学院囊括了众多艺术家，即使未找到相关资料，但推测卡拉瓦乔也有所参与。克雷申奇在家中究竟开展了何种活动？这很难说。巴里恩内曾与圭多·雷尼、乔万尼·兰弗兰科、达尔皮诺、齐格利等其他艺术家一起参与了圣母大殿宝丽娜小堂的设计。据巴里恩内记载，教皇保罗五世不仅打算任命侯爵为宝丽娜小堂项目的主管，甚至想让他成为全权代理，负责该教堂内开展的所有建筑与绘画活动。他如此写道，侯爵的私人学院“为年轻艺术家提供了学习机会，他昼夜开展研讨会，探讨艺术，偶尔也会倡导模仿自然，要求画家们绘制动物、

左图，卡拉瓦乔，《朱庇特、尼普顿和普鲁托》，1597年，罗马，邦孔帕尼·卢多维西小宅，局部。

水果或其他奇怪的事物。侯爵支持年轻画家尝试新思路，鼓励他们勇于创新”。

巴里恩内并未准确记载此“训练”的确切时间，他也没有明确指出究竟是“哪些年轻画家”在克雷申奇家中学习后最终成为了优秀的艺术家。但在他那隐晦的叙述中，我们可以了解到不少信息。首先，克雷申奇家中形成了一种类似“画室—学院”的组织，不同艺术家采用统一的标准来处理不同题材。其次，巴里恩内提及该学院提倡自然主义，认为绘画的关键点在于自然光线与人工光线（白天与黑夜）。而这恰恰是卡拉瓦乔成熟时期风格的典型特征，卡拉瓦乔正是依据人工照明描绘明亮，按照自然照明描绘黑暗。这样看来，他的这一特色（专利！）似乎是得益于克雷申奇的教导。1596年的卡拉瓦乔仍是一个年轻人，他有可能了解到侯爵家中的学术活动，并将其学说进一步发展。此外，巴里恩内似乎注意到侯爵的私人学院曾尝试过荒诞式静物画，但此类荒诞静物的真实面貌至今仍未可知。

如果为卡拉瓦乔提供在圣王路易教堂肯塔瑞里小堂创作机会的并非克雷申奇，那么上述史料对于了解卡拉瓦乔生平与作品将毫无意义。因为正是在肯塔瑞里小堂，卡拉瓦乔尝试采用一种全新的方法来运用明暗对比，让画作浸染上一种强烈的印象主义风格，这组壁画正是让卡拉瓦乔声名鹊起的重要保证。这有助于理解卡拉瓦乔与其重要的保护者，即主教德尔蒙特之间的关系。如果说肯塔瑞里小堂长期以来都是克雷申奇家族的势力范围，那么为何不将小堂的壁画装饰委托给侯爵私人学院中的这些年轻人呢？或许，克雷申奇家族内部也存在着分歧。

肯塔瑞里小堂的壁画是卡拉瓦乔艺术生涯中的绝对分水岭，对其事业发展具有决定性的作用。在肯塔瑞里小堂之前，卡拉瓦乔并未绘制过任何公共领域的作品。此前，卡拉瓦乔在德尔蒙特主教家中花费大约三至四年时间完成了一系列重要作品，此时他的风格与个人特色已逐渐形成，其中不少作品都极具艺术价值，如《圣亚历山德里亚的圣卡特琳娜》（现藏于马德里的提森-博内米撒艺术博物馆）或是《朱迪斯与荷罗孚尼》（现藏于罗马巴尔贝里尼宫中的古代艺术国家美术馆），而此前这些画作均是私人收藏。卡拉瓦乔选择了一条为贵族作画的艺术道路，其画作大多为颂扬贵族或是作为权贵间来往的礼物，如《美杜莎》是主教德尔蒙特赠予托斯卡纳大公爵费尔迪南多（现藏于乌菲齐美术馆）之礼。这些作品都是最绮丽的艺术瑰宝，风格优雅尊贵，完全可称得上是“富丽堂皇”之作，如著名的《果篮》（藏于米兰安布罗西阿娜美术馆），或是《鲁特琴演奏家》（现藏于圣彼得堡的国家遗产博物馆）均出自此时期。

卡拉瓦乔依靠优雅细腻的绘画笔触和大胆前卫的艺术风格在画坛站稳了脚跟，而 1600 年的肯塔瑞里小堂壁画则让他真正赢得了世人的瞩目。

法国权贵是当时最重要的艺术保护者，圣王路易教堂是他们在罗马的国家教堂。德尔蒙特主教在圣王路易教堂具有极大的影响力，因此当他将其门下画家卡拉瓦乔的亮相起点设定为法国权贵圈，是十分符合逻辑的。但德尔蒙特是幕后操刀人，台面上负责审核小堂装饰项目的却是克雷申奇家族。在朱比雷奥教皇期间，年仅23岁的乔万尼·巴蒂斯塔·克雷申奇侯爵意气风发，在罗马社会极具影响力，自然希望在艺术界成为一个权威的保护者、学者与画家。然而任命卡拉瓦乔负责肯塔瑞里小堂壁画的人却不是他。他或许曾打算让其家师克里斯托法诺·荣卡利（惯称普玛兰奇奥）负责，但最终并没这样做。又或者他曾希望让圈中的另一位优秀年轻人来负责，比如彼得·保罗·本茨·迪科尔托纳（绰号为“卡拉奇

右图，卡拉瓦乔，《亚历山德里亚的圣卡特琳娜》，1598 年，马德里，提森 - 博内米撒艺术博物馆。

第 54-55 页，卡拉瓦乔，《马大与抹大拉的玛利亚》，1598 年，底特律美术馆。

大罗锅”），但他最终同样没有任命。

事实并非如此，为了准确还原真相，必须追溯久远。事情的原委为：

法国主教马修·克因特雷尔是教皇格里高利十三世的御用朝奉，最初为加尔文教派信徒，随后改信基督教。1565年，他曾签署合同，委派伦巴第画家杰罗拉莫·穆齐亚诺装饰圣王路易教堂肯塔瑞里小堂。而1565年距卡拉瓦乔出生尚有6年。1585年，克因特雷尔离世，此时少年卡拉瓦乔正在西蒙尼·皮特扎诺的画室中学习。克因特雷尔在遗嘱中委派遗嘱执行人维尔吉利奥·克雷申奇全权负责礼拜堂装饰项目。克雷申奇随即邀请当时罗马优秀的弗兰德斯雕塑家雅各布·科巴特在礼拜堂祭坛上创作了一组大理石雕塑。随后，他又要求达尔皮诺骑士对两侧墙壁与穹顶的壁画进行绘制。1593年，达尔皮诺骑士最终增补了穹顶的壁画。同时，礼拜堂项目也转由修士贾科莫·克雷申奇负责，但不久后，圣王路易教堂联合会便指责其办事不力，因为装饰项目迟迟无法竣工。最后，教会不动产监督组织，即圣彼得至尊协会不得不在教皇克莱门特八世的直接授意下，剥夺了贾科莫·克雷申奇的监理权，接管了礼拜堂装饰项目。但实际上，1599年的文件显示，已故的维吉尔·克雷申奇之子彼得·保罗·克雷申奇，却为了装饰肯塔瑞里小堂中的两侧壁龛向圣王路易教堂联合会支付了巨额款项。但被任命的画师却不再是达尔皮诺骑士，变成了卡拉瓦乔。此时，壁画工作也已经开启。1602年，科巴特并未完成雕塑，但卡拉瓦乔已经完成了小堂祭坛柱子上的《圣马太与天使》的最初版本。然而卡拉瓦乔对此并不满意，随后对壁画进行了最后的加工润色，才最终演变成如今世人所见的作品。此壁画为朱斯蒂尼亚尼侯爵在柏林的遗产，但在“二战”期间遗失。资料显示，克雷申奇家族一直在支付工程款项，他们才是装饰项目的实际控制者。尽管克雷申奇家族与卡拉瓦乔存在明显分歧，但不可否认的是，在肯塔瑞里小堂装饰工程期间，他们应有过密切来往。而侯爵乔万尼·巴蒂斯塔·克雷申奇此时正在大力推广他的私人学院，倡导学习“自然派”绘画。

卡拉瓦乔与克雷申奇是同时代人，但在1600—1606年期间，即卡拉瓦乔在罗马创作时期中，二人并未有过多牵连。1606年，卡拉瓦乔卷入了谋杀凶案，被迫马上离开罗马。拉努齐奥·托马索尼是卡拉瓦乔的朋友，他性格易怒暴躁，常出入风月场所。卡拉瓦乔在一场争吵中，失手杀死了拉努齐奥·托马索尼，欢乐的网球比赛最终演变成了一场流血悲剧。

在这6年时间中，卡拉瓦乔声名渐盛，政府官方订单与私人订单都应接不暇。而克雷申奇家族尽管势力极大，有持续控制或影响卡拉瓦乔事业发展的能力，但也只能在幕后操控。教皇司库神甫提贝里奥·切拉斯很早便开始干预卡拉瓦乔的工作，1600年夏天，他从伦巴第的奥古斯丁尼安尼修士们手中直接买下了圣玛利亚人民教堂中的一座小礼堂。同年9月，切拉斯又与卡拉瓦乔签署了一份著名合同，委派他在柏树画板上完成两幅画作。该合同以“最卓越的罗马画家”开篇，证明了卡拉瓦乔在罗马享有的无上荣光。但事情却有蹊跷。尽管卡拉瓦乔很快便完成了肯塔瑞里小堂中的两侧壁画，其画作的订购者与倾慕者们也正在迅猛增加，但他尚未功成名就。对此，下文将继续深入剖析。

此“卓越”一词，固然是一种夸张的赞扬修辞手法，但仍能看出，卡拉瓦乔仅凭一幅画作便能在当时艺术界内形成一股截然不同的反潮流。但这股反潮流仅部分符合当时的自然主义概念。曼齐尼率先提出“自然主义”概念，随后当时所有的理论家们都沿用了此术语。显然早在卡拉瓦乔来到罗马之前，自然主义思潮便已萌发，

左图，卡拉瓦乔，《砍下哥利亚头颅的大卫》，1599年，马德里，普拉多博物馆，局部。

第58-59页，卡拉瓦乔，《朱迪斯与荷罗孚尼》，1599年，罗马，巴尔贝里尼宫古代艺术国家美术馆，局部。

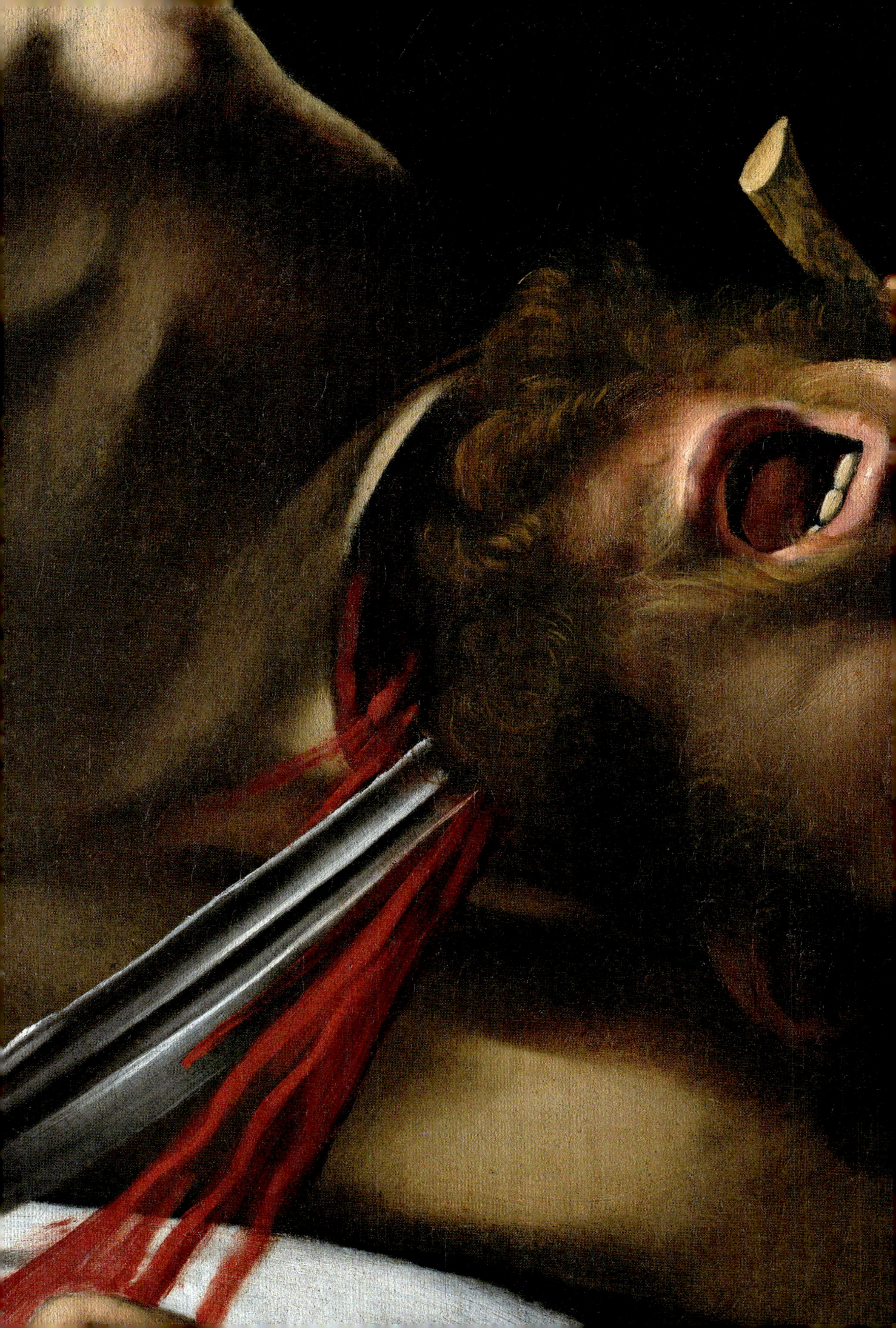

但当时的自然主义根本无法撼动样式主义的正统地位。肯塔瑞里小堂中的两幅著名壁画并非完全与样式主义格格不入，甚至在《圣马太殉难》中，卡拉瓦乔还使用了“第五人物”技巧，即并不具备真正必须的叙事结构，而是在画面左右两侧结束构图。他还采用了大叙事背景布局手法，这是包括费德里科·祖卡里（根据巴里恩内的记载，他应是最早对卡拉瓦乔的肯塔瑞里小堂壁画做出评价的画家）和达尔皮诺（他在肯塔瑞里小堂中绘制了穹顶壁画）等样式主义权威画家们在内所广泛使用的方式。

因此无法仅仅因颠覆或动摇了样式主义的根基，便认为卡拉瓦乔提升至了一个无法比拟的高度。也不能推测自然主义在罗马艺术界中是完全陌生的理念。但自然主义理念内部也风格迥异，显然无法用一个单一的定义将它们归置其中。在十六世纪的最后十年中，许多优秀的肖像画家都对模仿派的自然主义理念十分关注，如在描绘人物外貌与服饰时多有借鉴，其中最著名的为西皮奥内·普尔佐内。不少样式主义画家仍遵循传统的布局方式，但在其描绘人物时却能明显看出自然主义的痕迹。

1600年，正是在卡拉瓦乔绘制其名作的同时，一批对自然主义流派心向往之的样式主义画家在罗马圣内雷奥与阿基琉斯教堂留下了大量自然主义画作，在此教堂中能清晰看到克雷申奇学院的权威领导者荣卡利风格的影响。此外，在十六世纪的最后十年中，乔万尼·巴里恩内的影响力也逐渐上升。某些涉及特定作品的资料显示，巴里恩内的同僚好友托马索·萨利尼应了解过这种建立在明暗对比（如今普遍认为此为卡拉瓦乔派特点）基础上的自然主义风格，因此他很早便指导过几位早期与卡拉瓦乔交往的画家们，其中便包括菲利普·特里塞尼。此外，安蒂维杜多•格拉玛蒂卡应也是一名自然主义画家，格拉玛蒂卡随后成为了卡拉瓦乔的早期拥趸，他也曾在德尔蒙特主教的委托下创作了一系列优秀画作。最初，格拉玛蒂卡深受博洛尼亚风格的影响，此博洛尼亚画派由汉尼拔·卡拉奇、圭多·雷尼、多米尼基诺等画家引入罗马。但这些画作清晰而有趣地融合了卡拉瓦乔式技巧和博洛尼亚风格。但格拉玛蒂卡究竟是早在卡拉瓦乔抵达罗马之前便已研习自然主义风格，还是受到卡拉瓦乔的影响才开始自然主义创作，仍尚不清楚。

大量证据显示，卡拉瓦乔在其事业鼎盛时期，即肯塔瑞里时期，并不认为自己是一个“革新者”（这是现今通行的一种评价），而将自己视为规则的破坏者与蔑视者。卡拉瓦乔对既定规则十分熟悉，但他却决意挑战权威，试图给出完全不同的规则。卡拉瓦乔的欣赏者曼齐尼坚持认为，卡拉瓦乔的主要特点不在于将明与暗进行绝对切分，而在于每次只绘制一个人物。这种情况无法构成叙事场景，因此只能用多个人物及复杂的交互关系来进行联结。样式主义与古代希腊悲剧一样，强调场景与动作，将人物分为独唱者与合唱者，每个人物的动作、表情、含义均不同，或表达警示，或体现惊奇。而卡拉瓦乔的画作则更接近自我中心论，而围绕艺术作品本身所引发的讨论与思索也大抵能以此为方向进行。曼齐尼认为卡拉瓦乔擅长一次一个人物，这类判断在卡拉瓦乔死后不久颇为流行。在卡拉瓦乔罗马时期的杰作中，普通欣赏者若想在宏大背景中聚焦某个特定人物，总是略显困难或乏力，而批评家也同样认为，这似乎是他的一种缺陷。

与卡拉瓦乔相比，样式主义者在此方面更逊一筹，这是人尽皆知的。但如果要进一步分析这名伦巴第画家迅速走红的深层原因，就会发现十七世纪开端的罗马艺术界正处在动荡与不确定

右图，卡拉瓦乔，《纳西索斯》，1599年，罗马，巴尔贝里尼宫古代艺术国家美术馆，局部。

中。肯塔瑞里小堂中的两幅著名杰作《圣马太蒙召》与《圣马太殉难》大获成功，这也进一步肯定了曼齐尼的判断。早在切拉斯礼拜堂中，他便明确指出此时出现了一种转变（或许是本质上的转变）。切拉斯的壁画（现仍存于小堂中），肯塔瑞里小堂中的祭坛画《圣马太与天使》，圣奥古斯丁教堂中的祭坛画《洛雷托的圣母》、新教堂中的《下十字架》（现存于梵蒂冈）、卡比托利纳博物馆中的《施洗圣约翰》、朱斯蒂尼亚尼所藏的《圣母与毒蛇》与《丘比特的胜利》、现藏于乌菲齐美术馆的《以撒的献祭》以及现藏于波兹坦的《圣多马斯的疑惑》等，这些画作中的人物均屈指可数，而少数仅出现一个人物的画作，显然也都是单独的作品，因为倘若将这些画作与其他画作强行组合，便会显得十分牵强。如《圣多马斯的疑惑》也与同时期的其他画作无法融合。此外，那幅在马泰授命下完成的《耶稣被捕》（其原作应是现藏于都柏林中的那幅）同样广受争议，因此画与卡拉瓦乔罗马阶段的早期整体风格极为迥异。在拉努齐奥·托马索尼谋杀案前，卡拉瓦乔也在巴莱莫的圣劳伦佐演讲堂中绘制了《朝拜圣婴》。在此壁画中，他再一次运用了在肯塔瑞里小堂中《圣马太殉难》中使用过的第五人物法则，而这也更加体现了他在追随自然主义道路上的摇摆不定。斯卡拉圣玛利亚教堂中的巨型祭坛画《圣母之死》约完成于1606年，此时卡拉瓦乔的艺术走向已完全确定，他不再走回头路，也不再打退堂鼓。但如果单个来看，那幅作品才正是对罗马主流风格的绝对宣战。尽管此作品与其他作品也一样均广受争议，但对艺术家来说，它是胜利的象征。毫无疑问，《圣母之死》无法被主流社会所接受，因为画作有辱宗教，卡拉瓦乔用一名妓女来描绘死去的圣母。但我们却不能依此推断出此画是最为独特的，因为它与卡拉瓦乔的决定性改变，即从样式主义的人物堆砌中脱离出来，仍具有矛盾之处。从科伦娜的封地中逃脱后，卡拉瓦乔来到那不勒斯，但仅创作了一幅作品，即《以马忤斯的晚餐》。此画早期存于帕特里茨，现存于布雷拉。这是一幅极其优美的画作，但对于重构卡拉瓦乔的艺术哲学来说并不具备较大的参考价值，而最能体现卡拉瓦乔独特风格的作品应为《七件善事》。这幅画与稍晚时期的《被斩首的施洗圣约翰》（藏于马耳他）同被视为杰作，尽管其结构“稍显不足”，但同时又是一种极大的超越，体现出卡拉瓦乔卓越的创造力。这种技巧随后得到了惊人的发展，对卡拉瓦乔苦难人生的最后四年影响极大。可以说，《七件善事》蕴含了卡拉瓦乔的所有过去与未来，但遗憾的是，他的未来十分短暂。他经历了一系列意外与阻碍，最终无法按期完成画作。这幅画是卡拉瓦乔的自我宣言，它优美动人，极具冲击力，同时也再次佐证了曼齐尼的判断。因此需重新审视曼齐尼在卡拉瓦乔去世不久后撰写的评论，而现代先进的史料研究技术可对这种理论进行更为可信的考察：曼齐尼指出“这个学院（因为曼齐尼认为卡拉瓦乔构建了一个真正意义上的学院，有趣的是，后世的不少历史学家并不认为卡拉瓦乔是一个真正的院长，曼齐尼此言正是对此观点的明确反对）的最大特点是从窗户射入独特的光束（至关重要的术语！），照亮一间墙壁涂成黑色的房间。光线打在上方，下部没有反射（不少杰出学者均认为卡拉瓦乔曾系统使用过暗室，但从曼齐尼的观点可推断并非如此），因此作品才能具有最亮的明与最暗的暗，从而最大限度地突出人物与场景。这真是史无前例的开创之举，即使是包括拉斐尔在内的古代画家也未曾想到”。这是曼齐尼论文的第一部分，他注意到卡拉瓦乔开创了一个崭新的流派，用极弱的暗与极强的亮来照亮与强调人物。卡拉瓦乔将自己关在一间昏暗的房间内创

左图和第64-65页，卡拉瓦乔，《圣保罗的皈依》，1599年，罗马，奥迪斯卡契藏品会，局部。

作，而这与当时惯常的作画方式极为不同。

画作更佳的空间感与视觉效应来源于这种独特的表现形式，即“暗”成为主导，“亮”则挣扎着想要进入。似乎画家在创作时，想要再现人类诞生的过程。人类正是从母体那令人心安的黑暗中挣脱出来，进入光明，这光亮是充满敌意的，是令人发怵的，这就是我们所处的外部世界。画作可类比于“诞生”这一概念（我们通常会将创作喻为画家的“分娩”）。曼齐尼论文的第二部分再次证明了此观点：“此学院的创作方式为对现实准确的观察，他们会将物体直接放在画作之前。他们一次仅创作一个形象，但却结合了历史，表达了情感，同时也在想象，而非对事物的直接观察的基础上，真实地再现了他们面前的事物。但我却觉得这并不可信。因为显然无法在单个房间内聚齐众多人物，然后用窗户中的那束光线来再现历史，创作出或笑或泣，或动或静的人物。这些人物只是重复品，尽管不乏力量，但却丧失了动态、情感与优雅。”曼齐尼在创作这篇重要文章时，似乎面前就放着《七件善事》，因为曼齐尼提及的观点的确能在这幅画中完整地体现出来。此画完成后的四年时间内，卡拉瓦乔用极强的意志力与执行力继续采用这种技巧，但在实践中却遭受了重重困难，与他人的合作关系也缺乏效力。最终，他需要面对的是一种完全的沮丧，一种试图进一步发扬这优秀技巧时的深重的无力感。几乎是命运的安排，那不勒斯的皮奥·蒙特兄弟会要求卡拉瓦乔创作一幅“代表作”，让他将七幅作品全部绘制在大教堂最大的祭坛上（壁画现今尚存）。这当然是一个巨大的挑战，因为他需要在单一绘画空间内（尽管祭坛很大，但画作高仅逾4米，宽约3米）绘制出七个具有象征意义的动作场景。但卡拉瓦乔恰恰将这种“不足”转变成了他的优势，尺寸的不融合最终造就了一个艺术史上无可比拟的杰作。

卡拉瓦乔的宗教性：
《圣马太蒙召》中的宗教、罪与恩典（1599—1600年）

彼得·凯安札

引言

笔者认为卡拉瓦乔宗教思想的深层核心在最近五十年内得到了广泛关注，不少学者在研究完艺术家的全部作品后，越来越倾向于对卡拉瓦乔的宗教性进行深入探讨。阿尔干曾粗略提及卡拉瓦乔诗学，他认为卡拉瓦乔作品中体现出的死亡主题与一种“北欧改革宗教”有所联系。尽管阿尔干并未就此展开讨论，但仍开启了“对卡拉瓦乔理念的深入分析”。[1]

卡拉瓦乔的作品似乎可归类为“巴洛克诗学”，但正如贝伦森所言：“‘巴洛克’是我最不愿意使用的术语，这术语太过宽泛。实际上，一个更为恰当的术语应为‘反巴洛克’。”[2]近几十年来，学者卡尔维西与博洛尼亚对此均有研究，但二者的观点迥异，在笔者看来，这对卡拉瓦乔宗教性的深入探讨并无裨益。

两位研究者的理论大相径庭，在某些观点上甚至水火不容，笔者认为，二位学者均没有提出一个令人信服的结论。

在最近四十年之内（甚至更久），卡尔维西曾试图将卡拉瓦乔作品完全放在宗教改革主义的框架下解读，“这使得他成为了特兰托会议后时代宗教的矫揉阐释者，这种宗教于十九世纪至二十世纪期间在基督教内部产生。因此他的那些虔诚学徒们才能够让卡拉瓦乔的艺术事业与其作品完全变成了忠诚的完整主义……”[3]笔者认为此观点不仅有所偏离，且完全是基于极其主观的判断，这也预示着学术界对卡拉瓦乔作品的深入解读即将遭遇寒潮。但反对的声音却寥寥无几，几乎没有学者站出来指出他的解读太过武断和偏颇，或是批判他的理论完全偏向了完整主义。实际上，对作品进行天主教式、使徒式甚至是罗马式[4]的解读，令人完全无法接受，因为此类解读并非建立在可信的根基上：我们无从得知青年卡拉瓦乔的宗教思想，更无法得知他的个人生活、精神思想或是艺术道路的选择。我们现在仅可凭借少数资料对他有所了解，如他在皮特扎诺画室学徒期间的相关活动[5]，或是他在与兄弟为了争夺家族遗产时进行的战争[6]，或是传记作家对其痛苦的青年时代的描写等。我们必须承认，1593年，年仅22岁的卡拉瓦乔便已在《削水果的少年》中（尽管此画并非真迹，却是至今已知的最早作品）很好地体现出了特兰托宗教会议对于罪的相关决议。我们绝对可以从卡拉瓦乔作品中找寻到恰当的理解方式（何况卡拉瓦乔也只给后人留下了作品），而且此类解读必须可信与正确，必须建立在扎实的史料与严格的方法论基础上：难道仅仅因为七十年前的画家卢卡·迪雷伊达用独特的方式描绘过一个削水果的朝圣者，就必须将《削水果的少年》放在宗教视角下进行解读吗？[7]

如果仅仅因为卢卡·迪雷伊达笔下的这名朝圣者也在剥水果，就认定卡拉瓦乔作品中的“少年”便是耶稣，进而得出“这个朝圣者其实是耶稣”的结论，则更有待商榷了，历史学家有权利（也有义务）对任何疑点进行审视。

左图，卡拉瓦乔，《圣马太蒙召》，罗马，圣王路易教堂肯塔瑞里小堂，耶稣面庞的局部。

卡尔维西自然不是唯一支持以反宗教改革主义的观点来阐释卡拉瓦乔的学者，如学者泽里也持类似观点。尽管他并不是极端主义者，没有将所有结论都列在宗教名下，但他仍认为在《圣马太蒙召》画作中“卡拉瓦乔的艺术深深地浸染上了天主教与反宗教改革的痕迹”。[8]

博洛尼亚关于卡拉瓦乔这幅作品的判断与卡拉维西的极端主义有所不同，他认为应采用“内心抗争”的视角解读卡拉瓦乔的全部作品，他认为在克莱门特八世在位期间（1592—1605年），卡拉瓦乔在反抗教会的反宗教改革运动。因此，卡拉瓦乔的作品“不仅仅是对主流的简单反映”，因为“卡拉瓦乔不可能游离在宗教信仰之外”。[9]然而，这种对于卡拉瓦乔宗教思想的判断又有些特别，博洛尼亚一方面强调“史料仍不翔实与精确，无法完整地阐释出卡拉瓦乔对艺术的个人理解或是画作中具体形象的特定含义”，另一方面又认为“卡拉瓦乔作品中包含了大量‘隐藏’的证据，这些未曾言明的证据甚至有时是自相矛盾的，因此需要敏锐地审视目前已有的结论……这是一种隐秘的书写，不仅神秘而且具有宗教与社会政治意义”，因此“即使作品不能诉说，但我们仍需要找寻到判断的根基”。[10]

博洛尼亚最后得出的结论为：卡拉瓦乔“并非异教徒，即使从任何一个角度看，他都与特兰托天主教所倡导的严格正统观念并不一致，但他在本质上来说是完全宗教化的；卡拉瓦乔画作中的圣人形象只能被解释为他内心正在经历着对反宗教改革的最后抵抗”，因此“卡拉瓦乔的这场战争正是对‘新事物之罪’的抗争，他拥抱理性自由，将自己与当时其他的前卫‘天主教人士’相类比，如保罗·萨尔皮、伽利略·伽利莱、康帕内拉（程度较轻）等”。[11]

然而将卡拉瓦乔的内心斗争放在宗教层面进行考量，或是推断出他具有“理性自由”，并进而大胆地将他与萨尔皮、伽利略等学者“相提并论”，这种在宗教、哲学或是科学层面上进行的判断，我个人认为并不妥。将卡拉瓦乔与这两位学者相联系，除了整体的时代与文化背景相似之外，这种“联系”实则十分牵强附会，至今尚未有任何史料能直接表明此观点。

将卡拉瓦乔的这种“战斗”解释为“其内心对反宗教改革的最后抵抗”似乎太过片面了，或许也太过简单和绝对了，因为在卡拉瓦乔某些与宗教主题密切相关的作品中，杂糅了大量强烈的情感元素，无法用“内心抵抗”来单一解释：在这种情况下，这些元素则必须采用一种在反宗教改革的禁锢之外的解读方式进行阐释，并结合欧洲十六世纪的文化大繁荣时代背景。

当然，卡拉瓦乔的“战斗”仍是一场孤独的战争，显然也是艰难的。但不考虑当时的时

上图，卡拉瓦乔（？），《削水果的少年》，1592年，罗马，私人收藏。

代背景，强行将教会与现代世界的矛盾重新联系，仍是不可取的。即使在宗教视角下，卡拉瓦乔也是“个例”，必须用艺术家本身的语言来进行解释，必须结合当时的政治与文化背景来审视。因此，用卡拉瓦乔本人在其作品中曾使用过的语言来解释其宗教思想是更可取的一种方式，而将作品与反宗教改革关联，或是单纯将时代科学与哲学思潮相结合，我认为并不妥当。笔者认为卡拉瓦乔关于宗教主题的早期公共画作中，能完整体现出卡拉瓦乔宗教思想的作品应是《圣马太蒙召》。

《圣马太蒙召》

本文不仅试图重构出圣王路易教堂肯塔瑞里小堂壁画创作的外部事件，也尝试完整理解卡拉瓦乔作品的思想。笔者将从两个内部因素入手：1）十六世纪末，卡拉瓦乔在其教会保护人德尔蒙特的委派下完成了一组公共壁画，该画作是其中一幅；2）肯塔瑞里小堂的画作（《神魂超拔的圣方济各与天使》除外，创作于1595年，现存于美国哈特福德），尤其是《圣马太蒙召》，很好地体现出早期卡拉瓦乔在处理宗教题材绘画时的主导思想，其核心为“神圣恩典”。

但该理论似乎与事实相违背，因为在1595年至1599年间，卡拉瓦乔至少创作了四幅以宗教为主题的画作：1597年的《逃亡埃及途中的休息》（现藏于罗马），1598年的《亚历山德里亚的圣卡特琳娜》（现藏于马德里），1598年的《以撒的献祭》（现藏于普林斯顿），1600年的《朱迪斯与荷罗孚尼》（现藏于罗马）。此外还有其他几幅尚存疑问的画作。[12]然而，必须承认这四幅宗教画与《圣马太蒙召》具有天壤之别，《圣马太蒙召》一画体现了与其他四幅画截然不同的精神理念。这幅画不再是一个单纯的叙述，而是一个戏剧。蒙召事件能牢牢抓住观众，并将观众直接席卷进上帝干预这一宏大主题中，让观众在内心深处体会到神圣恩典。笔者认为，圣马太受到耶稣的蒙召这一事件实际上成为了整部作品发展的关键时刻，也是卡拉瓦乔思想发展的关键点，因为在这里，他首次面对了一个直达内心深处的精神课题，而这也是该画与此前的《圣马太殉难》的区别。

可以说，这标记着卡拉瓦乔创作生涯一次风格的成熟，或者说是一次真正的爆发：画作深层主题似乎从卡拉瓦乔的头脑与灵魂中喷涌而出，让他在而立之年不再选择单纯地表现出一个神圣事件，而是呈现出“神圣”在每个独特个体生命中的存在与它对精神的冲击。

这幅画中不再出现酸橙子、水果店、吉普赛人、音乐会、绿蜥蜴、乐手、鲁特琴、关在笼子中的红额金翅（有真有假）、酒杯、手中

上图，卢卡·迪雷伊达，《朝圣者》，约1508年，出自《恩波里姆》六十九（1921年）。

拎着的果篮；这幅画是一次革新，卡拉瓦乔本人都未曾意识到，或许他也根本未曾打算进行这场革新。但一旦进行了这革新，他就彻底颠覆了艺术理念。[13]

《圣马太蒙召》一画彻底改变了卡拉瓦乔。1600年不仅是世纪之交，更是卡拉瓦乔绘画生涯的一次重大转折，此前卡拉瓦乔的画风更偏向宫廷或商业化，或是以政治为主题，或是屈从于主教德尔蒙特的喜好。而在此之后，卡拉瓦乔转向了宗教主题绘画。因此1600年是转变点，标志着卡拉瓦乔的内心与精神世界发生了巨大的变化。他不再是一个仅“售卖”画作的画师，而变成了一个具有“内在心灵”的艺术家，开始执着地追寻着生命的真谛。

《圣马太蒙召》之所以能震撼心灵，在于观者可清清楚楚地感受到自己正在被卡拉瓦乔席卷进这巨大的戏剧当中。它叩开了每个人的心灵，将卡拉瓦乔在画中表达的疑惑传递到了观者的心中。人究竟如何才能拯救灵魂？救赎之路究竟在何方？神圣恩典究竟为何物？人类内心心灵究竟是如何运转的？这就是本文试图探讨的主题，卡拉瓦乔用这幅伟大的画作引发了后人无尽的思考。关于此画，历史上曾有过不少随意而草率的解读，如考证马太究竟是画中的哪位人物，或讨论画作所处的大背景等细枝末节，我不愿在本文中过多涉及。相反，我更愿意从整体上理解，探讨卡拉瓦乔是如何以一种崭新的方式来设置蒙召场景。要知道，此前罗马戏剧中蒙召场景的安排是大部分画作的主要借鉴来源。尽管教会中有不少模糊或是晦涩的解释，但无法辩驳的是，受到耶稣蒙召的人物是位于桌子正中央的胡须男子。在我看来，此画应以如下方式进行解读。

故事发生在一间税务所内，收税者（莱维/马太）正在用左手的指节反复敲击着桌子，他要

左图（第72–73与84页为局部），卡拉瓦乔，《圣马太蒙召》，1599—1600年，罗马，圣王路易教堂肯塔瑞里小堂。

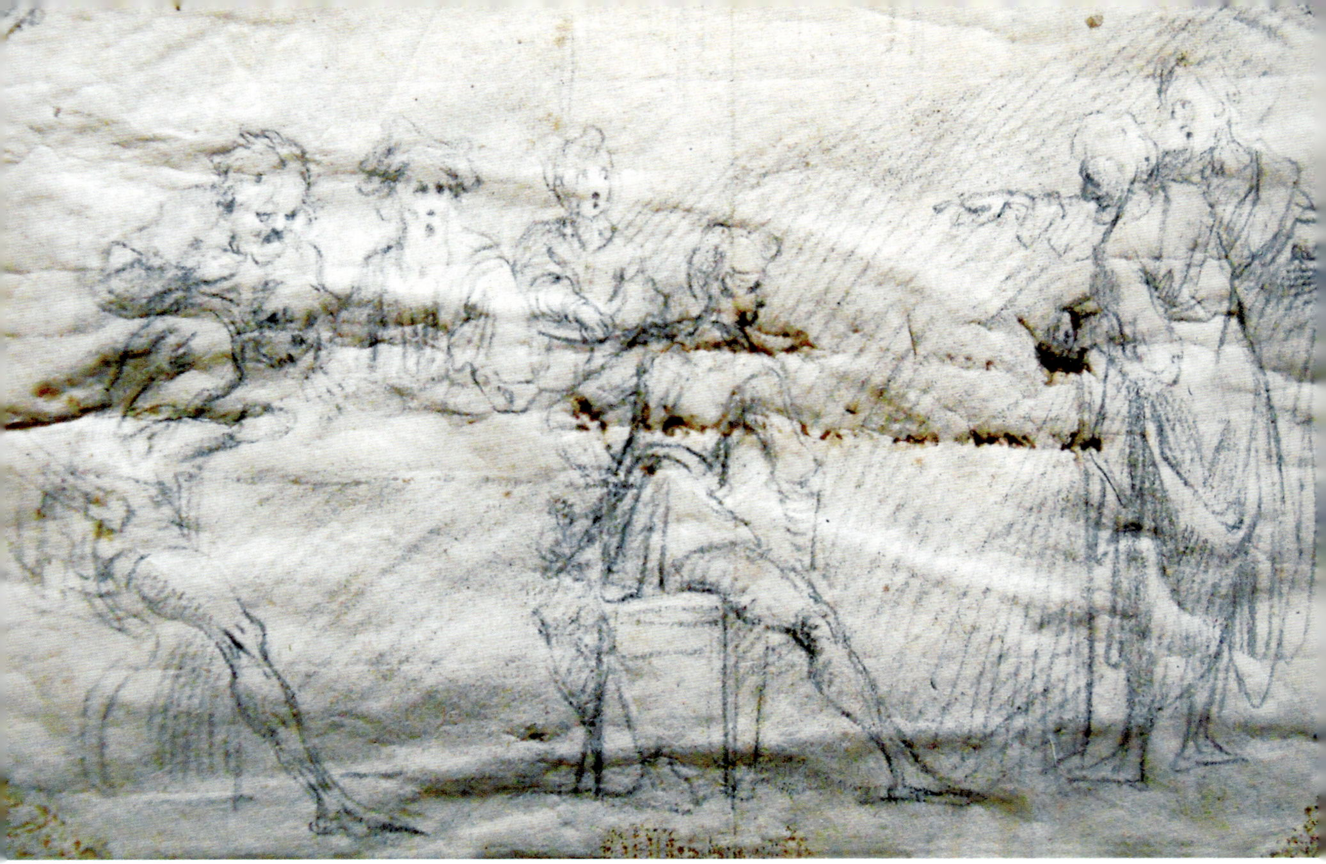

求坐在左手边的青年人缴纳税款。突然，耶稣进入了这昏暗的税务所，他身旁站着彼得：最先看到耶稣的是坐在马太身边的青年人，于是他用肘部撞击了一下马太，告知他耶稣的到来。“跟我来！”耶稣对马太说道，马太于是用手指指向胸前，似乎在询问“谁？我吗？”但他根本来不及组织语言，便已站起来跟随耶稣而去[14]。

马太身边的年轻人一脸狐疑，他肩部背负着剑，表明已进入了戒备状态。此时，彼得正在向他解释。但那应交税款的人却对眼前发生的一切毫不在意，正全神贯注地数钱。这就是我认为的正确解读[15]。卡拉瓦乔对于《圣马太蒙召》的最初构想见于一份设计草稿图[16]，现藏于那不勒斯卡波迪蒙特博物馆中。早在1956年，博洛尼亚便已提及这一资料的佐证[17]，随后瓦尔特·维兹也在文中提及此史料[18]。此设计草图引发了一系列谜团，我无意在此展开，将在随后的专文中进行阐述[19]。我猜测，卡拉瓦乔正是在执行1599年7月23日签署的负责肯塔瑞里小堂两侧壁画的合同期间，亲手绘制了《圣马太蒙召》的那幅“签名草图”。耶稣用右手指着画面中的胡子男人，而此时男子并未将左手指向胸口，这就是卡拉瓦乔刻意制造出的证据，提示观者了解耶稣蒙召的人正是桌子正中央的胡须男人（即马太）。

上图，卡拉瓦乔（？），《圣马太蒙召》（黑色铅笔画，《圣马太蒙召》草图），那不勒斯，卡波迪蒙特国家博物馆设计与印刷馆。

一扇没有光亮的窗户

不管怎样，上文中提及的问题依旧未得到解决，即卡拉瓦乔在《圣马太蒙召》中究竟采用了何种创新手法，进而将蒙召一事赋予了更新且更深远的意义。对该问题的讨论应从两个层面入手，第一层为卡拉瓦乔作品本身，另一层为卡拉瓦乔与其他艺术家作品的关系，即他受到的“挑衅”。主要与肯塔瑞里小堂中的其他画作有关，具体指朱塞佩·凯撒于1592年至1593年间在该小

堂中先于卡拉瓦乔完成的穹顶壁画。

尽管已经有大量学者研究过卡拉瓦乔描绘收税人受到蒙召这一故事的场景，即那间“大房间”，但我认为几乎没有人直击重点，没有研究者注意到画面正中心那一扇巨大的窗户。

对此的忽视导致没有学者注意到这是卡拉瓦乔所有作品唯一直接呈现的一扇窗户。《被蜥蜴咬到的少年》中仅在玻璃花瓶倒影中出现了窗户，《圣母之死》中则是一扇几乎看不见的窗户，而且是十分模糊的影像。那不勒斯的《七件善事》与马耳他的《被斩首的施洗圣约翰》中尽管也出现了窗户，但这两幅画中的窗户是从外部描绘，位于一条巷子或是一个内花园中，因此不是故事场景中的中心画面。在布雷拉的《以马忤斯的晚餐》的确出现了窗户，但被覆盖住了。[20]可见，只有在《圣马太蒙召》中才出现了唯一一扇完整的窗户，卡拉瓦乔在这幅画中描绘了一扇巨大而清晰的窗户。

此外，这扇窗户位于画面的正中央，因此更应该被看成是卡拉瓦乔所有作品中最为独特的一个画面。在卡拉瓦乔的其他作品中，如《捧果篮的少年》《抹大拉的玛利亚的忏悔》《纸牌老千》《马大与抹大拉的玛利亚》《忠诚爱恋》《奥林匹亚·阿尔多布兰迪尼夫人》甚至是《复活的拉撒路》《圣露西下葬》等作品中，卡拉瓦乔都毫不重视窗户在其绘画语言中的作用。只有在《圣马太蒙召》中他才刻意强调这一元素，并将窗户放置在画面正中央最显眼的位置。但除此之外，我们更应该注意到，画面中有一束强光，照射进这间没有任何其他光源的昏暗房间中。这束耀眼而突然的光仿佛来自画面之外一个不确定的地点，这刚好对应着空间中的真实场景，即耶稣与彼得恰恰从门那走进房间。

还有一个值得注意的细节，从这束强光的内部线条中，可判断出在墙壁上正好浮现出了窗户的右侧部分（面向我们），提示着门窗边框重新

上图（左），卡拉瓦乔，《被蜥蜴咬到的少年》，1594 年，伦敦，国家美术馆，玻璃花瓶上反射出的窗户的局部。

上图（右），卡拉瓦乔，《圣母之死》，1605—1606 年，巴黎，卢浮宫，画面深处墙壁上的窗户阴影的局部。

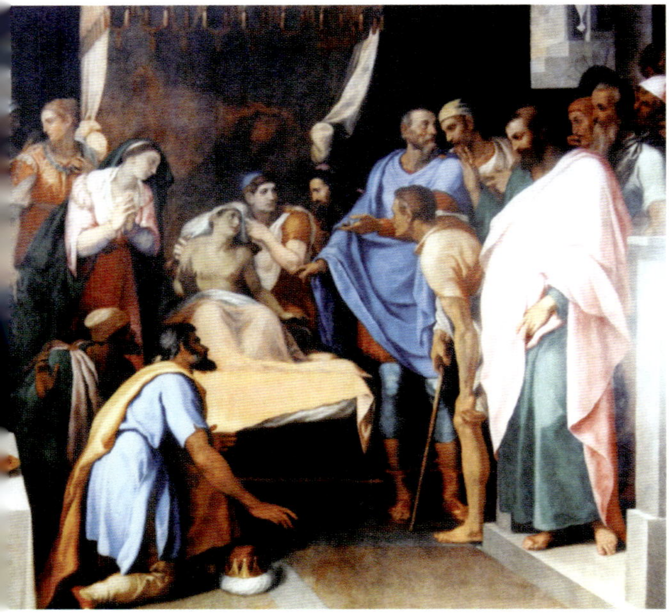

进入画面，做出准备关闭的姿态。但卡拉瓦乔并不是一个随意的人，他的每个细节都具有深意，这束光线的路径反映出窗户的内侧，这一细节应在整个画面中具有重要意义，与整幅画的深层含义具有某种联系。卡拉瓦乔在这幅画中对光线的处理并非通常意义上的出于明暗对比的考虑[21]，而是完全基于一种精神与思想的考量。

卡拉瓦乔在这里呈现的窗户中还传递出另外一个更加重要的信息。必须注意到，与所有的窗户一样，这扇窗户最主要的功能为让光线进入到房间内，这是窗户最基本、最本质也是唯一的功能。通常窗户外围会涂上厚重的油纸、牛皮纸或油布，在卡拉瓦乔的时代，这是为了御寒，以阻止外部寒气进入。玻璃窗户因为价格昂贵，中低阶层的普通百姓无法负担，因此并不常见。但这幅画中的窗户看上去十分厚重，密不透光，即使窗户是用普通的油纸或油布制成，似乎也并不能履行其最主要的职责，即让光线进入房间内部。[22]

上图，杰罗拉莫·穆齐亚诺，《马太复活埃塞俄比亚国王之子》，1586－1589年，罗马，阿拉科埃利圣玛利亚教堂马太小堂。

因此《圣马太蒙召》画面中的光线并不如我们所猜想的，来自于窗户：因为这是一扇“死”窗户。光线是从别处进入的，我们无法知道这别处的光线在哪里，是何物，是如何运转的。光线来自另一个光源，并不是通过窗户进入房间。光线是从一个无形的、遥远的、但又确定而真实的光源处毫无障碍地直接进入。值得注意的是，整个画面中只有耶稣与彼得进入的那扇门是半开状态的。

考察卡拉瓦乔曾直接或间接描绘过窗户或一个开口（以让光线进入内部）的作品，可以看出必须保证一定数量的光线进入，才能照亮故事发生的场景。这意味着，倘若卡拉瓦乔不直接描绘出窗户或开口，至少需想象到光线从外部进入所产生的效果，并因此想象出，让一定数量光线通过的一扇窗户。因此，卡拉瓦乔在《圣马太蒙召》中对窗户进行了刻意的“遮蔽”，这本身是具有重大意义的。

假设卡拉瓦乔在其他作品中都假想了一扇提供光源的玻璃窗户，但只有在《圣马太蒙召》中用油纸窗户来充当光源，那么这幅画奇怪的地方在于，窗户并没有让光线进入，因为它甚至无法虚弱地照亮彼得的面庞（即使彼得紧靠着窗户），因此可以确定的是，那缺少光线的窗户，正是卡拉瓦乔刻意为之的明显暗示，需要更进一步的探讨。

卡拉瓦乔与“达尔皮诺骑士”的“恩怨情仇”

我认为，在阐释《圣马太蒙召》这一特定主题的相关资料中，卡拉瓦乔的评论家们尽管已经详尽地探讨过肯塔瑞里小堂的所有壁画作品，但并未关注过朱塞佩·凯撒（绰号“达尔

皮诺骑士[23]”）于1591－1593年间在该小堂中创作的作品。

在接近十年的时间中（肯塔瑞里小堂预计竣工的工期），至少诞生了三幅同一主题的不同作品，即圣马太生平的描绘。这三位艺术家分别为：穆茨安诺（他是第一位在肯塔瑞里小堂中进行壁画创作的艺术家，随后他将此画加以改动，绘制在阿拉科埃利圣玛利亚教堂的马太小堂中），第二位为凯撒（但他仅绘制了肯塔瑞里小堂的穹顶），第三位为卡拉瓦乔，他绘制了小堂两侧的壁画。穆茨安诺与凯撒的共同点在于二者均描绘出了“马太复活埃塞俄比亚国王之子”这一场景，穆茨安诺的巨型壁画位于阿拉科埃利小堂中，凯撒的作品则位于肯塔瑞里小堂的穹顶上。

那么，尽管穆茨安诺及凯撒作品中的主题与卡拉瓦乔在《圣马太蒙召》与《圣马太殉难》中所描绘的不同，但三位重要画家间存在着某种联系，接下来让我们简要论述。首先，穆茨安诺将埃塞俄比亚王子的身体放在一个帐顶之下，帐顶周围有两个开口，尽管没有其他细节，但仍能看到外部世界。其次，在凯撒的画作中，同样将复活的王子放在帐顶下，但凯撒在这里与穆茨安诺的区别在于：1）他仅描绘了一扇窗户，这是一扇文艺复兴风格的大理石窗户，位于画面中间的上部，处在王子身体与圣人之间。2）圣人身后有一个巨大的入口，一扇大光线从该入口处照射进房间内，随后圣人走进放置着王子的床铺。房间内围绕着众多群众，更突出了圣人的形象。还有几个细节值得注意，凯撒画中的窗户似乎有两扇活页，每扇活页由一条线（或许是铅线）分割开，呈“×”形，由一条水平线在交叉处切割开。如果这幅画是用铅绘成的，那么很有可能，这扇窗户是玻璃制，而非油纸或油布制成。

我认为，需要注意到凯撒壁画的两个重要

上图，朱塞佩·凯撒，《圣马太复活埃塞俄比亚国王之子》，1591－1593年，罗马，圣王路易教堂肯塔瑞里小堂（穹顶壁画）。

细节。那扇半开的玻璃窗户（朝里开，但能瞥见光线与外部世界），其次是通过马太身后高处开口进入的那束光线，它照射在马太身上，并最终投射至复活的王子身上。

那么，现在便出现了一个问题，即二者之间是否具有联系。凯撒描绘了一扇窗户，即使是一扇小窗户，但也是玻璃制成的，呈打开状态。画面中还有一束打在马太身上的光线。而卡拉瓦乔在他的画作中却呈现了一个“不透光的光线”。[24]同时，卡拉瓦乔的画中，一束光线进入画面中，但观者却无法知道其具体的光源（仅能推测是否来自于那扇半闭的门）。

凯撒在小堂穹顶上所绘制的壁画早在1593年便已完成，因此卡拉瓦乔不可能没有见到过，至少在1599年7月之后他也应该对此有所了解，因为此时他已经接受了为小堂两侧壁龛绘制壁画的委派。我认为，可以推测卡拉瓦乔不

上图（左右），朱塞佩·凯撒，《圣马太复活埃塞俄比亚国王之子》，1591－1593年，罗马，圣王路易教堂肯塔瑞里小堂，（穹顶壁画）：上方窗户的局部，光线从右边照入。

可能没有用他那双如鹰般敏锐的眼睛观察过这幅大师画作。此外，甚至可以推测卡拉瓦乔曾在心中盘算过，要与凯撒“算清账”。这种推测也是合情理的，因为卡拉瓦乔想要在罗马艺术界成名，而凯撒则是他的劲敌[24]。

1599年，卡拉瓦乔被委派描绘圣马太的故事。凯撒仅在这个教堂的穹顶绘制过壁画，但他并未成功地将作品完成，因此间接地帮助了卡拉瓦乔得到了这个好差事。卡拉瓦乔得此良机，故而能与凯撒来一次彻底的“清算”，这不仅是个人关系层面上的（当然，二人的关系早就不再如初，卡拉瓦乔对凯撒怀有极大的怨愤），同时也标志着卡拉瓦乔从凯撒的“主宰”中得到了艺术解放。卡拉瓦乔与老“主人”的过往仇怨仍是隐隐作痛的伤口，我认为，卡拉瓦乔是故意选择与凯撒进行了一场跨越时间的艺术对决的。当然这场对决在空间上却是近的，因为两者都是在肯塔瑞里小堂内作画。他故意采用了凯撒壁画中出现过的相同元素来与这位老牌艺术家对峙。卡拉瓦乔野心勃勃，他试图展现出自己的天赋与才能。他刻意采用了凯撒壁画中两个经典元素：光线照射进空间内部与画面中出现了一扇窗户。这幅画处理了两个本质上截然不同的主题，分别为年轻王子的复活奇迹与耶稣的蒙召。而上述所说的两个相同元素正是这两个主题中唯一的相同处，这也是合情合理的。卡拉瓦乔曾前往罗马游历，他贪婪地欣赏着古代与现代的大理石雕塑和中世纪的马赛克画像，他仔细观察着罗马教堂或宫殿中随处可见的名家真迹，因而他获得这些灵感是自然而然的事情。[25]但在肯塔瑞里小堂中，这不再是一种“模仿”或是“借鉴”：这完全是一种挑战。当然，卡拉瓦乔依旧愿意描绘小酒馆中那动人心魄的人性，或是网球场上那热血澎湃的肾上腺素，但这已不再是缺陷。卡拉瓦乔被谑称为“被诅咒的画家”（尽管艺术家本人毫不在意），但这也丝毫不会影响他的地位。

事实上，卡拉瓦乔根本无意改写或借鉴他人的作品，这既不是他的风格，也不是他的需求。我认为与其他艺术家相比，卡拉瓦乔作品中流动的感情色彩是由两种基本情感组成的，这是两种颠覆性的显性情感，一种是克制的“欣赏”，是偶发的、有节制的情感（如对米开朗基罗·博纳罗蒂的崇拜之情，可见于《圣马太蒙召》画中耶稣的右手，或是梵蒂冈保存的《下十字架》中尼科德莫的面庞，这些处理都是对伟大的米开朗基罗的致敬），另一种情感是创造的原创性与深刻性（如《圣马太蒙召》与凯撒壁画的对峙），关于“卡拉瓦乔与现代性”则需要一篇长文才能详尽讨论。

因此，卡拉瓦乔与他的前任“老板”、如今

上图，卡拉瓦乔，《圣马太复活埃塞俄比亚国王之子》，1591 — 1593 年，罗马，圣王路易教堂肯塔瑞里小堂（穹顶壁画），仆人的局部。

的对手，进行了一场直接的对峙。他试图用独特的艺术创意，展示他这位旧“雇员”，究竟能达到何种艺术高度。他刻意使用了肯塔瑞里穹顶壁画上的相同元素：窗户与一束光线。此外，我认为还能在凯撒壁画中找到另一个相似元素，也就是那名小奴隶。他抬起王子所在帐顶的右侧（面向我们）。而卡拉瓦乔则在《圣马太殉难》中描绘了伊尔塔克刺客，画面中凶手悄然接近祭坛，而圣人马太则在惊恐地逃跑[26]。

我认为，这三个元素（窗户、光线与小奴仆）共同支撑了这样一个观点，即卡拉瓦乔试图向凯撒证明自己的艺术造诣。曾经的卡拉瓦乔屈居于凯撒的画室中，遭受了凯撒的粗暴对待，甚至几乎被凯撒从艺术圈与商业圈驱逐出去。不管怎样，让我们回到《圣马太蒙召》这幅画，这是一个十分重要的细节，在穆茨安诺的《埃塞俄比亚王子复活》中出现了两个外部开口；在相同主题的凯撒壁画中，出现了一个具有玻璃合页的装潢窗户，呈半开状态，可以让观者瞥见外部空间与光线；而在《圣马太蒙召》中，卡拉瓦乔关闭了那扇窗户，实际上阻止了光线的进入。

我认为，与隔壁那幅凯撒的作品相比，这样的处理具有重要意义。但遗憾的是，学者们尚未认真地将这两幅画进行对比，仅有的几处论调大都是围绕着凯撒与卡拉瓦乔的作品中对光线与阴影的安排。

显然，凯撒穹顶壁画中的窗户或许仅是画面中一个简单的装饰，不可能有其他含义或深刻解释。伴随马太进入埃塞俄比亚王子房间的那束光线，或许只是一种对神圣光环的通常处理，仅仅是为了突出神圣的仁慈和对圣人与奇迹的描绘。从文献学的角度来看，卡拉瓦乔并非改写了凯撒穹顶的壁画，而是对其发起了挑战。除了这两处显而易见的相似元素外（窗户，光线的对角线安排），其实《圣马太蒙召》中更体现了一种截然不同的宗教思想，而这是完全脱离了凯撒壁画的独立自主创造。因此，选择描绘出一扇不透光的窗户，呈现一束从右边打入的光线，作为进入画面内部的关键，这是一种十分创新的方式。而这便是与凯撒壁画的直接对峙，如巴利奥内近乎讨好地称赞这是“十分优雅”的处理[27]，但巴利奥内的评论实际上漏掉了两者对峙的戏剧价值。因为卡拉瓦乔试图向凯撒证明，他可以使用相同的元素来达到完全不同的艺术高度。他试图证明自己可以用同样的绘画元素，传达出不同的宗教思想，而这是这名罗马最大画廊的老板无法企及的。

卡拉瓦乔画作中涉及的并不是什么新话题，但他仍刻意与旧传统保持距离。正如其他资料显示[28]，他试图与皮特扎诺的提香主义（不管是否存在）相区别，用一幅《马大和抹大拉的玛利亚》来与这位深刻影响过自己的恩师划清界限。而在世纪之交，卡拉瓦乔试图将自己与旧老板之间的恩怨在这幅画中清算干净，当然他也试图摆脱掉那日渐式微的矫饰主义的限制。他用一种全新的方式来处理这痛苦的故事，处理这一永恒的主题，也就是人与上帝之间的关系。从艺术层面来看，卡拉瓦乔艺术作品中的“危机”正体现了他的本质，正如斯特里纳蒂所论及的那样（下文将详细介绍）。

恩典之光

这幅画的主题是神圣恩典对人类命运的干预，对救赎的呼唤。《圣马太蒙召》最本质的根基正是那束光，那束熠熠生辉的、突如其来的光芒，如闪电般，如刀锋般，刺入这个世界。这只能是神圣恩典，而这也是学者们一致认可的普遍解释。那束突然打在马太身上的光线，让他根本来不及说出那句“谁？我吗？”，奇迹便

左图，卡拉瓦乔，《圣马太蒙召》，1599 — 1600 年，罗马，圣王路易教堂肯塔瑞里小堂，逃跑的牧师的局部。

已完成，彻底结束了。马太刚要发问，藏在桌子下的双腿早就已经蠢蠢欲动了，他不由自主地起身，不顾一切地追随着这陌生人。马太似乎在询问："谁？我吗？我这样一个收税员？"

卡拉瓦乔画面中充满了"瞬间感"（马里尼所用术语），贝洛里曾批评卡拉瓦乔绘画的缺点在于呈现出了一个看似"无运动"的平衡。救赎的故事瞬间完成了，那么突然，那么扣人心弦。那束光线伴随着耶稣进入，而非提前出现预示耶稣的到来，也不是在他之后出现，伴随着他。那束光线照亮整间房子，点亮了桌旁坐着的五个人，但只有马太被蒙召了。

然而卡拉瓦乔在这里对光线做了两种处理：

1. 这是一种人工工具（窗户），光线可以穿透，但在画面中并未透过光线。

2. 一束突如其来的强光从某个位置的光源照射进房间。

这两个特殊的处理是相互关联的，必须共同对待，作品试图向观者传递出神圣恩典这一重要讯息。这是一束突然的，令人眩晕的光线，它可以拯救众生。这束光线正是耶稣带来的恩典。

如果这束刺入房间的光只可能是神圣恩典，那么我们就得到了一条准确的信息。上文已有提及，但我想有必要再强调一次：用于给房间提供光源的工具，即画面中央那扇巨大的窗户，却没有透过光线。"那束真正照亮每个人的光线"[29]其实来自于另一个光源，而那扇窗户实际上是关闭的，或者说是无效的。这是为何呢？如果窗户无法提供光，那它的作用是什么？

卡拉瓦乔刻意让窗户呈不透光的状态，是为了突出房间内的"明暗对比"，为了更好地强调那束光芒的惊人力量。卡拉瓦乔不是赫里特・凡・洪特霍斯特（意大利名为哲拉多・德诺迪，1590－1656年），他本可以完全不画那扇窗户，他本可以很简单地处理，让房间深处直接出现一面墙壁即可，但他显然是故意让那扇窗户不透光的。他故意在墙壁的正中央，同样也是画面的正中央，刻画了一扇巨大的窗户，但这扇窗户实际上并没有发挥出该有的功能，这是为什么呢？

卡拉瓦乔并不是一个随意处理细节的人（这可不是偶然或疏漏），他准确地刻画出了大窗户的内部结构，如用于关闭窗户的铁扣，甚至墙壁上固定的小金属环也对画面右边照射进来的光线进行了反射。但奇怪的是，卡拉瓦乔并没有描绘出两扇合页究竟是朝哪个方向开放的。窗户木板看似是固定的，但并不可朝外开，因此这扇窗户不仅不透光，还无法让空气进入房间内。[30]这扇窗户的存在绝非偶然，若不透光，则必须与从右边射入的"真正光线"具有某种联系。为何要这样处理呢？

值得深思的是，从右边射入的光线与这扇窗户具有联系，光线应该从窗户通过（但实际上并没有），而窗户位于整个画面的正中央。这是两种光（一种是真正照亮的，另一种是无法照亮的）。我们可以推测，这是卡拉瓦乔刻意制造出的一种联系，否则他大可直接画一整面墙，1600年前后的画作中他都对墙壁做了这样的处理。

那束神圣的"真正光线"是从右边进入的，如果人类用来采光的工具，即那扇窗户，并不通过光源，那它其实不具有价值与含义。这只能表明，照亮这间"大房子"的光线并非来自于人类预期的地方（即窗户），而是突如其来地，毫无预兆地，如闪电般从另一个无法预知的光源照射进房间内。卡拉瓦乔对这个奇迹的强调主要集中在神圣蒙召的惊人力量中，它点亮了每个观者的灵魂。假如这束光真的是神圣恩典，那么这扇窗户，这个本应该提供光源的工具，只

能是教会（尽管某些学者认为这假设太过牵强或冒犯了权威）的象征。事实上，教会本应该为每个基督徒提供救赎之路，但它并未履行使命。因此，救赎只能来自每个人与上帝的直接沟通。这就是神圣恩典所具有的深不可测的神秘力量。因此显然，通过这束光线，卡拉瓦乔传递出了上帝与人类的直接联系。

是宣示吗？

由于缺乏有力的史料，对卡拉瓦乔作品的任何一种解读，尤其是《圣马太蒙召》，都只能是一种假设。但这种理解是合理的，是基于画面元素的形象意义进行的解读。本文提供的解读是建立在同时代历史学家的根基上，即使这些观点至今仍被认为是不确定或不重要的。其实，我觉得历史解读必须挑战一下所谓“确定的”“绝对的”“毫无疑问的”，或是“准确的”新资料，因为根本不可能存在准确的资料，更何况，没有任何资料是新的。疑惑总会存在，对于任何艺术作品，研究者与观赏者都只能在某种程度上的不确定之中摇摆，学界提出的某些理论也只在某种程度上可信。

但从方法论的角度来看，如果支持某些太过牵强的理论，是大为不妥的，如祖卡里提及的“肯塔瑞里小堂两侧壁画的‘政治’意图”（引自卡尔维斯[31]）。他指出，《圣马太蒙召》一画“反映了恩里克四世的皈依”[32]（教皇于1593年皈依，1595年罗马发表了对其的赦免书）。我认为这种联系毫不“可信”，对这样的解读，仍需更为谨慎。

因此将《圣马太蒙召》解读为恩里克四世被赦免的象征，不免让人觉得卡尔维斯与祖卡里的假设太过“确定”。即使我提出的理论仍存疑，但我认为一个优秀的历史学家仍应继续深入探讨卡拉瓦乔作品与神圣恩典的联系，并

上图，卡拉瓦乔，《圣马太蒙召》，1599 — 1600 年，罗马，圣王路易教堂肯塔瑞里小堂，固定在墙上的铁扣的局部。

将这种解读与1599－1600年教会的核心政治体系结合起来探讨。[33]

如果这幅画存在一点“确定性”，那只能是它的深层主题与本质意义，即“上帝赐予人类恩典”这个唯一的概念。这是解读卡拉瓦乔深层思想的关键，卡拉瓦乔有意通过马太蒙召这一事件传达出的信息便是“上帝的恩典”。我认为，单从这一点就可以看出，此画与恩里克四世的皈依联系不大，更何况此事还发生在画作完成的五年前。接下来，我们应该探讨的是，上帝是如何通过这深不可测的神圣恩典给予人类救赎的。

卡拉瓦乔试图让观者直面一个本质的问题：“我，为何能救赎我自己？而你，又为何能救赎你自己？”更何况恩里克四世皈依天主教是“政治皈依”，具有某种投机性质，罗马教会在1593年信件中也表示了怀疑，“除非他的心是真诚的，他的信仰不是虚假的”[34]。因此，我认为两者之间不存在真正的联系。这幅画的灵感来源只能是一个深深困扰着每个基督徒灵魂的疑问，即上帝如何让人类得到救赎。

我确定，如果卡拉瓦乔提出这个问题，必定会出现一位形容憔悴的神学家，向他解释道，神圣恩典“不是被创造的”或 “是被创造的”，是“上帝”，是“耶稣”，是“内在的”，是“外在的”，是“给予的恩典”，是“行动中的恩典”，是“习惯”，是“行动”， 是“运动的”，是“合作的”，是“本源的”，是“后续的”，是“激动的”，是“有力的”，是“足够的”，是“有效的”……而卡拉瓦乔肯定会毫不犹豫地飞身逃离……

这是一个痛苦的问题，是基督教全部历史的折磨点，无时无刻不困扰着信徒们的心灵。卡拉瓦乔不是第一个，也不会是最后一个提出疑问的人。奥古斯丁与伯拉纠神学分歧的立足点不就是神圣恩典吗？马丁·路德反抗罗马教会的斗争，不就是询问人类是否可以站在上帝面前吗？马丁路德对伊拉斯谟的诘问，不就是围绕着神圣恩典展开的吗？[35]冉森教将那些无法救赎信徒的教皇赶下台，本质上也是因为这个问题。

那么，将这幅画与神圣恩典的大争议相联系，我想是合理的。这是一种深切的痛苦，在特兰托会议后，折磨着每个宗教信徒。16世纪中叶与17世纪中叶之间，直到1642－1643年对罗马教会法案的诘难前，这一百年都是动荡不安的时代。

1600年是关键的一年，这一年召开了教会大公会。而卡拉瓦乔正处在这场争论的旋涡，他应允创作肯塔瑞里小堂的壁画，也如约创作了《圣马太蒙召》这一画作。倘若卡拉瓦乔试图从自己的角度对神圣恩典、救赎、耶稣对圣马太蒙召等问题进行思考，他为何要费尽心思去阅读五年前颁发的一封赦免法国国王的文书呢？尽管这封文书作者主教安东尼安诺是一名杰出的文人，但这在当时不过是尘封许久的历史文件而已。

《圣马太蒙召》体现了卡拉瓦乔对神圣恩典与自由意志这一主题的具体思考。显然，他认为神圣恩典是上帝对每个罪人给予的直接的、完全的、无条件的恩赐，即使此信徒在世时无任何贡献或功绩。

如果仔细观察艺术家创作出的这幅面对恩典之手的作品，就能分辨出三组人：1）桌子中心当然是马太，他被耶稣蒙召，但他并没有立下任何功绩。正如他自己的手势显示的“谁？我吗？”，他此前对蒙召毫不抱希望，甚至毫无渴望。2）在马太的左边，有两个年轻人（一个面对观者，一个背对观者），他们都看向了召唤马太的耶稣，表情中一半惊奇，一半狐疑。3）马太右侧则是一名戴眼镜的老者和债务人，这名债务人看起来有点“吝啬”，对耶稣召唤马太的事件毫不在意，沉浸在钱财当中。显然他对这事件的深远意义毫不敏感，也毫无兴趣。尽管这事件就发生在他眼皮底下，他也充耳不闻，视而不见。

卡拉瓦乔在这里构造了三个元素的组合，即1）“气”：这是精神的、开慧的、可以得到的救赎的世界；2）“灵”：是具有信仰与善行，但并不能到达的上层精神世界；3）“罪”：无法得到任何救赎的物质，对上帝的声音毫无感知力，因此注定堕入永久的沉沦之中。[36]诺斯替教教义与基督教，很早便将人类分成三种类别。而由马尔斯洛·费奇诺[37]所译的《阐释宝典》在意大利费奇诺学派中流传，很有可能将这种三分法又带回了16世纪的意大利文化中（当然这需要进一步探讨）。尽管卡拉瓦乔的确是个天才，但我不想太过极端，甚至推测卡拉瓦乔能预示未来。因为在五十多年后，布莱兹·帕斯卡尔会撰写出一本举世闻名的巨作，指出“世界上只能存在三种人：找到上帝并为上帝服务的人；一直在寻找上帝但无果的人；最后是不寻找上帝，也找不到上帝的人。第一种人是理性而幸福的；最后一种是堕落而不幸的，而中间那种人是理性但不幸的”[38]。 当然卡拉瓦乔显然区分出三种人：无功绩（甚至有罪）但被上帝蒙召的人，即马太；感受到上帝的召唤，但兴趣不大，甚至产生怀疑的人，即那两名年轻人；最后是对上帝召唤完全充耳不闻的人，即沉浸在数钱中的老人与债务人。

我认为，应如此理解卡拉瓦乔试图通过这幅画传递的含义：他认为，不是所有人都能感受或接受到上帝的恩典，只有某些或某个特定的人才能被上帝蒙召。我不想在这里讨论谁才是“上帝的选民”，因为这会将卡拉瓦乔的思想推向新教，或冉森教教义。当然，不可否认的是，卡拉瓦乔的思想与他们的确有相同之处，这也有可能仅是一种机缘巧合。其实卡拉瓦乔使用了明确的“语言”来告诉观者，神圣恩典是上帝赐予给无功绩罪人的直接而无条件的恩赐，恩典不是给予所有人，而是某个特定人的，正如这句问话“谁？我吗？”一样。

这就是卡拉瓦乔试图通过画布传递的“宣言”，这就是他在第一幅神圣题材的公共绘画作中传递的宗教思想。祖卡里对卡拉瓦乔的宗教思想毫无理解，他仅在这幅画中看到了卡拉瓦乔对手的绘画技巧，即“乔尔乔内的思想影响”，而这早已是人尽皆知的。

上帝面前的罪人

神圣恩典是上帝赐予无功绩之人的直接而无条件的恩赐，而被上帝召唤的人根本无时间行使自己的自由意志。上帝召唤了你，这种召唤是唯一的、完全的、确定的。因此，我不赞同达拉斯塔认为卡拉瓦乔画作只传递出了一种真理的观点[39]。而特雷菲斯的观点则更加不可接受，甚至毫无根据。他认为卡拉瓦乔的自由意志，不在于《圣马太蒙召》，也不在于早期的《马太与天使》（随后毁于柏林），而在于“第一根”与“第二根”祭坛画柱之间的对比。他认为“第二根”画柱“从神学角度来看，更具平衡感”，因为“《圣马太蒙召》《圣马太殉难》与祭坛共同组成了教会教义的强大势力，教会是苛刻而严厉的雇主，神学是太过教条化的思想，因此卡拉瓦乔选择用这种巧妙的方式来表达反抗”。[40]

但仅仅从祭坛画柱便推测出马太并非在耶稣召唤他的时刻，而是在他撰写使徒书时才行使自由意志的，便是一种无稽之谈了，根本不值得推敲。而将第二根祭坛画柱（之后创作的）与《圣马太蒙召》（之前创作的）联系，证明卡拉瓦乔试图（或被迫）坚持自由意志，这又是一种反新教式的观点，对于解读艺术作品来说，此类方法论都是不可靠的。我认为，不能在马太身上做法国主义式的解读。在《圣马太蒙召》的那些大阴影中，“自由意志”并不存在，我认为就连那些阴影都不存在。上帝对圣马太蒙召是直接的，而卡拉瓦乔让这种召唤如闪电般瞬间完成，根本不给他行使自由意志的时间。

还有一种深入卡拉瓦乔思想内核的假设，即由阿尔干提出的“北欧或改革宗教”（本文开篇已引用）。这种理论会导致一个问题，即卡拉瓦乔是否曾注意过改革主义的思想？而我认为，将卡拉瓦乔视为一个反宗教改革画家，仍需更多资料佐证。为何一个天主教画家，会成为反宗教改革画家，并试图操控宗教世界那套精妙的密码？难道在其苦涩的青年时代，卡拉瓦乔便已参悟了这些哲学思想，创作出了一批让“普通”大众无法理解的作品？这是围绕一个从来未曾存在过的人物所编造的谎言，是时候拆穿它们了。卡拉瓦乔的确生活在反宗教改革的动荡年代中，但他却根本不可能是反宗教改革画家。不少学者试图将卡拉瓦乔的思想归结于罗马反宗教改革的文化与精神标准，而对这种理论发起质疑应是历史学家最重要的责任，我认为这也是未来几十年对卡拉瓦乔进行科学性研究时会面临的最大挑战。

卡拉瓦乔与圣水

就我们现在的了解，无法对上述问题给出一个明确的答案。但我们仍有可能获得某些接近卡拉瓦乔宗教思想的理论。仍旧回到人类与神圣恩典之间的关系这一问题，有则史料非常重要。苏辛诺记载了卡拉瓦乔于1608—1609年间在西班牙南部的游历，这正是他逝世的前夕。“一天，他

右图，卡拉瓦乔，《圣马太蒙召》，1599－1600年，罗马，圣王路易教堂肯塔瑞里小堂，数钱的局部。

与一批绅士走进了皮雷洛圣母大教堂，其中一名绅士试图递给他圣水。他问绅士，圣水有何作用。绅士说可洗去罪孽。而卡拉瓦乔则说道：'我不需要了！告诉他们，我不需要，因为我的罪孽是无法洗去的。'"[41]

这则逸事早已有不同版本，也存在大量解释，但这个重要的历史问题，我认为应从另一个角度来看，即卡拉瓦乔对这名递给他圣水的绅士所提出的问题，比他对绅士的回答更为重要。[42]回到上文涉及的神圣恩典这一话题，我认为有必要讨论"辅助工具"的争议性，因为这些辅助工具直接关系到上帝对人类的救赎。救赎工具至少在中世纪早期便已存在了，甚至在改革宗教思想内部与十七世纪的冉森教思想中同样存在。罪人忏悔的问题在于"彻底的忏悔"与"不彻底的忏悔"之间的区别，"彻底的忏悔"指出于对上帝的爱而进行悔过，而"不彻底的忏悔"则指出于对地狱的恐惧（即对自身的爱）而产生的悔过。[43]

那么，我认为不能脱离当时的宗教背景来考量卡拉瓦乔的思想与作品。首先，德尔蒙特主教对卡拉瓦乔具有巨大的影响；其次，十六与十七世纪的教会发生了重大变革，而反宗教改革与宗教裁判所也仍在暗流涌动。此外，那些认为卡拉瓦乔毫无保留与毫不存疑的信任反宗教改革行动的理论，实在是太过牵强。认为卡拉瓦乔具有特伦托天主教思想（卡拉瓦乔其实与这思想毫无联系），或者认为卡拉瓦乔根本没有考虑到神圣恩典即人类救赎的理论，也并不正确，因为人类在面对上帝时产生的无尽脆弱与恐慌才是卡拉瓦乔真正传递的信息。总之，我认为将卡拉瓦乔的宗教思想简化为反宗教改革是一种需要质疑的理论，这种假设不仅毫无根据，其结论也完全错误。

那么当卡拉瓦乔说出那句"我的罪孽无法洗去"时，他真正想说什么呢？我认为，他应是指出"不彻底的忏悔"并不具有效力。为何他会说出这样的话，这句话为何又是如此费解？我们可以认为，卡拉瓦乔对这些心知肚明，那么他在描绘那些削水果的少年们时，是否隐藏了很多神秘信息呢？

那么，人类的罪恶不可能是无法洗去的，因为这句话隐藏了一个矛盾。这是一句戏谑之语，因为卡拉瓦乔真正想说的话，绝不可能以严肃的口吻说出，否则他将面临风险。这句话传递出了一个真相，这个真相不仅反映了当时的宗教讨论热潮，也反映了他在德尔蒙特家中的处境，体现了他与对手画家们之间的争斗，也让我们得以窥见他在网球场与风月场中的经历，同时也传达了他那充满矛盾，但也满怀坚定的精神世界。

寻找上帝之路

卡拉瓦乔在西班牙那遥远的国度对"不彻底忏悔"所做的批判在他第一幅，也是花费最多心血的宗教题材公共绘画作中得到了印证，那便是：上帝不管人类是否有功绩，都会将恩典慷慨赠予。

那么，他是尼哥德慕主义信奉者吗？还是伪君子？或是异教徒？答案不是如此简单。

1544年，卡尔文诺提出了"尼哥德慕"这一术语，用于指代那些即使加入改革教会仍遵守并参与教会仪式的信徒。德里奥·坎迪莫力重新定义了该术语，将其用于指代那些"隐藏自己信仰的人。隐藏信仰不仅是为了克服对殉难的恐惧，也是对当地国家宗教权威的一种尊重"[44]。

尼哥德慕主义通常被视为一种十六世纪的重要道德实践方式，但金兹伯格最近从历史学的角度对尼哥德慕主义进行了更准确的界定。他认为

尼哥德慕不仅是一种实践方式，更是一种“主义”，他指出“尼哥德慕是一系列试图维护宗教虚伪合理性的理论研究”“用理论来阐释宗教虚伪的态度，这是十六世纪的独特现象”[45]。

当然本文无意探讨意大利尼哥德慕主义的宏观思想，我们仅针对卡拉瓦乔《圣马太蒙召》这一画作进行讨论。我认为，从卡拉瓦乔对神圣恩典与人类自由意志的研究假设来进一步展开对此画的阐释，这是合理的。同样可信的推论是，卡拉瓦乔其实在画中涉及了神圣恩典的广泛争议。他在画作中表达了上帝可无条件地救赎罪人，但不允许自由意志的存在。显然，他试图用特有的绘画技巧，在画作中掩饰这一思想。上帝对罪人是否具有绝对权威，这是十六世纪末期罗马知识圈中的重要问题，大部分知识分子肯定对此争议有所了解。不仅是改革主义对上帝恩典进行过质疑，就连天主教神学家内部也有过讨论，如巴依奥曾谴责该教义，并公开宣布脱离教会，或是巴内兹与其他多米尼教主义者对此均有过涉及，冉森教教义内部对此问题也曾展开过彻底的讨论。

简而言之，如果说卡拉瓦乔通过画作强调了神圣恩典是上帝对罪人（即使无功绩）的无条件恩赐，但这幅画中却无法找到任何涉及上帝恩典讨论与争议的清晰暗示，也无法猜测出其隐藏在画作中的真实宗教思想。

那么，卡拉瓦乔是个伪君子吗？

“伪君子”是一个明显贬义的道德评判词语，相关的行为方式并不被现代早期的文化、政治或宗教环境所容忍。

马基雅维利曾在《对话论》第三卷提及“高傲的塔尔奎托”之孙朱尼奥·布鲁托的一则逸事：国王杀害了他的父亲与兄弟，因此他只得装疯以求活命。但马基雅维利将“伪装”

上图，卡拉瓦乔，《圣马太蒙召》，1599 — 1600 年，罗马，圣王路易教堂肯塔瑞里小堂，耶稣指向马太手指的局部。

这种行为方式与“谨慎”美德相比：“没有人比他更谨慎，比他更睿智，朱尼奥·布鲁托那装疯卖傻的伪装其实体现了高尚的品质。”[46]

维拉利引用了萨尔皮对教皇法尔内塞保罗三世的一段评论，“在他所有的美德中，只有‘伪装’是最令人尊敬的”[47]，因此，对于该画创作的年代来说，伪装可不是什么罪或不足，它更像是一种个人选择，与尼哥德慕主义接近的个人选择。这是一种保存或捍卫内心深处最隐秘信念（政治或宗教的）的方式，可免于政治压迫或宗教审判。当然这并不表示卡拉瓦乔的作品（《圣马太蒙召》及其他作品）一定要从“伪装”这个角度来阐释，只是意味着，在当时的文化中，卡拉瓦乔有可能选择这种伪装的方式，他选择用绘画这个唯一的工具来表达最真实的宗教思想。

我认为，一名优秀的艺术史学家不应执着于从宗教的角度解读卡拉瓦乔的作品，而应更好地结合当时的文化历史大环境。遗憾的是，这样的理论研究几乎没有出现在目前的卡拉瓦乔研究资料中。

卡拉瓦乔生活在一个多元的时代，当时的罗马不仅有高级教士（或许是吝啬鬼）、虔诚的主教（或许是伪装虔诚）、还有吉卜赛人、酒保、妓女等，这里也有夜场、网球场等娱乐场所。这是一个充满疑惑的社会，普通人也会提出问询。主流宗教思想固然是新教、或加尔文教等大教义，但意大利同样有中低阶层的信徒，那么关于救赎、神圣恩典、自由意志或偶然性等问题，也一样能触及普通大众。

那么卡拉瓦乔是一个异教徒吗？

关于卡拉瓦乔的生平与思想，有很多未解之谜。我们能知道的信息有：卡拉瓦乔1571年出生于米兰，但1576年，也就是卡拉瓦乔5岁时，他与妹妹卡特琳娜已经不在米兰，而他们的父亲费尔墨、母亲露西亚、妹妹玛格丽特与弟弟乔万尼·巴蒂斯塔却仍在米兰生活。或许是父母得知瘟疫即将蔓延，便决定将两个年龄稍长一点的子女送往祖父母所在的卡拉瓦乔镇，“因此可以推测，卡拉瓦乔一直在卡拉瓦乔小镇居住至1583年末或1584年初”[48]。

1432年，圣母对一名卡拉瓦乔镇的小女孩显灵，因此小镇计划建造一个丰塔纳·圣玛利亚的圣堂，地点就选在距离镇子2公里的地方，时间恰好在卡拉瓦乔逗留的那几年间。圣堂由佩尔格里诺·提尔巴尔迪设计，而工程建设则委托卡拉瓦乔的叔叔巴尔托罗梅奥·梅里斯负责。叔叔很有可能让他的小侄子做泥瓦匠，在圣堂工地上打小工。不管小卡拉瓦乔是否被当成泥瓦匠来使唤，有一点是肯定的：即“在卡拉瓦乔度过少年时代的故乡中，建造起了一座著名的圣堂，多年后，成群结队的朝圣者、商人、过路人、遭受各种疾病折磨的苦难人争相涌入了这座圣堂”[49]。因此，我们可推测，青少年时代，即从5岁到13—14岁，这八年时间足以塑造一个小男子汉了。卡拉瓦乔在这个小镇上最开始住在祖父母家中，随后与母亲露西亚生活。卡拉瓦乔的父亲费尔墨于1577年逝世，这也导致卡拉瓦乔在早年的生活中，父亲的形象是缺失的。

卡拉瓦乔小镇（现已升级为市）并不由米兰市管辖（尽管两个地方相距不远），而是属于克雷莫纳市的管辖范围。但人们通常将卡拉瓦乔的出生地泛泛地说成米兰，将其未来前往画室学艺的地方也说成米兰，将首都说成贝尔加莫，却从未精准地指出，他成长的小镇在十六世纪时并不归属于米兰市，也不归属于贝尔加莫市，而是归属于克雷莫纳市。

精确指出这个地名具有深远意义。有不少学者认为卡拉瓦乔早年受到博罗梅奥严酷并苛求的宗教思想的影响。但事实上，卡拉瓦乔从

左图，卡拉瓦乔，《圣马太蒙召》，1599－1600年，罗马，圣王路易教堂肯塔瑞里小堂，背朝观者的男人的局部。

没有见过博罗梅奥，因为1576年时他便已离开米兰，直到1584年才回到出生地，而此时博罗梅奥已经逝世。因此有必要将讨论的中心从米兰转移到克雷莫纳，关于卡拉瓦乔少年时代与其早期的宗教思想便应从另一个角度入手。所以，要强调的是，青年卡拉瓦乔在“米兰”的那段时期，几乎没有受到所谓“博罗梅奥”思想的影响。1584－1588年间，他在米兰学艺，而这是“宽松的时代，至少与维斯孔特主教执教期间，即1585－1595年相比，大为不同”[50]。青年卡拉瓦乔在四年米兰学艺的时期接触到的思想，远远不止这样简单。

1560－1590年，负责克雷莫纳教区卡拉瓦乔小镇圣堂的教士为尼克洛·斯丰德拉托，他是博罗梅奥学派的重要传人。即使体弱多病，他仍极具权势。[51]斯丰德拉托于1583年成为主教，1590－1591年间成为教皇格里高利十四世。克雷莫纳地区内是意大利改革主义思想的产生与传播的重要基地，在1550年到16世纪70年代中叶这段时间内，改革主义的影响更为巨大，这种思潮对卡拉瓦乔的个性与后期作品应该具有重大影响。

“克雷莫纳教会”：加尔文教区

“米兰公国中宗教改革的中心毫无疑问是东南地区，即从皮亚申扎起，穿过克雷莫纳，直至卡萨尔马乔雷的这片区域。与此区域接壤的地区都深受改革主义的影响，如当时的威尼斯共和国、曼托瓦公国的威亚达娜地区与龚扎加地区，皮亚扎诺与艾米力安诺地区等。16世纪30年代至50年代，米兰亲新教与新教的绝对中心为克雷莫纳地区。1547年，克雷莫纳出现了第一次反抗运动：一位名为彼得·布雷夏利的医生在教区内宣传新思想。1550年，两名从曼托瓦附近圣本内笃教区逃窜过来的本内笃教徒被逮捕。显然，他们受到了不同阶层的教徒的支持。可以说，格力乔力地区的大部分意大利布道者来自克雷莫纳。克雷莫纳与摩德纳，或者说克雷莫纳与整个爱思特地区，都深受新教的影响。”[52]

1550年对两名被逮捕的本内笃教徒进行了审判。根据威尔第的记载，异教思想在该地区的影响十分广泛，展开了关于信仰、前世等宗教理论的讨论，甚至“包括所有那些最细枝末节的小义务，如在斋戒日不沾荤腥，或是背诵宗教职责等，这些都被提出了质疑。每个人都在阅读或翻译关于合理性与自由意志的讨论”[53]。这场审判的影响不断持续，甚至后来在克雷莫纳出现了一种“具有严密组织的新教会：这就是‘克雷莫纳教会’，米兰地区已知的首个改革教会，至今仍与其他类似的组织一道活跃在意大利”[54]。克雷莫纳教会的理论依据为加尔文主义，它已渗透进各个社会阶层中，上至贵族，下至普通手工艺人，各个行业都有参加者。即使有反宗教改革的压力，它在1576年仍存在，并在其后的时间内继续壮大。而1576年，卡拉瓦乔正处于少年时期，当时他已经来到克雷莫纳教区下的卡拉瓦乔小镇，或许也曾在圣玛利亚圣堂的建筑工程中做过小工。即使镇压改革的势力依然强大，但异教思想的传播仍旧迅速而强烈。因此，在去世前夕，他依旧不知道（或许佯装不知）另一国度圣堂内的圣水究竟有何作用。我认为，在他那假装的外壳下，早就隐藏了一袭“黑衣”[55]。

这仅是管窥之见，当然与《圣马太蒙召》缺乏直接或间接的联系。试图对卡拉瓦乔的作品做宗教阐释是一项极具风险的事，因为他未留下任何资料证据。除了一些并不确凿的史料，如一批老传记（如曼齐尼、巴里恩内与贝洛里所作的）曾记录并在无意间涉及此点外，没有其他佐证资料。但其实卡拉瓦乔的作品已经或多或少地反映了他的宗教思想。历史理论会对新假设造成一定程度的干扰，因此我们需要毫无偏见地探寻到卡拉瓦乔选择秘而不宣的隐秘情感与思想。

不论卡拉瓦乔的思想与信念是否正确，他对宗教的大问题或是关于原罪、神圣恩典、自由意志等存在本质的问题都有着颠覆性的思考。但他并不打算、或许也没有兴趣和缺乏勇气，将自己的后半生断送在宗教裁判的铁栏中。他不想冒着名誉扫地，一败涂地的风险，因此选择将这些观念藏在心中，绝不公开。卡拉瓦乔不可能或是没有找到合适的机会来传播这些信念（更准确地说，是内心的困惑），因此只能依靠自己的作品，这一唯一的工具了。

在证据中隐蔽：对卡拉瓦乔宗教思想的阐释

现代基督教的最新教义如同烈火，在当时的意大利熊熊燃烧着，因此对《圣马太蒙召》的阐释不可能脱离这个大环境。普通的正统教义也俨然成了一种具有保护力量的温和的调解方式，偶尔也会出现零星的宗教辩护词来进行平衡。

卡拉瓦乔在《圣马太蒙召》中注入了自己的灵魂与血液，他将嵌入骨髓的睿智也投注在了这幅画中，因此我们更应该从历史、文献学、阐释学与批评学等多重角度仔细对其进行审视，以便更好地理解作品的深意。

卡拉瓦乔试图用那束光代指*神圣恩典*。那么这幅画的主角究竟是否是那束光？我认为，关于这点，学界一直都存在分歧。假设这种推想是确凿可信的，那么卡拉瓦乔试图在作品中表现的其实是上帝救赎人类的问题，而这也是十六世纪的知识分子们普遍关注的问题。当时的宗教面临着巨大危机，新教对基督教在西方的正统地位造成了巨大威胁。在当时仍效忠罗马教皇的天主教中与新教中，对信仰本质的讨论正如火如荼，我认为，卡拉瓦乔不可能完全置身事外。关于救赎的讨论极其深刻，卡拉瓦乔怎么可能会去影射法国国王恩里克四世的投机皈依行为？要知道恩里克四世的皈依只是为了夺回王位，可不是为了拯救灵魂。

卡拉瓦乔让马太没有任何时间来行使自由意志，在面对上帝的召唤时，人类根本没有时间思考或选择。马太没有*选择回应*上帝的蒙召，他只是单纯地*立刻回应*了，根本没有时间进行思考，他放下一切，起身跟随耶稣。不存在对原罪的计算或对宽恕的询问：耶稣召唤了马太，知道他就是个罪人；马太回应了耶稣的召唤，根本来不及计算或考虑自己所犯下的罪。召唤与回应都是瞬间发生的，如那束点亮昏暗房间的光一样迅速。达拉斯塔与克雷斯莫都认为召唤与回应是相继发生的，但我并不赞同。[56]整个事件是*迅速*的：从罪到神圣是同时完成的。卡拉瓦乔认为，圣马太蒙召，是一件毫无预兆、突如其来的事件。马太没有，或根本没有考虑过神圣恩典，但他仍下意识地追随着主。

其实巴内兹与多梅尼坎尼的观点在本质上并无区别，正是因为太过强调神圣恩典在人类救赎中的绝对作用，耶稣会士才会指责巴内兹的观点太偏向新教与加尔文教义。事实上，这是卡拉瓦乔的首个神圣主题的巨幅画作，卡拉瓦乔可没有打算惹祸上身，让雇主们对自己产生怀疑，若是引来宗教裁判所的注意，那就更加不妙了。如果他不试图放弃在表达自己关于神圣恩典与人类救赎的个人见解，那除了“伪装”之外，难道他还有别的途径吗？

只有这样才能真正发现卡拉瓦乔的天才

之处。

没有任何一位画家具备卡拉瓦乔的才华，他居然可以在作品中用密码的方式“隐藏”观点，好让后世研究者能够解码，但同时又不会引起宗教裁判者的怀疑，或是引发罗马其他画家的嫉妒。卡拉瓦乔没有采取诡计，而是用了一种全新的方式。

那么他究竟是怎么做的呢？他试图在作品中留下证据，隐藏自己最真实的想法，而这些证据又那么明显，还可能会让寻找真相的人蹊跷地不断远离真相，这恰是此证据最为迷惑的地方。当然研究者审视的双眼却依然能“发现”这些证据，这真是藏在眼皮底下的证据。卡拉瓦乔最隐秘的思想恰恰是通过那些并非“隐藏”的证据才能发现的。

那幅巨画绝不可能引起宗教裁判员的怀疑，因为它完全是正统的描绘：耶稣进入房间，召唤了正在执行公务的马太。马太回应，手指向胸口，继而毫不迟疑地离开座位，跟随耶稣而去。

《圣马太蒙召》的“草稿”（参见那不勒斯馆藏）即已显示，卡拉瓦乔在耶稣身边安排了彼得，他采用了传统的方式描绘了彼得的固有形象，即一个近距离陪伴耶稣的渔夫使徒。在这幅草图中，当马太下意识地用手指向自己时，彼得向那名背对观者的青年人解释了耶稣为何召唤马太的原因。[57]但并非如所有人认为的，或者说卡拉瓦乔故意让所有人认为的一样，画中的彼得代表教会。因为彼得只有一种职责，即耶稣的跟随者。彼得陪伴耶稣在河边漫游，最终走进这昏暗的税务间中。这幅画中教会的指代另有安排。

古今评论家都没有注意到那个最明显的证据，即占据了整张画面的大窗户。

从文献学角度来看，卡拉瓦乔早在构思初期便已决定要描绘这扇窗户（参见那不勒斯档

上图（左、中、右），卡拉瓦乔，《圣马太蒙召》，1599 — 1600 年，罗马，圣王路易教堂肯塔瑞里小堂，关闭窗户的摆尾、窗户左侧上部框中的断针和窗户左侧下部框子露出的钉子的局部。

案馆文献）。这幅草图显示，彼得在与青年交谈时，并没有用右手食指指向马太。因此我们可以推断出，这幅画经过了不少修改或“忏悔”。与这扇窗户相关的局部被加重描绘，显然只可能在作品的最终阶段才得以实现。另一个值得深思的细节是，除了在《七件善事》与《被斩首的施洗圣约翰》中出现的牢房中的窗户，《圣马太蒙召》中的窗户可谓绝无仅有了，但它却并未履行原本的职责。这扇窗户尽管是由油纸、羊皮纸或油布制成，但并未能让光线与空气进入。

因此正如前文所述，窗户的边框十分暗，甚至有学者推测，窗户外应是夜晚。但整个窗户却并未出现任何开口。窗户的构造显示，似乎没有可朝外或朝内的开口，因此也无法让空气及光线进入。窗户左侧具有一个嵌入的木质结构，可用于关闭窗户，插销嵌入右侧墙壁上的小扣中便可关闭。画中还有一个结实的摆尾，几乎要悬挂在年轻人头顶的羽毛帽子上了。可见这扇占据了画面中心的窗户是采用极其写实的方式描绘的。

因此需要重申的是，那扇窗户根本不透光。这是一种矛盾的处理：一扇本应该让光线进入的窗户却根本无法让光线穿透，窗户的本质功能被剥夺了。那束如闪电一般照亮房间内每个人脸庞的光线，并非来自于那扇窗户，而是来自另一个光源。这束光肯定是太阳光，因为它可以穿进一个真实的空间内——或许来自那扇半开的门？但事实上这光源并不可见，也极其遥远。我认为这束照亮并穿透整个画面的光来自一个远高于自然界光源的地方。

那么再问一次，如果“《圣马太蒙召》中的真正主角是那束光”[58]，如果这束光是神圣恩典，那么那扇并不透光的窗户究竟代表什么呢？

这幅画中的窗户不能仅被当成一个装饰或建筑元素来解读，这将违背卡拉瓦乔的本意。因为这幅画的绝对主角是那束光，这束光代表了神圣恩典，因此不可能不将这两个元素相联系。

1. 那束光来自于一个不可见的光源，照亮了整个画面。

2. 一扇本应透光的窗户，但却没有任何光线进入。

卡拉瓦乔的窗户

让我们再来看一下并不透光的窗户和来自另一个光源的光线。如果这幅画的主旨在于那束“神圣恩典”，那么我想，卡拉瓦乔应该是用窗户来指代教会，因为教会宣称自己是人类与上帝恩典之间不可替代的中间者。

这假设固然太过大胆，太过主观了。但证

据是如此明显，因为画面中心出现了一个几乎“无用”的元素，因此我觉得必须通过一个并不寻常的理论才能合理解释。事实上，我认为这才是寻找整幅画本质含义的关键，不能采用所谓完整主义的理论，或是依据个人化或自我指涉的推测，而是要紧扣这幅作品的主题。不能绕到某幅其他画家所做的画作，而是要关注在那个最重要的元素上，因为卡拉瓦乔刻意让观者推导出画面真正的主角是神圣恩典。

卡拉瓦乔的古今评论家中，无人曾将窗户不当窗户。倘若有人问卡拉瓦乔这窗户代表什么，这“就是一扇窗户！”，卡拉瓦乔当然会这样回答。的确，这是一扇实实在在的窗户，非常真实，甚至还能辨认出窗户左侧上部边框中断了的针（豪巴特曾提及此点），或是窗户左侧下部边框外侧角落上的钉子（这点此前可没有任何学者提及），或是上文曾提及的悬挂于青年头顶的摆尾，或是那个用于将插销送入关闭扣中的装置（这点我认为同样没有任何学者提及）。因此，没有比这扇窗户更真实的窗户了。但如果这只是一扇简单的窗户，那么它就没有任何深意了。事实上，这扇“无处不在”的窗户对于解读《圣马太蒙召》具有重要意义。

我想，卡拉瓦乔极有可能用窗户传递出了一个重要概念，那是一种内心所思的神学思想，绝不可能被他的同时代人察觉到。

尽管没有对此进行系统研究，但我依然认为，在古代或是中世纪基督教义中，或是卡拉瓦乔同时代的神学思想中，没有人曾用“窗户”这一形象来指代教会。如果在别的资料中找到了类似的隐喻形象，那也很有可能极为罕见或根本不为人知。[59]但奇怪的是，据我了解，教皇本内笃十六世曾两次指出窗户这一意象或可指代教会。第一次是在2011年9月22日德国布德斯塔克的讲话中，教皇指出“实证主义

右图，卡拉瓦乔，《圣马太蒙召》，1599 — 1600 年，罗马，圣王路易教堂肯塔瑞里小堂，耶稣张开双臂指向马太和圣彼得的局部。

理性思想，无法理解功能之外的事物，因此与*没有窗户*的水泥建筑类似。窗户给予我们养分和光线，可我们已不愿在上帝这浩瀚宇宙中接受到这两样事物”。第二次是在2012年2月19日的梵蒂冈教堂彼得节时的讲话，教皇在谈及贝尔尼尼的“荣耀”时，指出这名巴洛克天才“向上帝展示了光源”，“教会本身，就是一扇窗户……教会本身便是让‘他者’进入的机构”。但这两处讲话距离卡拉瓦乔的《圣马太蒙召》已四百多年了。[60]

因此，很有可能，在传统文化中并不存在用窗户来指代教会的象征手法。所以卡拉瓦乔的天才之处在于巧妙地在画作中用窗户暗指教会，暗指教会对救赎的统治与引导，而一扇窗户自然不会遭受反对或质疑。对于所有人来说，这只是一扇简单的窗户，显然卡拉瓦乔的本意并非如此。

整幅画的核心在于神圣恩典，这是上帝直接且无条件赐予罪人的礼物。人类无须行使自由意志，便可获得救赎。这么看来，耶稣会士与莫里那指责巴内兹与多梅尼坎尼太偏向新教及加尔文主义，似乎也是恰当的。卡拉瓦乔在这幅画中试图证明，救赎可直接来自上帝。教会可以引导并纠正人类寻找救赎的道路，但并没有能力将上帝恩典带至世界，因为神圣恩典是上帝直接赐予罪人的无条件的礼物。

卡拉瓦乔在《圣马太蒙召》中故意关闭了这扇窗户，即使窗户是用油布或油纸制成，但依然不透光，而卡拉瓦乔刻意明显地加重了这层否定效果。窗户没有光源，这会引导观者最终推向到让人类获得救赎的神圣恩典的最终来源，这就是卡拉瓦乔试图向后人传递的神学思想。那束光从画面右边射入，而非穿透窗户，只有这样才能让观者知道其指代教会。

如果对艺术作品的欣赏也可以经过对比复查

左图，肯塔瑞里小堂内景，罗马，圣王路易教堂。

这一阶段的话，那么《圣马太蒙召》的证据则更加无法辩驳了。在卡拉瓦乔所有其他作品中，如《算命者》《纸牌老千》《鲁特琴演奏家》《抹大拉的玛利亚的忏悔》《玛尔塔与玛达蕾娜》、两幅《以马忤斯的晚餐》、《圣马太殉难》《圣哲罗姆》《圣露西下葬》《复活的拉撒路》《礼拜》《显灵》、已失佚（或许是失窃）的《耶稣诞生纪念日》等，背景墙中都会出现一扇或大或小的窗户，不过出现的方式并不相同。为何只有在《圣马太蒙召》这幅讲述神圣恩典与人类救赎的画作中，窗户是以如此显眼的方式出现呢？一个如此重要的元素，甚至成为整幅画中心思想的元素，为何会仅仅被当成是一种建筑或装饰品来解读呢？为何没有学者审视这扇窗户，解读出其中的主旨呢？

恩典直接来自上帝：皈依，罪人与神圣天主之间具有直接联系，而教会在这种联系中并没有任何作用。我认为，这就是这幅画的本质思想。

从宗教与神学的角度来看，这种解读或许是确凿可信的。再则，从艺术的角度来看，卡拉瓦乔其实刻意选择了一种独特的表现手法，即在证据中*隐藏了自己最深刻的宗教思想，用太过明显的证据让这种本质思想反而不易被人察觉到*。我认为，这就是最深刻的思考，卡拉瓦乔故意描绘出这扇窗户最微小的细节，包括一根折断的针，一个小扣，或是通过窗户关闭铁扣处反射出的小角落等，谁会想到这其实不是一扇窗户呢？正是因为这扇窗户*太过*现实主义，它反而*无法表现*出一扇窗户的真实。如果这是一扇普通的窗户，那么画家大可以将它从画面中移除，也丝毫不会影响作品的含义。但事实上，这扇窗户另有深意，反而代表了整幅画的精髓。

我认为，卡拉瓦乔试图证明，教会只能帮助人们获得救赎，但救赎的本质是上帝直接给予人类的礼物，不管罪人是否有功绩，这恩赐都是无条件的。当然我的推测也没有经过史料的佐证，我只能援引卡拉瓦乔那最原始也是最重要的“史料”，即他的画作。马太是一个罪人，是一个收税员，但深不可测的上帝恩典触及到了他，是他，而非其他人。教会就好比画面中那扇本该让光线通过，但实际上并不透光的窗户。教会不能影响、决定、更改、分配或随意处置这无法计量的上帝恩典与救赎恩赐。我认为，这就是这幅画的真正解读，是卡拉瓦乔刻意*隐藏*起来的真相。这证据在他的同时代人看来是那么显而易见，反而让他们忽略了证据背后的真相。

假设对作品主旨做出的这种解读是可信的，那么我们可以进一步论证一个同样*隐藏在证据中*的真相。卡拉瓦乔试图通过再现马太蒙召的奇迹来证明恩典是上帝的恩赐，即使“所有的罪孽都是无法洗去的”，但是教会的“正义”与耶稣的正义并不相同。这就与整幅画的主旨吻合了，因为是神圣恩典给予了人类救赎。

所有这些证据都是至关重要的，我们可以窥见到画家内心深处最隐秘的思想。学界此前普遍认为卡拉瓦乔的宗教思想偏反改革主义，但本文对卡拉瓦乔《圣马太蒙召》的解读提供了一种崭新的角度。

在显而易见中隐藏画作最真实的主旨是卡拉瓦乔惯常采用的方法，不仅仅局限于《圣马太蒙召》这一画作。我认为，卡拉瓦乔不仅在《圣马太蒙召》中采用了这种十分睿智的方法，还在其他涉及宗教主题的画作中有所运用，采用“在显而易见中隐藏真相”的方法。我认为，学者可以据此对大师其他画作进行再解读，如哈特福德的《神魂超拔的圣方济各与天使》、仍保存在肯塔瑞里小堂中的两幅《圣马太与天使》、切拉斯小教堂中的全部壁画，以及《圣母与毒蛇》《圣母之死》《戴念珠的圣母》《七件善事》等诸多作品。

右图，卡拉瓦乔，《圣马太蒙召》，1599 — 1600 年，罗马，圣王路易教堂肯塔瑞里小堂，桌旁青年剑柄的局部。

注释

[1] “‘死亡’与‘坟墓’这两个元素是推断卡拉瓦乔作品体现了巴洛克诗学的重要依据，这种思想显然植根于北欧与改革主义宗教中。深入解读卡拉瓦乔的思想立场，需要澄清一个问题（最近还有学者对其进行了讨论），即是否存在一种本质上是天主教或反宗教改革主义的巴洛克思想。”参见朱利奥·卡罗·阿尔干：“卡拉瓦乔诗学中的‘现实主义’”，《致敬里昂内罗·文图里，艺术作品与生平》，2卷本，卷2，罗马，1956年，第37页。

[2] 伯纳德·贝雷森：《卡拉瓦乔，论他的矛盾与名望》，米兰，2006年第2版，第81页。

上图，卡拉瓦乔，《圣马太蒙召》，1599－1600年，罗马，圣王路易教堂肯塔瑞里小堂，窗户的局部。

3 路易吉·斯佩扎费罗：《从历史看卡拉瓦乔：卡拉瓦乔与欧洲的理论与问题，国际卡拉瓦乔运动，从卡拉瓦乔到马提亚·普雷提》，米兰。

4 “对教会的臣服是对卡拉瓦乔作品所做的普遍解读，这样便可避免将卡拉瓦乔与任何宗教改革思想相联系……卡拉瓦乔的‘异教’或亲新教思想现在已经成为了普遍共识。但实际上这种阐释角度太过偏激，应该予以摒弃。”参见毛里齐奥·卡尔维西：“卡拉瓦乔或寻找救赎之路”，《艺术史》，1971年，第137页，即毛里齐奥·卡尔维西：《论卡拉瓦乔》，都灵，1990年，第59和第79页。

5 米兰市立档案馆所藏的公证书，编号15942。博西西奥第832号决议，1584年4月6日。

6 “注定要痛苦地离开家庭”，参见米亚·齐诺蒂：“卡拉瓦乔的青年时期”，《卡拉瓦乔的最新研究与发现，杂论集》（1974年会议论文），米兰，1975年，第211页。

7 卢卡斯·凡雷登是荷兰版画家与画家（出生于莱达，1489－1533年）。文中引用的版画是1523年创作的《朝圣者》，这幅画具有两份相互“对立”（当然此术语并不准确）的版本，现藏于罗马卡萨纳腾斯图书馆，馆藏条目为20. B. II. 140（第69号）。

8 费德里科·泽里：《卡拉瓦乔，圣马太蒙召》，米兰，1998年，第19页。历来认为，“改革”这一词实指宗教改革（新教），如果这不是泽里的笔误（或许泽里本意为“反宗教改革”），那么便可猜测泽里刻意使用“宗教改革”的概念（当然不恰当）是来指代十六世纪末期特兰托会议后的宗教的。但我并不认同杰丁的著名论断，我认为这只能指1648年威斯特法利亚和解后的宗教：请参阅拙作《论国家与教会，特兰托宗教会议后的地方会议（1564－1648年）》，罗马，1992年。

9 博洛尼亚·费尔迪南多：《卡拉瓦乔的怀疑与“自然事物”经验》，都灵，2006年第2版，第16-77页。

10 同上书，第17-18页。

11 同上书，第82-83页（斜体为笔者加）。

12 在拙作《卡拉瓦乔与伪造的“抹大拉的玛利亚”》（萨雷尔诺，2007年）一书中，我指出，那幅现藏于底特律的《马大与抹大拉的玛利亚》，即使是卡拉瓦乔的真迹，也完全不是为了表现圣经中忏悔女罪人的形象：因为根据贝洛里的记载，那幅创作于约1597年的《抹大拉的玛利亚的忏悔》并不是一幅“宗教神圣”主题画，而是一幅“伪装”的宗教画。

13 斯特里纳蒂准确指出：“在那个被贝洛里形容为‘扩大黑暗’的阶段后，他最终开始了‘修整’期。这段时期指1600－1602年间，让人联想到肯塔瑞里小堂壁画与1601年创作的组画很有可能是同时代作品，而1601年这组作品体现了卡拉瓦乔试图让‘私人’绘画与‘公共’绘画之间保持一种绝对的统一性。但卡拉瓦乔最终并未能保持这种统一性，因此1602－1603年的创作出现了危机，并一直持续到他离世。”引自克劳迪奥·斯特里纳蒂：“1601年的卡拉瓦乔”，《卡拉瓦乔，新理论》，罗马，1989年，第166页与第176页。

14 引自马太福音第9章，第9节；马可福音第2章，第14节；路加福音第5章，第27节。

1. 关于场景重构，请参阅罗贝托·隆吉：《卡拉瓦乔》，罗马，2006年第2版，第34-35页。德马克：“卡拉瓦乔的《圣马太蒙召》”，《伊利斯，艺术史思考》，1982年，第5-7页；安德烈·普拉特，“马太在何处，论卡拉瓦乔在肯塔瑞里小堂的首次公共创作”，《万神庙》，1985年，第70-74页；维多利奥·斯嘉尔比：“卡拉瓦乔”，《卡拉瓦乔与欧洲》，第27页；毛里齐奥·切凯蒂：“卡拉瓦乔，马太在何处？论圣王路易教堂中《圣马太蒙召》”米兰，2012年。切凯蒂在书中翻译了安德烈·普拉特的文章；神圣图书馆，第9卷，罗马，1989年，第127条，马太词条：形象（菲利普·加纳塔）。

2. 关于同一场景的安排，请参阅勒特根·赫尔华斯：《卡拉瓦乔，研究与阐释》，罗马，1974年，第33页。霍华德·希巴尔德：《卡拉瓦乔》，伦敦，1983年，第114页。我不清楚斯佩扎

费罗是如何得出结论，指出“已经被证实，（蒙召）故事发生在永恒的时间中”。（第17页）：被谁“证实”了？这是一扇锁死了的窗户，故事又如何能发生在“永恒时间”之中呢？

15 引自费尔迪南多·博洛尼亚：《卡拉瓦乔的怀疑与“自然事物”经验》，第314页。

16 瓦尔特·维兹：《卡波迪蒙特博物馆中的十七与十八世纪绘画》（1966年12月19日至1967年2月19日展览目录），那不勒斯，1966年，表2。

17 同上。

18 彼得·凯安札：《卡波迪蒙特博物馆中的卡拉瓦乔画作？论<圣马太蒙召>的历史》。

19 但那些位于著名的《果篮》安布罗西阿娜美术馆的怪诞壁画（或许是普罗斯佩罗·奥尔西所作）没有让学者联想到什么吗？

20 2012年，有学者甚至指出，窗户边框中出现了一个天使的形象：但这种说法应予以摒弃，否则便会陷入新奇迹派思想中，这种理论实在太过幼稚。

21 1581年，弗朗西斯·桑索维诺在论及威尼斯与其他城市的区别时，说道：“这里所有的窗户都是关着的，不是用油布或油纸糊着，而是雪白精巧的玻璃，外围为漂亮的木框，有铁质的栓扣，还有铅坨。不仅限于贵族宅院或政府府邸，而是在所有地方，不论贵贱，整座城市都采用了这种窗户。外地人看来惊奇不已，单单从窗户就能看出威尼斯的富饶，因为这些玻璃都是产自穆拉诺岛。”引自弗朗切斯科·桑索维诺：《威尼斯，一座优雅独特的城市》，卷13，威尼斯，1581年，第141-142页。

22 1600年前的作品最好是用姓氏而非画家头衔来指代，因为当年只有凯撒一人被授予骑士勋章。

23 维多里奥·斯嘉尔比：《卡拉瓦乔》，第27页。

24 “卡拉瓦乔出于需要被迫致信给朱塞佩·达尔皮诺骑士，请求在他的画作中描绘水果与鲜花……但他并不情愿，卡拉瓦乔为不能独立自主绘画而深感懊恼。随后他遇见了怪诞装饰画家普洛斯佩诺，因此离开了达尔皮诺的画室，闯出了自己的一片天。”引自乔万尼·彼得·贝洛里：《现代画家、雕塑家与建筑家名人列传》，伯雷亚主编，都灵，1976年，第213-214页。

25 请参阅罗多尔弗·帕帕：《卡拉瓦乔，来源与模式》，佛罗伦萨-米兰，2010年。或亚历桑德罗·祖卡里：《逆光的卡拉瓦乔，理念与杰作》，米兰，2011年，第269-284页。

26 赫沃斯·赫特根在《朱塞佩·凯撒·达尔皮诺骑士：享誉世界的大画家与飘摇的命运》（罗马，2002年，第253页）中指出，凯撒画作中的小奴仆形象与卡拉瓦乔在肯塔瑞里小堂壁画中并未有任何联系（该奴仆形象由卡拉瓦乔本人创作，以《马太殉难》中的修士为原形）。参见赫沃斯·赫特根：《朱塞佩·凯撒·达尔皮诺骑士的绘画》，3卷本，斯图加尔特，2012年。

27 乔万尼·巴里恩内：《画家，雕塑家和建筑师的传记，从额我略十三世教皇治下的1572年到乌尔班八世治下的1642年》，罗马，1642年，第370页。

28 请参阅本人拙作《卡拉瓦乔与伪造的“抹大拉的玛利亚”》，第139-180页。

29 《约翰福音》第1章，第9节。

30 窗户的位置太高，以正常人的身高根本没办法打开窗户（除非有梯子的辅助），此物理因素佐证了本文的推断。

31 参阅毛里齐奥·卡尔维西：《论卡拉瓦乔》，第279-284页，第396页。

32 亚历桑德罗·祖卡里：《逆光的卡拉瓦乔》，第179页。（斜体笔者加）：有必要强调一下，“确认”一词在意大利语中指“确信、肯定、毫无疑问”，但我认为卡尔维西的理论中，此词并非指代“确信”含义。参见萨尔瓦托雷·巴塔利亚：《意大利语大词典》，卷1，都灵,1980年，第74页。

33 耶稣会士与多明我会士就神圣恩典与自由意志这一宗教议题素来具有冲突：由鲁多维科·德莫里那（1535—1600年）撰写的《和谐》代表了耶稣会士的主张，而多米尼克·巴内兹（1527—1604年）的先验哲学则是多明我会士的主要理论。洛瓦尼奥的神学家米凯莱·巴依奥（1513—1589年）曾指出，如果没有神圣恩典，人便会深陷在“恶”之中。十六世纪末期，这场关于神圣恩典的冲突在西班牙爆发，随后到达罗马教廷。1594

左图，卡拉瓦乔，《圣马太与天使》，1599－1600年，罗马，圣王路易教堂肯塔瑞里小堂，圣马太膝盖所在的座位的局部。

年8月15日，教皇克雷蒙特八世呼吁重新审视整个问题，随后于1597年创建了一个专门协会，这便是神圣恩典辅助协会（通常简称为“辅助协会”）：此协会预计于1599－1600年解决此冲突（此时，我们的卡拉瓦乔正在肯塔瑞里小堂与切拉斯教堂创作宗教壁画），最终延长至1601年12月5日，然而教皇却未能解决冲突。新任教皇保罗五世认为此冲突无法明确和解，因此他于1607年8月28日解散了该协会，而教会最高法院最终也并未就此争议出具一份明确的决议（或许根本无法明确解释，正如圣奥古斯丁曾在其著作中指出）。

34 克劳斯·嘉特纳：《教皇克雷蒙特八世教义》，2卷本，图宾根，1984年，卷1，第153页。

35 引自马丁·鲁特：《自由奴仆》，德米凯莱·品达库塔主编，都灵，1993年，第120页。

36 多雷斯，鲁道尔夫，普尔克：《历史与宗教》，3卷本，巴黎，1970年。意大利译本为《历史与宗教》卷8，诺斯替教与摩尼教，罗马-巴里，1977年，第367页。关于基督教的诺斯替教教义，请参阅菲斯图乔雷：《赫尔墨斯神的启示》，4卷本，巴黎，1954年。罗伯特·马克奎恩·格兰特：《诺斯替教与早期基督教》，纽约-伦敦，1959年。罗伯特·马克奎恩·格兰特：《论诺斯替教》，纽约，1961年。乌戈·彼安奇：《诺斯替教起源，“梅西纳会话”文集与讨论》，罗马，1967年。尤金·嘉林：《隐逸派与文艺复兴》，罗马，1988年。

37 引自斯嘉尔瓦内主编：《阐释文集》，米兰，2002年。

38 布莱兹·帕斯卡尔：《思想论》，巴黎，1669年，第178条。

39 达拉斯塔：“闪过的上帝形象，论《圣马太蒙召》画中的神学含义”，《宗教研究》，1997年，第335-367页，重要参阅第362-363页。

40 特雷菲斯：“教义、阐释与绘画：卡拉瓦乔在圣王路易教堂肯塔瑞里小堂中的创作”，《艺术史》，1989年，第253-255页。特雷菲斯草率地认为，马太身下的板凳（或是“长凳”）是“一幅十分逼真的错视画”，马太并没有坐实，只是轻轻地将左侧膝盖搭在凳子上。但或许仍需仔细考察，为何卡拉瓦乔会描绘出这种“不坐实”的状态，或许他正是为了表现出马太根本来不及思考。可见这根本不是什么“逼真的错视画”！这也根本不是什么“自由意志”。

41 弗朗切斯科·苏西诺：《梅西纳地区画家列传》，梅西纳，1724年。《卡拉瓦乔传》（帕多瓦，2010年，第182-183页）曾引。

42 请参阅拙作《另一个卡拉瓦乔，自由人的辩护书》。

43 “‘不彻底的忏悔’一词在经院派哲学诞生之初便已出现，指罪人进行不彻底的悔悟。不彻底忏悔只能用于迎接耶稣的到来，最终进入彻底的忏悔。马丁·路德干脆利落地扫除了之前所有关于不彻底忏悔与彻底忏悔的讨论，他认为不彻底忏悔的本质是‘伪君子’，会让罪行加倍，而彻底忏悔则是跟随在恩典之后的行为，因此即使彻底的忏悔也不能赎罪。重要的是要相信耶稣的宽恕。”引自让·德鲁梅奥：《忏悔与宽恕，十三世纪至十八世纪忏悔所遭遇的困难》，巴黎，1990年，意大利语译本，奇尼塞洛·巴尔萨摩，1992年，第50-53页。

44 德里奥·坎迪莫力：《十六世纪的意大利异教徒》，佛罗伦萨，1939年，但本文引的是2002年于米兰出版的版本的第81页。

45 金兹伯格：《尼哥德慕主义——十六世纪欧洲的宗教掩饰与伪装》，都灵，1970年，第14页。

46 引自菲利斯·阿尔德里希奥主编：《君主与对话论》，那不勒斯，1955年，第252页（本文引《对话论》，卷3，第2章，斜体笔者加）。

47 维拉利：《伪装的颂歌》，罗马-巴里，1987年，第22页。保罗·萨尔皮：《特兰托会议历史》，2卷本，佛罗伦萨，1982年，卷1，第89页（斜体笔者加）。

48 贝拉：“米开朗基罗·梅里西·卡拉瓦乔的青年时期：家庭与绘画选择”，《艺术比较》，2002年，第43-45页。

49 同上书，第70页。

50 普罗迪等：《意大利名人词典：博罗梅奥·费德

里科》，卷13，罗马，1971年，第35页。

51 凡兰克：《最后四百年的罗马教皇》，3卷本，慕尼黑-莱比锡，1951年。意大利语译本为《教皇史》，2卷本，佛罗伦萨，1965年第2版，第2卷，第548页。

52 威尔第：《意大利宗教改革简史》，古特洛斯，1985年，意大利语译本，卡萨雷·蒙费拉托，1985年，第62-65页。查博德的《卡罗五世时的米兰公国与教会》（都灵，1971年，第313-314页）一书提及，从1530年起，“克雷莫纳便是最危险的地区，克雷莫纳地处米兰公国的东南边，与威尼斯地区直接接壤，而威尼斯地区又是各路商人、意大利本地人、外来人的交会熔炉，克雷莫纳与卡萨尔马乔雷是渡过波河流域的必经之路”（斜体笔者加）。查博德还指出，尤其是在卡拉瓦乔小镇，“运动开展得如火如荼，1548年夏天，在卡萨尔马乔雷地区附近发现了其他新教分子。贡扎加下令逮捕了卡拉瓦乔小镇的一名教士和一名堂区神甫；卡拉瓦乔小镇的堂区神甫曾致信给洛迪一名颇有声望的医生加里斯托·维拉尼：‘逾越了世界’。因此可看看出，宗教宣传已经从米兰公国东部宗教改革的发源地逐渐蔓延至了米兰中心。”引自第349页（斜体笔者加）。

53 普鲁斯佩里：《伟大著作中的异教，乔治·希库洛与丝绸的历史》，米兰，2011年第2版，第222页。

54 查博德：《卡罗五世时的米兰公国与教会》，第359页。查博德指出：“‘路德教教徒们’（指与罗马教会不同的异教徒们）的任命，在此地区尤其不合适。克雷莫纳是加尔文教区，加尔文宗教曾深深根植于此，而在1551至1552年之间，加尔文教再度出现，此后多年仍继续发挥影响力。1576年3月，克雷莫纳人安东尼奥·穆雷纳在一封写给教会的宣传信中，指出自己曾被人指责未有力打击‘再洗礼教徒’，他在信中特为自己辩解。”引自第360-361页（斜体笔者加）。

55 最近，罗塞拉·沃德雷特的“卡拉瓦乔与圣王路易教堂肯塔瑞里小堂的‘练功房’”（《卡拉瓦乔，肯塔瑞里小堂》，罗马，2011年，第13-23页）一书中指出，《圣马太蒙召》一画“具有强烈的反宗教改革与反路德教含义，强调了救赎与拯救主题，突出了耶稣与教会的作用。彼得象征教会，是耶稣在人世的代表”。（第23页）沃德雷特在书中另一处重申了此观点“教会是耶稣在人世的象征”。但教会（彼得）既不是耶稣的“代表”，也不是耶稣的“象征”，更何况将卡拉瓦乔的作品解读为“反宗教改革与反路德教”也是太过主观牵强。

56 克雷斯莫：“论肯塔瑞里小堂中《圣马太蒙召》”，《卡拉瓦乔，马太在何处？》，第44页。

57 实际上，在卡拉瓦乔的画中，彼得仅作为陪伴耶稣的使徒，而非教会首领或是耶稣代理人（反宗教改革正统教会的审查官们或许是这样认为的）。祖卡里在《逆光的卡拉瓦乔》一文中指出，按照巴罗尼奥的理论，卡拉瓦乔其实通过马太与彼得的服饰，刻意“区分了普通人与贵族”，如彼得头发凌乱且衣着肮脏。我认为，这不仅是十分牵强的主观想象，甚至完全更改了卡拉瓦乔的深层含义。卡拉瓦乔画中的马太税务员的确衣着更为华丽，渔夫的确穿着更为朴素，但认为卡拉瓦乔是为了区分出社会阶层，则是完全偏离了画作的本意。

58 泽里：《圣马太蒙召》，第16页（斜体笔者加）。

59 在巴尔托利《如何理解宗教绘画中的意象与符号》（特里雅斯特，1982年）一书中，我并没有找到任何有关此点的论述。

60 马丁·路德1520年讲话中使用了窗户的意象（引自《论宗教》，瓦尔多·维纳伊主编，巴里，1958年，第79页。路德指出上帝“用恩典来救赎众人，人们可以通过信仰那黑暗的窗户瞥见上帝”，但显然这里所使用的概念与术语与《圣马太蒙召》中完全不同，因为《圣马太蒙召》中的信仰只有在恩典出现后才能被感知。恩典突然从另一个方向进入，人们无法思考，也未做准备，只能迎接恩典（除非有人认为卡拉瓦乔对路德的这些不出名的小文章也仔细研究过）。

卡拉瓦乔时代的音乐文化

维罗妮卡·拉波尔塔

十六世纪与十七世纪之交，绘画界中出现了由卡拉瓦乔与卡拉奇发起的“自然主义革命”，音乐也出现了重要转折。“佛罗伦萨的卡梅拉塔·德巴尔迪音乐团体开辟了一条新道路，决定了现代音乐的发展”[1]。十六世纪以强调技艺精湛的复调为主，随后走向了更注重“说服力”与“情愫”的独唱。这种转变在佛罗伦萨著名的文人聚集地兴起，最终推动了音乐剧的诞生。在同一时期，突然出现了大量以音乐为主题的绘画作品。[2]卡拉瓦乔受主教德尔蒙特与朱斯蒂尼亚尼侯爵[3]的委托创作了一系列音乐题材的著名画作。他在画作中采用了一种全新的形象[4]，用一种无法置信的现实主义呈现出乐器或乐谱，这种惊人的现实主义手法长期以来都是艺术史学家与音乐研究者的重点探讨对象。[5]基于最新的研究成果，本文试图对卡拉瓦乔作品创作的历史文化与艺术大背景进行梳理，并研究这段辉煌时期中音乐与绘画之间的相似处。本文的落脚点为“情感”世界[6]，这是一种全新的视角。此外，本文还将讨论佛罗伦萨与罗马之间的联系，具体考察卡拉瓦乔“音乐”画作中创新形象的灵感源泉。[7]

佛罗伦萨“卡梅拉塔·德巴尔迪”团体的音乐革新

“音乐最重要也是最主要的部分……不在于旋律，而在于用语言这一工具表达出的灵魂。”[8]

左图，安提维多托·格拉玛提卡，《鲁特琴演奏家》，1615年，都灵，萨包达画廊。

上图，文琴佐·伽利莱，《古代与现代音乐对话论》，1581年，前言，巴黎，音乐图书馆。

文琴佐·伽利莱（1533－1591年）生于托斯卡纳，曾师从乔赛佛·扎尔力诺（1517－1590年）[9]，是音乐家与理论家，杰出的鲁特琴演奏家与作曲家，也是佛罗伦萨著名音乐团体卡梅拉塔·德巴尔迪中的主要成员。他反对当时流行的复调，提倡一种更具有表现力的音乐语言，试图重新发扬语言与音乐之间的古老联系。伽利莱认为当时的音乐失去了情感，因为太过注重对位法等其他细微技巧，反而丧失了那种最直接的表现力，而表现力恰恰是古希腊音乐的精华。他所著的《古代与现代音乐的对话论》（1581年）是佛罗伦萨卡梅拉塔团体精神的重要宣言，他在书中批判了富丽堂皇的复调音乐，指出“现代对位法音乐家们是不幸的……，因为他们在主流音乐中再也找不到古代音乐中曾给予过的尊贵感动……”[10]文琴佐·伽利莱反对复调风格，更提倡古代独唱，他认为这种方式更自然，更接近人类的真实情感。他“重新发扬了简单而直接的古代独奏风格，以一种更浪漫情感的方式来表现音乐，让歌者可以如奥尔菲奥一样，重新获得神圣力量”。[11]他对十六世纪音乐的批判与普鲁塔克在《论音乐》中对其同时代音乐的批判类似。[12]两位学者都认为，在复调音乐中很难辨认出话语，二者都批驳对技巧（如对位法）的过分强调。伽利莱认为对位法是冷冰冰的，毫无表现力，而独奏风格则更具有情感的张力。他指出：“独奏可以人类独特的情感成为音乐的核心；单线发展的旋律让歌者的独唱声音更容易被理解，沿着这蜿蜒曲折的音乐路径，就可以找寻到语言与音乐同时表达出的情感。如果说复调是朝向天空的音乐，那么单旋律则是朝向人类的音乐。”[13]

《对话论》中阐述的思想对于理解意大利国内外音乐的发展具有重要意义。音乐家为独奏歌者创造出了新乐段，而音乐的情感表达也愈加明显。所谓的“宣叙调风格”广受好评，而复调那抽象的模式与和弦风格，“更像是一群排着队的天使在合唱”，却已经落伍了。在宫廷娱乐音乐中，独唱歌者更愿意演唱爱情歌曲，而“幕间插入表演”这样的老套方式则转变成了一种惊人的戏剧艺术形式，即音乐剧。[14]

《对话论》作者伽利莱所提倡的音乐改革在音乐界广受关注。1580年左右，一批音乐家与文人经常聚集在乔万尼·巴尔迪·维尔尼奥公爵位于佛罗伦萨的府邸中，这就是后来的卡梅拉塔团体。“了解古希腊音乐，并让它们在现代社会中获得新生”[15]则是他们讨论最多的话题。卡梅拉塔团体的成员包括佛罗伦萨文人吉罗拉莫·梅伊（1519－1594年）、罗马歌唱家朱利奥·卡契尼（1545/1550－1618年）、佛罗伦萨作曲家雅各布·佩里（1561－1633年）、罗马作曲家埃米利奥·德卡瓦利艾力（1550－1602年）等。伽利莱是卡梅拉塔团体的理论家，他的这篇论文让团体的中心思想得以系统传播：他们的创举在于“重新发扬古希腊诗歌中的优雅旋律，反对对位法的复杂技巧，推广单旋律独奏表现方式。这样便能更好地突出音乐语言本身，并让听者专注在语言含义中。在这种热烈的倡导下，卡梅拉塔团体的音乐家共同创造了一种新方式”。[16]在《新音乐》（1602年）的序言中，朱利奥·卡契尼提及了巴尔迪公爵府邸中文人团体所倡导的创新表现方式：“在佛罗伦萨欣欣向荣的文化环境中，高贵的乔万尼·巴尔迪·迪维尔尼奥公爵先生组建了卡梅拉塔团体，不仅聚集了一批贵族，还有著名的音乐家、杰出的诗人、哲学家、文人等，鄙人不才，也有幸加入这个尊贵的团体。在这个团体中，我得以了解到最新的音乐动态，而这是我在近三十年的对位创作生涯中未曾认识到的。”[17]正如斯特法妮雅·马乔切[18]所言，几十年来，提倡单旋律的音乐方式渐成趋势，而这种

潮流早在文艺复兴时期便已崭露苗头。巴尔达萨莱·卡斯提里奥内曾在在乌尔比诺宫廷创作《朝臣礼仪法则》一书（于1528年发表），他曾歌颂那种“以小提琴”或“以鲁特琴”为伴奏的歌唱方式：“以小提琴为伴奏的歌唱方式更佳，因为这种独奏方式十分甜美，更吸引听者的注意力，更好地突出了音乐的旋律与表现方式，让听者的耳朵能更专注在一个声音中。”[19]著名的弗兰德斯作曲家亚德里安·维拉艾特（1490—1562年）曾是威尼斯圣马可大教堂的指挥家，他在1530年至1540年间曾改写过不少复调牧歌，将它们单旋律化。[20]

卡梅拉塔提倡的歌唱方式中极具实验性的，是其对声音表现力的创新性强调，这就是“歌唱朗诵”这种新风格名字的来源。1600年，埃米利奥·德卡瓦利艾力为主教阿尔多布兰迪尼撰写《心灵与身体的表现》一文，他特意强调这本书是“歌唱式的朗诵”。[21]这是“歌唱朗诵”的第一次出现。德卡瓦利艾力是大主教德尔蒙特的好友，他是罗马人，但1590年至1595年间曾在佛罗伦萨定居。他精通美术，曾与卡契尼和佩里一道，积极推广这种新的音乐方式。这三位作曲家都曾试图争夺这种新方式的所有权，1600年，埃米利奥·德卡瓦利艾力在一封信中满怀怨愤地说道：“这是由我提出的，每个人都知道是我。”[22] 1600年，德卡瓦利艾力在罗马的小谷圣母演讲堂演奏了最早的朗诵风格歌曲：“这场演奏将深刻的宗教精神与演讲堂渊源相联系，但同时又是一种高度创新的表现形式，推动了后续的音乐发展。”[23]

新风格注重歌唱语言的含义、情感及表现力，卡契尼曾援引柏拉图的论断：“这些大家们的主张，让我完全信服了，我不再热衷于语言无法表达的音乐，那种屈从于对位音乐的形式会破坏音乐会的和谐。我的这种观念不是独创，柏拉图与其他哲学家都认为音乐的本质是寓言，是节奏，最后才是声音，而不是相反。新音乐形式会渗透进灵魂，产生激荡的情感。”[24]文人及希腊学家吉罗拉莫·梅伊在佛罗伦萨进一步发扬了柏拉图关于音乐的论述，他总结了古代哲人的理论，

上图，巴尔托罗梅奥·曼弗雷迪，《音乐会》，1618年，佛罗伦萨，乌菲齐美术馆。

强调推动情感的流动才是单旋律音乐的本质，而这恰恰是复调音乐所缺乏的。[25]约在十六世纪中叶，乔万尼·巴蒂斯塔·多尼（1594/1595—1647年）曾论及这种朗诵的音乐风格："指任意一种仅由一种乐器进行演奏的音乐形式，音域并不太宽，因此更为接近人说话的方式，但更能表达情感……"[26]卡梅拉塔团体倡导的新音乐形式立足于两个基本点：歌唱语言的可理解性与歌曲文本的重要性。[27]

音乐的表现力完全交由语言的含义来承担，语言不仅能表现心灵状态，还能模仿人在激动时说话的音调。伽利莱曾在《对话论》中赞美过乔万尼·巴尔迪公爵的声音。伽利莱邀请作曲家注意听公爵语言的表现方式："你们可以观察到他优雅的说话方式，这个声音既具有敏锐性，也有严肃性。声音的多寡辅以重音与手势，表达出了行动的或缓或急，体现了公爵的迷人绅士风度。"伽利莱随后研究了各种说话方式，如王子对仆人的说话方式，女人被虐待时的说话方式，热恋情人的说话方式，"想对恋人百般依从"时的说法方式，或是恐惧、命令、愉悦时的说话方式，最后他总结道："演奏附带诗歌的古代音乐，需要先仔细地审视说话人的品质、年龄、性别、交谈对象、用何种方式演讲等。诗人先选择词语，随后才是音乐，他会区分轻重缓急，而手势的不同，声音的多寡，音调的高低，节奏的快慢等因素也能让人物具有不同的性格。"[28]此理论可广泛见于十六世纪中叶的文本中，如尼古拉·维森提诺（1511—1576年）撰写的《现代实践中的古代音乐》（1555年）、乔赛佛·扎尔力诺所著的《和弦教义》（1558年）等。扎尔力诺在文中强调了模仿理性的音乐方式，他认为音乐的目的在于通过编曲方式、和弦及与和弦匹配的*文本*来愉悦听者的心灵，伽利莱与卡梅拉塔团体的其他成员都反对中世纪兴起的*抽象*音乐，他们提倡人文主义式的音乐方式，指出任何情感都必须与音乐方式相匹配，正如

上图，杰利特·凡·洪尔斯，《音乐会》，1624年，巴黎，卢浮宫。

LE NVOVE
MVSICHE
DI GIVLIO CACCINI
DETTO ROMANO
Musico del Serenissimo Gran Duca di Toscana.
Nouamente con somma diligenza reuiste, corrette, & ristampate.

IN VENETIA.
APPRESSO ALESSANDRO RAVERII.
M. D. CVI I.

DEO HONOR ET GLORIA
DISCORSO
INTORNO ALLE
IMAGINI SACRE
ET PROFANE
diuiso in cinque Libri.
Doue si scuoprono varij abusi loro,
Et si dichiara il vero modo che christianamente
si doueria osseruare nel porle nelle chiese,
nelle case, & in ogni altro luogo.
Raccolto & posto insieme ad vtile delle anime
per commissione di Monsignore Illustriss.
& Reuerendiss. Card. Paleotti
Vescouo di Bologna.
Al popolo della Città & Diocese sua.
M D LXXXII.

古希腊一样。“文艺复兴注重激荡听者的情感，不是通过单个音符，而是通过音符的流动与……间隔。随后诞生了音乐剧，其最初的目的在于表达情感……复调是冗余华丽的，只是听觉单纯的享受。本质的情感是由节奏表现出来的，而节奏是无所不在的。”[29]剧院正是音乐实验的领地，在这里一种全新的、更和谐的、更容易被理解的音乐语言逐渐占领了音乐世界，情感找到了新的音乐表达方式。

音乐绘画：
十六世纪与十七世纪的“情感”表现

卡梅拉塔·德巴尔迪团体中的音乐家与理论家提出并弘扬了一种更“自然”的音乐表达方式，这种创新的音乐更具有表现力。与此同时，图画表现领域同样产生了这种“自然”的表现倾向。十六世纪末与十七世纪初，音乐与绘画领域都提倡对“情感”这一元素的重视，均探讨了表现与引发情感的表现方式。[30]理论学家提出的主张大致上都要求对这两种艺术语言进行简化，摒弃“矫揉造作”的形式，采用更为直接的表现手法。卡拉瓦乔与汉尼拔·卡拉奇[31]是这场改革的主要倡导人，两位画家同为十七世纪杰出大家，都是于十六世纪末期来到罗马进行创作。出于反对宗教改革主义教义的需要，当时的罗马教廷将“宗教绘画”当成了一种重要的政治手段，这两位反对样式主义形式主义的著名画家也曾是这宣传活动的主力。他们采用一种自然清新的绘画风格，能更好地表现出情感的流动。[32]而这又与主教加布里埃·帕雷奥迪（1522—1597年）的主张相契合，主教十分强调神圣绘画的教育与社会功能，他在《论宗教与世俗绘画》（1582年）中指出，绘画的主要功能应该是“感动观者的灵魂”。[33]另一名主教费德里科·博罗梅奥（1564—1631年）也持相同观点，卡拉瓦乔的某些宗教题材画作符合他的主张[34]，在《论宗教绘画》（1624年）中，主教呼吁艺术家用更现实的

上图（左），朱利奥·卡契尼，《新音乐》，前言，1602年，私人收藏。

上图（右），加布里埃·帕雷奥迪，《论宗教与世俗绘画》，1582年，罗马，国家图书馆。

LE ISTITVTIONI
HARMONICHE
DI M. GIOSEFFO ZARLINO DA CHIOGGIA;
Nelle quali; oltra le materie appartenenti
ALLA MVSICA;
Si trouano dichiarati molti luoghi
di Poeti, d'Historici, & di Filosofi;
Si come nel leggerle si potrà chiaramente vedere.
Con Priuilegio dell'Illustriss. Signoria di Venetia,
per anni X.

上图，乔赛佛·扎尔力诺，《和弦教义》，1558 年，扉页，罗马，国家图书馆。

方法来表现情感，以感动观察者的灵魂：“这将造福众生。对上帝与圣人的怜悯、赞颂、模仿、恐惧、痛苦与希望都是灵魂深处的情感，神圣绘画唤醒了这些沉睡的情感，就如仙气一般，激荡起我们的灵魂，陶冶着我们的情操。”[35]“宗教绘画”是一种用于引导大众虔诚的宣传工具，应采用更为简单的形式。而样式主义的艺术语言太过做作，只能被少数精英人士所理解，自然无法向普通大众传递出上帝的旨意：“晚期样式主义发展面临的最大障碍是教会，因为这种艺术无法激起宗教情感……”[36]

在音乐领域同样如是，卡梅拉塔·德巴尔迪团体倡导一种更为简单与可理解的音乐结构，一方面是出于人文主义的艺术追求，力图弘扬那无可超越的光辉过去；另一方面也是出于以更便捷的方式愉悦听者的考虑。十七世纪初期便已广泛产生了对情感表达的需求，尼古拉·维森提诺与扎尔力诺是这股热潮的大力推动者：“演奏通俗曲目时，如需让听者愉悦，必须要演唱那些与创作思想相吻合的唱词。表达唱词音调声音，要时而愉悦，时而平和，时而甜蜜，时而残酷。声音的轻重要与唱词及音符相一致，创作音乐时无法真正写下来的流动顺序，某时又需要声音来表达，声音要根据唱词来传递出缓、急、早、晚等元素，让节奏流动，才可以表达唱词与旋律的情感。”[37]

音乐的理论与创作实践中都出现了简化音乐的需求，音乐被视为一种情感工具，可以触及并激荡人类灵魂。[38]“激荡情感”同样需要让唱词变得更容易理解：“如何才能让每个唱词可以表达出苦涩、无情、残酷、辛酸等情感，如何才能让旋律与唱词匹配，又如何才能优雅自如地表达这些负面情感，如苦涩或是无情等。”[39]卡梅拉塔团体和那批最早倡导音乐剧的音乐家与创作家们认为音乐文本才是真正的主角，旋律和弦必须适应与服从文本。扎尔力诺在著作中倡导了一种基于情感理论，用特定的语法和句法系统构成的音乐文本系统，随后这种理论在十六世纪逐渐完善，[40]这可以被视为是音乐史上出现的最早的演说形式，其目的在于激荡听者的情感。[41]在《世界音乐》，耶稣会士阿塔纳斯·珂雪最早提出这种理论，他指出：“演说可以让听者产生兴奋、悲伤、愤怒、怜悯、怨愤、报复、激动等情感，听者感受到了这些情感的变化，最终被演说者所说服。同样的，通过不同节奏与音调的组合，音乐也可引发不同的情感变化。”[42]古代演说家们通过修辞技巧得以说服听者，单旋律独唱这种新音乐通过扩大唱词的表现力，让情感得以“形象化”，并传递至听者。而当时的绘画艺术也出现了相同的趋势。帕雷奥迪是此方面的主要研究者，他曾指出“画家必须如演说家一样，具有说服力”，帕雷奥迪曾多次重申这个观点，甚至用一整章的篇幅来进行阐释。[43]将演说家与画家类比俨然成为了当时的主流思想，在当时的不少著作中都有涉及，如主教博罗梅奥在《论宗教绘画》中曾指出画家的“表现方式与演说家相似”“同样具有说服力”。又如波西奥（菲利普·内里的忏悔者）在《地下罗马》中曾指出“画家用形象，演说家用语言，两种艺术都是为了说服听众，浇灌美德。”[44]当时的音乐与绘画艺术的理论家们音乐都十分强调艺术模仿情感的能力，他们试图从古代修辞中寻找到表现情感的最佳方式，以更好地激发听众的情感。[45]

《世界音乐》为新音乐制定了绳墨，耶稣会士珂雪在文中明确规定了表现特定情感的音乐规则。而乔万尼·保罗·洛马佐（1538—1592年）则在其所著的《论绘画艺术》为绘画开创新准则，他将相似情感进行分类，规定特定的姿态具有特定的模仿效果。[46]法国绘画大师查尔斯·勒布伦在其《论普遍表达与特定情感》（1667年）中具体讨论了绘画中的情感细分。

罗马与佛罗伦萨的关系：卡拉瓦乔绘画创新的灵感

十六世纪末与十七世纪初，音乐题材的绘画作品突然大量增加，这种现象在罗马尤为突出，“这种现象始于卡拉瓦乔的‘音乐’绘画，当时一小批生活在罗马与佛罗伦萨的‘启蒙’贵族知识分子成为了文化生活的绝对意见领袖，他们倡导绘画、音乐甚至科技领域的时代创新，而卡拉瓦乔似乎也是其中的一员”[47]。如罗马主教弗朗西斯·玛利亚·德尔蒙特、主教亚历山大·佩雷提·蒙塔尔多、大公爵费迪南多·美第奇、侯爵文琴佐·朱斯蒂尼亚尼等，这些大人物经常互相来往。[48]另一个大人物为埃米利奥·德卡瓦利艾力，他是连接佛罗伦萨与罗马的重要桥梁。他本是罗马人，但在佛罗伦萨生活了十年之久。他是美第奇家族典礼乐会的指挥师，常演奏娱乐音乐，如“幕间曲”这种以神话及传说为题材的音乐戏剧形式。据史料记载，德卡瓦利艾力是主教德尔蒙特的挚友，而主教又是卡拉瓦乔最重要的保护者与采购者。卡拉瓦乔五幅音乐题材的作品中有两幅就是赠予德卡瓦利艾力的，即《音乐家》（藏于纽约大都会艺术博物馆）与《鲁特琴演奏家》（藏于纽约大都会艺术博物馆）。另据史料显示，主教不仅是鉴赏力极高的收藏家，也是音乐爱好者，他在音乐领域也深有造诣。1594年，主教被任命为“无伴奏齐唱乐改革协会会长”，因得这个差事，他得以与当时著名的音乐人士密切来往，如弗朗切斯科·索里安诺、卢哲罗·乔万内利、安德烈·德拉格尼、吉安·巴蒂斯塔、吉安·玛利亚·纳尼诺等音乐大家。“他不仅与西斯廷教堂的音乐家有来往，在1622年还成了音乐家协会的官方保护人。”[49]此外，德尔蒙特主教还是托斯卡纳大公爵的财务管理人，也是德卡瓦利艾力的遗嘱执行人。主教与佛罗伦萨艺术圈来往频繁，他和朋友亚历山大·佩

上图，卡罗·萨拉切尼，《圣切奇莉亚》，约1610年，罗马，巴尔贝里尼宫古代艺术国家美术馆。

雷提·蒙塔尔多[50]一样，与美第奇家族相从甚密。[51]德尔蒙特很有可能与德卡瓦利艾力相识于1589年，费迪南多大公爵与克里斯缇娜·罗蕾娜即将举行婚礼，而德卡瓦利艾力负责为这场盛事提供伴乐。几年后，二人便已成为挚友。1595年，德尔蒙特观看了德卡瓦利艾力在佛罗伦萨演奏的《盲人游戏》，这是最早的经典改编音乐戏剧。[52]接下来的十年时间中，德卡瓦利艾力经常前往罗马拜访主教。

德卡瓦利艾力写给佛罗伦萨友人的信件，尤其是写给大公爵费迪南多·德·美第奇的信件，是了解德尔蒙特的重要史料，因为这些信揭示了主教在当时音乐圈中的巨大影响力，同时也很好地体现了他的音乐品味。这些信件也能帮助我们了解卡拉瓦乔为主教创作的第一幅画《音乐家》，信件不仅显示了卡拉瓦乔据十六世纪伦巴第-威尼斯地区绘画传统所描绘的一场音乐会，同时展现了卡拉瓦乔的整个草稿构思。德尔蒙特主教毫无疑问是当时社会文化的重要领导者，也是托斯卡纳与罗马地区音乐改革的关键倡导者，他在意大利拥有广泛的人脉，也是推动音乐剧诞生的重要人物。德卡瓦利艾力是“新”音乐的主要先驱，德尔蒙特主教不仅支持好友德卡瓦利艾力的音乐改革，并且为了更好地体现声音的表现力，他本人也曾对西斯廷教堂合唱团（教皇合唱团）的演奏风格做出调整。他还在府邸中组织了大量音乐会，如著名女高音与鲁特琴演奏家维多利亚·阿尔凯雷的演奏会，德卡瓦利艾力本人对这场音乐会也有过精彩的描述。德卡瓦利艾力在一封写给佛罗伦萨大公爵的信中，提到了1602年阿尔凯雷与丈夫及音乐伴奏师一道参加的德尔蒙特在品乔纳郊区家中举办的宴会。这是一场只对少数密友开放的宴会，主教阿夸维瓦与帕拉维奇诺这两名资深音乐爱好人士也参与其中。在那次宴会中，阿尔凯雷用她那极具感染力的嗓音让听

右图，卡拉瓦乔，《音乐家》，1595年，纽约，大都会艺术博物馆，局部。

众叹为观止："阿夸维瓦说了无数溢美之词，随后他接着说，'要不是因为羞耻，我早就哭起来了'。而帕拉维奇诺则表示自己从来没想过人声可以达到这样美妙的高度。"[53]这次演唱必然是十分动人心弦的，但热烈的反响更是因为阿尔凯雷当时采用的独唱方式——她只用了几件伴奏乐器，这就是所谓的新式音乐演唱风格。[54]"新音乐"十分强调声音的表现力，重视表现强烈的情感，这也是此次演唱引发惊奇与赞美的原因。1599年12月18日，德卡瓦利艾力在一封写给佛罗伦萨大公爵的信中，提及德尔蒙特曾在其罗马府邸中会见了西班牙反串演唱家彼得·蒙托亚。他于1592年进入西斯廷教堂合唱团，于1600年返回西班牙：在这段时间中，蒙托亚居住在德尔蒙特家中，当时卡拉瓦乔也恰好住在主教家中。[55]

另一个重要人物为贵族与银行家文琴佐·朱斯蒂尼亚尼。他是十七世纪罗马重要的艺术收藏家，也是一名音乐爱好者。朱斯蒂尼亚尼的府邸刚好位于德尔蒙特府邸后面，他常在家中举办音乐活动。卡拉瓦乔为朱斯蒂尼亚尼创作了五幅音乐题材画作中的两幅（五幅作品并不包括当代认为具有音乐含义的《捧果篮的少年》），分别为《鲁特琴演奏家》（现藏于圣彼得堡国家遗产博物馆）和《胜利者之爱》（现藏于柏林国立博物馆）。朱斯蒂尼亚尼在其著作《论音乐》（1628年）中提出，度过休闲时间的最好方式是欣赏高雅的艺术，可以习练鲁特琴这门复杂的艺术形式，或是练习单旋律现代歌唱技法，这两种都是对古代音乐的模仿。朱斯蒂尼亚尼引用柏拉图的《蒂迈乌斯篇》与普鲁塔克的《论音乐》中的观点，指出音乐是表达强烈情绪与感情的渠道，也是净化心灵的方式[56]，这也与卡梅拉塔·德巴尔迪团体提出的主张类似。朱斯蒂尼亚尼的著作是了解世纪之交音乐变革的重要史料，也有助于理解卡拉瓦乔作品中的创新思想。[57]与另一名学者艾伯特-施费勒一样，朱斯蒂尼亚尼在文中"梳理了新风格兴起与发展的关键时刻，介绍了改革的重要人物与他们为改革所做的努力"[58]。需要指出的是，朱斯蒂尼亚尼不仅介绍了卡梅拉塔·德巴尔迪团体所倡导的新式音乐，并指出早在罗马与佛罗伦萨音乐改革之前，那不勒斯便已经出现了基于通俗音乐的单旋律曲目，而这也是

上图，卡拉瓦乔，《鲁特琴演奏家》，1595年，私人收藏，第119、120页为局部。

理解当时音乐变革的重要资料。[59]朱斯蒂尼亚尼在文中赞颂罗马音乐"独特与优雅至极"，他指出在十六世纪这种新式音乐逐渐从街边小巷走进了贵族大院。十六世纪末期，终于在罗马出现了大量以独唱为主的简化音乐，大多是对民间日常音乐的改编。朱斯蒂尼亚尼在《论音乐》中提及当时的重要作曲家们也同样参与宗教音乐创作，因此民间音乐与上层音乐其实是互通的。[60]朱斯蒂尼亚尼在书中列举了十六世纪九十年代著名的音乐家们，如卢卡·马伦兹奥、卢哲罗·乔万内利、费力彻·阿内里奥等，从这些资料中"我们能更好地了解到当时卡拉瓦乔在罗马社会的真实情况"[61]。

此书提供了另一个了解卡拉瓦乔的重要细节，朱斯蒂尼亚尼在书中详细介绍了一些音乐的"小房间"，这是当地的私人场所，"装潢精美，饰有许多美画和物件，专门用于音乐会演奏"，这些小房间可以为私密音乐演奏提供温馨的氛围。在这些私密小房间中进行表演的不仅有合唱团，还有反串歌唱家们——用假声演唱优美细腻的歌曲在当时十分流行。[62]反串歌唱家是当时音乐时尚的风向标，德尔蒙特等罗马主教与贵族们不仅在家款待他们，也常资助他们求学或是精进乐器学习等。[63]与主教蒙塔尔多一样，朱斯蒂尼亚尼也是新音乐的另一个重要推动者，[64]他曾在书中提及当时的歌唱家们常在娱乐性质的演奏会上身着女服。马乔切曾指出，此类私人演奏会优雅至极，常用鲁特琴或其他乐器来给独唱伴奏，模拟古代经典的演唱方式。[65]马乔切还指出，当时的大部分音乐都采用了经典调式，如陶立克式、弗里吉亚式等，扎尔力诺在《和弦教义》中也曾提及这点。[66]德尔蒙特曾记载，他刚迁至马达玛府邸后，"便命人在房间内摆放上铙钹、吉塔琴、吉塔隆尼琴和其他乐器"[67]。1630年，此类私人演奏场所也逐渐开始在罗马贵族家

中流行，1590－1595年，主教在其马达玛府邸中打造了一间"小房间"，开启了一种新风尚。根据主教逝世后清点的物品单显示[68]，这间小房间应布置得十分富丽堂皇，精巧优雅，既是私人音乐室，又是小型音乐博物馆。[69]这间小房间布置了三十七件乐器，还不包括一箱小提琴。墙壁上悬挂着四幅画，每幅都可谓是真正的"音乐"，其中一幅画正是由卡拉瓦乔创作的《音乐家》。

卡拉瓦乔在十六世纪末与十七世纪初绘制的"音乐"主题画中有四幅正是为主教德尔蒙特与侯爵朱斯蒂尼亚尼而创作。奥古斯丁·兹诺与弗朗卡·特林凯艾力·卡米兹曾指出，《音乐家》与《鲁特琴演奏家》这两幅画正是"托斯卡纳与罗马地区新兴音乐潮流的代表宣言"[70]。这两幅画中的创新技巧不仅反映了罗马当时的文化环境，也映射出了当时流行的单旋律音乐风潮。卡拉瓦乔在这两幅画中用惊人的现实主义手法描绘了音乐与乐谱，有不少学者曾就此细节进行专门研究，如兹诺与卡米兹就曾介绍了两幅《鲁特琴

演奏家》中的音乐部分。艾伯特-施费勒认为此画“音乐”的精妙表现不仅展示了卡拉瓦乔卓越的自然主义技巧，同时也表明了卡拉瓦乔在音乐上颇高的领悟能力。[71]根据1605年卡拉瓦乔家中的财产清单显示，他拥有“一把吉塔拉和一把小提琴”[72]。此外，据一份卡拉瓦乔的诉讼书记载，房东普鲁登扎·布鲁尼曾抱怨，卡拉瓦乔常在晚上与一帮友人弹奏吉他，吟唱污秽歌曲。[73]马乔切根据“当时繁荣的音乐文化”，推测卡拉瓦乔会弹奏吉他（即当时的鲁特琴）。[74]

马乔切调查了卡拉瓦乔在罗马的“社会网络”，最后总结道，“卡拉瓦乔弹奏吉他或是小提琴的技术应与其击剑技术相差无几，但已经足够应付几首民间情歌小调、乡间小曲或是浪漫爱情曲，也能在普鲁登扎·布鲁尼家窗下弹奏几下了”[75]。卡拉瓦乔苦练的曲目正是罗马当时流行的“街边”歌曲。尽管马乔切认为或许德尔蒙特主教曾委派他府邸中的一名音乐家，或许正是埃米利奥·德卡瓦利艾力为卡拉瓦乔教授鲁特琴[76]，但我仍认为，卡拉瓦乔的音乐技巧也仅止于几首小调或是弹奏几曲简单的伴奏和弦。这样简单的曲目对于一位画家来说已经足够了。更何况，没有任何资料显示卡拉瓦乔具有音乐天赋。[77]综上，我认为画作对乐器与乐谱的精确刻画，应该是出于主教对音乐的热衷。斯特法妮雅·马乔切对当时的史料进行了仔细考察，进一步提出了一个可信的结论，她认为卡拉瓦乔的几幅画描绘了小音乐室中举办的音乐会，不仅刻画了整个音乐室的优雅装潢，也真实地再现了音乐会中演奏的音乐。[78]据朱利奥·曼齐尼记载，1615年5月13日，锡耶纳修士德伊菲博曾收到一幅《音乐家》的复本，寄信人还专门强调此画“是年轻人的‘音乐会’”[79]。马乔切认为这是“一个不容忽视的细节，因为这表明了弹奏的音乐与绘画中的音乐具有深远联系”[80]。但学者丁科·法布里斯最近对此提出了质疑，他认为卡拉瓦乔画作中的乐器与乐谱都太过“古风”与“老土”，而且此类乐器或是出现破损，或是无法弹奏，因此卡拉瓦乔的作品并非是音乐会的真实再现，也不可能描绘了佛罗伦萨兴起的单旋律风格。[81]法布里斯认为《音乐家》与两幅《鲁特琴演奏家》其实是卡拉瓦乔在几年光景内创作出的“微型系列画”，卡拉瓦乔在1601－1602年为文琴佐·朱斯蒂尼亚尼创作的《丘比特的胜利》也属于此系列。法布里斯认为卡拉瓦乔为德尔蒙特与朱斯蒂尼亚尼画的这几幅画或许是“这两位订购者之间的竞赛或是上层人士的小赌局”。[82]法布里斯在另一篇论文中[83]强调：“正是画里出现的乐器给了暗示：在《音乐家》这幅画中出现了一把小提琴、一把鲁特琴和一把考涅特，但音乐家的状态却是停顿的。他或许是在调弦（即和弦）的间隙中，正要准备弹奏。《音乐家》中的鲁特琴歌者后来又单独出现在了《鲁特琴演奏家》中，其中有一个有意思的小细节，但这并不是单纯的复制粘贴，而是有微妙的区别，相互联系：弹奏者的右手最初是垂向下方（在圣彼得堡的壁画中），小拇指与琴身还有一定距离，但随后又朝上方抬起（在纽约博物馆的壁画中），小拇指平放，快速地上下弹奏了两个和弦。[84]”法布里斯的理论毫无疑问极具吸引力，但我认为，卡拉瓦乔画作中的“老式”乐器之所以大部分是“哑音”的，是因卡拉瓦乔使用了主教德尔蒙特家中收藏的珍贵乐器作为作品乐器的原型（大部分学者，包括法布里斯也持此观点）。根据文琴佐·朱斯蒂尼亚尼的记载，可看出十六世纪音乐作为当时上层人士“古典”教育的一部分[85]，其实并不与当时流行的单旋律音乐风格相矛盾，因为古典音乐中同样有单旋律，朱斯蒂尼亚尼侯爵在其《论音乐》一书中同样提及了这一点。朱斯蒂尼亚尼指出，通常的演奏会在单旋律演奏与复

调演奏中自如转换，最初基于复调创作的牧歌也有时会采用单旋律演奏，男低音声部的重要性逐渐增加[86]：“约在1575年前后，兴起了一种全新的演唱方式，在随后的几年中，用一种乐器给单声伴奏的演唱方式逐渐发展。现在，牧歌或其他多声部音乐通常由一种声部演唱。”[87]因此，奥古斯丁·兹诺与特林凯艾力·卡米兹认为卡拉瓦乔的作品无非就是真实再现了十六世纪的新兴演奏方式，即不再用多声部演唱，而是仅由一个乐器，给一个声部伴奏的演唱方式。[88]鲁特琴演奏家前摆放了一份乐谱，展示的是“男低音”部分，这是雅各布·阿尔卡德尔特（1500－1568年）四首爱情牧歌中的一部分，此曲也出现在了弗朗切斯科·拉尧乐（1492－1540年）与乔凯托·贝尔沁（1580年逝世）创作的牧歌中。

《音乐家》与《鲁特琴演奏家》的两个版本

在德尔蒙特主教财产清单[89]中提及的“年轻人的音乐”这一幅画，即《音乐家》，是青年卡拉瓦乔为主教创作的第一幅画。这幅画表明艺术家对十六世纪末在佛罗伦萨与罗马地区最新的音乐趋势十分熟悉。此画创作时间约为1594－1595年（于1953年被纽约大都会博物馆购进[90]），创作《音乐家》的同一年，卡拉瓦乔为朱斯蒂尼亚尼创作了《鲁特琴演奏家》。当时主教拥有另一幅相同题材的画（但现已失佚）[91]，而朱斯蒂尼亚尼的财产清单显示，侯爵要求卡拉瓦乔的这幅画在技巧上必须超过主教的那幅。德尔蒙特主教的财产清单中提及《鲁特琴演奏家》（现藏于纽约大都会博物馆中）的创作时间应晚于朱斯蒂尼亚尼所拥有的那幅画（现藏于圣彼得堡）。最新资料显示[92]，卡拉瓦乔在罗马居住的首份史料记载时间为1596－1597年间。[93]这份最新的资料与此前关于德尔蒙特主教与朱斯蒂尼亚尼侯爵的画作的创作时间有所出入。资料记载的时间似乎是确凿的，但不排除另一种可能性，即卡拉瓦乔或许是受到1596－1597年大环境的影响才创作了《音乐家》与两个《鲁特琴演奏家》

上图，卡拉瓦乔，《鲁特琴演奏家》，1595年，圣彼得堡，国家遗产博物馆。

右图，卡拉瓦乔，《丘比特的胜利》，1602年，柏林，国立博物馆，局部。

的。关于卡拉瓦乔生平的史料仍大有不足，卡拉瓦乔于1592年离开家乡[94]，历史确切记载其于1597年开始在罗马居住，这中间五年的时间却无任何资料。有不少学者猜测卡拉瓦乔曾在威尼斯有过逗留，这种猜想似乎站得住脚，因为《鲁特琴演奏家》与《音乐家》都明显可见威尼斯绘画风格的痕迹，如两幅画都是横向布景，人物在背景中十分突出，而这在罗马绘画中是不太常见的。[95]最早记录卡拉瓦乔在罗马居住的资料出现在1596－1597年，尽管尚未明确这几幅画的具体创作时间，但可推测卡拉瓦乔应在此前便已着手进行构思。

这三幅画带给观者强烈的情感冲击：画中的演唱者全情投入，陶醉其中。卡拉瓦乔观察极其敏锐，他用一种令人称奇的现实主义描绘了这些优美的乐器，画风清新自然，乐器与乐谱都栩栩如生，清晰可见。整幅画色彩浓郁，绚烂富丽，可明显看出卡拉瓦乔深受伦巴第与威尼斯绘画风格的影响。这三幅画同时也间接反映了主教与侯爵的文化底蕴。

尽管公认卡拉瓦乔是绘画奇才，他用绘画模仿现实的本领无人匹敌，但并无任何史料表明卡拉瓦乔具有音乐天赋。传记作家巴里恩内曾就现藏于圣彼得堡国家遗产博物馆与纽约大都会博物馆的两幅《鲁特琴演奏家》论述道：“画中弹奏鲁特琴的年轻人栩栩如生，装满水的细颈玻璃花瓶精美绝伦，窗户与房间其他物件的反射在玻璃花瓶上都清晰可见。这是历史上最美的一幅画。”[96]据巴里恩内在1646年的记载，这幅画应位于德尔蒙特主教家中，但当时应已失佚[97]。巴里恩内在论及卡拉瓦乔为主教德尔蒙特所创作的《音乐家》时，曾如此写道，（卡拉瓦乔）“为主教创作了一幅‘年轻人的音乐会’，画作极其自然优美”[98]。另一名著名的传记家贝洛里，同样认为“这幅‘年轻人的音乐会’十分清新自然”[99]。

卡拉瓦乔《音乐家》一画，人物的脸庞既有圆润之感，又似希腊美少年，表情慵懒闲适，沉迷陶醉在音乐中；明亮的眼眸传情达意，让观者目不转睛。画面背景并不开阔，正表明了当时个人音乐室的私密性[100]。三个年轻人着*古风服饰*，白色衣褶，衬衫袒露肌肤。第四个年轻人扮演的应是 “丘比特”。四人均在为音乐会做准备，少年位于中央，眼睛朝向观者，目光涣散，并未在弹奏，而是在调弦。少年手中的鲁特琴是缩小版，根据当时习俗，琴身没有琴尾。在少年身后，另有一个深色头发的少年，或许是刚结束试

上图，（从左到右）卡拉瓦乔，《音乐家》，1595年，纽约，大都会艺术博物馆，局部；《鲁特琴演奏家》，1595年，私人收藏，局部；《鲁特琴演奏家》，1595年，圣彼得堡，国家遗产博物馆，局部。

音，正在准备弹奏考涅特。这组人物的整体表情让人猜测音乐家的试音阶段很有可能受到了干扰。另一个年轻人是小提琴家，正在最后一次阅读乐谱。年轻人身着带有褶皱的白色长袍，滑落在肩头，搭在散开的紫色丝质蝴蝶结上方，年轻人的上半身几乎呈赤裸状态。在离人群较远的地方，左侧有一名扮演“爱神”的少年，嘴上正在舔着最后一粒葡萄，即将开始歌唱。[101] 在画面最中央，正面观者的地方摆放了一把小提琴和一张琴弓，还有第二本打开的乐谱。

尽管乐谱文字并不清晰，但仍可推测博学多才的主教应十分熟悉这乐章。弗朗卡·特林凯艾力·卡米兹认为卡拉瓦乔其他几幅“音乐绘画”中的乐谱为爱情乐章，《音乐家》中无法辨认的乐谱应也是爱情牧歌。理解这幅画的最后一个提示来自埃米利奥·德卡瓦利艾力的信件，这些信件不仅揭示了德尔蒙特主教在当时音乐界中的影响力，同时表明主教对音乐演奏技巧也深有研究。[102]

音乐会是文艺复兴绘画（尤其是威尼斯画派）中十分常见的表现主题，以色彩浓郁为特点的乔尔乔内画派的作品也常出现音乐主题。然而，卡拉瓦乔采用了一种全新的方式来创作。画作真实再现了德尔蒙特府邸的艺术氛围，[103]主教府邸成为了音乐创新的试验室，艺术家们受到主教与其贵族友人的保护，他们有幸使用主教珍藏的私人乐器来进行演奏（正是卡拉瓦乔在画中描绘的那些珍贵乐器）。演奏风格是古代经典的朗诵式，表演艺术家通常是身着*古服*[104]的反串歌唱家。卡拉瓦乔或许曾聆听过几场历史上著名音乐表演的试演，为他后来的音乐绘画获取了丰富灵感。正如上文介绍的，画中四位年轻人所处的专门用于演奏的小房间较为逼仄拥挤，应该是为了体现小音乐室的私密性。画中人物的面庞较为圆润，皮肤光滑，无胡须，很有可能代表了反串演唱家被阉割后的激素生理特征。他们经典古代样式的服饰则体现了音乐会的优雅高贵氛围。年轻音乐家们身着优雅复古服饰，头上有几缕鬈发，他们脸庞精致，浓妆艳抹，正准备为德尔蒙特主教演奏他最喜欢的一段音乐剧。三种乐器为中央独唱家的伴奏，让人联想到古希腊黄金时期音乐之神奥尔菲奥的天籁之音。格拉罕-迪克森的理论同样值得深思，他认为卡拉瓦乔的《音乐家》描绘的音乐会试奏场景，是为了体现主教在当时音乐界中的影响力，他指出“卡拉瓦乔描绘了一场试奏，而不是一场真正的演奏。他展示了艺术家们为了最终完美的演奏正在辛勤练习，作品提示音乐家们为音乐会的准备工作花费了大量时间。这正是为了体现主教在当时音乐界的主导地位。作品背景为主教府邸中的音乐室，也表明了音乐家们正在等待真正的裁判官，也就是主教的到来。音乐家的准备工作完全取决于主教，只有当主教来到音乐室后，试演才算真正结束，真正的演奏会才会开始”[105]。

《音乐家》中出现的乐谱无法再被辨认，但为朱斯蒂尼亚尼与德尔蒙特创作的《鲁特琴演奏家》中的乐谱却清晰可见。在圣彼得堡国家遗产博物馆的版本中，女性化面庞的年轻歌者轻柔地拨动着鲁特琴弦，看着观者，“眼睛中的泪水似要夺眶而出，深受感动”[106]，他的嘴唇微张，“不再是与友人交谈时的嬉笑”，而应是在用“演唱朗诵式”[107]风格进行表演，因为他的表情与当时室内音乐演奏守则中的描述一致。他身穿一件白色的露肩衬衫，似古希腊长袍[108]，手臂上围着一块深蓝色褶布，与卡拉瓦乔第一幅音乐画作中一样，其服饰同样偏古典风。蝴蝶结也是白色，下垂栗色流苏。歌者面前的桌子上放着几个水果，一个反射出阳光的细颈玻璃花瓶，花瓶中有一大束鲜花。桌子上还有两张乐谱与一把小提琴。小提琴斜放在桌子外侧，观者仿佛触手可及。小提琴做工考究，鲁特琴同样精巧华丽，卡拉瓦乔的刻画十分逼真，甚至都能感知到琴弦的厚度。水晶质地的圆形花瓶就好像是一面明镜，而花瓶中的鲜花五彩斑斓，观者似乎都能闻到扑鼻的花香。[109]歌曲的旋律似乎也能被想象到，因为画家逼真地刻画了乐谱，卡拉瓦乔不仅清晰地再现了各个音符，就连乐章的首字母与书本注释也进行了细致的描绘。整个场景由一束对角强光照亮，投射下了大面积的阴影。忧郁的歌者常会被误认为是女孩：如贝洛里就曾提及“一名身着衬衣的女孩在弹奏鲁特琴，身前

摆放着乐谱”[110]。但朱斯蒂尼亚尼1638年的收藏清单确凿表明这是男孩：“米开朗基罗·达·卡拉瓦乔创作了一幅少年上半身画像，少年弹奏着鲁特琴，身前摆放着水果、鲜花与乐谱。”[111]特林凯艾力·卡米兹则认为这名少年的原型其实是住在德尔蒙特主教家中的西班牙反串演唱家佩德罗·蒙托亚。[112]蒙托亚于1592年进入西斯廷教堂合唱班，于1600年离开。当卡拉瓦乔创作这幅画时，蒙托亚正居住在德尔蒙特家中。还有不少学者认为少年的原型为卡拉瓦乔的好友马里奥·米尼蒂，[113]但我认为，与《音乐家》一样，艺术家这幅画的主要目的在于暗示被阉割的反串歌者的相貌特征。少年演奏了弗兰德斯作曲家阿尔卡德尔特（1504/1507－1568年）创作的四首四重奏爱情牧歌中的一首，但歌者采用了当时新兴的独唱方式，而其他三个低音重奏由弦乐来表现。在圣彼得堡的《鲁特琴演奏家》版本中，卡拉瓦乔

上图，卡拉瓦乔，《鲁特琴演奏家》，1595年，圣彼得堡，国家遗产博物馆，局部。

选择了阿尔卡德尔特的第三首牧歌，歌词为“你知道我爱你，我崇拜你。但你不知道我可为你而亡。如果你知道我的爱恋，或许会对我有几分怜悯。如果你稍许关心我的遭遇，那么我心中便会燃起烈火，会将我一点点吞噬”[114]。

另外三首牧歌分别为《谁能知道我的柔情》《心爱的女人，你为何这样狠心》《你将在我心中永生》[115]，这几首牧歌都是为爱人而创作。鲁特琴是象征爱情的乐器[116]，歌者那忧郁又满含深情的眼神，也进一步体现了牧歌的爱情含义。

扎尔力诺[117]认为卡拉瓦乔作品主要刻画了人类内心的情感，而这也是卡梅拉塔·德·巴尔迪团体的音乐家与理论家们大力倡导的。卡拉瓦乔画作中的乐谱十分逼真，可了解到音乐调式的目的在于激发特定的感情：在朱斯蒂尼亚尼拥有的版本中，音乐具有极强的表现力，其中的第一调式转换为小音阶。[118] 卡拉瓦乔很有可能曾去威尼斯游历，因此其画作中可见威尼斯绘画风格的痕迹——强调不同音乐调式能引发不同的心灵情感。[119] 1525年威尼斯出版的《论音乐调式的本质与理解》指出：“不同的调式可以表达出不同的情感，情感与调式可以和谐体现在音乐中。第一调式是表现欢乐与愉悦的调式，因为第一调式非常容易激荡并引发心灵的情感。如果听者生性感伤哀怨，那么有经验的歌者，便会采用第二调式，因为第二调式适合表现痛苦、悲伤、苦难等情感。”[120]此后，扎尔力诺在《和弦教义》（威尼斯，1558年）中也指出“尽管第一调式表达的情感介于悲伤与愉悦之间，但我们可以通过唱词来调整这种情感，唱词的加入可以让第一调式表达的情感变得严肃、高尚与优雅”[121]。根据其选择的乐谱与唱词，“卡拉瓦乔画中的歌者”应该是要表达一种介于忧郁与愉悦之间的“情感”或心灵状态。[122]藏于圣彼得堡国家遗产博物馆的

版本还有另一幅仿作，属于私人收藏（藏于格洛斯特郡巴德明顿院），某些学者认为此画也是由卡拉瓦乔本人所作。[123]为德尔蒙特创作的《鲁特琴演奏家》中的年轻歌者与朱斯蒂尼亚尼画中的歌者有所区别：年轻歌者的长相相似，但卡拉瓦乔在背景上做了一些重要调整。在背景上还出现了一个装着红眼金丝雀的鸟笼，而在桌子上，除了那把小提琴外，还有一把竖琴和一把斯频耐琴。但在圣彼得堡藏画中，这几个位置上放置的是水果与花瓶。贾科莫·贝拉曾探讨鸟笼中红眼金丝雀的隐喻义，他认为这象征了歌者的歌声可与鸟儿媲美。[124]不少学者都曾研究过鸟笼的寓意，卡尔维西从基督教的角度阐释，认为《鲁特琴演奏家》中的鸟儿象征着“神圣歌者”耶稣；而贝拉则认为，鸟笼与鸟儿应被视为“爱情的象征，因为恋爱中的人就好比被困在笼中的鸟儿一样”[125]。

上图，仿作（？），卡拉瓦乔，《弹鲁特琴的阿波罗》，1595年，私人收藏，格洛斯特郡巴德明顿院，局部。

贝拉认为，鸟笼中鸟儿的诗意象征在十三世纪后的爱情诗歌中十分常见，卡拉瓦乔将这个细节加入画中，正是为了突出彼特拉克以来的寓意传统，即将恋人喻为爱情的“囚徒”。根据特林凯艾力·卡米兹的研究，纽约博物馆中的版本中，鲁特琴演奏家桌前的乐谱为两首爱情牧歌，表达了单相思之苦。第一首牧歌“掀起你的面纱来”的创作者为法国-意大利音乐家弗朗西斯·德·拉尧乐（1490—约1540年），歌词正是取自弗朗西斯·彼特拉克（1304—1374年）《诗歌集》的第十一首情歌。安东尼奥·加尔达诺于1545年在威尼斯出版了这首阿尔卡德尔特的情歌，随后此歌又在克里斯提安森[126]书中出现：

心爱的人，掀起你的面纱来，
或明或暗，

我未见你，但你已看清我内心的渴求，
我心中只此一个渴望，再无他求，
心早已被占据。
思绪并不清晰，
渴求的心，奄奄一息，
只剩爱，将我支撑，
金色发丝仍未可窥见，
柔情目光将我包裹，
我的渴求，
你置之不理，
即使我生死未卜，
即使天气忽冷忽热。
你的双眸，笼罩着柔光，
笼罩着柔光。

第二首歌为《残忍的女人》，是法国-佛兰芒音乐家雅凯·德·贝尔沁（约1505—约1565年）的情歌：

残忍的女人，
无尽的叹息，
爱恋你的殉难者们，
遍尝辛酸与苦楚，
啊，不幸与哀叹。
我如何才能让你知道，
我那满溢的爱恋，
我那满溢的爱恋。

贝拉认为这两首歌都表达了单相思之恋。第一首歌中“诗人抱怨心爱的女人，意识到诗人炙热的目光后，便将脸庞与金色头发藏在了面纱下，不论环境温度如何变化，再不掀开”。而在第二首歌中“诗人责怪心爱的女人太过残忍冷酷，因为她似乎很‘享受’看到诗人所承受的相思之苦”[127]。

上图，卡拉瓦乔，《鲁特琴演奏家》，1595 年，私人收藏，局部。

注释

1 克劳迪奥·斯特里纳蒂，罗塞拉·沃德雷特合著：《十六世纪与十七世纪的音乐主题新绘画》，安娜丽莎·比尼、克劳迪奥·斯特里纳蒂、罗塞拉·沃德雷特（主编）：《音乐的色彩，十六世纪与十七世纪的绘画、乐器与音乐会》展览手册（展览信息：罗马巴尔贝里尼宫古艺术国家美术馆，2000年12月15日至2001年2月28日；锡耶纳，斯卡拉圣玛利亚教堂，2001年4月6月至6月17日），米兰，斯基拉，2000年，第18页。

2 同上。

3 同上书，第17页。

4 马乔切："卡拉瓦乔与《优美的鲁特琴》"，马乔切，德·帕斯卡尔主编：《卡拉瓦乔时代的音乐》，罗马：甘哲弥出版社，2012年，第24页。

5 最新论文请参阅《卡拉瓦乔时代的音乐》。

6 维罗妮卡·拉波尔塔：《绘画中的手势，图像静默的雄辩力》，马乔切主编，罗马：洛加尔特出版社，2006年，第132页。

7 斯特里纳蒂等，已提及著作，第20页。

8 伽利莱：《古代音乐与现代音乐的对话》，费奥雷扎：乔治·马雷斯格提出版社，1581年，第83页。

9 音乐家与理论家乔赛佛·扎尔力诺（1517－1590年）被视为十六世纪最伟大的音乐理论家。他在《和弦教义》中分析了自然元素声音之间的数学关系，总结了和谐音与不和谐音之间的比例关系。扎尔力诺指出音符会与听者的情感产生联系，从而"激荡情感，陶冶情操"：认识到这种联系后，作曲家便会有意识地创作出激发听者情感的作品。

10 伽利莱，已提及著作，第81页。

11 格拉罕-迪克森：《卡拉瓦乔，神圣与世俗生活》，米兰：蒙达多力出版社，2011年，第135页。

12 普鲁塔克的整部著作都在探讨古典音乐。这是一部辩证价值论书籍，讨论了工具、技术与表现方式的简洁性、线性与稀缺性，一方面古典音乐可激发道德感，激荡听者情感；但另一方面技术要求却又太过晦涩难懂与复杂深奥。因此，现代音乐缺乏情感与道德表达力，只能用炫技来激起听者的惊奇感，只能带来掌声与赞赏，却不再能激起其他情感。

13 格拉罕-迪克森，已提及著作，第134页。

14 同上书，第135页。

15 马乔切，已提及著作，第20页。

16 同上。

17 卡契尼：《新音乐》，佛罗伦萨，马雷斯格提出版社，1602年，第5-6页。

18 "几十年来，牧歌与四部民谣都是当时的流行音乐，由一名音调较高的独唱歌者演奏旋律部分，用鲁特琴为其他三部伴奏。"引自马乔切，已提及著作，第22页。

19 巴尔达萨莱·卡斯提里奥内曾在在乌尔比诺宫廷创作《朝臣礼仪法则》 引自格拉罕-迪克森，已提及著作，第134页。

20 同上书。

21 马乔切，已提及著作，第21页。

22 引自瓦兹宾斯基：《弗朗西斯·玛利亚·德尔蒙特主教（1549－1626年），艺术家资助者，教会与皇室故事》，佛罗伦萨，奥尔斯基出版社，1994年，第101页。

23 引自马乔切，已提及著作，第21页。

24 卡契尼，已提及著作，第5-6页。

25 帕丽斯嘉："杰罗拉莫·梅伊：佛罗伦萨卡梅拉塔团体的指导师"，《音乐季刊》，1954年第40期，第1-20页。

26 多尼：《论舞台音乐》，引自索雷尔提：《音乐剧起源：同时代人的论述》，都灵，福莱特里·泊乔出版社，1903年，第207-208页。

27 马乔切，已提及著作，第21页。

28 伽利莱，已提及著作，第81页。

29 斯恩："音乐与情感理论"，《论心理分析》，塞弥主编，米兰：格尔提纳出版社，1989年，第751页。

30 拉波尔塔，已提及著作，第132页。

31 汉尼拔与鲁多维科及奥古斯丁诺在博洛尼亚成立了一个致力于研究古典与真实的学院，据史料记载，卡拉瓦乔"十分崇拜汉尼拔大师"。引自贝洛里：《现代画家、雕塑家与建筑家名人列传》，伯雷亚主编，都灵：艾依纳迪出版社，2009年，第201页。

32 1563年，由教皇保罗三世召开的特兰托宗教大会闭幕，大会达成决议，规定了形象艺术与表现艺术中的图像崇拜准则。特兰托大会决议提倡简单清晰的图像艺术语言，要最大限度地接近真理与自然，要可理解，可激起观者的情感。引自拉波尔塔，已提及著作，第120页。

33 同上书，第125页。

34 卡尔维西：《论卡拉瓦乔》，都灵：艾依纳迪出版社，1990年，第383页。

35 拉波尔塔，已提及著作，第125页。

36 阿尔干：《意大利艺术史》，卷3，米兰：桑索尼出版社，1997年，第224页。

37 尼格拉·维森提诺：《古代音乐的现代改编》，罗马，安东尼奥·巴勒，1555，四册，四十二章，九十四行。

38 福比尼（1976年）：《古代至十八世纪中的音乐美学》，都灵：艾依纳迪出版社，2002年，第115-116页。

39 扎尔力诺：《乔赛佛·扎尔力诺·奇奥加的〈和弦教义〉》，威尼斯：彼得·达菲诺出版社，1558年，第419页。在此著作中，除了音乐相关论述外，还有不少诗学、历史与哲学性的见解。

40 不少音乐剧剧作家都曾使用过扎尔力诺的“词典”，音乐剧本身的结构语义也随后反映在结构音乐中，经历了巴洛克时期，最终形成为浪漫主义音乐的新语言。

41 情感最初是指“小转调”或指具有表现力的旋律特征。十六世纪末期卡梅拉塔·德巴尔迪团体大力倡导弘扬古代经典，提倡单旋律音乐风格，十七世纪初佛罗伦萨理论家同样强调“情感”与“音乐表达”之间的理想呼应。情感是十七世纪与十八世纪音乐剧中咏叹调的重要特征，每种咏叹调都代表一种特定的激情或情感，如愤怒、痛苦、喜悦、爱恋、仇恨、嫉妒等。

42 珂雪：《世界音乐，关于和谐与不和谐的伟大艺术，十书汇编》，罗马：法国格尔贝雷提出版社，1650年。

43 博洛尼亚主教在当时的文化大背景下提出了关于修辞演说家与画家之间的类比，这反映了反宗教改革宗教对他们资助的文人的预期。将演说家与画家进行类比，是有功能性的，旨在强调绘画的教育与道德功能：强调西塞罗的演说激荡了听者的灵魂，这不仅是一种可信的历史判断，也可以提高整个社会的道德水准。帕雷奥迪与其他反宗教改革理论家，认为这可以鼓励人们更加维护基督教价值观。引自拉波尔塔，第130页。

44 同上书，第132页。

45 同上书，第133页。

46 同上。

47 同上书，第136页。

48 斯特里纳蒂，沃德雷特，已提及著作，第17页。

49 同上。

50 马乔切，已提及著作，第21页。

51 斯特里纳蒂，沃德雷特，已提及著作，第17页。

52 引自克里斯提安森：《重新发掘卡拉瓦乔，鲁特琴演奏家》，纽约：大都会艺术博物馆，1990年，第45页。

53 引自帕丽斯嘉：“埃米利奥·德卡瓦力艾力外交信件中的音乐论述”，《音乐季刊》，1963年7月3日，第49期，第346页。

54 引自格拉罕-迪克森，已提及著作，第133页。

55 马乔切，已提及著作，第21页。

56 赫尔曼·费奥雷：“鲁特琴演奏家”，斯特里纳蒂主编：《卡拉瓦乔》展览手册（展览信息：罗马奎里纳尔宫教皇厅，2010年2月20至6月13），米兰：斯基拉出版社，第54页。

57 斯特里纳蒂，沃德雷特，已提及著作，第17页。

58 艾伯特-施费勒：“卡拉瓦乔是音乐的门外汉吗？”，《卡拉瓦乔时代的音乐》，第31页。

59 同上。

60 同上。

61 同上书，第32页。

62 马乔切，已提及著作，第21-22页。

63 同上。

64 斯特里纳蒂，沃德雷特，已提及著作，第17页。

65 马乔切，已提及著作，第24页。

66 同上。

67 瓦兹宾斯基，已提及著作，第137页。

68 佛罗梅尔：“卡拉瓦乔与弗朗西斯·玛利亚·德尔蒙特主教”，《艺术史》，1971年第9-10期，第5-52页。

69 格拉罕-迪克森，已提及著作，第137页。

70 特林凯艾力·卡米兹，奥古斯丁·兹诺：“卡拉瓦乔：音乐与艺术商业”，《音乐研究》，1983年第12期，第74页。

71 艾伯特-施费勒，已提及著作，第29页。

72 同上。

73 同上。

74 艾伯特-施费勒研究了1605年8月26日对卡拉瓦乔家中所做的财产清单（“一把吉塔拉，一把小提琴”），他根据音乐学家丁科·法布里斯的描述，认为在当时的史料中并没有提及“西班牙”，而“吉塔拉”一词指的是一种五根双弦的小鲁特琴。基于普鲁登扎·布鲁尼的证明（“与一些人弹奏着吉塔拉”），西费雷尔因此猜测卡拉瓦乔的鲁特琴技艺应十分成熟。

75 同上书，第37页。

76 同上。

77 引自丁科·法布里斯：“卡拉瓦乔的‘音乐’圈子：订购者们隐藏的游戏”，《卡拉瓦乔时代的音乐》，第73页。

78 马乔切，已提及著作，第24页。

79 同上。

80 同上。

81 法布里斯，已提及著作，第73页。

82 同上书，第81-82页。

83 法布里斯：“卡拉瓦乔与音乐”，帕切利，福尔乔内（主编）：《绘画与科技中的卡拉瓦乔》，那不勒斯：帕帕罗出版社，2013年，第201页。

84 同上书，第213-214页。

85 引自赫尔曼·费奥雷，已提及著作，第57页。

86 引自艾伯特-施费勒，已提及著作，第36页。

87 引自特林凯艾力·卡米兹：“卡拉瓦乔绘画中的‘音乐’”，《卡拉瓦乔，新理论》，罗马：帕隆比尼出版社，1989年，第206页。

88 引自特林凯艾力·卡米兹，兹诺，已提及著作，第74页。

89 引自佛罗梅尔，已提及著作。

90 萨维纳：“音乐家”，《卡拉瓦乔》，第61页。

91 赫尔曼·费奥雷，已提及著作，第54页。

92 库尔蒂：“卡拉瓦乔在罗马崭露头角，洛伦佐·卡尔利的画室与他的财产清单”；潘帕罗内：“天赋异禀的‘卡拉瓦乔’，是传说？”，迪斯沃，威尔第（主编）：《卡拉瓦乔在罗马，真实的罗马生活》（罗马，国家档案馆，2011年2月11日至5月15日）罗马，德卢卡，2011年。

93 弗兰切斯卡·库尔蒂挖掘出了一份由彼得保罗·佩尔格里尼亲笔签名的证书，其中有一位小杂工的证词，他在卡拉瓦乔常去理发的理发店工作，而这份资料便将卡拉瓦乔抵达罗马的时间从1592—1593年更改至了1595—1596年。佩尔格里尼是“画家米开朗基罗”的朋友，而卡拉瓦乔从1596年的四旬斋开始便常去西西里画家洛伦佐·卡尔利的画室。根据巴里恩内和贝洛里的记载，佩尔格里尼给刚抵达罗马的卡拉瓦乔提供过帮助和工作机会。有关卡拉瓦乔在米兰居住的最后一份史料中记载时间为1592年，因此艺术史研究学者们普遍认为卡拉瓦乔在1592年末或是1593年初抵达罗马，卡拉瓦乔也应是在此时期与“洛伦佐大师”相识。然而，库尔蒂在研究佩尔格里尼的记载和其他传记史料后，指出卡拉瓦乔抵达罗马的真正时间应是1595年，因为“这样才能将卡拉瓦乔在德尔蒙特主教家中居住之前所有的历史事件串联起来”。库尔蒂认为卡拉瓦乔进入主教家中的时间应是1597年。学者安东内拉·潘帕罗内也提出了一个十分重要的新理论，尤其重要，她考察了那份著名的“四十小时祈祷仪式”的资料，这是记载卡拉瓦乔抵达罗马的最早史料。这份史料并没有标注日期，最初由哈丽娜·瓦格在名人堂档案中发现。这是一份画家名录，记录了在圣餐仪式四十小时祈祷时出现的画家，其中出现了卡拉瓦乔与普鲁斯佩罗·奥尔西。瓦格指出潘帕罗内“质疑了这份资料是否真正属于名人堂的档案，因为资料中出现的画家要远远少于于圣卢卡学院联合会中出现的名录”，潘帕罗内在“分析了圣卢卡学院出租给艺术家和其他人士的住宅中的付款目录（在1595—1596年间）后”，猜测有人重新利用了这份资料，用于支付账款，而这份画家名录的时间应为1595年。潘帕罗内重新核查了史料，并最终指出，尽管这份资料保存在名人堂档案馆中，但实际上并不属于名人堂。“问题的答案在于公证员的身份”：公证员为沙拉瓦兹，从1588年起担任名人堂的秘书，在同时期还为其他机构服务，其中包括画家学院，即“圣马尔提纳的圣卢卡学院”。潘帕罗内总结道，很显然，是沙拉瓦兹将文件从“圣卢卡学院”转移到了名人堂档案中，因为他认为“或许会需要出具一张延期付款的承租人的账单”。因此，潘帕罗内认为文件的日期应为1597年10月，正是画家之神圣卢卡的节日，因此学院为纪念圣卢卡而组织了连续四十个小时的圣餐仪式。

[94] 参阅库尔蒂，已提及著作，第70页。根据1592年7月1日的一份史料，库尔蒂指出卡拉瓦乔在米兰居住的最晚史料记载时间应为1592年。参阅格明奇尼：《卡拉瓦乔与米兰时期，画家青年时期新史料（1571－1592年）》，阿比亚特格拉索，2004年，第58页；贝拉：《卡拉瓦乔在伦巴第的青年时期，卡拉瓦乔家族的史料研究》，佛罗伦萨，2005年，第425页。在斯科尔在《卡拉瓦乔的罗马时期，真实的罗马生活》（第77页）也引用了1592年7月1日的资料："1591年4月初，卡拉瓦乔曾在小镇逗留，因为米兰档案中出现了同年11月底的史料。（据卡尔维西："卡拉瓦乔于1600年创作的《下十字架》"，《艺术史》，2009年第124期，第65页。以及马乔切：《米开朗基罗·梅里西·卡拉瓦乔，1513－1875年的史料与财产清单》，罗马，2010年，第85页）一份1592年5月5日的资料显示，一个星期后，卡拉瓦乔与一个弟弟及妹妹卡特琳娜重新抵达米兰，卡拉瓦乔家中的兄弟们又出现在卡拉瓦乔小镇上。卡拉瓦乔应在小镇上重新逗留了几个星期，因为一份1592年7月1日的合同中仍有卡拉瓦乔的签名。这份合同是卡拉瓦乔在伦巴第大区居住的最晚史料。"

[95] 斯特法尼亚·马乔切曾对此做出澄清，在此感谢。

[96] 引自赫尔曼·费奥雷，已提及著作，第56页。

[97] 同上。对于怀特菲尔德来说那幅画是博德明顿宫的版本。怀特菲尔德，《卡拉瓦乔之眼》，2011年。

[98] 怀特菲尔德认为这幅画是现藏于格洛斯特郡巴德明顿院中复本的另一个版本画，引自怀特菲尔德：《卡拉瓦乔之眼》，米兰：书店工厂，2011年。

[99] 同上。

[100] 艾伯特-施费勒，已提及著作，第37页。

[101] 同上。

[102] 西班牙反串歌手蒙托亚是德尔蒙特家中最有影响力的歌唱家之一，德卡瓦力艾利曾在德尔蒙特的见证下，教授蒙托亚六堂音乐课："德尔蒙特主教十分惊奇，因为（蒙托亚）甚至能唱出奥诺弗里奥的歌曲（很有可能指奥诺弗里奥·圭尔弗雷杜奇，他也是一位极有才华的反串歌唱家，曾居住在主教蒙塔尔多家中。）如果再过一个月，很有可能会超过奥诺弗里奥了。"引自格拉罕-迪克森，已提及著作，第137页。

[103] 同上。

[104] 1600年前后，反串歌者在罗马享有极高的地位。职业歌唱家在罗马也越来越受重视，这反映了当时音乐文化的新趋势，即更加欣赏极具穿透力和情感表现力的独唱表演。朱斯蒂尼亚尼在《论音乐》中指出，"著名的维多利亚（阿尔凯雷）是'真正女声唱法'的缔造者"，朱斯蒂尼亚尼认为这种唱法同时也十分适合使用假声技法的女高音和西斯廷教堂合唱班中的反串歌唱家们，引自格拉罕-迪克森，第149页。

[105] 同上书，第138页。

[106] 同上。

[107] 同上书，第139页。博尔格斯最近指出《捧果篮的少年》的瓶口同样具有音乐含义，象征着一位年轻的歌者在圣餐礼拜仪式中进行演奏。参阅弗拉斯卡雷利："卡拉瓦乔的《捧果篮的少年》：音乐画？"《艺术史》，2011年，第128页。

[108] 赫尔曼·费奥雷，已提及著作，第54页。

[109] 同上。

[110] 贝洛里，已提及著作，第216页。

[111] 引自克里斯提安森，已提及著作，第32页。

[112] 特林凯艾力·卡米兹："反串歌者：从不正式到正式"，《艺术与历史》，1988年第18卷第9期，第172-174页。

[113] 引自赫尔曼·费奥雷，已提及著作，第51页。

[114] 引自马乔切，'已提及著作，第22页。

[115] 同上。

[116] 同上书，第19页。

[117] 同上书，第24页。

[118] 马乔切："论卡拉瓦乔与卡拉瓦乔画派中的音乐主题"，《音乐的色彩》，已提及著作，第97-98页。

[119] 同上。

[120] 同上。

[121] 同上。

[122] 马乔切：卡拉瓦乔与《 优美的鲁特琴》，已提及著作，第25页。

[123] 贝拉："卡拉瓦乔《鲁特琴演奏家》鸟笼中关着的音乐小鸟"，《卡拉瓦乔时代的音乐》，已提及著作，第41页。

[124] 同上书，第44页。

[125] 同上书，第47页。

[126] 克里斯提安森，已提及著作，第44页。

[127] 贝拉，已提及著作，第49页。

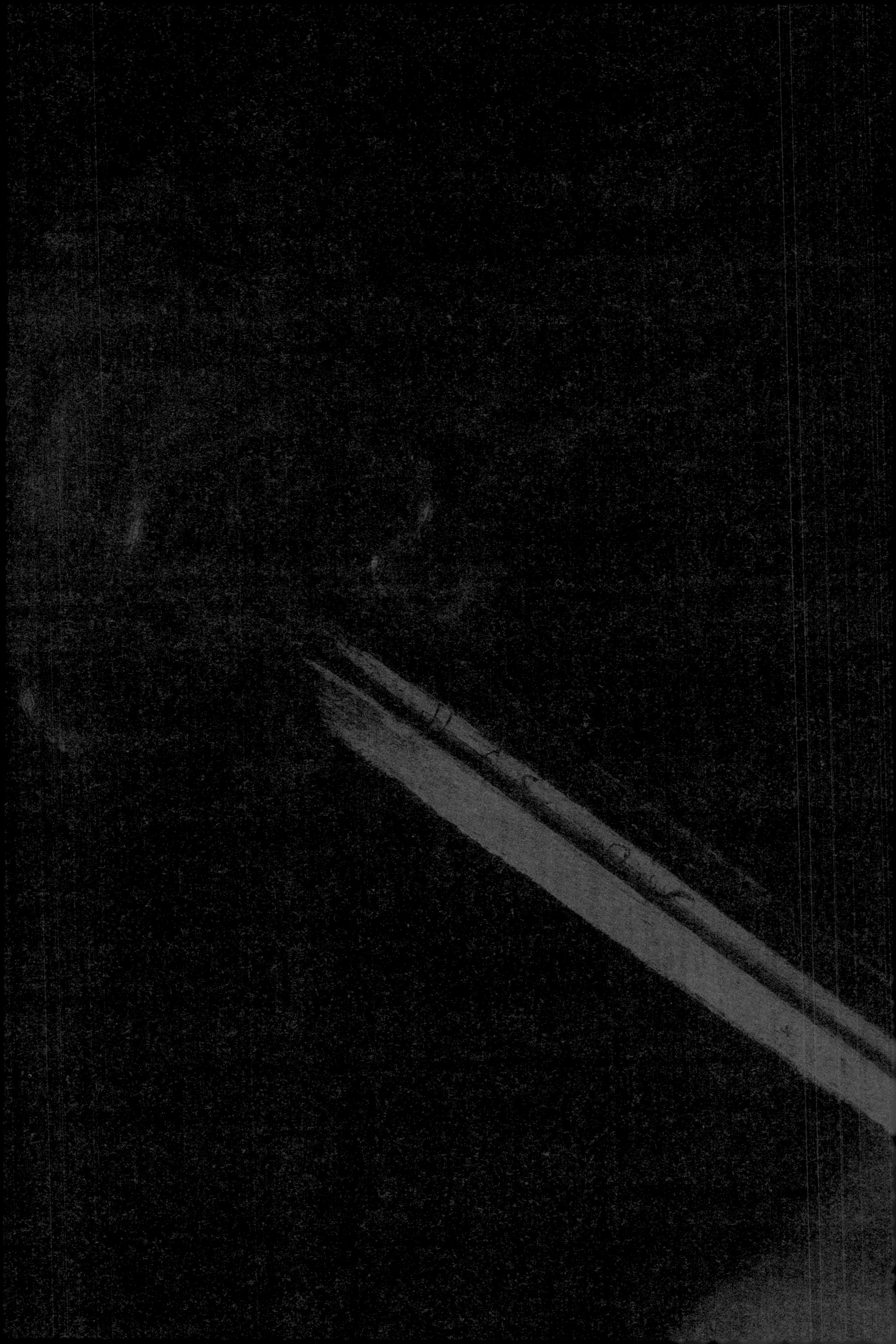

卡拉瓦乔原作作品集

法比奥·斯卡莱蒂

下面展示的 77 幅画作是按照完成时间排列的，笔者认为这些画出自卡拉瓦乔之手，因为大部分评论家（或者说，是一部分合格的评论家）对此达成共识，并有很多确凿的证据以佐证，比如风格、文字和科学方面的证据。之后的一件作品是米兰某位私人藏家收藏的《美杜莎》。这里还会给大家展示学者们所熟知的那些重要且古老的仿作（与原作相比，仿作有些地方可能会有变化）。

画作的完成时间都附在图注中。

左图

《捧果篮的少年》，1593年

布面油画，70厘米×67厘米，罗马，博尔盖塞美术馆。

本画并无古代仿作。不过，它的一幅仿作在1969年于罗马古玩市场迅速售出。

左图、上图

《生病的酒神》，1593年

布面油画，67厘米×53厘米，罗马，博尔盖塞美术馆。

本画并无仿作，“达尔皮诺骑士”在文集中称，除了原作之外，还可能存在另外一版衍生作品，不过至今尚未被发现。

第140页

《被蜥蜴咬到的少年》，1594年

布面油画，66厘米×49.5厘米，伦敦，国家美术馆。

第141页

《被蜥蜴咬到的少年》，1594年

布面油画，65.8厘米×52.3厘米，佛罗伦萨，罗伯托·朗吉艺术史研究基金会。

这两幅画一幅藏于伦敦，一幅藏于佛罗伦萨。部分评论家对这两幅画哪一幅是真迹存在分歧。其实，两者都是真迹，问题在于卡拉瓦乔先画了哪一幅。藏于佛罗伦萨的这幅画有三幅仿作：一幅出现在罗马古董市场，一幅现存于乌拉圭蒙得维的亚市，另一幅在荷兰被拍卖。被拍卖的那幅现存于荷兰迪伦的卡茨画廊，与伦敦那幅画更相似，但质量一般。

上图、右图

《占卜者》，1594年

布面油画，115厘米×150厘米，罗马，卡比托利欧博物馆。

虽然2012年墨西哥某场拍卖会上出现了一幅临摹作品，但这幅画没有太知名的仿作。

上图

《纸牌老千》，1594年

布面油画，91.5厘米×128.2厘米，得克萨斯，沃斯堡金贝尔艺术博物馆。

该画是卡拉瓦乔所有作品中仿作最多的一幅，共有三十多幅。一幅现存于纽约诺德勒画廊，这幅可能是最著名的，曾由罗斯柴尔德家族收藏。一幅在柏林，一幅在爱尔兰，一幅在美国福格艺术博物馆。尺寸最大的一幅已失佚。另有一幅现存于伦巴第地区的某隶属于红衣主教的基金会，2004年该作品曾进行X光检测，根据检测结果推测，该作品可能和收藏于马洪基金会的那幅标价最高的作品一样，是卡拉瓦乔的真迹。此外，近几年被拍卖的仿作有很多，这些仿作的来源很杂，包括2003年出现于邦瀚斯拍卖行的威尔士纽伯勒勋爵的个人藏品；2012年出现于苏富比拍卖行的德国菲斯滕贝格王室藏品；2011年出现于多禄泰拍卖行的奥地利某位藏家的个人藏品；2011年出现于比弗利山庄朱利安拍卖行，现存于斯德哥尔摩市布考斯基拍卖行；2013年出现于伦敦佳士得的个人藏品。

上图

《神魂超拔的圣方济各与天使》，1595年

布面油画，92.5厘米×127.8厘米，康涅狄格哈特福德，沃兹沃斯艺术博物馆。

最著名的仿作现存于乌迪内市，有人认为这是卡拉瓦乔本人照着原画创作的。另外四幅分别隶属于：摩纳哥博物馆馆藏、纽约麦格隆·萨巴泰拉的收藏（该仿作的景色部分有改动）、罗马某私人收藏和巴黎的苏尔特藏品序列（此画作于1852年，来自西班牙）。另外两幅出现于法国的博须埃博物馆和圣塞韦里诺马尔凯镇的圣罗科教堂，后者于2010年被修复。

上图

《音乐家》，1595年

布面油画，92厘米×118.5厘米，纽约，大都会艺术博物馆（罗杰斯基金会）。

2006年，来自瑞士的一件仿作在伦敦以10万英镑的价格被拍走；另外一幅（可能就是伦敦那幅）由私人收藏，最开始收藏于佛罗伦萨，后又辗转至伦敦。二十世纪初，一幅来自摩德纳瓦尔德里吉画廊的仿作在柏林售出。

右页（上图）

《鲁特琴演奏家》，1595年

布面油画，94厘米×119厘米，圣彼得堡，国家遗产博物馆。

博福特公爵的仿作现由纽约某私人收藏。这幅画仿的并不是最初的原作，而是一个衍生品——可能出自卡拉瓦乔的手笔，也可能不是。2010年和2012年在英国的拍场上出现过两幅仿作。

右页（下图）

《鲁特琴演奏家》，1595年

布面油画，100厘米×126.5厘米，私人收藏。

这幅最厚的仿作曾存于卡塔尼亚，1986年被拍卖，现由巴黎某私人收藏。有些人认为这幅画系卡拉瓦乔真迹。

第148-149页

《占卜者》，1595年

布面油画，99厘米×131厘米，巴黎，卢浮宫。

该画有一幅十八世纪的仿作，现存于凡尔赛宫博物馆，另一幅可能出自十八世纪，曾收藏于蒙贝利亚尔博物馆，之前曾存放在卢浮宫。

左图

《酒神巴库斯》，1596年

布面油画，95厘米×85厘米，佛罗伦萨，乌菲齐美术馆。

有一幅被人遗忘的仿作右侧损毁严重，现已无法修复。该作品现藏于瑞士，有人认为卡拉瓦乔完成了此作的部分绘制工作。

上图

《抹大拉的玛利亚的忏悔》，1596年

布面油画，122.5厘米×98.5厘米，罗马，多利亚潘菲利美术馆。

1960年，人们在米兰的波斯卡雷利藏品中找到了一幅仿作，与原作对比有些修改（衣领处无花边），这使得一些人徒劳地认为原作还有待发现。因为他们认为衣领处的花边是后加上去的，因此推断多利亚潘菲利美术馆收藏的是仿品。

第152-153页

《逃往埃及途中的休息》，1596年

布面油画，135.5厘米×166.5厘米，罗马，多利亚潘菲利美术馆。

在位于弗拉斯卡蒂的阿尔多布兰迪尼别墅1622年的财产清单里，有一幅该主题的卡拉瓦乔的仿作，但这幅仿作很可能就是原作本身。

上图

《美杜莎》，1597年

贴在杨树木制成的盾牌上的布面油画，直径57厘米×55厘米，佛罗伦萨，乌菲齐美术馆。

米兰某藏家的私人收藏品似乎是现存唯一的仿作，但实际上，它是卡拉瓦乔所画的《美杜莎》的第一版。

右图

《朱庇特、尼普顿和普鲁托》，1597年

拱顶油画，316厘米×152厘米，罗马，邦孔帕尼·卢多维西小宅。

并无仿作流传，甚至连该画采用的独特技术也再无他人使用。

左图（上）

《果篮》，1597年

布面油画，47×62厘米，米兰，安布罗西阿娜美术馆。

无仿作。

左图（下）

《亚历山德里亚的圣卡特琳娜》，1598年

布面油画，173厘米×133厘米，马德里，提森-博内米撒艺术博物馆。

一共发现了三幅仿作：第一幅收藏于皇家圣赫罗尼莫教堂，第二幅收藏于帕莱斯特里纳镇圣彼得城堡的圣彼得教堂，第三幅在罗马某位私人藏家手上。画的背面写的着“M.M.F.”，意味着作者可能是马里奥·米尼第（Mario Minniti）。2008年，人们对画作进行了X光检测，发现画的左下角原来画着一颗头颅，后被斗篷覆盖了。

上图

《马大与抹大拉的玛利亚》，1598年

布面油画，100厘米×134.5厘米，密歇根底特律，底特律美术馆。

约有15幅仿作，其中一幅由罗马古董商西蒙内迪收藏，另一幅质量更高的仿作现存于牛津大学基督教堂学院。罗马的曼塞拉收藏于1943年的作品可能正是现收藏于底特律美术馆的真品。1974年，戈麦斯-阿尔萨加以一百万美元的价格（相当于现在的五百万美元）买下了这幅画，曾轰动一时。还有一幅画不属于仿作，但属于衍生作品。该作品可能出自萨拉塞尼之手，现存于南特博物馆，其他的衍生作品分别保存在法国科多尔省的沃塞尔、纽约的维兹纳和威尼斯的里佐利藏品中。

上图

《圣马太与天使》（第一版），1598年

布面油画，223厘米×183厘米，柏林，凯撒·弗雷德里希博物馆。

这幅画可能是为代替弗兰芒某位雕刻家的大理石雕塑而作。该画于1945年柏林被炸时受损。作品没有彩色版，也没有古代仿作——雷尼尔1638年的仿作和1627年另一幅尺寸较小的仿作都已丢失，前者曾由朱斯蒂尼亚尼家族收藏，后者曾由德尔蒙特红衣主教收藏。

右图

《砍下哥利亚头颅的大卫》，1599年

布面油画，110厘米×91厘米，马德里，普拉多美术馆。

在马德里、罗马、纽约都有私人收藏的仿作，有人认为卡拉瓦乔也参与创作了现存于纽约的这幅作品，而且其创作时间要早于原画，原画是对该画的修改。

第160页-161页

《朱迪斯与荷罗孚尼》，1599年

布面油画，145厘米×195厘米，罗马，巴尔贝里尼宫古代艺术国家博物馆。

这幅画并无仿作，精明的意大利政府于1971年用2300万里拉买下此画，当时的2300万里拉至少相当于现在的200万欧元。

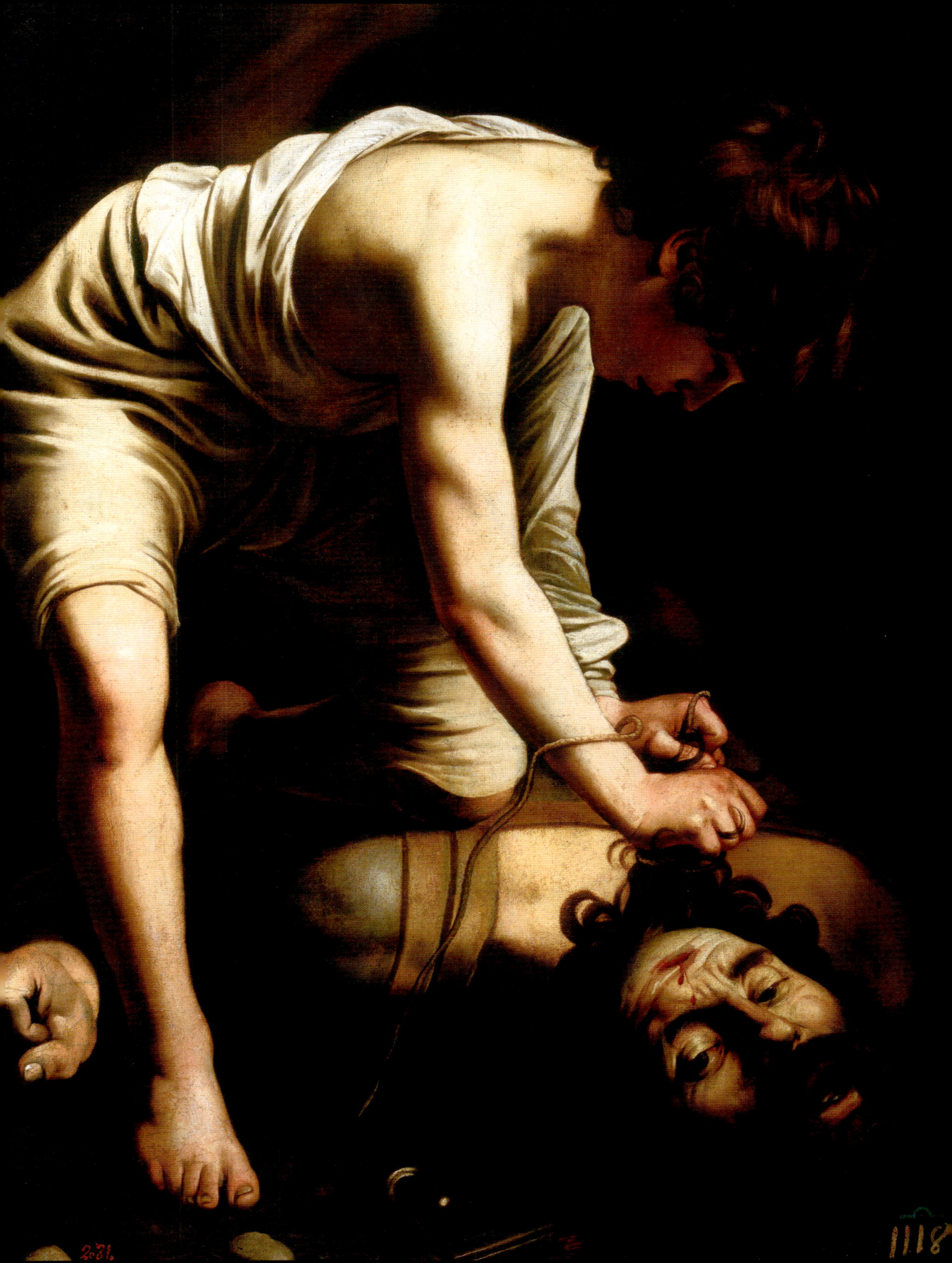
2081.
1118

上图

《纳西索斯》，1599年

布面油画，115.5厘米×97.5厘米，罗马，巴尔贝里尼宫古代艺术国家美术馆。

无仿作存世。

右图和第164-165页

《圣保罗的皈依》（第一版），1599年

柏木板油画，237厘米×189厘米，罗马，奥迪斯卡契藏品会。

该作品在合约规定的1600年9月之前完成。无仿作。

上图

《圣马太蒙召》，1599—1600年

布面油画，322厘米×340厘米，罗马，圣王路易教堂肯塔瑞里小堂。

除了斯波莱托城市博物馆的衍生作品外，还有其他仿作。其中一幅来自大主教文琴佐·玛丽亚·莫斯的个人收藏，自1828年以来一直藏于都灵美术学院。这幅画背景的仿作中的背景没有上面的部分，18世纪末，作品被证实为卡拉瓦乔真迹。另一幅仿作要小很多，1934年见于一家位于科隆的古玩店。另外，法国勒芒的塔西博物馆也收藏了一幅17世纪的铜版画仿作。

右图和第168-169、170、171页

《圣马太殉难》，1599—1600年

布面油画，322厘米×343厘米，罗马，圣王路易教堂肯塔瑞里小堂。

有一幅仿作，现已失佚。这幅很可能就是曾经出现在加利福尼亚圣巴巴拉市场的那幅。

上图，右图

《荆棘加冕》，1600年

布面油画，127厘米×165.5厘米，维也纳，艺术史博物馆。

无重要仿作。

上图

《费利德·梅兰德隆尼的肖像》，约1600年

布面油画，66厘米×53厘米，柏林，凯撒弗雷德里希博物馆。

无仿作，1945年毁于柏林。但是在一本1924年的册子中，出现了一张该画的彩色照片。

右图，第176-177页

《圣彼得殉难》，1600—1601年

布面油画，230厘米×175厘米，罗马，人民圣母教堂切拉西小堂。

有几幅质量较高的仿作，分别收藏于瓦伦西亚的科帕斯克里斯蒂学院和宗教博物馆、埃斯科里亚尔修道院、巴塞罗那博物馆、都灵的诺瓦莱萨圣斯德望堂、巴黎的洛哀贝（1960年以前）和热那亚的白宫，另一幅仿作是莱科市因贝尔萨戈的皮奥王子的藏品，这幅画被认为是弗兰切斯克·里巴尔塔的作品。

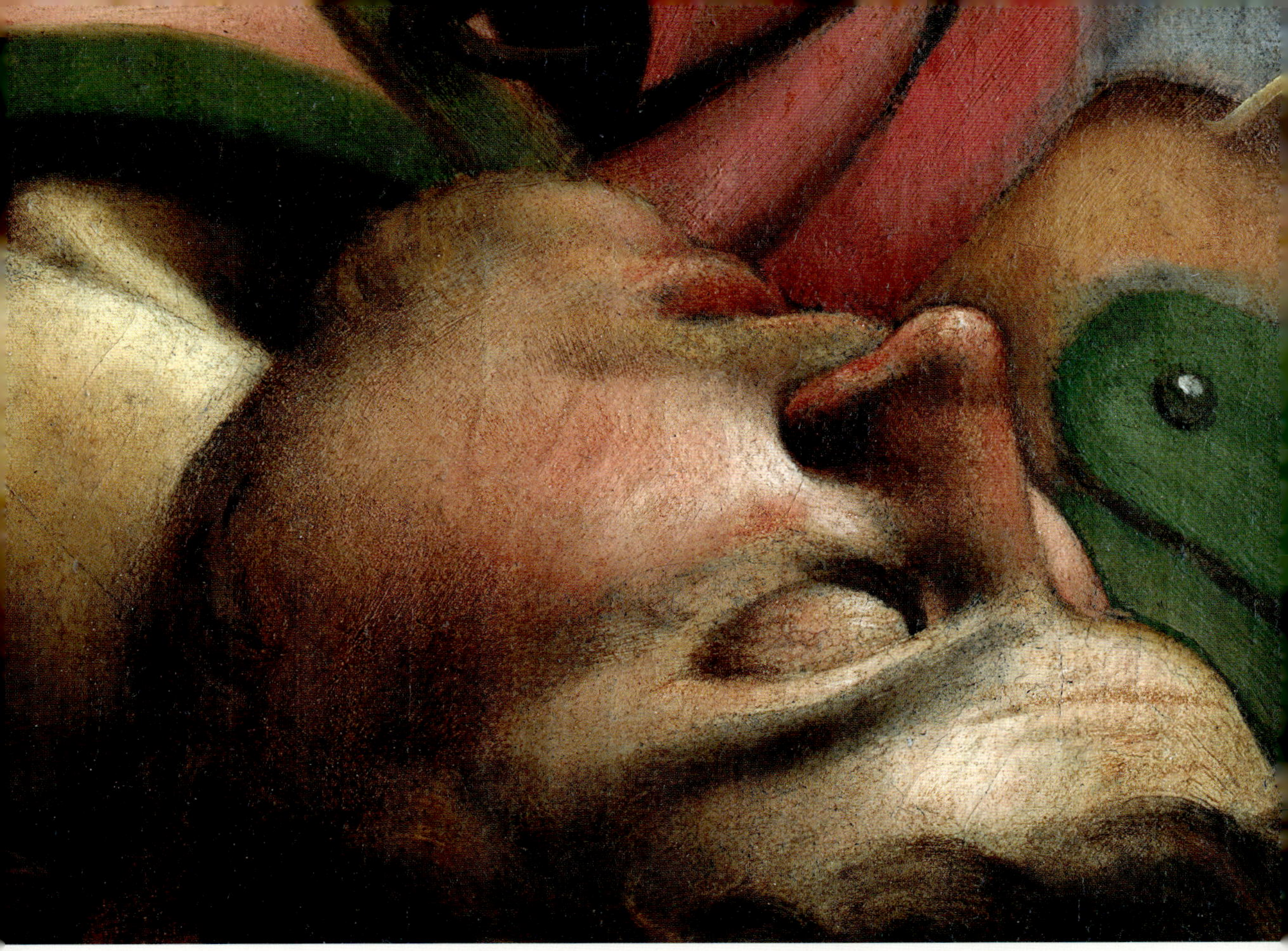

左图、上图

《圣保罗的皈依》，1600—1601年

布面油画，230厘米×175厘米，罗马，人民圣母教堂切拉西小堂。

有一幅尺寸较小的仿作，如今已经失佚，该仿作于十八世纪由文琴佐·卡姆基尼绘制。与卡拉瓦乔的其他作品相比，这幅画的仿作数量稀少（不代表没有）得令人惊奇，也颇令人费解。

第180-181、182、183页

《以马忤斯的晚餐》，1601年

布面油画，141厘米×196厘米，伦敦，国家美术馆。

仿作很多：一幅收藏于罗马附近的蒙泰孔帕特里镇的圣西尔维斯特修道院，可能为枢机主教希皮奥内·博盖塞捐赠；一幅收藏于阿巴特利斯宫的西西里大区美术馆，曾是蒙雷阿莱大主教的藏品；一幅收藏于维也纳艺术史博物馆（暂存）；一幅收藏于西班牙莱昂教区；一幅收藏于梵蒂冈城；一幅收藏于拉文纳省；一幅收藏于皮亚琴察市阿尔贝罗尼学院，一份清单写着这幅画完成于1735年；一幅出现在1960年的纽约古董市场；另外两幅分别来自纽约（可能和出现在纽约古董市场的是同一幅）和法国洛什某人的私人收藏，有人怀疑这两幅画某些部分为卡拉瓦乔所作。部分仿作对基督的胡子做出调整，譬如存于伦敦的仿作以及佳士得拍卖行、萨宾画廊和米兰私人收藏的仿作；还有一些仿作对光晕做了调整，譬如1985年以前收藏于贝加莫古玩市场的仿作。

第184-185页

《圣多马斯的疑惑》，1601年

布面油画，107厘米×146厘米，波茨坦，无忧宫。

很幸运，这幅画有多个版本，其中一些是卡拉瓦乔真迹，比如收藏于法国洛什的作品、的里雅斯特的私人藏品和1999年被拍卖的作品。仿作有的流落到西班牙，其中一幅位于马德里艾诺德收藏会；一幅在匈牙利某修道院；一幅由巴黎的埃里斯托夫收藏，他是在罗马获得此作的；一幅在约克郡瑟斯克的圣玛利亚·韦尔基娜教堂；一幅在拉文纳艺术博物馆；一幅在佩萨罗市政博物馆；一幅在都灵圣多马斯的圣器保存室；一幅在罗马的圣塞巴斯迪弗拉斯卡蒂医院；一幅在佩鲁贾市卡斯泰洛城的藏家手上；一幅保存在科莫市的迪扎斯科；一幅保存在米兰；一幅在都灵；一幅在罗马，曾在安东尼娅拍卖行存放过一段时间；一幅现于阿西西古董市场；一幅在2007年于都灵的德拉洛卡拍卖；质量最好的两幅分别存于佛罗伦萨乌菲齐美术馆和都灵的苏萨教区博物馆。

右图

《圣彼得和圣安得烈的召唤》，1601年

布面油画，152厘米×182厘米，伦敦，汉普顿宫皇家画廊。

共发现十五幅仿作。有两幅保存于英国，其中一幅1976年之前保存于查茨沃斯，另一幅保存于韦斯顿公园，为布拉德福德的收藏；三幅私人收藏分别藏于纽约、贝加莫和罗马，最后一个隶属安索尔蒂收藏，1963年曾在那不勒斯展览；由乌利齐·洛思于1620年完成的仿作保存在摩纳哥博物馆；贝尔纳多·斯特罗齐的两幅仿作一幅被热那亚某位藏家收藏，另一幅被拍卖于1983年的罗马古董市场。

上图

《以撒的献祭》，1602年

布面油画，116厘米×173厘米，新泽西普林斯顿，芭芭拉·皮亚斯卡·约翰逊收藏会。

如果将仿作数量作为衡量作品价值的参考标准，那么，《以撒的献祭》应该会获得所有评论家的赞誉。散落在意大利的仿作分别隶属于：摩德纳的私人收藏，科莫的迪·博纳收藏，那不勒斯地区的斯塔比亚海堡大教堂的圣器收藏室的馆藏。最近又发现了与路易斯·芬森有关的一幅仿作，收藏于罗马劳力纳画廊。此外，在西班牙多地也发现了不少仿作，分别隶属于机构的收藏：托莱多的托里霍斯教区和光辉基督清真寺、萨拉戈萨的达洛卡教区博物馆、萨莫拉大教堂、塞维利亚的圣罗克和马德里的西班牙储蓄银行联合会和皮奥藏品。还有波斯伯格地区由个人收藏的仿作，里斯本博物馆的仿作，1988年伦敦佳士得拍卖的仿作，最后还有一幅正方形的私人收藏仿作。

右图

《施洗圣约翰与荆棘》，1602年

布面油画，169厘米×112厘米，托莱多，大教堂博物馆。

无仿作。

上图

《丘比特的胜利》，1602年

布面油画，156厘米×113厘米，柏林，国立博物馆。

因为此画的第一任主人文琴佐·朱斯蒂尼亚尼侯爵的气量很小，所以这幅画虽然很著名，但却没有多少仿作。共有四幅仿作，一幅存放于第戎博物馆；一幅被诺瓦拉某私人收藏（之前在一个米兰人手中）；一幅由安德烈·瓦卡罗仿制，被某个罗马人收藏；还有一幅尺寸很小的仿作绘制于十九世纪，现存于柏林夏洛腾堡宫。

右图和第192、193、194-195页

《圣马太与天使》，1602年

布面油画，295厘米×195厘米，罗马，圣王路易教堂肯塔瑞里小堂。

无仿作。

左图

《施洗圣约翰》，1602年

布面油画，129厘米×95厘米，罗马，卡比托利欧博物馆。

最重要的一幅仿作目前收藏于罗马多利亚潘菲利美术馆。1953年以前，人们一直以为这幅画就是卡拉瓦乔所绘。而其他的仿作，有一件1983年时为纽约的私人藏品，有一件在1993年以前出现在因佩里亚的古董市场，有一件属于冯·弗斯滕伯格收藏，有一件被克雷莫纳某人私人收藏（之前保存在罗马的菲拿特拍卖行，曾被克雷莫纳市罗贝科多廖地区的维斯康蒂所藏），有一件绘制于十八世纪，画面上有鸽子和潘菲利宫私人公寓中的景观，有一件曾于2004年由普拉多被法尔塞蒂拍卖行拍卖，这幅画可能是2012年在伦敦苏富比拍卖的那幅。还有一些仿作分别存于波梅尔斯费尔登城堡、明斯特博物馆和维也纳美术学院。我认为，2010年对收藏于卡比托利欧博物馆的原作进行的修复使得该作品重焕光彩，但在修复过程中宗教主题的重要性是排在绘画修复之后的（与多利亚潘菲利美术馆的《抹大拉的玛利亚》情况类似）。

上图

《耶稣被捕》，1602年

布面油画，133.5厘米×169.5厘米，都柏林，爱尔兰国家美术馆。

还有两幅《耶稣被捕》疑似卡拉瓦乔真迹，一幅保存在敖德萨，另一幅保存在罗马。除此之外，还有很多仿作现分别是柏林某私人、布达佩斯美术博物馆、捷克共和国、玻利维亚的苏克雷大教堂博物馆、曼彻斯特的圣贝德学院的藏品，另有一件暂存于乌菲齐美术馆。此外，一些仿作曾出现在安特卫普和佛罗伦萨的古董商手中。纽约的沃尔特·克莱斯勒曾经收藏过一幅，后于1980年被拍卖；一幅曾收藏于位于美国纽约里弗代尔地区的曼哈顿学院，这幅画也许就是现在保存在纽约劳伦斯·史蒂格雷德美术馆的那幅。

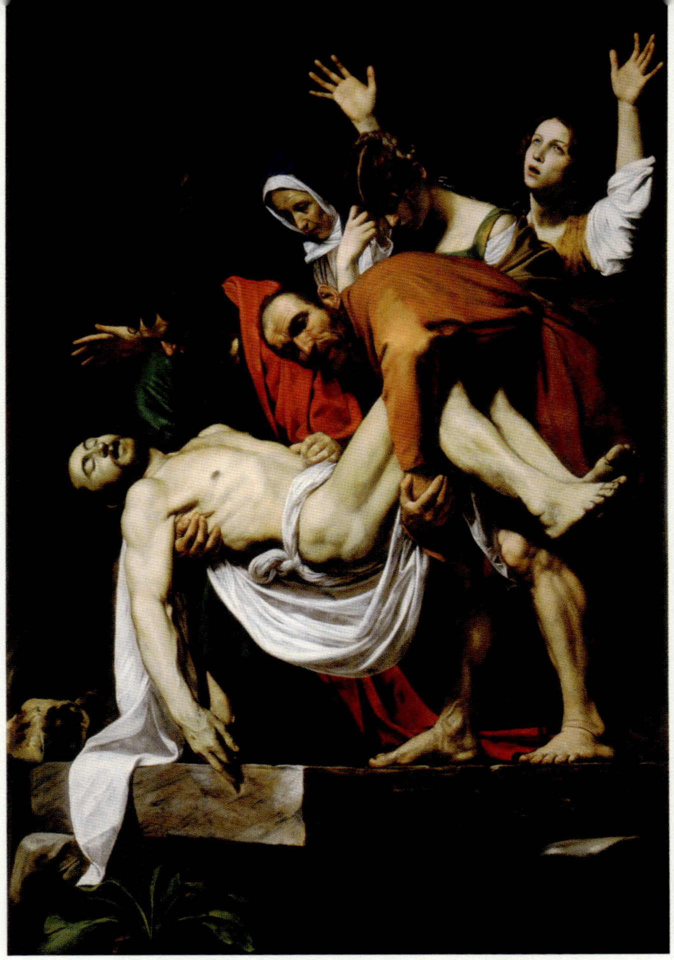

左图

《施洗圣约翰》，1602—1603年

布面油画，173厘米×133厘米，密苏里堪萨斯，尼尔森-阿特金斯艺术博物馆。

收藏于那不勒斯卡波迪蒙特国家博物馆的仿作曾被怀疑是卡拉瓦乔的作品。不过阿尔本加神学艺术博物馆的藏品却并未引起这样的疑惑，但这幅画同样值得深入研究，因为画作的主题很有可能来自奥塔维奥·科斯塔。奥塔维奥·科斯塔出生于美洲，他是卡拉瓦乔的雇主，根据最新发现的一些资料，我们能确定奥塔维奥·科斯塔雇佣卡拉瓦乔的时间。另有一幅仿作收藏于恩波利的圣斯特凡诺·德利阿古斯蒂尼安教堂净化堂，此画在十八世纪初由乔万尼·马尔凯蒂主教从罗马带到这里。此外，2010年7月，拍卖市场还出现过一幅仿作。

上图，第200-201页

《基督下葬》，1603年

布面油画，300厘米×203厘米，梵蒂冈，梵蒂冈博物馆。

1797年《基督下葬》曾被拿破仑的军队夺走，1815年被带回意大利。此前，该画被置于罗马新堂的祭坛上方作为装饰画，而在此画被法国军队掠夺后，罗马新堂用科克所绘的一幅仿作替代了原作，并未使用卡姆基尼专门绘制的仿作，该仿作现存于列蒂省卡姆基尼的后人手中。其他仿作分别保存在卡斯泰洛城的圣徒弗洛里多和佩鲁贾市的阿曼齐奥大教堂、米兰圣马可教堂（暂存于布雷拉画廊，此前收藏于安科纳，萨索费拉托的圣弗朗切斯科教堂），还有一些暂存于费拉拉博物馆（借自圣神教堂，曾保存在卡罗·博诺尼之手）、阿讷西的圣皮埃尔大教堂、鲁昂博物馆（1835年至今）、普拉多博物馆、美国剑桥福格艺术博物馆和阿斯科利市的奥菲达圣母升天教堂。

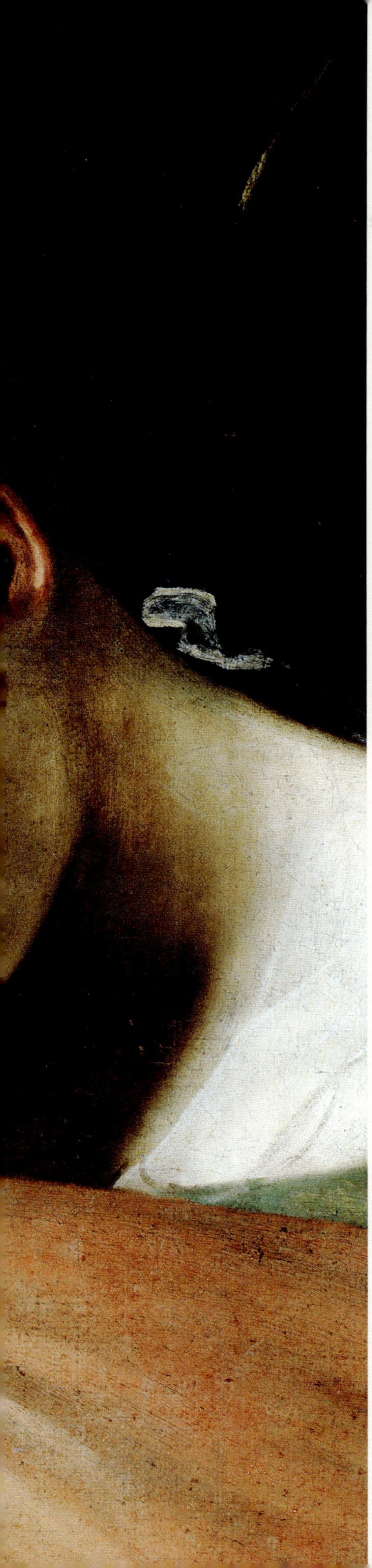

第202-203、204、205、206-207页

***《有风景的以撒的献祭》*，1603年**

布面油画，104厘米×135厘米，佛罗伦萨，乌菲齐美术馆。

所有仿作均为私人收藏。其中一幅收藏于佛罗伦萨的一座由教堂改建的别墅中；伦敦保存有一幅仿作的照片，该照片由卢臣泰收藏；另一幅仿作2011年在普拉多被拍卖；还有一幅由皮埃蒙特地区某私人收藏家收藏，2010年曾在库内奥的萨卢佐展出，这幅仿作也许是1610年马费奥·巴尔贝里尼在法国大使的授权下按原作绘制的。

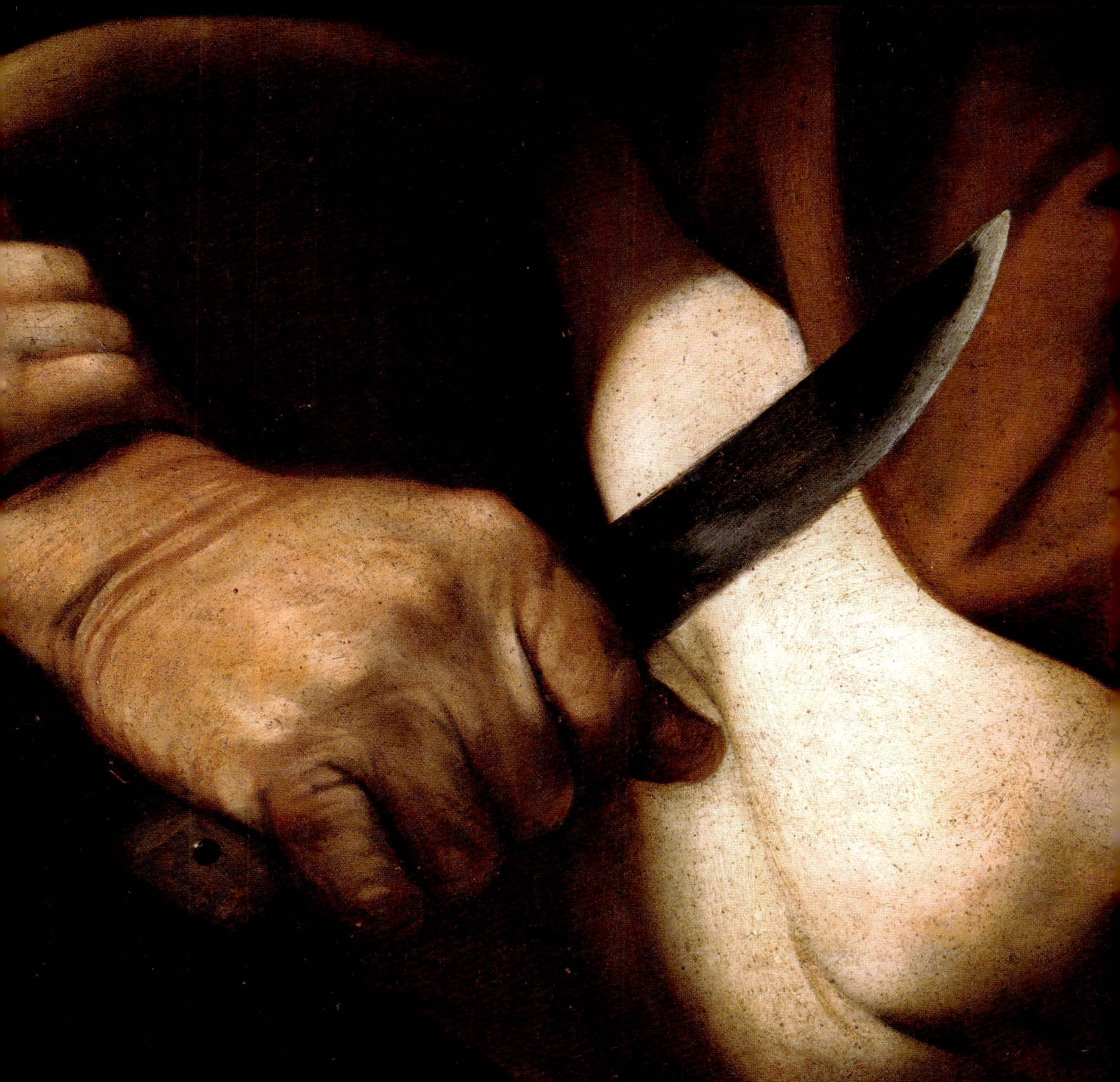

上图

《祈祷中的圣方济各》，1603年

布面油画，130厘米×90厘米，科雷莫纳，阿拉·蓬佐内市立博物馆。

为人所知的仿作并不多。已知的有现存于皮亚琴察市的卡斯特尔阿夸托教堂博物馆的仿作。与原作相比，该仿作尺寸较小。据记载，自1849年起，该仿作就收藏于卡斯特尔阿夸托教堂博物馆。

右图

《荆棘加冕》，1604年

布面油画，178厘米×125厘米，普拉多，阿尔伯蒂宫（此处为意大利CRD银行，最近并入维琴察人民银行）。

现存有一幅质量极高的仿作，有些人认为其是卡拉瓦乔未完成的作品，目前收藏于热那亚市的里瓦罗洛。另一幅仿作由博洛尼亚某人收藏，也许是2010年在米兰拍卖的那幅。此外，还有一幅小尺寸仿作收藏于维琴察市立博物馆。

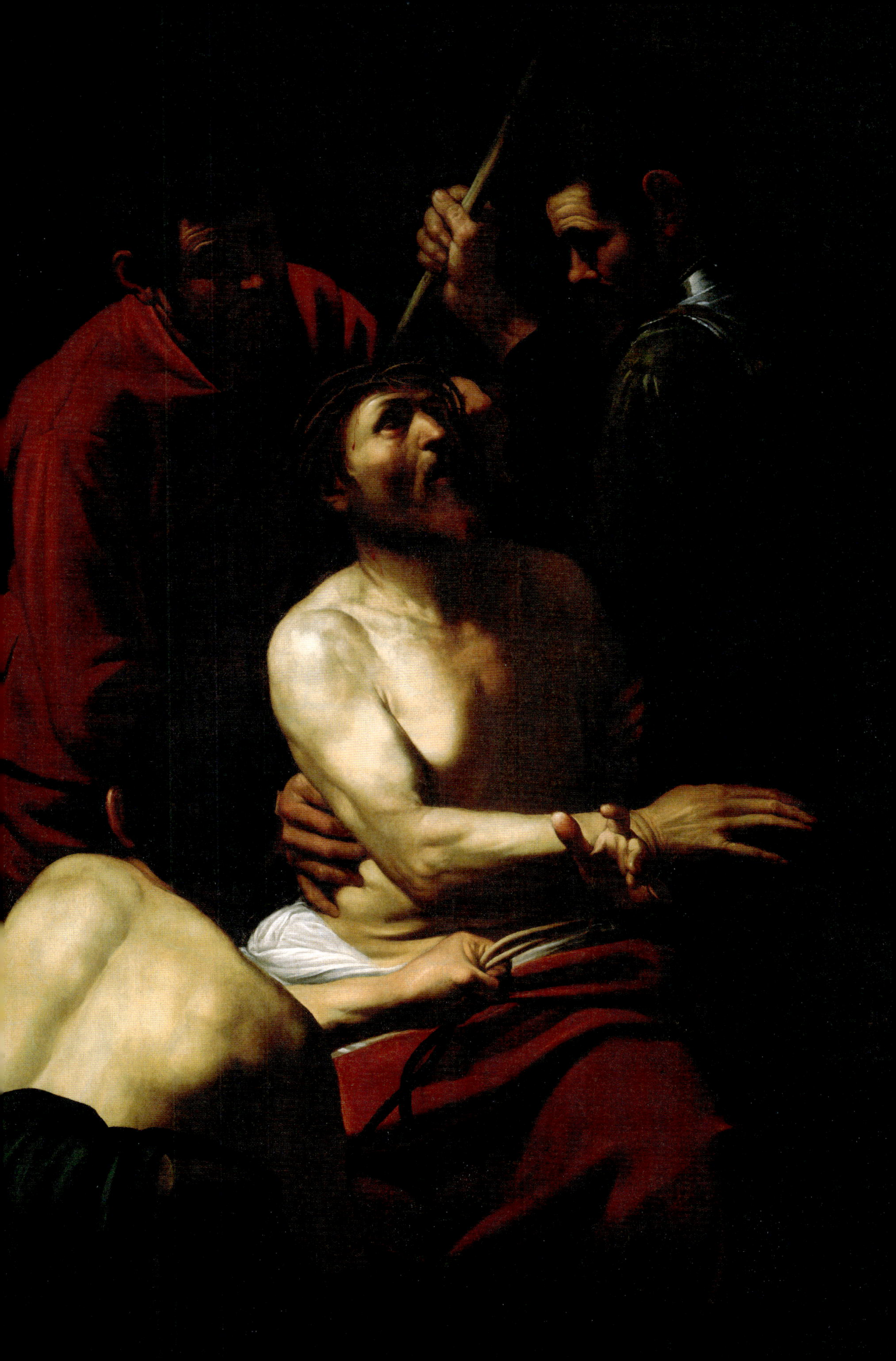

左图

《施洗圣约翰》，1604年

布面油画，94厘米×131厘米，罗马，科尔西尼宫国家古代艺术美术馆。

只有一幅仿作，现存于斯德哥尔摩国家博物馆。

第212、213、214页

《朝圣者的圣母》，1604—1605年

布面油画，260厘米×150厘米，罗马，圣奥古斯丁教堂。

这幅画有多个仿作，其中私人藏品分别保存在巴黎、米兰、佛罗伦萨和罗马，保存在罗马的仿作存于那不勒斯鲁佛·德拉·斯卡莱塔收藏会。其他仿作分别收藏于俄亥俄州黄泉市的圣保罗教堂（该画可能出自十八世纪画家凡·路之手）、马耳他萨费的教区博物馆、拉古萨市的圣克罗切卡梅里纳母亲教堂、托迪市的圣尼科洛教堂（作者为安德烈亚·波利诺里）以及朗格尔大教堂（作者为理查德·塔塞尔），有人认为此画与原作为同一时代的作品。还有一幅仿作收藏于慕尼黑博物馆，这幅画在细节上有一些微调，画中添加了两尊大理石儿童雕像。此外，另有一幅仿作值得一提，该作自1620年起就存放在都灵市阿维利亚纳地区的湖泊圣玛丽圣所，画中的圣母玛利亚和婴儿都带有强烈的卡拉瓦乔风格。与罗马的原作不同的是，玛利亚和婴儿的头上并没有光环。这幅画在十九世纪初被认为是卡拉瓦乔的作品。保存在阿斯科利市蒙特弗尔蒂诺地区的安布罗斯圣所中的那幅仿作，就是以此画为模板创作的，这幅可能来自罗马的仿作在五年前被捐赠给安布罗斯圣所。

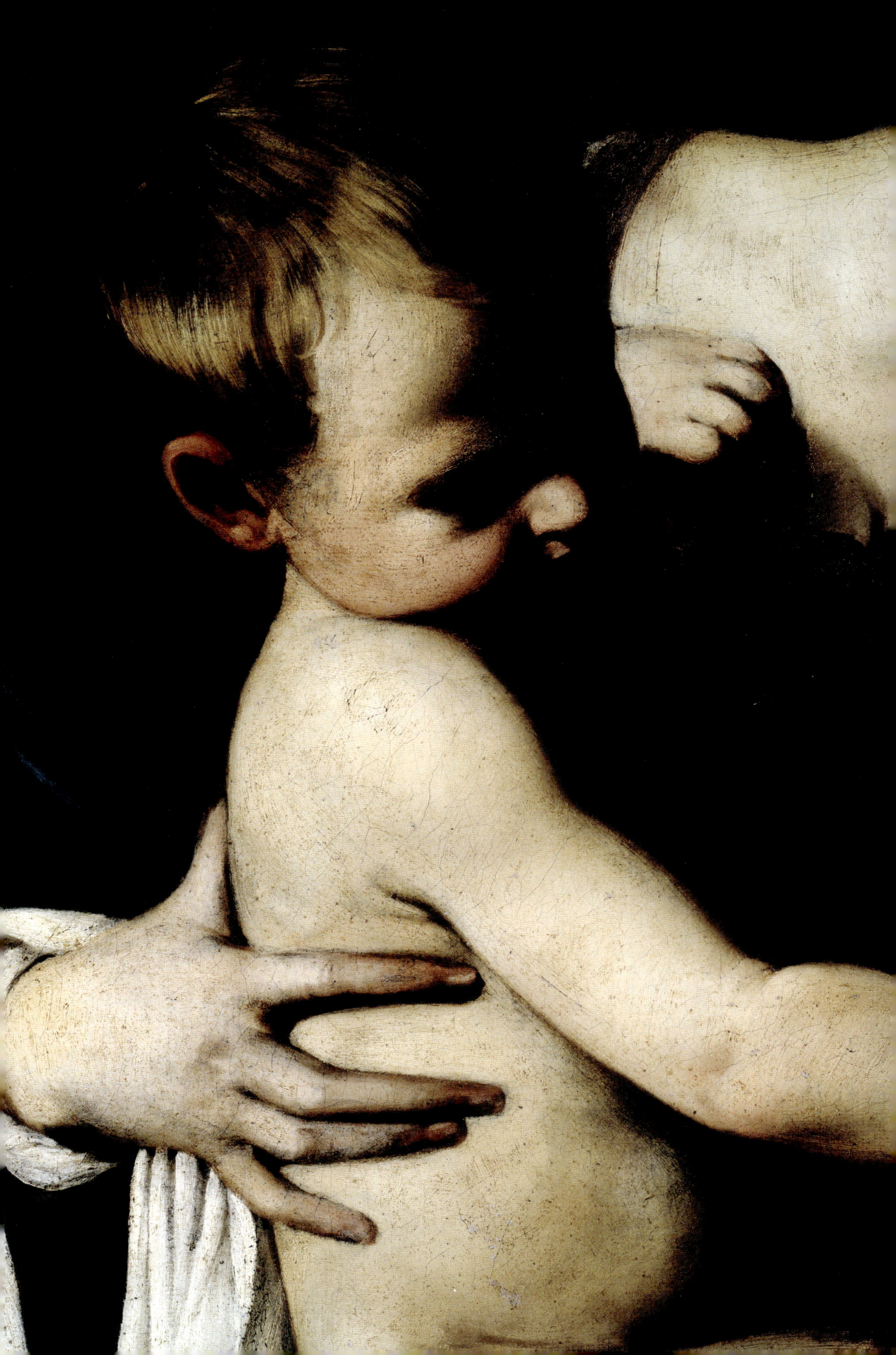

上图

《橄榄园中的基督》，1605年

布面油画，154厘米×222厘米，（曾）柏林，凯撒弗里德里希博物馆。

这幅画在“二战”时被毁，可惜的是，现在已无仿作留存，也没有任何彩色照片。该画曾有一块木版画仿作，但也于1665年消失在弗拉斯卡蒂镇的阿尔多布兰迪尼别墅。

第216、217、218页

《看，这个人》，1605年

布面油画，128厘米×103厘米，热那亚，新街博物馆白宫画廊。

有两幅私人收藏的仿作分别存于热那亚和巴勒莫，其中一幅最近重新引起了外界关注。另外一幅收藏于梅西纳地方博物馆，这幅画来自当地的圣安德烈·阿维利诺教堂，不久前还被认为是真迹，可能是罗德里格斯的藏品。有趣的是，其1731年的购买记录这样写道：这是一幅“卡拉瓦乔的画作——《割礼》”，长度为10.8掌尺。此外，“高贵之城”梅西纳曾在圣弗朗西斯科·迪保拉教堂收藏有另外一幅仿作，此画在“二战”中被毁。

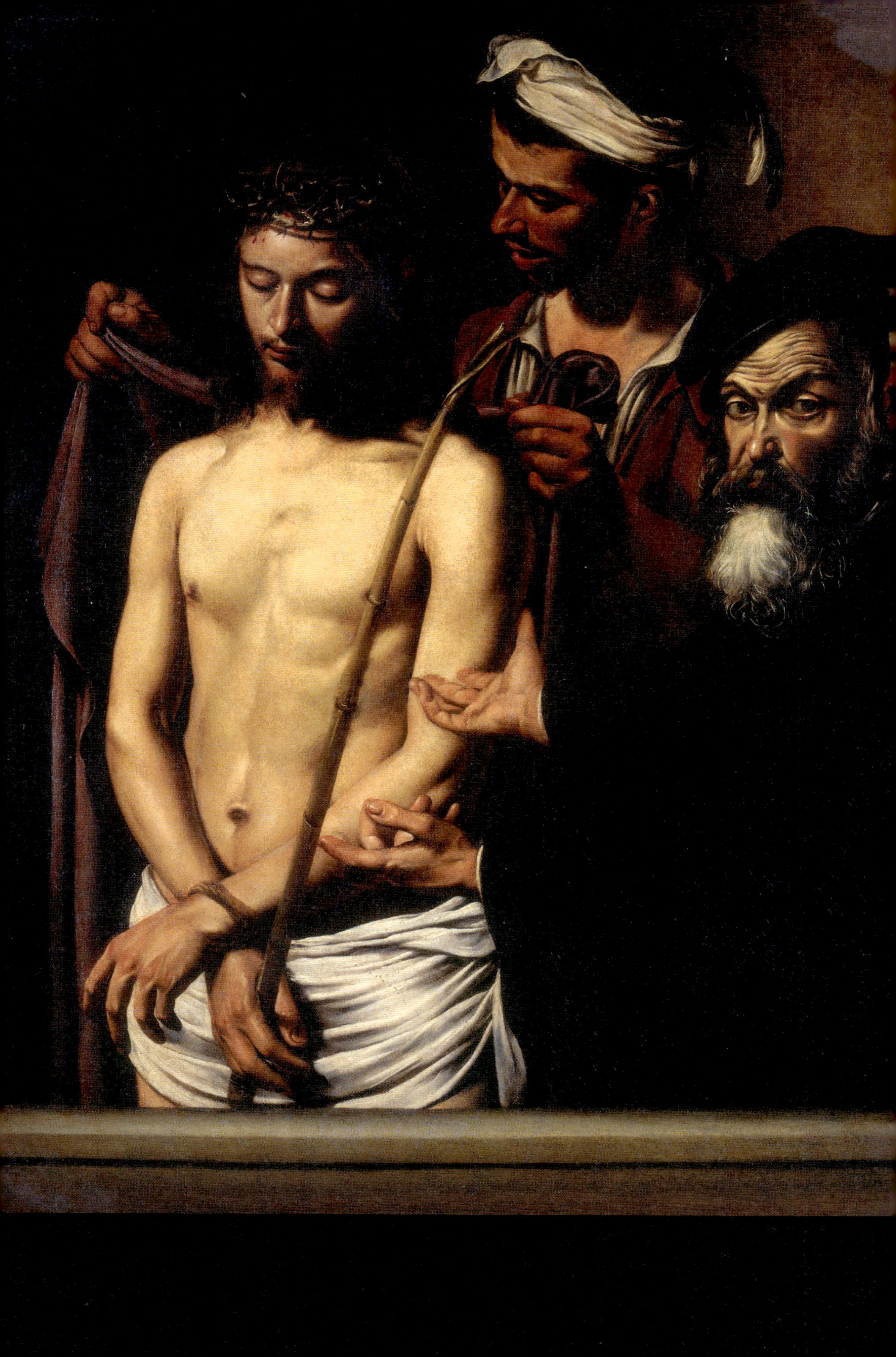

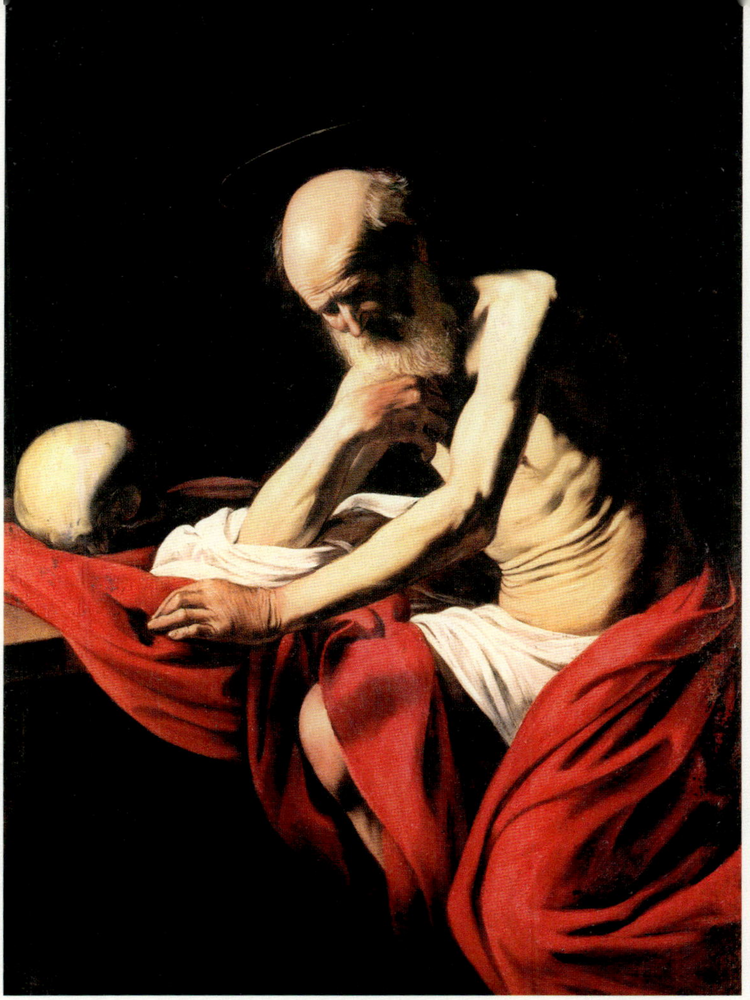

上图

《忏悔的圣哲罗姆》，1605年

布面油画，140厘米×100厘米，收藏于蒙特塞拉特圣玛丽修道院。

无仿作。

第220、221、222-223页

《圣母之死》，1605－1606年

布面油画，369厘米×245厘米，巴黎，卢浮宫。

此画一经卖出便被公开展览，供公众欣赏和临摹。不过，没有多少人好好利用这个机会，因此现存仿作并不多。乌埃的仿作便是其中之一，该仿作如今收藏于罗马，属于萨凯蒂藏品。

左图，上图，第226，227页

《圣母与毒蛇》，1606年

布面油画，292厘米×211厘米，罗马，博尔盖塞美术馆。

除了一幅收藏于里尔博物馆的十九世纪绘于铜板上的油画外，并无其他仿作存世。

上图和右图、第230-231页

《书写中的圣哲罗姆》，1606年

布面油画，112厘米×157厘米，罗马，博尔盖塞美术馆。

无仿作记录在册，仅有一幅收藏于葡萄牙埃武拉博物馆的衍生作品。

第232-233、234页

《以马忤斯的晚餐》，1606年

布面油画，141厘米×175厘米，米兰，布雷拉画廊。

共有三幅仿作，一幅在纽约的古董商克莱恩手中，另两幅分别是柴郡的塔顿公园和佛罗伦萨切科尼收藏会的藏品。

上图

《圣方济各对死亡的冥想》，1606年

布面油画，128.2厘米×97.4厘米，罗马，卡皮内托罗马诺镇圣彼得教堂，暂存于罗马巴尔贝里尼宫。

收藏于罗马卡布奇尼教堂的仿作可能是多人合作绘制的复制品。除此之外还有很多仿作，而且大部分都是原画的摹本（罗马的凯撒·兰普隆迪画廊的仿作和2000年在罗马被拍卖的仿作除外）：其中一幅曾保存在里米尼市圣阿尔坎杰洛镇的祈祷教堂，该画的作者是埃米利亚人，可能是卡格纳希，如今保存在里米尼主教府；一幅为之前保存在瓦雷泽省卡伊拉泰市波拉德罗镇的圣安布罗斯教堂的私人收藏；两幅现存于巴黎的私人收藏；还有两幅分别保存在马耳他岛和伦敦，伦敦的最近又被重新被拿出来研究。

上图和右图，第238-239、240-241、242页
《七件善事》，1606年
布面油画，390厘米×260厘米，那不勒斯，皮奥蒙特仁慈小教堂。

没有仿作，因为仁慈山地区的地方行政长官知道这是一幅不可复制的杰作，于是永久禁止销售此画，并禁止对此画进行整体复制。

上图

《玫瑰圣母》，1606年

布面油画，364.5厘米×249.5厘米，维也纳，艺术史博物馆。

十八世纪末夸特蒙特绘制的仿作替代了放在安特卫普圣保罗教堂里的原作，除此之外并无真正仿作。虽然有些人坚称还有其他仿作，包括一幅1630年的备受推崇的画作。

第244-245页

《鞭刑》，1607年

布面油画，134.5厘米×175.5厘米，鲁昂，美术馆。

2009年发现有一幅卡拉布里亚大区某私人收藏的仿作，这幅仿作甚至到过隆巴多之手。此外，其他仿作还包括保存在伊莫拉镇托佐尼宫的私人收藏仿作；还有一幅私人收藏的仿作现存于那不勒斯，曾存于卢卡市，可能从罗马辗转而来；还有一幅学界非常著名的仿作，出自于伦敦的威尔登斯坦，现存于瑞士，该作品一度被认为出自卡拉瓦乔之手。

右图

《莎乐美与施洗者约翰的头颅》，1607年

布面油画，116厘米×140厘米，马德里，王宫。

未发现重要仿作。

第248-249页

《大卫战胜哥利亚》，1607年

杨树木板油画，90.5厘米×116.5厘米，维也纳，艺术史博物馆。

有两幅布面油画仿作，一幅是罗马的私人藏品，这幅画可能由卡拉乔洛所作；另一幅是伦敦的私人藏品。还有一幅仿作来自法国皇家收藏。

354

左图

《圣安得烈受难》，1607年

布面油画，202.5厘米×152.7厘米，俄亥俄克利夫兰，克利夫兰艺术博物馆。

原作是1973年在马德里阿耐斯收藏会中找到的，现存于克利夫兰。在此之前，以下仿作是否为真品存疑：于1789年来自当地大教堂的第戎博物馆的仿作；收藏于托莱多圣克鲁斯省博物馆的最残破的仿作；瑞士某私人藏品，之前曾藏于维也纳的贝克-维嘉收藏会，最开始存于布达佩斯，曾有一段时间人们认为这幅画就是真品，但它可能是芬森于1619年在荷兰创作的。

上图，第252页

《鞭刑》，1607年

布面油画，286厘米×213厘米，那不勒斯，卡波帝蒙特博物馆。

最著名的仿作是安德烈·瓦卡罗的作品，他的这幅画取代了原画在那不勒斯圣多梅尼科马焦雷教堂的位置。

右图

《阿罗夫·德·维格纳科特的肖像》，1607年

布面油画，195厘米×134厘米，巴黎，卢浮宫。

有几幅简单的衍生作品，它们不是仿作，与原作相比存在一些微小的变化，譬如存放在马耳他瓦莱塔胜利之后圣母教堂中的衍生品就没有少年侍从的细节；另一幅衍生作品与原作更相似，但这幅画中人物后方有风景，该作品曾由佛罗伦萨的“沃尔皮收藏会”收藏；另一幅保存在尚贝里博物馆的十九世纪画作也是仿作，尺寸比原作要小得多。

第254-255页

《圣哲罗姆》（或*《打扮成圣哲罗姆的维格纳科特》*），1607年

布面油画，117厘米×157厘米，瓦莱塔（马耳他），圣若望副主教堂。

有一幅私人收藏的仿作，最近被怀疑是卡拉瓦乔真迹。除此之外还有一些仿作，其中两幅保存在马耳他的姆迪纳，一幅保存在教堂内；还有一幅存放在科莫省泽尔比奥镇的圣保罗教区教堂。

上图，右图，第258页

《被斩首的施洗圣约翰》，1608年

布面油画，360厘米×520厘米，瓦莱塔（马耳他），圣若望副主教堂。

这幅不朽的祭坛画有很多尺寸不一的仿作和各种衍生品。主要收藏于罗马的斯福尔扎-切萨里尼收藏会和维琴察美术馆。维琴察美术馆的这幅画后被移交给弗朗切斯科·马太，与原作相比，画中人物更多，墙壁更少。此外还有几幅私人收藏的仿作，一幅曾收藏于米兰圣斐德理堂；另有一幅椭圆形的十八世纪末仿作，可能是卡萨尔的作品，现存放在马耳他戈佐岛捷维加的圆顶教堂。

右图

《马耳他骑士像》，1608年

布面油画，118.5厘米×95.5厘米，佛罗伦萨，皮蒂宫帕拉提那美术馆。

该作品有一幅仿作，1994年4月被拍卖于普拉多市的法尔赛蒂拍卖行。

第260-261页

《沉睡的丘比特》，1608年

布面油画，72厘米×105厘米，佛罗伦萨，皮蒂宫帕拉提那美术馆。

质量最好的仿作现存于印第安纳波利斯，曾经保存在爱尔兰某家修道院，有些人认为这幅画为卡拉瓦乔真迹。还有一幅由奥塔维奥·莱奥尼所作的衍生作品，现为私人收藏。另一幅衍生作品是乔万尼·玛诺奇在佛罗伦萨圣十字教堂的墙壁上所作的壁画。

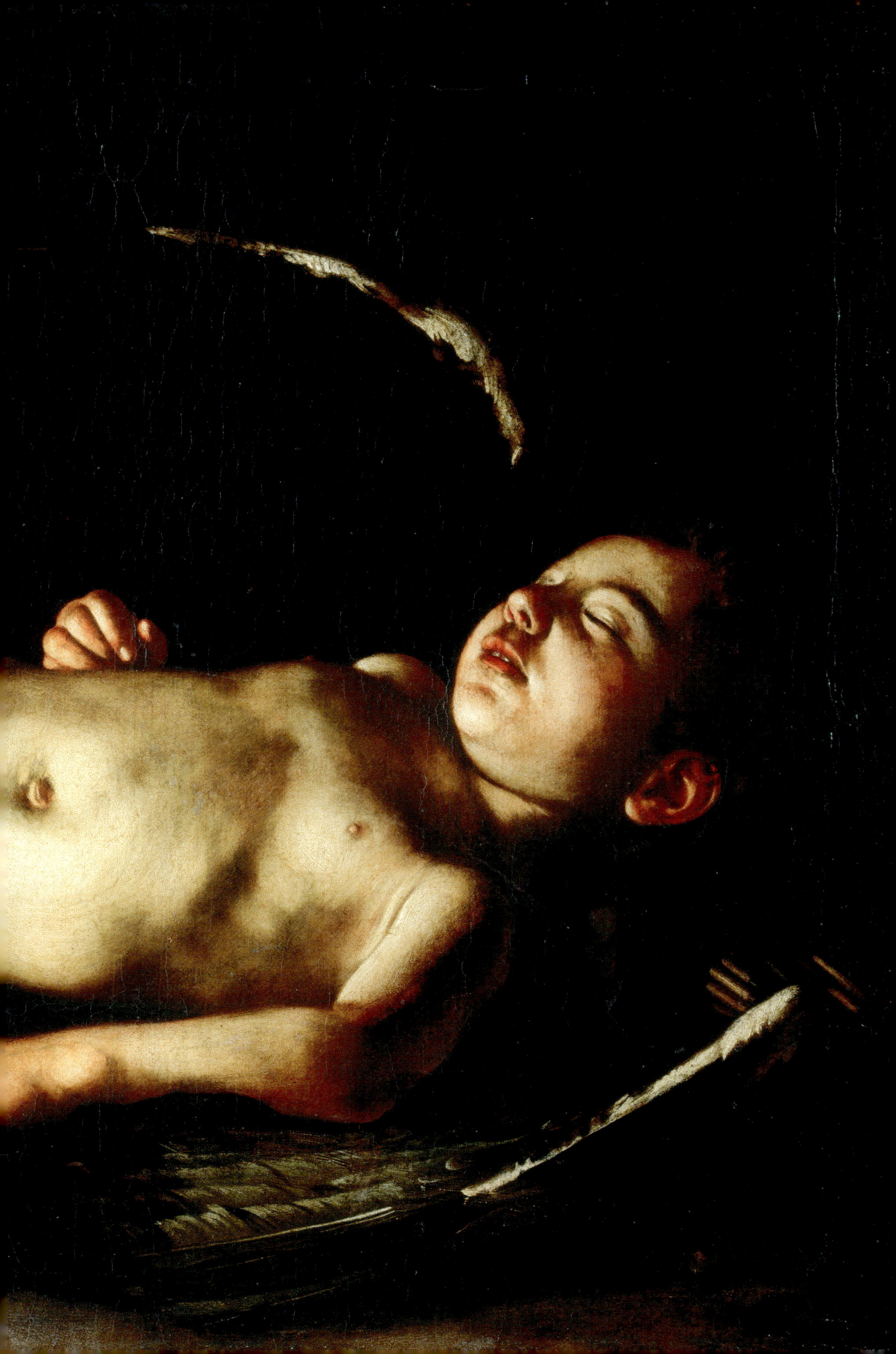

左图

《天使报喜》，1608年

布面油画，285厘米×205厘米，南锡，艺术博物馆。

无古本仿作。雅克·贝朗热创作于1615年的蚀刻画并不是衍生作品，与原画差别很大，现收藏于伦敦大英博物馆。

上图

《圣露西下葬》，1608年

布面油画，408厘米×300厘米，锡拉库扎，圣露西教堂。

保存在锡拉库扎圣朱塞佩教堂的仿作来自耶稣会，作者为拉斐尔·波利蒂，另一幅仿作为马耳他某人的私人收藏，这两幅仿作的尺寸与原作差不多；尺寸较小的仿作分别是帕莱斯特里纳的圣安东尼奥·阿巴特镇的藏品，罗马某人的私人收藏和拉古萨省希克利镇某人的私人收藏，最后这幅为横向展开。一幅马里奥·米尼蒂所作的小铜版画现由罗马某收藏家收藏，这幅铜版画可能启发了当时的卡拉瓦乔，他由此创作出杰作《圣露西下葬》，而该铜版画如今已经被腐蚀了。

上图

《复活的拉撒路》，1609年

布面油画，380厘米×275厘米，梅西纳，“玛丽亚·卡斯卡纳”地方跨学科博物馆。

很遗憾这幅画并无仿作存世，如果有仿作的话就可与原作进行比对。原作下半部分仅绘有一个底座，而在2012年修复时，人们发现底座可能是后期添上去的，不过仍要重申这幅画系卡拉瓦乔所作。

右图

《牧人来拜》，1609年

布面油画，314厘米×211厘米，梅西纳，“玛丽亚·卡斯卡纳”地方跨学科博物馆。

在2010年原作被修复之前，仅有一幅由普拉西多·多尼亚于1644年完成的版画仿作，此外并无其他仿作（仅有一幅缩小版仿作于2010年在那不勒斯被拍卖）。在版画仿作中，我们可以从屋顶和木板的缝隙中看到天空。

LORIA.IN.ECCELSIS.DE

左图

《圣方济各、圣洛伦佐与耶稣诞生》，1609或1600年（？）

布面油画，268厘米×197厘米，（曾）巴勒莫，圣洛伦佐礼拜堂。

1969年，原画以野蛮的方式被盗走。不过，通过保存在卡塔尼亚市乌尔西诺城堡市立博物馆中的保罗·杰拉尔奇的仿作，我们可以一睹原作的风采。1627年，保罗·杰拉尔奇受奥拉齐奥·强卡尔多所托创作此画，后由最高法院院长乔万尼·巴蒂斯塔·菲诺基亚罗收藏。之后，此画被带到卡塔尼亚，收藏于圣尼科洛本笃修道院博物馆，直到1985年才被省督府发现。

上图

《莎乐美和施洗圣约翰的头颅》，1609年

布面油画，91.5厘米×106.7厘米，伦敦，国家美术馆。

在阿韦利诺省蒙特埃瓦津圣母殿保存有一幅很好的仿作，作者为巴蒂斯泰洛。

左图、上图

《拿着哥利亚头颅的大卫》，1610年

布面油画，125厘米×101厘米，罗马，博尔盖塞美术馆。

巴尔达萨莱·阿洛伊西曾在两张画布上完美地复制了这幅杰作。私人收藏的仿作包括一幅在1978年收藏于布雷西亚的仿作，还有其他几幅分别收藏于罗马、阿西西、那不勒斯和佛罗伦萨。其他的仿作收藏于巴西的巴伊亚历史博物馆和德国的卡塞尔博物馆，在伦敦我们也能看到一些衍生作品。

上图

《圣彼得的否认》，1610年

布面油画，94厘米×125.5厘米，纽约，大都会艺术博物馆。

此画无重要仿作，有些人认为，这幅画是20世纪60年代经由意大利辗转至英国的。

右图

《圣约翰与公羊》，1610年

布面油画，159厘米×124.5厘米，罗马，博尔盖塞美术馆。

没有真正仿作。

上图

《躺着的施洗圣约翰》，1610年

布面油画，106厘米×179.5厘米，慕尼黑，私人收藏。

有一幅仿作，此前存放在美国缅因州托马斯顿共济会会所，如今为马耳他某人的私人收藏。

右图

《圣厄休拉的殉难》，1610年

布面油画，143厘米×180厘米，那不勒斯，扎瓦洛斯宫，意大利联合圣保罗银行。

1630年，热那亚多利亚家族的代理人兰弗兰科·马萨在那不勒斯收藏了一幅名为“镶框的圣厄休拉，卡拉瓦乔”的画作。此画可能是仿作，可能是复制品，也有可能是损坏了的初版画，现在这幅画已经失踪了。

总督收藏的《圣约翰》真迹（与复制品）

法比奥·斯卡莱蒂

1610年7月29日，卡塞塔主教兼教廷驻那不勒斯总督区大使德奥达托·詹蒂莱将一封信寄给了教皇保禄五世的侄子——梵蒂冈全权大使西皮奥内·博尔盖塞。这是一封具有决定意义的信件。我们从信中了解到，在那次未能成行的罗马之旅中，卡拉瓦乔随身携带了一些画作，这些画作正是要送给这位教宗侄子的礼物。也许他打算把所有画作都送出去，也可能只选送其中一部分，而这么做的目的，是希望博尔盖塞能够将四年前的某起杀人案一笔勾销。詹蒂莱在信中指出："可怜的卡拉瓦乔并没有死在普罗奇达，而是死在了波尔托埃尔科雷。"他的帆船在起锚后，又将锚抛在了同一港口，所以，他的船只最后又回到了波尔托埃尔科雷。随后，詹蒂莱声称自己有查找卡拉瓦乔画作的任务，并做了一些说明："除了两幅'圣约翰'和一幅《抹大拉的玛利亚》外，其他的画作都没有了。"他所提到的这三幅作品现今收藏于切拉马莱宫，那是卡拉瓦乔侯爵夫人基亚亚·迪·科斯坦扎·斯弗扎·科罗纳的官邸，而这位侯爵夫人，也是卡拉瓦乔绘画事业的坚实守卫者。

这是一位爱慕虚荣的侯爵夫人，尽管曾解雇过卡拉瓦乔，但她却不想让自己游离在瓜分卡拉瓦乔遗产队伍的边缘。因此，她最终并没有放弃《抹大拉的玛利亚》（我们现在看到的是《陶醉的抹大拉的玛利亚》，现属于罗马某私人收藏，也许在这之前还有一幅《克莱因的抹大拉的玛利亚》）。最终，博尔盖塞得以将《坐着的施洗圣约翰》收入囊中，然而，另一幅《圣约翰》花落何处还无人知晓。这就涉及一个问题：卡拉瓦乔的船上还带了哪些画作？而据詹蒂莱所言，此前还有更多的画作与这三幅画放在一起。据史料记载，莱莫斯公爵佩德罗·费尔南德斯·德·卡斯特罗曾在1610－1616年担任那不勒斯总督，而在当时，波尔托埃尔科雷正是西班牙的保护国，所以有可能是这位总督将这第三幅画据为己有。（刚刚到任不久，这位总督就在1610年8月19日的一封信中宣称卡拉瓦乔的遗产归其所有，"特别是一幅施洗圣约翰"，但实际上，这幅画此前已经被带回原处。不过也不排除总督指的是留在波尔托埃尔科雷的另一幅画作的可能），根据20世纪70年代末80年代初的科学鉴定结果，艺术评论家们一致认为，如今慕尼黑的私人藏品《躺着的施洗圣约翰》就是第三幅画。这幅画是用油彩画在画布上的，规格为106厘米×179.5厘米（一幅复制品收藏于马耳他）。这幅画在17世纪上半叶收藏于西班牙，随后，总督的后人将之带到了拉美。画作在20世纪20年代先后在萨尔达多和布宜诺斯艾利斯被发现。"二战"前夕，这幅画被带回欧洲（"二战"期间藏于瑞士），经历了无数风雨的洗礼。

通过红外线反射等技术勘测，这幅画不但在画法上与博尔盖塞美术馆中的那版如出一辙（即根据需要，免去草稿直接上色的画法），还展现出了一系列卡拉瓦乔元素：重叠色彩形成的画层，快速书写的文字（有人认为这些文字并没有

左图，卡拉瓦乔，《躺着的施洗圣约翰》，1610年，慕尼黑，私人收藏。局部。整体：第276-277页，其他局部：第278-279、280-281、282-283页。

写完），蘸着铅白画上去的长线条（正如罗马的《圣耶柔米》和梅西纳的《拉撒路的复活》）；有意留出的褐色背景，从而与白色的“照明式”（此词专门用来形容卡拉瓦乔特殊的签名笔法）签名形成独特的明暗对比，使得签名看上去像是从黑暗的色调中抠出来的一样；不同部位的叠置，譬如将右手画在左臂上，将珊瑚色斗篷画在裤子上；衣纹、手和面部的修正，几笔轻淡（也是卡拉瓦乔式的）的线条勾勒出了面目表情的“懊悔”感，让头部向我们倾斜，也就是向画家卡拉瓦乔倾斜。

尽管从整体上来讲，这幅画与博尔盖塞的《施洗圣约翰》大致相同，但人们注意到，较大的成品规格使得画作并不方便带到船上（尽管画布可以轻松地卷起）。但毫无疑问的是，这幅分离出来的画与那不勒斯泽瓦洛斯宫中的《圣厄休拉的殉难》是雷同的。有人认为，卡拉瓦乔曾凭借着《圣厄休拉的殉难》得到了银行家马克安东尼·多里亚的资助。特别是画中那位躺着的少年，作为耶稣使徒的彼得，他正在客西马尼园的多洞穴隐居地里虔诚地遥望着远方，而这一切则预示着弥赛亚的到来。如果从世俗的角度欣赏，画面也可以如此解读：一个少年躺在古罗马躺椅上，等待着烛光中的下一道菜肴，抑或迟到的情人。

两点推测的信息让多名学者[1]认为这幅画出自卡拉瓦乔之手。笔者也故而认为判断成立。第一个信息[2]是：1641年，波焦因佩里亚莱的美第奇别墅中“有一幅裹着画布的卡瓦拉乔的《施洗圣约翰》，在画中，圣约翰躺在沙漠中的一块大红布上，手里什么都没有”“这幅画长2.6臂，宽2臂”“脚上放着竹子做的十字架”。根据这些描述，我们可以初步断定，这位圣约翰，就是我们上述的那幅仍需鉴定的画作中的圣约翰。同时，与马耳他那幅复制品相比，这幅画在尺寸（更方）和细节上（十字架是在脚上，而不在地面上）也都更合适；第二个信息[3]是在1647年，一幅“躺着的施洗圣约翰”出现在那不勒斯总督阿方索·恩里克·德·卡布雷拉的财产清单里。但这幅画不是原作，而是一幅“复制品”。这就暗示了当时人们已经知晓还有一幅“类似的”原作，也就是我们所说的这幅需要鉴定的画。这幅

画即使在马德里也是唾手可得的，因为它就存放在西班牙总督雷莫斯公爵的家中。

舆论认为，这幅画所经历的旅程相对要平缓得多，也漫长得多。最开始，卡拉瓦乔研究专家毛里齐奥·马里尼将其选为自己1978年出版书刊的封面[4]，此举将画作置于当时业界争辩的旋涡之中。他认为，这幅画就是卡拉瓦乔在1610年为多里亚而画的，而多里亚可能陪着卡拉瓦乔踏上了那次前往罗马的凶险旅途。随后，这幅画落入了那不勒斯总督卡斯特罗的手中，由此成为曾存于西班牙的真迹之一。该画于1977－1978年做了最后一次修复，并在1989年进行了红外线和反射分析。根据结果，皮科·切利尼和罗贝塔·拉普齐认定这幅画就是卡拉瓦乔的真迹，而在最近[5]，马里尼又重新发表了来自这两人的肯定性评论。

切利尼在人物的头部发现“三处笔画（如下图黑白光版本所见，卡拉瓦乔用尖笔至少描了两次）：第一处的位置最高，也最长（见耳处、颌处和头盖骨处）；第二处较短，向内侧延伸；第三处，基本上也是最后一笔，位于眼睛和整个侧脸处。其他的‘倾斜处’是在有光那侧的肩膀和双手。右手的手指更短（最初版中的手指更长一些），食指更低（前一版的食指更紧凑）：压在右手腕上的左手则处在不同的方向……”值得注意的是，修复者之前是按照旁边的草图对头部进行修复的，也就是脸面朝修复者的那张。在后续研究中，修复者也没有给予这张图足够的重视。然而正如我们所见，这个局部实际上是有其特殊意义的。

拉普齐则将画中的卡拉瓦乔元素进行了拆解，譬如“在叠加的草稿中，从最底层逐渐拆解到第一层”，分析出“约翰身下红色衣边里那些美妙的铅白笔画（修长又苍健）”，此外，她还注意到“在面部两侧的区域里，肩膀的笔画有几厘米延伸到了头部下方，这显然证明，卡拉瓦乔不会按照任何指引头部的草稿记号来绘画，而是直接用水彩在画布上构图”。

在这一基础上，卡罗·詹托马西和多纳戴拉·扎里[6]于近期又对材料的鉴定进行了进一步完善。在这一过程中，他们使用了毛里齐奥·塞拉齐尼1990年的鉴定技术。画作所用的是一种独

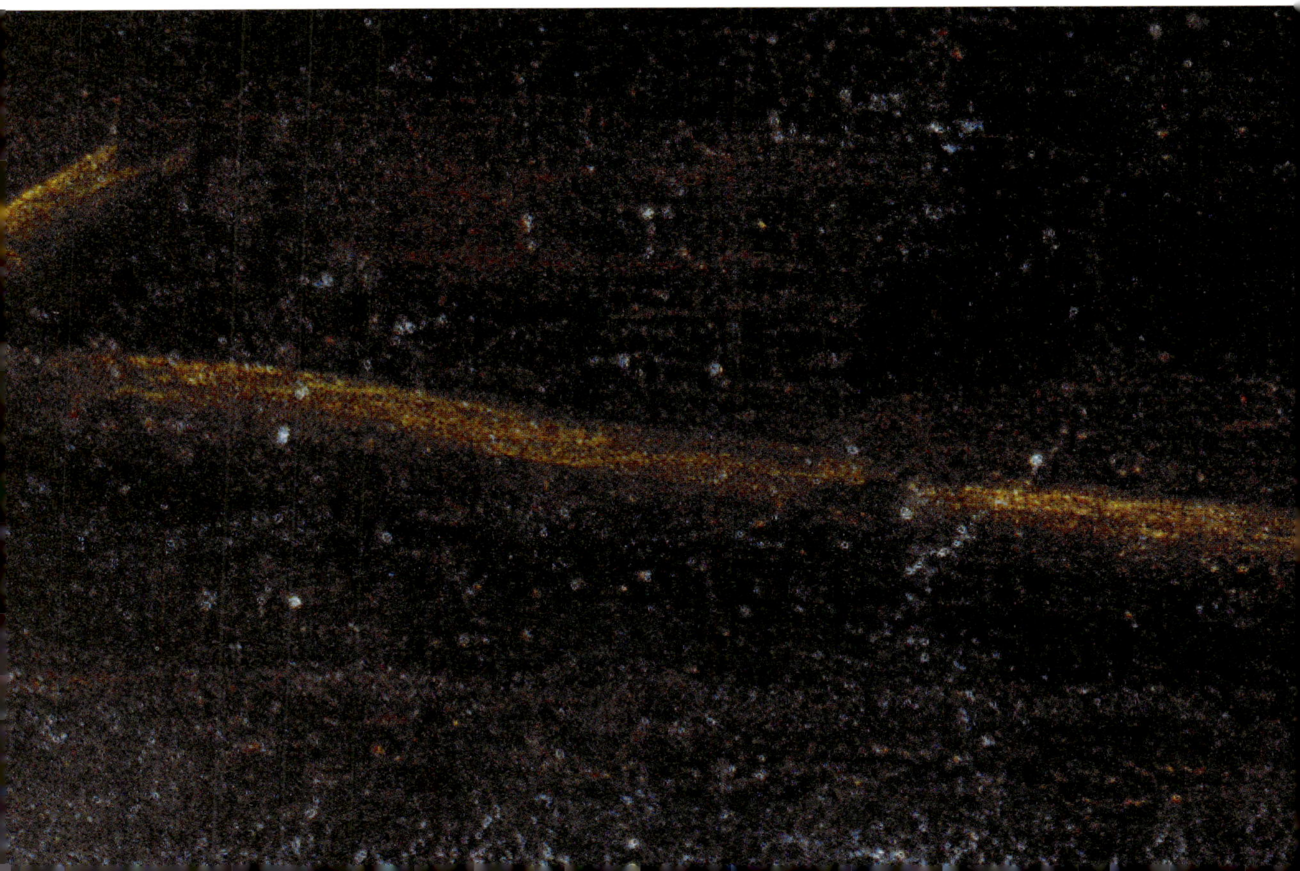

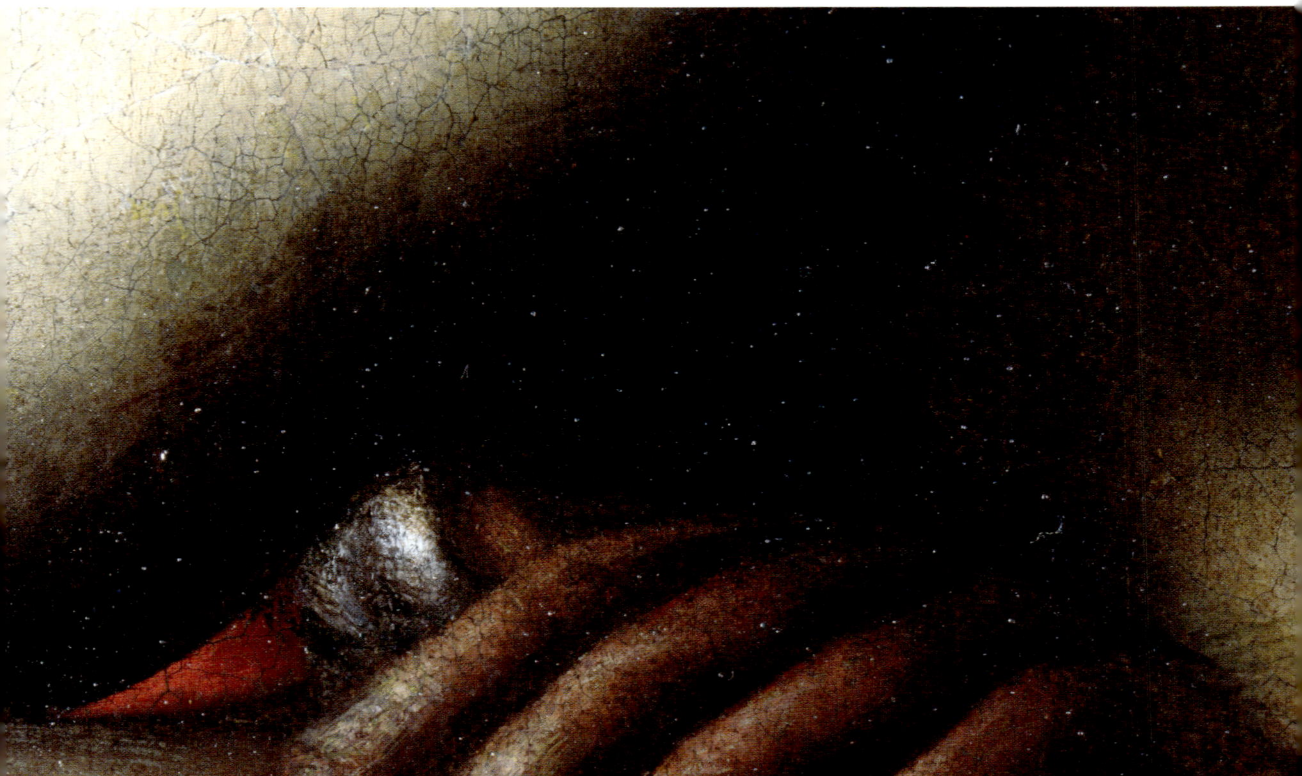

特的纺织画布，密度为9×10线每平方厘米（与马耳他的《施洗圣约翰》所用画布相似），上边留有“那不勒斯黄”痕迹——所谓“那不勒斯黄”，是一种以锑元素为主的颜料，在卡拉瓦乔最后的部分画作中也能见到（如已经提到的《圣厄休拉的殉难》）。关于调色的方式，两位作者这样写道：“用的颜料能够让调色更浓、更粗糙，反光性更弱。”而这幅画所用的色调为“自然土形成的灰褐色，硅酸盐和碳酸盐材料（方解石）”，还有富含铁和棕土的混合物。此外，他们还强调了这幅画与博尔盖塞美术馆的《施洗圣约翰》在风格和技巧上的相似之处（这两幅画被称作“带到船上的两幅圣约翰”）：画中约翰的手部与博尔盖塞美术馆版本的约翰很相似，“手指非常纤细，几乎是被不自然地拉长了”；同时，背部和“极度被拉长的”右脚也如出一辙。在马里尼[7]看来，这一部分肢体属于“典型的类似马腿式”肢体，与博尔盖塞美术馆中的《施洗圣约翰》相似（也与博尔盖塞美术馆中的另一幅《拿着哥利亚头颅的大卫》中大卫的脚相似）。

马里尼认为，从人物形象的角度来看，在收藏于慕尼黑的那幅未完成的画中，“画家运用想象，将少年变成了一个‘先驱’形象，但从表面上看其先驱特征并不明显。画家将这位约翰塑造成了一个少年‘懒汉’形象：裸露的胸脯，被红色斗篷（这块斗篷是整幅画真正的主角，它的颜色暗示了‘烈火’‘血液’和‘激情’）盖住的皮裤（需要仔细观察才可以看出来），旁边刚好够看到的竹子十字架（去除了绵羊）。但就是这样拒绝了过多的辞藻和定义的概括式画风，恰恰体现出了其内在精神和宗教苦恼”[8]。

约翰·斯派克[9]也持相似观点，认为“这幅画保留了艺术家的伤感，这种伤感可以在其后期的所有作品中找到。毫无疑问，画中这位躺在洞穴深处的少年形象透着一股辛酸，似乎象征

着一种精神的分离”。而彼得·罗布[10]则将这块红绸看作是画作的“创作原则”，“红布上的裸体少年和红色的褶皱勾勒出了一个近乎抽象的形象，给人一种纤弱、压抑、偏离，快要滑出画框的感觉。被净化和简化的图像让人体会到画家对表现最基本要素的朴素追求。这幅画实现了典雅感和散漫感之间的平衡，在古典风格的映衬下透出一股躁动的味道。人们不由得想：这位少年在等什么呢？在越来越浓的黑暗中，他在凝视着什么呢？”

博尔特·特莱菲尔斯[11]也认为：“这位少年是躺在一个半明半暗的岩洞里边。他向右张望，那里正发出一丝裹着昏暗的光线。他半闭着嘴，双目圆睁，在等待着什么。他的面目上显示出一副细腻又深邃的表情。”同时，他也特别提到了画家对这么一个极为年轻的模特形象的选择：“为了足够刺激观众，卡拉瓦乔不仅让一个小孩佯装成施洗的圣约翰，同时还把施洗的圣约翰当成了一个小孩。这一点在之前提到的那束‘悔恨’之光上被特别地表现了出来。我们之前对这幅画做过一次修正，随后又将修正删除掉了。在那次编辑中，少年的面孔比现在这一版更加稚嫩（谁知道这位普通模特的‘衰老’是不是由1977－1978年的修复工作导致的呢？那次修复被公认为是一场‘手术式’修复，目的是通过替换或修改的方式，将画作中部分区域变得更加柔和）[12]。”

文琴佐·帕切利[13]同意马里尼的观点，即现代艺术评论界认为，慕尼黑的那幅画是所有真迹中得到专家肯定最多的真品[14]。同时，他认为“画中年轻模特的姿势完全是卡拉瓦乔式的，人物形象为原创，作品的艺术质量很高，画作中的很多元素也与卡拉瓦乔晚期的很多作品相似”。

他还有一个特别的发现，即这幅画与博尔盖塞美术馆中的那幅非常相似：“从风格来看，这两幅画可以被称为‘姊妹作品’。二者都是由同一个形象展开的，创作灵感如出一辙，所表现出的紧张感也一样。由此可以推断，卡拉瓦乔有可能是在同一时间创作出这两幅作品的。”此外，

上图（左、中、右），卡拉瓦乔，《躺着的施洗圣约翰》，1610年，慕尼黑，私人收藏。通过红外线反射技术可以发现：画面中央有之前的草图，图中少年的方向正对着画家。

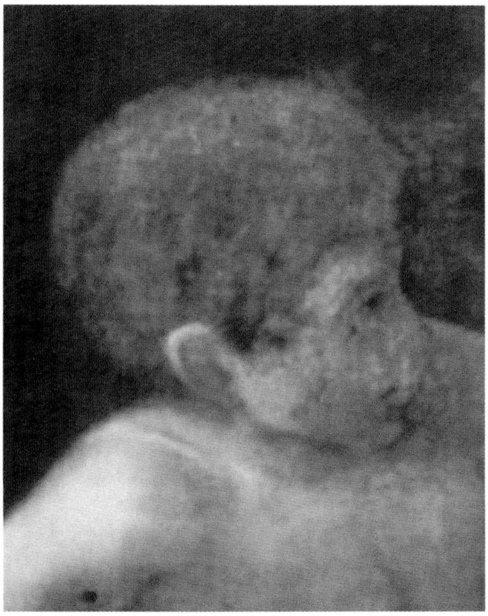

他观察到“这两幅画中圣约翰的姿势受梅西纳的《耶稣降生》中的圣母形象影响，同时，我们还需要考虑到画中长袍的红色也非常相似”。

从其他发表的文献中[15]也可以得出类似的结论。

迈克尔·斯拓顿在1987年6月指出，这幅画“是卡拉瓦乔的真迹”，而另一个原因在于那些值得注意的修改。从这些修改中可以看出，之前少年的脸部只占现在这版的四分之三（这一点是由切利尼和马里尼提出的，但之后评论界并没有重新提及）。通过对比，斯拓顿认为，这一绘画方式也见于现藏于加州大学艺术馆的巴蒂斯泰洛·卡拉乔洛的版本。

斯蒂芬·佩伯曾在1987年11月指出，他被画作中少年细腻的脸庞、耳部细节（称赞其为“精致得出彩”）和头部区域的变化所打动，认为“这是卡拉瓦乔晚期的作品”。莱昂纳德·斯莱特克斯则在1992年4月提到，从画布的类型、画作的技巧和风格，特别是与收藏在梅西纳的《牧人来拜》的关联来看，这幅画的创作时间应该稍早一些，“博尔盖塞博物馆中的圣约翰和这幅圣约翰都是卡拉瓦乔在离开西西里去往那不勒斯之前完成的”。

亚历桑德拉·马里尼[16]，尼可·哈尔特耶和费德里卡·加斯帕里尼[17]都持相同观点，而这种观点在毛里齐奥·卡尔维西看来也“似乎是很有根据的”[18]。费德里科·泽里[19]对此也深表同意，认为“画中花草的局部在红色斗篷的映衬下显得格外突出。这表明，卡拉瓦乔对自然的兴趣一直延续到了他晚期的作品”，这让施洗者的形象变得与众不同，米纳·格雷戈里[20]也同意这一观点，认为在卡拉瓦乔所有作品中，这幅作品是锦上添花。

最后发表相关论著的还有弗朗西斯科·特雷索尔迪[21]，安东尼诺·萨乔[22]和鲁伊兹·戈麦斯[23]。斐迪南多·博洛尼亚认为，这幅画应该是当年那不勒斯伦巴第圣安妮教堂[24]中三联画的其中一幅，而另外两幅为《耶稣复活》和《圣方

上图，卡拉瓦乔追随者（卡罗·塞利托？），卡拉瓦乔作品的复制品，《躺着的施洗圣约翰》，约1610年，马耳他，私人收藏。

济各接受圣痕》。马里尼[25]认为，“首先”，这种说法不能排除，但在这种假设下，画作应该是教堂因地震倒塌后幸存下来的。根据史料记载，地震大约发生在1798年或1805年，而后者的可能性要小一些（如果在1805年，那么地震应该在7月26日的圣安妮节发生。唯一的线索是在18世纪中叶左右，一位旅行者曾经在远处看到这座教堂的礼拜堂中挂着一幅“画得非常好的施洗圣约翰，但是身高太矮”[26]，而收藏于德国的这幅施洗者如若放在当时的环境下，也有可能会被舆论斥责为“太矮”。但是，如果要把我们所说的《躺着的施洗圣约翰》认定为那不勒斯教堂中的那幅作品，还是不合适的（但笔者认为也是有可能的）。主要原因并不是因为那不勒斯的那幅可能在腐烂中损坏（总是可能被保存下来的），而是有人指出[27]，另一位见到画的人曾这样称赞道：“一幅拿着碗端坐着的圣约翰，非常精彩，栩栩如生。这是卡拉瓦乔的作品。”这样的描述与我们所谈的这幅圣约翰差别很大，所描述的这幅画可能收藏于罗马科尔西尼宫国家古代艺术美术馆。

需要指出的是，收藏于德国的这幅长期受学者关注的画作，在不久前刚刚在阿姆斯特丹完成首次公展，其专题画册[28]完完全全证实了这幅画的真实性。克劳迪奥·斯特里纳蒂[29]认为，这幅画让卡拉瓦乔的绘画生涯返璞归真，回到了年轻时创作的那些更注重精神层面的绘画之中，如《削水果的少年》和《拿着玫瑰花瓶的少年》。贝尔特·特雷弗尔斯[30]也认为，这幅画是卡拉瓦乔的绝唱；帕切利和詹托马西的分析与扎里的观点也证实注解[31]，这幅画的画风与卡拉瓦乔末期的风格一致。与之相对应的是，马里尼就马耳他私人收藏的《施洗圣约翰》（目前收藏于美国缅因州托马斯顿共济会）进行了阐述，他认为，这幅画有可能是总督委托给卡拉瓦乔派画家卡罗·塞利托的作品（在当地画家们的游说下，总督决定将原作转移到西班牙之前对该作品进行复制），这让慕尼黑那幅画是原作的可能性又提高了一些[32]。马里尼认为[33]，这幅复制品（毫无疑问就是这幅，因为在画中没有出现与原作不一样的地方）也没有完成，缺少“第一层的火，背景中的岩石，和右侧拂晓天空的边缘”的绝大部分元素（十字架也没有画完，可能是被调出的颜色吸收了）。

但与之相反的是，由于反复的清洁，原作中的局部细节已歪曲变形。而在这幅复制品中，这些地方却保持了最初的样子，为鉴定起到了决定性作用。笔者所指的是阴影，这一部分遮住了左侧大腿上部，这一风格也被运用在卡拉瓦乔末期的其他作品中。

谈到最后一点，就不得不再次提到人物面部。原作中的面部被草稿覆盖，通过今天的反射技术我们才得以捕捉一二。而复制品中的也如出一辙，似乎复制者亲眼看到过卡拉瓦乔作画，仿佛掌握了读心术，明了这位伟大的画家在面对画架另一侧的少年时，到底想了什么。

注释

1 毛里齐奥·马里尼、克劳迪奥·斯特里纳蒂和特雷弗斯三位学者的观点见画册（文集）《最后的卡拉瓦乔》，该书为2010年兹沃利某场展览的配套画册；J.斯皮科的观点见《卡拉瓦乔》，纽约—伦敦，2001年（修订版于2010年出版），附注号76；彼得·罗布的观点见《卡拉瓦乔之谜》第494-529页，米兰，2001年（英文版于1998年出版）；费德里科·泽里的观点见《卡拉瓦乔，圣马太蒙召》，《百画》丛书，米兰，第28页；文琴佐·帕切利的观点见《最后的卡拉瓦乔，1606—1610年。离奇的死因：被国家杀死？》第141-155页，托迪，2002年；以及帕切利和G.弗尔吉奥内的著作《卡拉瓦乔的艺术与科学》，那不勒斯，2012年。

2 请参见纳迪娅·巴斯托吉的文集《在佛罗伦萨的卡拉瓦乔与卡拉瓦乔画派艺术家》，佛罗伦萨，2010年，第337页。

3 详见《收藏史文献：西班牙财产清单》第一册，布尔克与切里的著作《1601—1755年间马德里的绘画收藏》，洛杉矶，1997年，第422页。让笔者觉得有些奇怪的是，直到现在还没有人把下面这句话与卡拉瓦乔作品中的人物联系起来：“这幅画是卡拉瓦乔所作，画框为黑色与金色，不是原作，而是复制品。”笔者记得，德·卡布雷拉也有一些卡拉瓦乔的真迹（譬如罗马人民圣母圣殿教堂的切拉西礼拜堂的藏品）。所以，当德·卡布雷拉本人承认这幅《躺着的施洗约翰》是复制品时，另一幅被视为“真迹”的可能性就变得很大，可能是因为这幅画当时所处的地理位置与那不勒斯另一位总督官邸很近。

4 详见《罗马人米凯莱·安杰洛·卡拉瓦乔》中的《研究与建议总结回顾》，罗马，1978年，封面第四版。

5 详见《卡拉瓦乔：“最杰出的画家”》，罗马，2005年，附注号111。

6 关于分析结构请见V.帕切利和G.弗尔吉奥内所著《卡拉瓦乔的艺术与科学》，第114-121页。

7 详见《作品与年代：1610—2010，卡拉瓦乔轶事》特刊第25页，《触觉》，2012年。

8 已提及著作，2005年，第100页。

9 《卡拉瓦乔》，纽约与伦敦，已提及著作，第398页，第76号。

10 已提及著作，2001年，第494页（英文版1998年出版）。

11 《卡拉瓦乔，流淌在施洗约翰的血液中》，罗马，2000年，第73-78页。作者多次谈到过卡拉瓦乔塑造的约翰形象，最近一次是在与其他学者合著的《沙漠中哭泣的声音》第243-268页的《施洗圣约翰的艺术、历史和信仰》，2013年。

12 参见帕切利和弗尔吉奥内著作中第119页对詹托马西和扎里所作工作的描述："记得在我们修复巴尔贝里尼宫古代艺术国家美术馆的《朱迪斯与荷罗孚尼》后，我们与切利尼进行了一次酝酿已久的友好会面。切利尼在几年前也修复过这幅画作，他为我们指出，朱迪斯的右臂有些生硬，并解释称他（这里的'他'指切利尼，不是指卡拉瓦乔）因此对这个局部做了模糊处理，也就是把色彩进行了虚化，而我们在修复时把这个虚化处理去掉了，这样就改变了画作的整体平衡感。事实上，画作的平衡感原本是很完美的，卡拉瓦乔为了避免画作整体的灰暗色彩，是不可能对局部进行虚化处理的。同理，那幅'躺着的施洗圣约翰'也显得有些灰暗和虚化，这当然是由于当时的色层比较重，随着时间的推移慢慢变灰暗的结果。我们认为，如果对画作再进行一次认真的清理，会有助于更清晰地看到原作的绘画本质。"

13 已提及著作，2002年。

14 已提及著作，2012年，第55页。

15 这些文献是由这部著作的持有者提供给笔者的，本书是他于1987年从一位德国收藏家手中买的。文献2002年由帕切利出版（已提及著作，第251-254页）。

16 摘自马里尼：《卡拉瓦乔，帕利亚诺的"抹大拉的玛利亚"》，2006年，第12页。

17 摘自文集《卡拉瓦乔：原件及复本的镜像研究，奥斯特菲尔德尔恩》，2006年，附注号26。

18 请参见文集《卡拉瓦乔与马泰伊收藏》，米兰，1995年，第28页，注解34。

19 在索引文献的第28-45页。

20 书面评论。

21 《卡拉瓦乔，假设与现实》，贝加莫，2006年，第108页。

22 《卡拉瓦乔的工具》，罗马，2010年，第26页。

23 见2009年在马德里举办的胡安·保蒂斯塔·马伊诺展览画册第78页。

24 参见《卡拉瓦乔的怀疑与"自然事物"经验》，都灵，2006年，第342页，该书为1992年版本的"增补版"；但在其他媒体上，这位学者称这幅画是卡拉瓦乔带上船的作品之一，该言论摘自1992年11月6日的《团结报》。

25 索引文献的第575页，2005年。

26 详见查尔斯-尼古拉斯·柯升：《意大利旅行》，巴黎，1756年 。

27 参见文集《卡拉瓦乔和他的环境·研究与解读》（齐尼塞洛·巴尔萨莫著，2007年）中第208页朱利安·克列曼的论述。该论述摘自导游书《那不勒斯城历史艺术导览：一座城市的品位与形象》（1995年出版于那不勒斯）第286页的文章《国家、形象和美术馆：托马索·普契尼的那不勒斯之行》。值得注意的是，克列曼在108号注解中谈到被发掘的第二幅卡拉瓦乔的施洗约翰时，只写道这幅画作"被部分人认为是慕尼黑私人收藏的那幅《躺着的施洗圣约翰》"。其他的研究者也谈到过这一问题，但没有表明自己的观点，这些研究者包括贾科莫·贝拉（在《在伦巴第的青年卡拉瓦乔，关于卡拉瓦乔的梅里西，耕农和侯爵的资料研究》第290页，993号注解，2005年出版于佛罗伦萨），达尼塞·玛利亚·帕加诺（摘自文集《卡拉瓦乔的〈鞭刑〉》第28页第75号注解，2004年出版于那不勒斯），詹弗朗戈·弗尔米凯蒂（《卡拉瓦乔：画家，天才，杀人犯》第193页，2000年出版于亚历山德里亚）和安娜·科利瓦（摘自马德里和比尔巴鄂画展的画册文集《卡拉瓦乔》第142页，1999年）。

28 文集《最后的卡拉瓦乔》，索引文献，2010年。

29 同见第28页。

30 同见第18页。

31 依次同见第45-51页与第63-69页。

32 出于纯粹的假设，如果这幅复制品不是之前提到的美第奇家族的那一幅，那么可能就是落到了后任总督德·卡布雷拉的手里。总督的财产清单中正好提到了这幅画。

33 同时参见第59-61页，也可参见文集《从卡拉瓦乔到卡拉瓦乔画派画家》，罗马，2009年，第261-263页。

卡拉瓦乔的绘画技巧

卡拉·马里亚尼

艺术家的操作模式决定了作品的成功与否，而对于材料的掌控能力的高低则决定了创意和设计灵感能否被充分表现出来。这一点在所有文化艺术中都是亘古不变的。但在绘画领域，这一定律得到了延伸，每位画家的技术研习都需要考虑到本源、革新、转型、危机、必要的表现力、与其他人物的相遇、特殊情况和经济状况等多个方面的要素，这些要素综合起来便形成了每个画家招牌式的绘画风格的根基。这其中的某些元素甚至是独树一帜的，是画家独一无二的珍宝。

色彩曾被各种文化征服。随着不同文化的发展，色彩的种类逐渐增加，用途也日渐广泛。埃及是最早开始使用色彩的文明，埃及人曾运用很复杂的方法来制作各种自然色素。在很长一段时期里，埃及人只使用六种色彩：白色，用一种碳酸钙制成，这种碳酸钙由特定方法获取，这种方法一直沿用至19世纪；黑色，用木炭和脂肪制成；深蓝色，这种最古老的化学色素从铜中提取而来；黄色，可能是从一种叫作“雌黄”的三硫化砷或者叫“埃及铅”的铅中提取而来；红色，从氧化铁或者硫化砷中提取而来；绿色，从一种西奈半岛特有的孔雀石——硅孔雀石中提取而来。古希腊人使用的颜料也少得可怜：亚里士多德曾列举过六种，但普林尼在称赞阿佩赖斯等古希腊画家时曾指出，希腊人只使用四种颜色：黑色、白色、黄色和红色。

罗马人通过其他方式让他们的色彩种类达到了30种；庞贝曾经有29种颜色。普林尼和维特鲁威曾称赞过从骨螺中提取出的朱红色、朱砂色和紫色、蔚蓝色、从铜中提取的绿色、从锡中提取的一种金绿色以及从印度一种豆类中提取的靛色。[1]

上述颜色的种类和特点从中世纪到现代没有经历过任何改变，文艺复兴和巴洛克时期的大师们也是用这些色彩来作画的。

有些人在绘画时所表现的技术与灵感密不可分。简而言之，绘画技术不仅仅是为创意服务的工具，它与创造力密不可分，两者合二为一。这让旁人无法分辨出究竟是技术决定了创意，还是创意决定了技术。而在卡拉瓦乔身上，这一特点被发挥到了极致。

米兰

米开朗基罗·梅里西，即卡拉瓦乔，1571年9月29日出生于米兰，并于此地度过少年时期。12岁时，卡拉瓦乔来到提香的徒弟——威尼斯画派画家西蒙尼·皮特扎诺的画室做学徒，皮特扎诺将提香的课程融入了新的内容，强调形态的精准与色彩的考量。卡拉瓦乔在画室做了四年学徒，学习了绘画技巧以及伦巴第画派的风格，即颜色适度且明亮，注重探究事物本质。例如，文琴佐·坎皮可以将简单的果蔬静物画分析转化成为一种特定的模式（加尔佐尼随后则将这种模式转化成一种纯粹、内化、精妙且富有诗意的画

左图，卡拉瓦乔（？），《耶稣被捕》，1602年，罗马，私人收藏，（曾）佛罗伦萨，拉迪斯·桑尼尼收藏会，局部。

风）；再譬如贝尔纳迪诺·利齐尼奥在巨大的现实主义肖像画中，营造了一个严谨的私人世界，在这种风格中，威尼斯画派无法破坏伦巴第画派的充实风格；还有索弗尼斯巴·安圭索拉那些面无血色又肃穆的肖像等等。

如今，我们之所以能在画作中窥得几分事物的本来面貌，要得益于画家们对光线和技巧的仔细研究。这些研究始于洛马佐所著的《绘画，雕塑和建筑专论》（1585年出版于米兰）和《绘画殿堂理念》（1590年出版），以及伦巴第画派最伟大的画家——达·芬奇在《论绘画》（据估计始创于1509年，随后发表）中所指出的，绘画要使用由朝北窗户射进来的光线。这种方法能确保光线不会随太阳位置的变化而变化。其他的画家却并不推崇光线从高处射下来的绘画方法，因为“这样会使面部被阴影覆盖，从而不能区分面部轮廓”[2]。

上图（上），文琴佐·坎皮，《卖水果的妇女》，约1580－1590年，米兰，布雷拉画廊。

上图（下），乔凡娜·加尔佐尼，《盘中的樱桃与康乃馨》，约1640－1662年，佛罗伦萨，帕拉蒂纳美术馆。

16世纪的伦巴第画派非常重视对光的表现，因而也就非常注重对影子的描绘。正如安布罗吉奥·菲吉诺所言：“影子只在有光的地方存在。”他提出，最好的照明画法就是将煤油灯的光线从高处以45度的角度射下来，这样能照到肖像的一半，继而创造出一种柔和的影子。

尽管伦巴第画派由来已久，但是在离米兰不远处的威尼斯，散发着诱人的多彩光芒，向人们昭示着来自远方的魅力，而罗马——这座多元化大都市——则以遍地流淌着来自教皇和王室的奢靡与富贵吸引着人们。这让年轻的卡拉瓦乔萌生了远行的憧憬。也许是为了感受威尼斯这座被皮特扎诺神话了的水城，这位年轻的画家踏上了漫漫旅途。但有一点可以肯定，无限诱人的“永恒之城”罗马透着一丝危险的气息，像一个魅惑的女人，令他欲罢不能。

带着在米兰习得的在绘画光、影、色彩、肖像和自然物质等方面的深厚功底，卡拉瓦乔出发了。带着达·芬奇的疑问，卡拉瓦乔将在罗马寻找答案，也将在罗马找寻到属于他自己的“影子”。

罗马

罗马国家档案馆资料显示，最新研究表明，卡拉瓦乔应该是在大约1595年抵达罗马的，并非

之前所说的1592—1593年期间。也就是说，卡拉瓦乔并不是像人们所认为的那样，跟随卡拉瓦乔侯爵夫人科斯坦扎·科罗纳去的罗马。因其夫弗朗切斯科·斯弗扎与卡拉瓦乔的父亲费尔墨·梅里西的信托关系，这位侯爵夫人[3]与卡拉瓦乔家的关系颇为密切。其他推断则认为，卡拉瓦乔是跟随叔叔卢多维科·梅里西去的罗马，后者将其引荐给了潘多尔弗·普齐神父[4]。

在1596—1597年之前，卡拉瓦乔在罗马的生活和作品都很混乱，充斥着不确定性。这一时期，他游荡于各个画室间，结交各路朋友。可以肯定的是，卡拉瓦乔与安蒂维杜托·格拉玛蒂卡有过合作，随后，他进入了有“达尔皮诺骑士”之称的朱塞佩·凯撒的画室，后者是克雷芒八世治下罗马的权威画师。不过，尽管时常抱有荒废与不安的心态，卡拉瓦乔在罗马的生活充满了刺激与激情。

正是在这一时期，卡拉瓦乔完成了他的第一批佳作：《生病的酒神》《捧果篮的少年》，也许还有那幅创作日期不详的静物《果篮》。

1597—1601年，卡拉瓦乔居住在红衣主教德尔蒙特的官邸。在那里，卡拉瓦乔走向了成熟，形成了一种古怪而又特别的性格，而这一性格贯穿了他的余生。

德尔蒙特的官邸弥漫着浓厚的文化气息。这位主教的哥哥圭多巴尔多·德尔蒙特对炼金学情有独钟，与那不勒斯科学家乔万尼·巴蒂斯塔·德拉·波尔塔关系甚密。后者在其著作《自然魔法》（1558年发表）中首次提出将暗箱用作画家的辅助工具，他写道：“不会画画的人，也可以画出人物或物品的肖像。只要选择相似的颜色就可以。”关于暗箱，有大量文献介绍过它的用途，因此在这里只做一些简单的介绍。

暗箱原理也称光学原理，古代哲学家与现代思想家很早就对它产生了兴趣：在古希腊时期，亚里士多德就对这一原理进行过研究；大约公

上图（左），安布罗吉奥·菲吉诺，《圣马太与天使》，约1586—1588年，米兰，圣拉斐尔教堂。

上图（右），乔万尼·保罗·洛马佐，《自画像》，约1568年，米兰，布雷拉画廊。

元1000年，阿拉伯数学家海什木也对其进行过阐述，并用暗箱观察过日蚀，这种方法随后被荷兰科学家弗里休斯所效仿。

达·芬奇对暗箱的使用和功能进行过明确的说明，所以我们可以推断，卡拉瓦乔在德尔蒙特家中可能对自己所知的暗箱原理进行了更深层次的拓展。

除此之外，暗箱原理还经历了一些其他的演变。不过，值得注意的是，科学、哲学和炼金术仅仅在现代才独立成科。而在遥远的16世纪，这些学科是组成一个人向内自省结构整体的一部分，是由人类好奇心生发而来的东西。

因此，当时的科学、哲学和炼金术是平行的学科。借由这些学问，人们得以探究自己的内心世界，这使得人类把目光从对物理变化的探究上升到对精神世界的关注。

在这一时期，卡拉瓦乔开始接触科学家与哲学家，这些学者对于光学和视觉的原理进行过深入的研究。伽利略虽然比卡拉瓦乔年长一些，但只大了7岁。这位天文学家经常带着眼镜和天文望远镜去德尔蒙特官邸做客，期间做了一些颇为精准的实验性观察。譬如，他在真空介质的实验环境下，发现了月球表面的环形山和山峰，从而史无前例地揭示了光与影的区别[5]。这些信息对于伽利略来说是闻所未闻的，但他的实验结果却确凿无疑，他本人声称用了一生的时间来学习光的本质，“在研究过程中，我一直处于黑暗之中”。

在这一领域，乔万尼·巴蒂斯塔·德拉·波尔塔堪称天赋异禀。他在研究暗箱的过程中，推测出了人眼的功能与暗箱原理是类似的。尽管他没有搞清图像在眼内被捕捉到之后会定格在哪个位置，但他得出了这样一个结论：与暗箱原理相同，图像在人眼中是倒立的，而晶状体则发挥了双凸透镜的作用，将图像倒过来摆正。1595年的卡拉瓦乔只有24岁，尽管已经成人，但仍然年

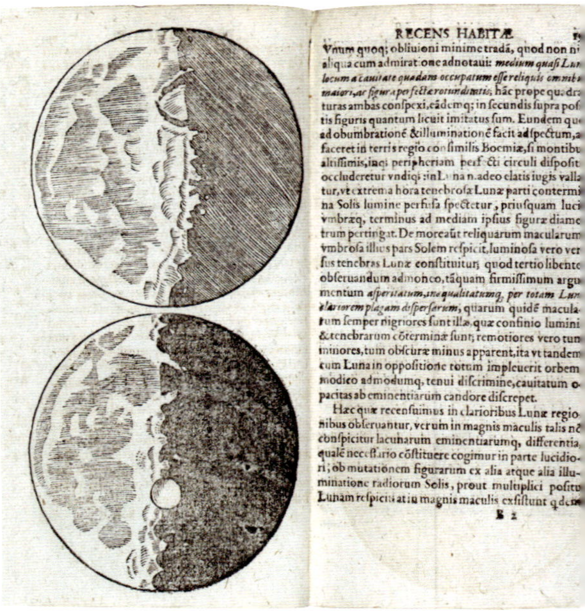

上图（左），乔万尼·巴蒂斯塔·德拉·波尔塔在《自然魔法》书中扉页的画像。

上图（右），伽利略在《星际信使》一书中呈现的月亮图像。

轻。虽然天资极高、悟性极强而又颇具阅历，但他仍需开发内心世界，我们可估且称此为潜意识。正如之前所提到的，他是在“达尔皮诺骑士”的画室中完成《生病的酒神》与《捧果篮的少年》的。说到这里，我们要提一下乔万尼·巴利奥内。这位画家是卡拉瓦乔的竞争对手，随后成为了卡拉瓦乔传记的作者。他提到，在初到罗马的年岁里，卡拉瓦乔曾“对着镜子画过一些肖像画。第一幅是酒神……此外，他还画过一位拿着篮子的少年，篮子里溢出了花果，这位少年表情很痛苦”。这句话说得模棱两可。可能是指卡拉瓦乔运用了研究已久的暗箱原理，也可能是指由于当时没钱请模特，卡拉瓦乔对着镜子把自己画了下来。这里所指的两幅画很可能是指在“达尔皮诺骑士”画室中创作的那两幅。在画中，前面看似是右臂的胳膊实际上是镜子中的左臂，而消失的右臂则被画家有意隐藏起来了。同样的效果可以在乌菲齐美术馆的《酒神巴库斯》中见到。画中，拿着酒杯的左手被很多人解读为是暗箱原理的倒相效果。但笔者认为，这仅仅是因为卡拉瓦乔是照着镜子作画的。

可以推测，通过频繁地接触前辈大师们关于光学技术的研究与试验，卡拉瓦乔最终得出了如下结论：人眼就是完美的天然暗箱。随后，这位天才经过一番实验后，开始把现实作为唯一的源泉，运用暗箱这一自然界馈赠的最精确的工具作为感知渠道，对自然进行窥探，为世人描绘他的生活。

镜子是卡拉瓦乔向我们呈现现实事物的钥匙和工具。镜面反射出的是真实的图像，同时也是卡拉瓦乔经过观察和加工所描绘的双向图像。它的另一侧几乎隐藏在眼睛和灵魂深处，被发现时，人们可能会像婴儿第一次看到镜中的自己一样，吓得叫出声来。

卡拉瓦乔在各个阶段都画过自己，没有哪位

上图，卡拉瓦乔，《生病的酒神》，1593 年，罗马，博尔盖塞美术馆，局部。

画家的自画像数量能超过卡拉瓦乔。卡拉瓦乔将自己作为参与者安插在不同的事件中，如《生病的酒神》、大都会艺术博物馆收藏的《音乐家》《美杜莎》的面孔、《圣马太殉葬》中的从犯、《耶稣被捕》《圣厄休拉的殉难》《拉撒路的复活》中的目击者、《被斩首的施洗圣约翰》中签名自首的杀人犯和《拿着哥利亚头颅的大卫》中的哥利亚等。在画中加入自己形象的习惯也许与工具的种类和故事的类型并不相关。他好像在用自己的形象告诉我们：如果不观察，就不会看到现实。而他本人除了塑造形象外，还试图通过真实的生活来表现现实。

青年时代的卡拉瓦乔开始用自己的形象描绘人物，这些人物经常有着如下特点：琥珀色的脸庞，塌低的鼻梁，深色的大眼睛和弓形的黑眉毛。就这样，卡拉瓦乔以主角而非旁白者的身份，把自己植入到了画作中。从技术层面上来讲，那时的卡拉瓦乔还是一位16世纪画家。《生病的酒神》用的是薄密的丝织画布。这张画布没有在画板上留下任何印记。画布的底色由铅白、赭色和浓厚的水晶黑调合而成，表面颜色偏深冷[6]，形成了稍带颗粒和薄薄的龟裂膨胀纹理，让干燥光滑没有遮盖的色素画在上面形成了蛋彩画的效果。色素的分配方式也有所不同，面部和手部偏淡，躯体发亮的部分、石桌上和下方水果的部分偏浓，保持了应有的厚重感。

这里的龟裂程度很深，画质也较脆弱。底色偏冷且透明，这使画面重新回到了一种铅灰色调。画作本身的构图实际上没有在之前进行过构图，所用的色彩种类也极少，人物是用铅白、那不勒斯黄、不同的土色和紫色釉绘制而成。其他的部分包括黑色、白色、翁布里亚土色、天然灼烧过的锡耶纳土色以及上面提到的紫色釉，这种釉令葡萄核的色调变暖，同时也点缀出了腰带。上翘叶子的颜色由绿土和铜为基本原料的绿色与

左上图，卡拉瓦乔（？），《耶稣被捕》，1602年，罗马，私人收藏，（曾）佛罗伦萨，拉迪斯·桑尼尼收藏会。

那不勒斯黄调配而成。

卡拉瓦乔的绘画技巧应该在最初就已定型，因为这幅画与其大部分作品风格类似——这里所提到的作品不包括大都会艺术博物馆收藏的《音乐家》，那幅作品很可能是因为一次欠稳妥的修复而丧失了原貌；也不包括在西西里创作的那些作品，后者尽管幸免于难，但其风格呈现出了一种结构和物质上的坚固感。但与大部分作品相比，《生病的酒神》显得与众不同且富有革新的味道。卡拉瓦乔在伦巴第画派的启蒙中学到的光影画技，在这幅画中得以重新体现：影子柔和，但能看出来是精心刻画的。画中除主体外，其他位置完全漆黑，这让堆积起来的水果看起来自然而富有象征意义，而皮特扎诺的解剖学技巧则巧妙地融合在了一种悲伤又暧昧的性感中。

画作充分展现了绘画天才卡拉瓦乔的笃定。在表现美丽和青春时，他以病人为主角，这也在不经意间预示了他本人的悲剧命运。

《捧果篮的少年》运用了同样的绘画技巧，水果上的红色调使画面变暖。同时，这幅画的亮点之一即空白背景下的切光技巧，它突出了影子的效果，同时强调了人物，带来一种空间上的厚重感。这一技巧之后伴随卡拉瓦乔整个绘画生涯，也被无数画家竞相模仿。

卡拉瓦乔在德尔蒙特主教官邸度过了自己的青年时光，而正如我们所说，这段时光也是他个人的成熟发展期。卡拉瓦乔着重表现的是客观的事物，但却运用视觉效果将客观事物完全主观化。他用少年躯体的自然美向我们描述了道德之外和之上的内容。在这些内容里，灵魂如果不是精神的固化，就只能是躯体的升华，而青春的野性则是纯洁发出的最后一次震颤。

因红色与釉色的加入，卡拉瓦乔调色板上的颜色日益丰富，其绘画技术也日渐精进，由此一来，其作品风格走向成熟。在大部分作品中，有

左图，卡拉瓦乔（？），《耶稣被捕》，1602 年，罗马，私人收藏，（曾）佛罗伦萨，拉迪斯·桑尼尼收藏会，画家自画像的局部。

血有肉的人物使画面变得明亮厚实，这成了卡拉瓦乔绘画的独特风格。他在绘画中进行着光学实验，浮石或河沙与石膏和糨糊的混合物所形成的粗糙底色彰显着光的魔力，就像卡比托里欧博物馆中那幅《占卜者》一样。光线就是卡拉瓦乔的招牌。到了16世纪末期，其作品的色彩表现力更加强烈。在调色方面，他保留了灰色和赭色的亮色调，在此基础上加入了孔雀石，令色调变暗，形成棕红色的冷色调。活在暗色环境中的人物在灿烂又柔和的光线下显得尤为明显。观赏他的画作，往往有一种眯起双眼雾里看花的感觉，而画面的主要内容在光线的环绕下显影。我们不清楚卡拉瓦乔确切的作画地点，只知道他在德尔蒙特主教的官邸中有一间作为画室的房间，除此之外就没有更为详实的信息了。不过，我们知道他在圣比亚乔（今“神圣之爱”巷）有一套巷内住宅，卡拉瓦乔好像租下了二层所有的大房间，这些房间的窗户都对着巷子。在需要更大的空间时，卡拉瓦乔就将顶楼的楼板打开，将二层的所有房间与顶楼的房间打通。顶楼房间近天花板处都设有小窗，有光线射入；在追求黑暗和自然照明效果时，卡拉瓦乔就将二层的大窗全部关闭[7]。正是在那里，卡拉瓦乔创作了《圣母之死》，这幅大型画作的规格为369厘米×245厘米，在画中可以观察到位置较高且密度较集中的光源。当卡拉瓦乔于1605年从罗马逃亡到热那亚时，这栋房子的房东普鲁登扎·布鲁尼扣押了卡拉瓦乔的全部财产——一方面来抵偿欠付的租金，另一方面则作为他破坏二层与顶层间楼板的赔偿金。在这所住宅中没有发现任何透镜，只有两面普通的镜子：一面是盾牌形状的，卡拉瓦乔很可能就是用这面镜子画了《马大与抹大拉的玛利亚》，另一面镜子则没有确切的描述。卡拉瓦乔的创作起源于他对现实的观察，画中的主人公全部来源于真实的模特。他不需要打底稿，行笔总是很快，而在创作那些最复杂的画作时，他会突出底色，但这并非为了标出人物轮廓，而是标出光线所照的边界。在部分画作中，卡拉瓦乔会用赭色在右上方或左下方的空白处画上几笔，作为作品的边际。

这些边际可以在拉迪斯·桑尼尼收藏的《耶稣被捕》中看到，在画家自画像的耳朵下方，在环绕三位人物的红色斗篷的左下方，以及在同一斗篷上方与耶稣头部相交的位置都可以看出来卡拉瓦乔画出的边际。在《朱迪斯和荷罗孚尼》中，女佣脸颊和耳朵的边界处，朱迪斯左眼角外侧以及荷罗孚尼的左眼眶也都有这些痕迹。另外，边际还见于博尔盖塞亲王收藏会收藏的《保禄五世肖像》左下侧的拖鞋处。而在《拿着哥利亚头颅的大卫》中，卡拉瓦乔还标出了哥利亚面部的内侧轮廓和下巴。这些边际线条处在底色之上和颜料之下，因此其可见度与在逆光情况下随处可见的“镶嵌”恰恰相反。再考虑到卡拉瓦乔的画纸一般比较厚，除了在颜料相对更薄或变薄的情况外，这些边界线是很难被识别的。

画中人物所在的空间是饱和的，人物是静止的，但却显得尤为生动。这一表象的矛盾诠释着卡拉瓦乔的构图框架。他的构图利用了极为严格的几何结构。这些几何结构基于一个冲刺点，从这个点放射出构图的主要对角线，这些对角线令构图传达出一种苍劲感，同时又不乏和谐与秩序感。

这种构图在群体肖像画中更为明显。一般来讲，最靠边的人物往往起着基点的作用，如同空间中嵌入的楔子，将二维画面转化成三维视觉，带给观赏者身临其境的感觉。

这一时期的卡拉瓦乔创作出了绘画生涯中最浑然天成的杰作，画作中的人物均取材自路人的形象。譬如，《抹大拉的玛利亚的忏悔》中被珠宝环绕的抹大拉的玛利亚形象便来自一位红发妓女，她也化身成了《逃往埃及途中的休息》中怀抱耶稣的圣母。

卡拉瓦乔具备发掘每个人身上神韵的能力，这种能力得以让他将一位疑似高等娼妓的女人塑造成亚历山大的加大肋纳，将任意一位路边男孩塑造为无耻又无邪的胜利丘比特。

当时罗马有一处行刑区域，它不在我们通常认为的广场上，而是在圣安杰洛桥尽头的一条非常狭窄的小路上。在路边的一座小教堂前，放着刽子手的断头台，人们可以随意围观受刑者被砍头的场面。如果受刑者是小孩，就会被扇一道耳光，目的是让他刻骨铭心地记住死神的模样。当时，离行刑处最近的位置都是预留给画家和雕塑家的。这些艺术家可以毫不费力地观察到行将赴死的刀下人的惊恐表情和痉挛身体。他们由此记录下死者临终前的面部神情和躯体的紧张状态，以及血液从伤口中喷出的场景。

1599年9月11日，正是在上述地点，罗马贵妇贝阿特里切·琛齐被指控谋杀了父亲弗朗切斯科，与继母一起被斩首。由于始终坚持取材活人，卡拉瓦乔很可能在场观看了这位贵妇完整的行刑过程。

这位死者的状态，驱使卡拉瓦乔在伦巴第画派关于达·芬奇的研究基础上进行了“精神活动”的探究——所谓的“精神活动”，指的是面部在受到恐惧、愤怒、痛苦和欢乐等极端情绪影响下所发生的形变。

这些“精神活动”在卡拉瓦乔1598－1599年创作的《朱迪斯与荷罗孚尼》中体现得淋漓尽致，这幅成品当时赠送给了银行家奥塔维奥·科斯塔。画中的少女正在割喉，而非砍头[8]，所以画家要表达的很可能并不是一下就将头颅砍下，这体现了卡拉瓦乔对《圣经》原文的完全遵循。

割喉会造成血液从颈动脉和椎动脉喷涌而出，卡拉瓦乔用这种方式表现了荷罗孚尼和美杜莎，从生理学角度对现实事物进行了准确描绘。

砍下荷罗孚尼头颅的场景表现得极端残忍，但荷罗孚尼却又带有一股无情的镇定：他紧握窗帘，身体痉挛，眼神惊讶，好像不敢相信自己正被生命抛弃。

朱迪斯摆脱着受死的荷罗孚尼，紧绷有力的双臂在砍头的同时也保持着与死者的距离。她的面部表情反映着肢体和心理的双重力量，这种力量支撑她将谋杀进行到底。

一旁的女佣则用毛骨悚然的眼神目睹着所发生的一切，她的形象与乔尔乔内《老妇人》中的形象很相似，据传卡拉瓦乔是通过研究达·芬奇画派而知晓那幅作品的。这项非凡的描绘通过一种先进而又完美的技巧呈现出来，原作画布采用的是粗大且不规则的亚麻材料，由9×9线每平方厘米的规格垂直编织。底色为褐色，由两层组成：第一层与画布直接接触，颜料有土黄、翁布里亚土色、那不勒斯黄以及少许碳酸铅白，相当薄且分布均匀；第二层则包含碳酸铅白和大量那不勒斯黄和绿土色，由于绿土色太亮，遂被孔雀石取代；卡拉瓦乔将这些元素进行了粗略的碾磨，以使画布表面呈现粗糙感。[9]

在基础颜料之上，卡拉瓦乔铺了一层深色的草稿，这层草稿因为画布的轻度龟裂和省料画法的运用而暴露了出来。

这层草稿上出现了很多薄薄的切口，这些切口划出了荷罗孚尼的头部、朱迪斯和二人的手臂。

此外，草稿上还有一些亮色痕迹，可能是画布底色厚度不均而造成的，在上述提到的其他画作中也可以看到这些痕迹。笔者认为，这些痕迹与切口的意义类似。[10]整幅画色调富有光泽，下笔稳健，近看则更富简约之感，空间的紧凑感来源于浓郁颜料的选用，这些颜料是调制出来的，

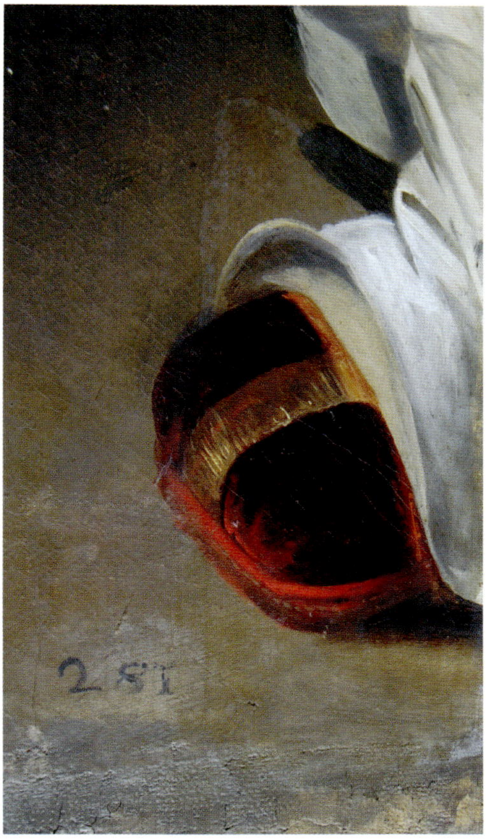

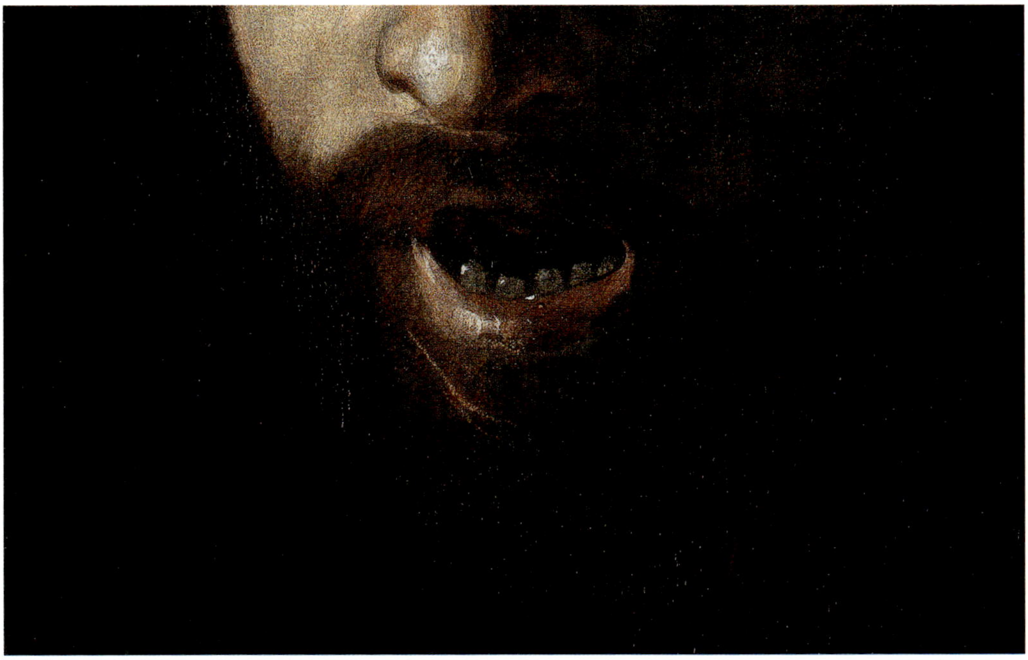

上图（上左、上右），卡拉瓦乔，《保禄五世肖像》，1605 年，罗马，卡米洛·博尔盖塞亲王收藏会。右侧为拖鞋的局部。

上图（下），卡拉瓦乔，《拿着哥利亚头颅的大卫》，1610 年，罗马，博尔盖塞美术馆，局部。

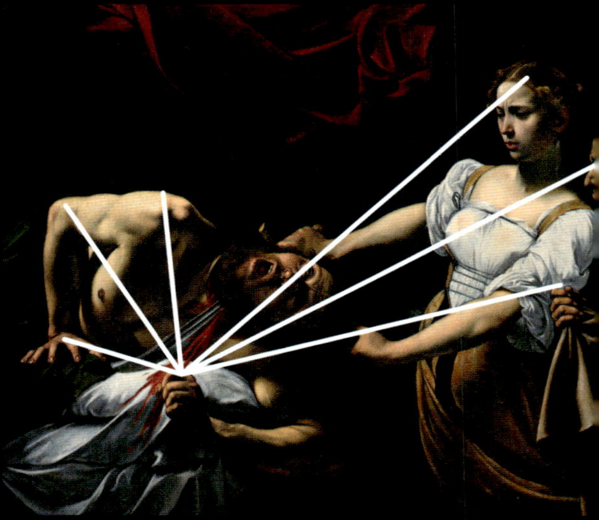

但没有用作底色。调色板由白色、朱红色、红釉色、褐釉色、那不勒斯黄、自然土色、烧制土色、赭色、铜绿色、沥青褐和象牙黑组成。

卡拉瓦乔的绘画技法已经成熟，成熟到用寥寥几笔就概括出明显的人物形象，这种技法在调色阶段就已经展现出来了。同时，这种概括也有利于表现出不同的层次感。譬如，当需要表现衬衫上亚麻的光泽和特有的坚韧时，卡拉瓦乔就将蘸满碳酸铅白的画笔戳到画布上，拉出长长的线条。他会保持笔端不离开画面，旋转一下后才会最终抬笔。

有时在画强光效果下的局部时，卡拉瓦乔会用笔先画出一缕线条，回笔时连续画出“之”字形，从而留下一些色块[11]。而在颜料的使用方面，意大利著名艺术史学家贝洛里向世人讲述了卡拉瓦乔是如何使用非常见的实验性颜料的。在德尔蒙特主教的府邸中所做的化学实验一直让卡拉瓦乔记忆犹新。他调色板中的色彩很少，而且总是那几个他常用的颜色，这表明要画出和谐之作，所需要的元素实际上是很少的。值得一提的是，卡拉瓦乔并不喜欢深蓝色，他把这种颜色称作“颜色中的毒药”，只在画圣母肖像的时候才会使用。

他用瓷蓝色代替深蓝色。瓷蓝的材料是搪瓷，最开始用来制作玻璃。之所以能够呈现出这种颜色效果，是因为钴的存在。最重要的钴产地位于波斯，当时很可能有来自近东和远东的玻璃工人在那里从事玻璃制造业。欧洲主要的钴产地位于萨克森自由州，当地从14世纪起就开始了对钴的开采。这种材料在玻璃工艺品中的运用比耶稣诞生至少早了两个世纪，曾用于装饰巴比伦的伊斯塔尔门，从15世纪开始被运用在绘画之中。这种颜色由玻璃研磨制成，色调的饱和度取决于玻璃碎片颗粒的大小。目前，这种颜色很难辨认，因为如上文所提，它很容易氧化。现在我们只能把它看作是一种偏绿的褐色，色泽由亮蓝色到紫罗兰色过渡，不过，由于其自身特殊的不稳定化学属性，其颜色还会变成绿灰色或褐色。[12]总之，卡拉瓦乔偏爱一种刺激感很弱、非主导性的色调，这也与他常用的暖色褐琥珀色的色彩表现力相一致。

近几年的研究还使得对一种颜色的认识有了突破，相关研究者在对色彩的化学成分常规鉴定中发现了“那不勒斯黄”。这是一种铅和锑的氧化物，与铅和锡的氧化物生成的黄色有所不同。这两种颜色都有着悠久的历史，曾为古埃及人和中世纪的画家所用。就在几十年前，人们还确信那不勒斯黄是一种18世纪的化学颜料，这是由于当时还很难区分其组成元素。在卡拉瓦乔画作中发现的“那不勒斯黄”则充分证实了这种颜料古老悠远的历史。[13]

阴影

17世纪初的卡拉瓦乔正处于人生的巅峰。他掀起了一场前所未有的绘画革命。事实上，也正是卡拉瓦乔，为我们开启了现代绘画的历史进程。资助人对卡拉瓦乔青睐有加，如饥似渴地收藏着他的作品。

当时卡拉瓦乔旅居的罗马是一座两极分化的城市，当地的居民既有达官贵人，又有无名之辈。而在后边这个阶层中，艺术家可能算是一个独立的群体了，他们大多是来自五湖四海的年轻人，背井离乡来到罗马找寻自我。其中以男性居多，这些男性通常独立且富有攻击性。他们集中生活在罗马最内侧的城区。不难想象，在艳遇与暴力冲突的交织下，他们的生活是何等声色犬马。

卡拉瓦乔过的就是这样的生活。但在这个时间节点前，他一直克制着自己的负面冲动，把蕴

左图，（顺时针方向由左上方起）构图结构。《基督下葬》，梵蒂冈，梵蒂冈博物馆；《耶稣被捕》，罗马，私人收藏；《朱迪斯与荷罗孚尼》，罗马，巴贝里尼宫古代艺术国家美术馆；《逃往埃及途中的休息》，罗马，多利亚潘菲利美术馆。

第304页，乔尔乔内，《老妇人》，约1508年，威尼斯，学院美术馆。

第305页，卡拉瓦乔，《朱迪斯与荷罗孚尼》，1599年，罗马，巴贝里尼宫古代艺术国家美术馆。毛骨悚然的女佣的局部。

C·L·TEMP

藏在体内的能量深入运用到艺术中。说到这里，人们不禁疑惑：这样一位绝世奇才，一位曾集各大贵族与教皇宠爱于一身、被同行和宿敌竞相模仿、追捧和憎恶的绘画艺术革新者，在影响了欧洲绘画整整一个世纪后，为什么又遭遇了长达近三个世纪如记录被抹杀般的遗忘？直到20世纪上叶，这位绘画巨匠才得到平反，受到了来自现代人疯狂的追捧与研究。要回答这个问题，我们需要借助心理学知识，来剖析这位名贯古今的画家的性格特点。

我们每个人都有隐藏的一面，藏匿着我们最隐秘的情感冲动，甚至连我们自己都无法识别或承认。这就是著名心理学家卡尔·荣格所说的“阴影”，这一概念是指与我们呈现给世人的面具“人格”相对的另一面人格。阴影的定义为“人格中具有普遍消极意义的阴暗方面”。[14] 这种人格非常隐蔽，但却无法与我们分离，是我们整体人格的一部分。阴影是一种人格的补充，或者说是需要补充的人格，因为如果因恐惧或懦弱而不承认或否定它，就会阻碍个体对自身的认识，从而无法完成自身的发展，也无法实现对自身的全部了解。

从前半生到目前这个阶段，卡拉瓦乔已经展示出了人格的这一面。譬如《朱迪斯与荷罗孚尼》中的暴力人物，或是《美杜莎》中的自画像，卡拉瓦乔都让自己在阴影中发出了惊悚、鲜活和劈头式的呐喊。

在此之前，卡拉瓦乔对自己阴暗面的控制一直很成功，他甚至无意识地将阴暗面当成了催化剂，从而引发了一次又一次的艺术巨爆。然而1599年发生的事情改变了这一切。在这一年，卡拉瓦乔接到了一项任务：为罗马圣路易吉教堂肯塔瑞里小堂绘画两幅巨型教画：《圣马太蒙召》和《圣马太殉难》。

《圣马太蒙召》是一幅充满魔幻色彩的画作。在画作中，一切都显得很缥缈。故事编排得出人意料，部分人物精神涣散，最初被选中的人物的神情既惊讶又专注。观赏者先是被画中阴影部分所吸引，尔后那一束光又将他们引向了耶稣那犹如米开朗基罗一般的挑选动作上。

《圣马太殉难》则是一幅构图非常纠结痛苦的作品，从放射性鉴定图上可以看出卡拉瓦乔在构图环节上的艰难，上面到处都是涂改，这与他平时直接作画、从不大幅度修改构图的习惯大相径庭。

与第一版草稿不同的是，卡拉瓦乔将殉道者和刽子手放置在（在笔者看来，用“展示”一词更为确切）正中央的位置，两人像是被闪电点亮了一般，马太倒在地上，刽子手悬于马太之上，但二人的目光是交汇的，他们似乎置身于各自的悲剧中，而悲剧也已经融入到他们体内。

这两个人周围弥漫着恐慌、惊愕与逃难的气氛，尤为值得一提的是，在这团凌乱的躯体与表情中，卡拉瓦乔将自画像蜻蜓点水般地安插在了刽子手的身后。这一笔令人印象深刻，因为它充分展示了卡拉瓦乔本人观察行刑时的神态。一种身为从犯的愧疚与痛苦扭曲了他的脸部线条，这使得我们很难相信该肖像的原型是一位29岁的青年。但就像一位现代诗人所说的那样，卡拉瓦乔正在分别从两边将蜡烛点燃。

这幅画是卡拉瓦乔绘画生涯的分水岭，跨过这一步后，便没有了退路。显然，他想让自己投入到一幕死亡的惨烈场景中，这能帮助他释放人格阴影中再也无法压抑的力量。他意识到，自己可以完成一次谋杀，尽管他画的是一位殉道者，尽管这只是一幅画，但他是参与其中的，以主角而非叙述者的身份讲述了这一故事。他发现可以将躯体付诸于暴力，而暴力则是他自身阴影的隐藏属性，他感觉到暴力可以像美德一样宣示，是人性的一部分，因此他利用艺术作为遮挡，开启了一次隐藏的、没有后果的转型。

画中的形象成了他人生的真实写照。从这一刻开始，他的生活充斥着一桩桩逐步升级的官司，他频繁招惹是非、引发争执[15]，因此，他出门总是剑不离身。

与此同时，他的作品也愈发令人叹为观止，超乎常人的自然主义表现力让他笔下真实人物的肉体克服了衰老和懦弱的缺点，散发出一种卓越的尊贵之美，这得以让他将现实中的凡人变成了画作中的圣人。

卡拉瓦乔的资助人主要让他创作一些宗教人物，这些人物有时会被刻画得很阳光，譬如在《朝圣者的圣母》中，美丽的圣母玛利亚从阴影中来，却又浮现在光明里，为两位展示远行印迹的朝圣者施以安慰；在《圣母玛利亚与马夫》中，卡拉瓦乔将基督教中的重要故事情节进行了生活式再现：画中的这对拯救人类于苦难的母子，似乎比单纯从宗教角度所讲的圣母与耶稣更要有说服力。

在这一时期，卡拉瓦乔画作中的阴影开始逐步加深，色彩愈发浓烈。他开始用釉和沥青作颜料，阴暗的底色加深了画面的艺术表现力。他也开始使用全黑和深红色的底布。

他所选取的现实中的模特形象也表现出了一种强烈悲怆的真实。譬如在拉迪斯·桑尼尼所收藏的《耶稣被捕》中，卡拉瓦乔创造性地用耶稣半交插的双手作为构图基点，将耶稣与画面右侧的刽子手们进行了分割。刽子手们身着漆黑发亮的金属外衣，尽管卡拉瓦乔没有刻意塑造他们的眼神，但头盔的阴影已成功地表现了他们的残忍。

光线和色彩在身裹红袍的耶稣、约翰和犹大身上尤显突出，卡拉瓦乔将自己画在边缘，却仍然在画中。光线没有照亮此刻的情景，却点亮了他的意识。

右图，卡拉瓦乔，《圣马太殉难》，罗马，圣王路易教堂肯塔瑞里小堂，局部：作者的自画像。

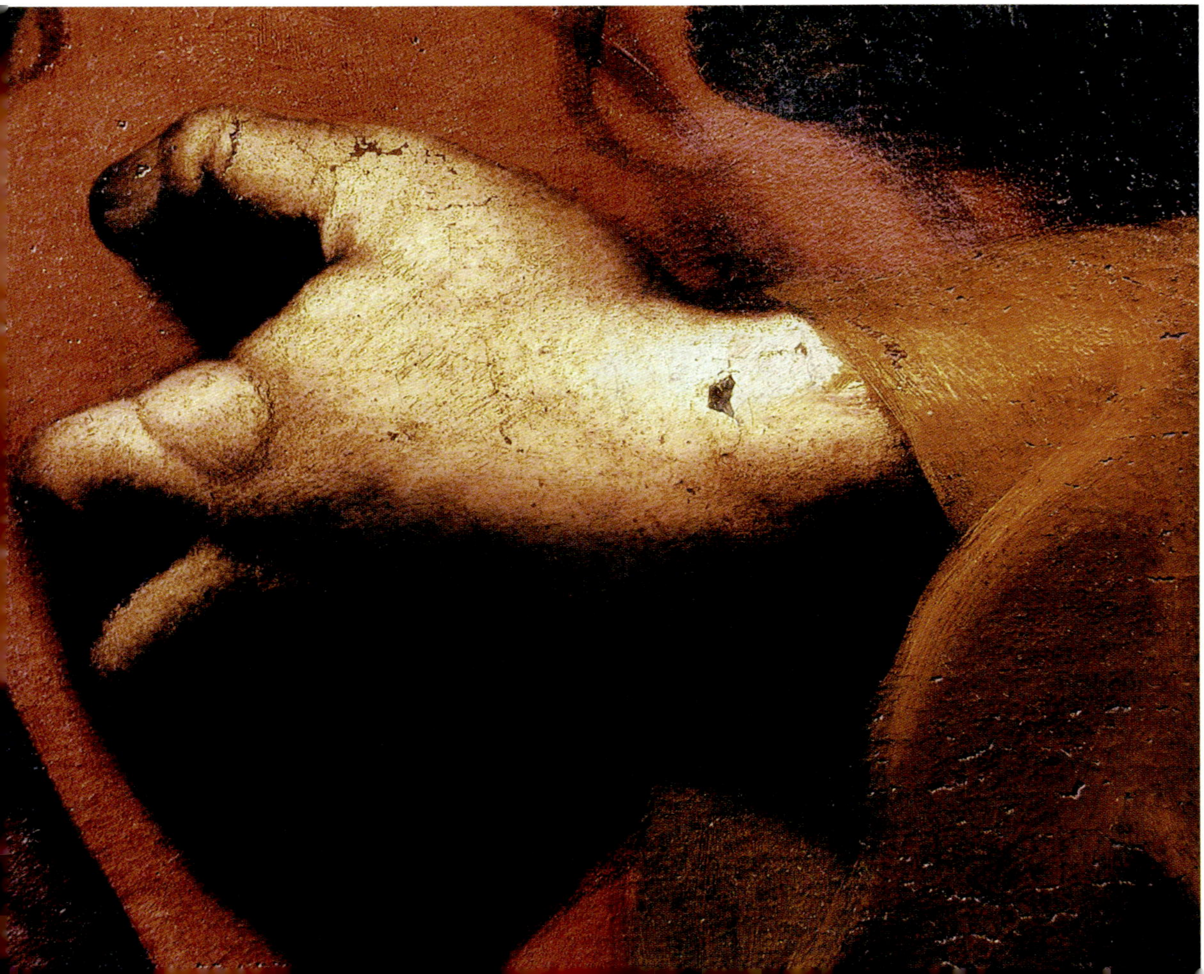

这幅画的底色为黑色，所用颜料以鲜明的琥珀色为主，披风的朱红色上加入了茜素玫瑰红。约翰的袖子在草稿的基础上有了明显的移动，袖子为绿土色，被黄色照亮，这里所用的黄色可能是那不勒斯黄。耶稣的披风则着上了罕见的搪瓷色。犹大手上的疤痕是卡拉瓦乔所选模特的显著特征，彰显出卡拉瓦乔的自然主义风格。在表现耶稣的痛苦时，卡拉瓦乔将耶稣的眼窝画得很黑，减弱了局部的光线。

1603年，卡拉瓦乔得到了作品《耶稣被捕》的酬金。但几个月之后，画家乔万尼·巴利奥内起诉奥诺里奥·隆吉、卡拉瓦乔、奥拉齐奥·真蒂莱斯基和菲利普·特里塞尼一案开始审理。在这起著名的案件中，卡拉瓦乔一行因诋毁原告而受到起诉。卡拉瓦乔因此入狱，随后获释。1604年，暴力的行为和傲慢的言语让卡拉瓦乔两次坐上被告席。据悉，警察在逮捕卡拉瓦乔时，卡拉瓦乔总是随身携带武器。

1605年，居住在圣比亚乔与切齐利亚小巷（今“神圣之爱巷”）的卡拉瓦乔因携带过多武器而被捕。同年7月29日，他因攻击公证人马里亚诺·帕斯夸洛内而被起诉。当时，帕斯夸洛内正在追求卡拉瓦乔的女友莱娜，卡拉瓦乔由于遭到了这位公证人的辱骂而在纳沃纳广场将其打伤。卡拉瓦乔被迫逃亡热那亚，但是在8月24日那天，他又回到了罗马，并于26日解决了该起纠纷。

也就是这个时候，房东普鲁登扎·布鲁尼将卡拉瓦乔屋内的财产变卖一空，为数不多的物品中包括两把剑、两把匕首、一把吉他、一把小提琴和一面镜盾。随后，为了报复，卡拉瓦乔用石子狠砸了房东的窗户。

也正是在这一时期，卡拉瓦乔完成了作品《看，这个人》（收藏于热那亚）与《荆棘加冕》（收藏于普拉多）。1606年4月，卡拉瓦乔交付了作品《圣母玛利亚与马夫》。最新鉴定结果显示，同期他还完成了《保禄五世肖像》和《下十字架》，这两幅作品均收藏于博尔盖塞美术馆。还有蒙塞拉特的两幅《圣耶柔米》以及分别收藏于堪萨斯城和科尔西尼宫古代艺术美术馆的两幅《施洗圣约翰》。另有一幅被誉为“卓越的人间悲剧”的《圣母之死》。在这幅作品中，卡拉瓦乔把对现实的追求发挥到了极致，以至于在画死去的圣母时，他用了一具真正的尸体来做模特。这个“创举”直接导致了资助人的拒绝。

1606年5月28日，卡拉瓦乔因杀害罗马战神广场区的区长的弟弟拉努齐奥·托马索尼而被判以极刑，他将面临死刑或永久流放到罗马之外的惩罚。[16]

卡拉瓦乔三年来的事业和罪行足以让我们感到震惊。这种已然失控的冲动将卡拉瓦乔推向了一系列莫名其妙或者说是动机不足的暴力行为中——甚至微不足道的游戏争吵都能让他犯下杀人重罪。他唯一能做的，就是沉浸在他的艺术世界中，那是他美妙而又富有诗意的精神净土。只有在那里，他才能找到内心的平和，才能在精神之光中获得慰藉。然而，他的精神和阴影却成为了刀剑下的战利品。

卡拉瓦乔拥有宗教精神，但他的头脑却是世俗的，他不相信也不会去追求原谅、仁慈、救赎和宽恕，也不相信自己会被救赎[17]，正如传记家苏西诺所言：当卡拉瓦乔被施以皮雷罗圣母教堂的圣水以洗清罪孽时，他回答道：“不需要，因为我犯的罪都是死罪！”正是这种绝望，让卡拉瓦乔将宗教人物画出了一种迷人的悲怆感，而他的人格阴影则将他排除在这种悲怆感之外。

对现实的追求就是对他的惩罚。

逃亡

卡拉瓦乔的绘画构图很饱和，但其明确的

左图（上），《耶稣被捕》中耶稣的搪瓷色披风，1602年，罗马，私人收藏。左图（下）为犹大手的局部。

秩序感又能让观赏者清楚捕捉其叙事。这些故事就像电影一样，把不同时间发生的事在同一时刻展现出来。

清晰的构图始终引导着卡拉瓦乔的创作。灰暗的色彩呈现出了一种统一的艺术表现力，亮白、红棕和土色的组合看上去就像是一种单色画面，从高处倾泻下来的灯光，将卡拉瓦乔笔下的人物自动隔离开来。贝洛里这样描述卡拉瓦乔的创作过程：卡拉瓦乔会遴选一些生活中遇到的人来扮演画中的群演，并让他们按照事先安排的顺序出现在一间黑暗的房间里。他会在房间里将油灯高举起来，让灯光渲染整个场景，同时让模特们适当地活动，从而捕捉每个人鲜活的表情和富有活力的位置。

卡拉瓦乔下笔很快，充满自信。他的笔触很简约，色彩用得极为轻薄。他挑选的模特也都美得不可方物，对画中人物躯体和表情的刻画也都很到位。抱着圣婴的慈美圣母被放置在天使的臂膀和翅膀中，支撑圣母的天使们也没有任何煎熬的感觉，相反，光线与运动的结合使他发泄式的笔触呈现出了最逼真的效果。随后，卡拉瓦乔还为大圣多梅尼科教堂创作了《鞭刑》，为那不勒斯总督创作了《圣安德烈受难》以及收藏在维也纳的《玫瑰圣母》。

但是，卡拉瓦乔不能在原地逗留，此时的他还身负极刑指控。在人生的最后关头，他转向马耳他骑士团寻求庇护，并在同期绘画了一幅《圣耶柔米》。

卡拉瓦乔实际上也是在逃避自我，他的人格阴影彼时已充分外露。而阴影笼罩下的，是他实施暴力的能力与权力。这种被政府、国家和教会所人格化的暴力，在不受惩罚的情况下，进行了裁决和谋杀。

卡拉瓦乔侯爵夫人科罗纳一直与卡拉瓦乔私交甚好，她帮助卡拉瓦乔逃难到马耳他寻求庇护，同时为卡拉瓦乔出了一笔保释金，以让其重新回到罗马，继而得到教皇的特赦。时任马耳他骑士团大教长的阿罗夫·德·维格纳科特希望能够将这位集万众青睐于一身的画家据为己有，遂为卡拉瓦乔向教皇求情。而卡拉瓦乔为了讨好这位大教长，曾为其创作了至少两幅肖像画。卡拉瓦乔离开了那不勒斯，离开了人满为患的小巷，离开了充满焦虑人物的画作，离开了《被钉在十字架上的圣安得烈》中的恶棍们，也离开了《玫瑰圣母》中不断重复的祷词。此时的卡拉瓦乔能够更加透彻地审视自我，他发现，没有任何人能够帮助他完成自我救赎，就连骑士团和大教长的庇护也无济于事。正是带着这样的心境，他完成了杰作《被斩首的施洗圣约翰》。从这幅巨型画作的基调中，我们看到了卡拉瓦乔最终得到的安宁与平静。

如此大的规格需要四张画布横向拼接而成。底色有两层：第一层是红橙色，由赭红和赭黄掺入亚麻油配成；第二层由暗棕色覆盖，同时配有研磨粗糙的黑炭粒，形成了稠密、多孔且规则的底色效果。笔触是由底层向上层叠加的。调色方面，卡拉瓦乔运用了赭黄、赭红、翁布里亚土、绿土、黑炭、铅白、胭脂釉、琥珀、铜绿、孔雀石和铜矿蓝，形成了紧凑的色彩表现力。[18]人物周围的大片空间为故事场景渲染了一种悲怆的气氛：首先映入眼帘的是监狱门，从这扇土色的门中，我们可以看到底布。发散式的构图给人以一种身临其境的感觉，像其他很多作品一样，卡拉瓦乔自然写实风格下的人物形象能让观众身临其境。除了安静，这幅画中的主基调还有冷静，人物形象从高处被点亮，两两之间靠得很近，但互相之间又没有任何违和感，每个人物看上去都是画中的主角。

约翰的行刑地距之前的被捆绑处仅几步之

右图，卡拉瓦乔，《七件善事》，1606年，那不勒斯，皮奥蒙特仁慈小教堂。

上图，卡拉瓦乔，《被斩首的施洗圣约翰》，1608年，瓦莱塔（马耳他），圣若望副主教堂，礼拜堂。

遥，只有几个人在近距离观看，其他的观刑者都在远处。画面表现的是行刑开始而死神仍未降临的那一瞬间。刽子手决绝地将约翰的头部按向地面，这个动作没有显示出丝毫暴力。他拔出了暗藏已久的屠刀，带着隐藏式的宽容，准备进行处决。地上一块石头都没有，将死的约翰也没有戴头部的枷锁，他像一只祭祀的羔羊一样，任凭大地吮吸他的鲜血。

也许卡拉瓦乔的签名就是用手指蘸着约翰的鲜血写上去的，但与其说那是签名，毋宁说是一种自我鉴定，一种对命运的坦然接受，就像画中的约翰，没有任何反抗，只是看着自己的鲜血喷涌而出。

1608年7月14日，卡拉瓦乔荣获圣约翰骑士勋章，但这次授勋对卡拉瓦乔来说只不过是一次休整，又或许是一次新的自我认知。除此之外，卡拉瓦乔没能找寻到任何的平静。天注定的命运使他继续枉法，继续逃亡。

卡拉瓦乔之后来到了西西里的锡拉库扎。在那里，儿时的伙伴马里奥·米尼蒂收留了他，并助他谋到了几笔资助。他们两个人还合作了几幅画。西西里时期的作品再次展现出卡拉瓦乔精湛的画技。

这些画作的尺寸很大，画布像编织袋一样稀松，所用的捻线质量不高，画布边缘也有拼接点，可以使多块画布拼接在一起。

《圣露西下葬》是画在四块接在一起的大麻画布上的，这四块画布编织紧密（8×8线每平方厘米），由三个接头横向连接在一起。配色均为单层，以石膏、碳酸钙、黄土、红土，炭黑和油为主。画面上的半着色颜料和微红色调展示了卡拉瓦乔省料的笔触技法。[19]在画面上很少看到刻印的痕迹，涂改的部分也很轻，圣露西的脖子除外。在最初的草稿上，圣露西的脖子是被砍断的，之后卡拉瓦乔根据希腊版本的“露西亚受

第314页，卡拉瓦乔，《圣露西下葬》，1608年，锡拉库扎，圣露西教堂。
第315页，卡拉瓦乔，《复活的拉撒路》，1609年，梅西纳，“玛丽亚·卡斯卡纳”地方跨学科博物馆。

难”，将其改为剑插入脖子的造型。色调很紧凑，没有隔布，几笔轻描淡写的笔触搭配着黑色的人物。颜料还是延用了赭黄、赭红、铅白、琥珀、铜绿、茜素玫瑰红、灰土和黑色的配色。

画作《复活的拉撒路》画在12块宽纬粗线的画布（11.6×8.4线每平方厘米）拼接而成的画作上，由三个横向接口和两个纵向接口拼接而成，线的质量要优于《圣露西下葬》。色彩分为三层，每层都是以棕土和方解石为底色的微红色和棕色，卡拉瓦乔用很轻的笔触勾勒出了人物的面部轮廓和大部分暗色区域。这幅画呈现出了与其他画作不一样的绘画方式，绘画手法显得仓促而缺乏考究。画面上还有很多刻印。绘画技法属于概括式的，下笔速度较快，用一些简约的笔触概括性地勾勒出了面部，与底稿相差不大。色调上，卡拉瓦乔延续了以往的色彩，不过由一个非常特殊的色调加入，即“木乃伊棕”。这种颜料是通过焚烧动物肉体与树脂获得的，卡拉瓦乔可能是从地下墓穴中埋葬尸体的人员那里发现的。广阔的空间位于

上图，卡拉瓦乔，《圣厄休拉的殉难》，1610年，那不勒斯，扎瓦洛斯宫，意大利联合圣保罗银行收藏。

上图，卡拉瓦乔，《圣彼得的否认》，1610年，纽约，大都会艺术博物馆。

面孔写实的人物之上。两幅画充斥着卡拉瓦乔之前绘画生涯中的各种元素，但展现出的幻觉感却又是一大创举。

以上提及的两幅画作非常相似。看到这两幅画时，观众会有一种感受，认为卡拉瓦乔陷入了一场噩梦，这场噩梦让他回想起，或者说暗示他回想起如何用概括的方法画出带有强烈碰撞效果的耀眼光芒。与所见到的表情不同，这场噩梦中出现更多的是他记忆中的表情，以及简单果断的动作，如对露西躯体的祝福——这位圣女的躯体刚好与混在一起的地面相分割。那一抹红是露西周围唯一的亮色，象征着殉道的献血。

耶稣召唤拉撒路的手势让我们回想起他召唤马太的姿势，但马太是被召唤去死（以耶稣的名义），而拉撒路则是被召唤复活。画中的拉撒路在光照下以全部身躯来回应耶稣的召唤，而他的灵魂似乎被注入了女性的精神形象，面部呼吸的神态犹如女性正在热吻。卡拉瓦乔随后从梅西纳又逃到了那不勒斯，在那里他画了最后几件意义非凡的作品，如《圣厄休拉的殉难》和《圣彼得的否认》，这两幅作品的色调比之前更加阴郁，画中的人物不再被强烈的斜光点亮，而是被轻微的具有暗示作用的光线照射，这让人物形象像鬼魂一样虚无缥缈。

《圣厄休拉的殉难》再次证明了卡拉瓦乔如何能够将一个进行中的动作以电影般的方式表现出来。画中士兵射箭的动作正在发生，士兵的表情定格在了射箭的一瞬间，箭已经射穿了厄休拉的胸膛，厄休拉痛苦地看着这支箭。厄休拉的手则似乎在观察，在徒劳地阻止这支死神之箭的降临。

这幅画作被保存得很勉强，人们在画上铺了一层沥青棕来作底色，这种保存方式是不正确的。这种颜料是一种干得很慢的化石树脂，实际上不可能完全干燥；似乎是由于提交晚了，这幅画在被放在了太阳下提前晒干。结果却与所期待的效果完全相反，沥青遇热熔化“苏醒”，随后胀开并凸起。

卡拉瓦乔在那不勒斯逗留了数月，期间遭到了一次袭击，受了重伤，这次袭击可能是由马耳他方面下令实施的。在这之后，卡拉瓦乔继续着逃亡，本想回到罗马寄希望于教皇的特赦，但早已身心俱疲的他，在这时似乎找到了一直苦苦寻觅的归宿。在《拿着哥利亚头颅的大卫》中，他的自画像提前宣示了一种不可避免的结局，被割下的头颅显得无情又真实，这也再一次昭示了卡拉瓦乔人生中的一系列败笔。说到自画像，我们不可避免地要提到另一幅画作《美杜莎》。这是卡拉瓦乔年轻时的自画像，也是卡拉瓦乔最生动和最富攻击性的自画像。综上分析，卡拉瓦乔的生活影响了其画作和绘画技法，尽管这一点在其他画家身上也有所体现，但在卡拉瓦乔身上却有着突出的意义。因为正如开始所提到的：他的绘画技法都是自己发明创造出来的。

在卡拉瓦乔生命的最后时期，也就是他生活的阴影期，我们已经很难分辨出他画作中各个阴影间的层次感了。因为在那个逃亡时期，颠沛流离的卡拉瓦乔只能在仓皇的条件下作画。当需要易干的颜料时，他就用土和黑炭与石膏混合作为底色，这样不用等多久就可以绘画了。这种方式往往导致画作表面质硬多孔，不利于色彩的吸收，而且易裂[20]。不过，阴热的色调却有助于卡拉瓦乔构建出一系列棕色色调的作品，这使得他可以在大部分时候，可以用很轻的笔触作画。在这个基础上，铅白就显得格外耀眼，其他的亮色也显得紧凑、逼真、饱满。釉色的画布很薄，并且易干，只需要一抹红色就可以点亮整个画面。

鬼魂和冲动牵引着卡拉瓦乔的神经，这些因素也可能成为了卡拉瓦乔画风的转变的导火索，最终在画面形成了一种由暗黑、鬼魂般的思想和愿力以及电光火石般暴力交织而成的阴郁。

为什么是卡拉瓦乔？又为什么是我们？在被遗忘了几个世纪之后，直到20世纪初期，现代评论界才重新发现了这位天才，自此，卡拉瓦乔几乎得到了所有人的认同与追捧。他的魅力深深地触动了我们的底层神经。这又是为什么呢？

因为，现代人在卡拉瓦乔身上找到了与自己相似的思想，而自由是这种思想必不可少的精神。有时，自由还是攻击性和冲动的近义词，卡拉瓦乔是带着一种被我们所遗忘的痛苦而生活着的人。毫无疑问，我们有一些更先进的工具去解读这位伟大画家的艺术人格，我们可以像与他同时代的人们那样，在毫无责备的情况下去诠释他的各种病态。心理分析在这个时期应运而生，成为他痛苦的一生的注解。

荣格将“阴影”形容为我们性格中压抑、可憎、可恨、需要被遗忘的衍生品[21]。这种深层的顽疾，这种无意识的、无法理解和接受自己阴影的状态，会造成一种性格上的不平衡，从而导致精神疾病的爆发。

在卡拉瓦乔身上，这种阴影叫作暴力，正是由于无法驱除也无法疏导，最终导致了卡拉瓦乔的失控，酿成了悲惨的结局。

注释

1 布鲁萨丁：《色彩的历史》，都灵，1983年。

2 巴拉施：《文艺复兴艺术理论中的光线和色彩》，热那亚，1992年，第158-159页。

3 马乔切：《卡拉瓦乔传》，摘自罗马画展画册《卡拉瓦乔》（C.斯特里纳蒂著），米兰，2010年，第236-239页。

4 L.西克尔：“关于卡拉瓦乔何时来到罗马，叔叔卢多维科·梅里西与潘多尔福·普齐”，摘自M.迪·西沃与O.威尔第所著罗马画展画册《卡拉瓦乔在罗马，卡拉瓦乔真实的一生》，罗马，2011年，第124-126页。

5 伽利略·伽利莱：《星际信使》，威尼斯，1610年。

6 詹托马西和扎里：“博尔盖塞美术馆的《生病的酒神》，巴尔贝里尼宫的《朱迪斯与荷罗孚尼》，多利亚的《圣厄休拉的殉难》，私人收藏的《躺着的圣约翰》，修复技术与纪实”，帕切利与弗尔乔内：《卡拉瓦乔的艺术与科学》，那不勒斯，2012年，第101页。

7 祖卡里：“卡拉瓦乔不会运用光学？圣比亚乔的巷子研究以及被破坏的天花板问题”，M.迪·西沃与O.威尔第：《卡拉瓦乔在罗马》，第124-126页。

8 迪·米诺与C.孔特：“卡拉瓦乔作品中死人的解剖学，生理学和现象学”，V.帕切利与G.弗尔吉奥内：《卡拉瓦乔的艺术与科学》，第25页。

9 詹托马西与D.扎里：《生病的酒神》（博尔盖塞美术馆收藏），第104-105页。

10 马里亚尼：《关于画作“耶稣被捕”的修复》，第152-153页。

11 拉普奇：“卡拉瓦乔画技在那不勒斯、西西里和马耳他的传承”，《南部卡拉瓦乔画派逸事》，绍纳拉，2009年，第113页。

12 卡斯蒂利奥尼：《意大利国家科研委员会揭开瓷蓝色的奥秘，瓷蓝色变灰的原因》，“ArtsBlog.it”，2012年10月31日。

13 蒙塔尼亚：“颜料”，《艺术与修复手册》，佛罗伦萨，1993年。

14 荣格：《人类与符号》，米兰，1980年，第67页。

15 莱斯卡：“宝剑与仁慈”，《卡拉瓦乔与暴力魔鬼》，罗马，2001年，第23页。

16 马乔内：《卡拉瓦乔传》，第238页。

17 雷斯卡：《宝剑与仁慈》，第44页。

18 拉普齐：《卡拉瓦乔技巧的传承》，第74页、113页和126页。苏黎世，1951年。

19 详见第113页。

20 详见第126页。

21 荣格：《对自我象征意义的贡献》，苏黎世，1951年。

上图，卡拉瓦乔，《美杜莎》，1597 年，佛罗伦萨，乌菲齐美术馆，局部。

上图，卡拉瓦乔，《拿着哥利亚头颅的大卫》，1610 年，罗马，博尔盖塞美术馆，局部。

从艺术工作室到德尔蒙特主教的官邸
——卡拉瓦乔在罗马的最初时光

弗兰切斯卡·库尔蒂

弗朗切斯科·莫雷利的工作室

乔万尼·巴利奥内以学徒身份进入到佛罗伦萨画家弗朗切斯科·莫雷利（?－1595年）的工作室时大约15岁。他父亲于几年前去世，生前的职业是屠夫。巴利奥内显然不太想步父亲的后尘，于是说服母亲托马萨·克朗皮同意他开启自己的绘画生涯。巴利奥内在莫雷利那里过得很不错，一年之后，母亲又为他续签了一年学徒合同。根据合同条款，母亲“负责乔万尼所有的衣物开销”，同时保证“乔万尼为老师弗朗切斯科提供画室内和其他方面事务的忠心服务”。莫雷利则要“努力教授乔万尼绘画艺术，并善待乔万尼”。

乔万尼不是唯一一个与莫雷利共事的人，实际上，莫雷利的工作室在初期很热闹，很多年轻人竞相来投。譬如，其中有一位少年只是来学习绘画的，他的合同中没有要求他提供调色服务的条款；再譬如说一位弗兰德斯少年，为了学习绘画艺术并得到一定的月薪，被指定为莫雷利提供居家服务。

1585年，维多里奥·特拉瓦尼（1573－1610年）也来到了莫雷利的工作室做学徒。这位画家因与卡拉瓦乔的交情而闻名，而他与卡拉瓦乔的交往至少要回溯到1600年：1600年11月20日，特拉瓦尼目睹了卡拉瓦乔一幅画作的酬劳结算。最近有研究表明，这幅画可能是在巴勒莫遗失的《圣方济各、圣洛伦佐与耶稣诞生》，那是卡拉瓦乔为商人法比奥·努蒂所创作的一幅作品。此外，几个月之后，也就是1601年8月，特拉瓦尼与佩鲁贾人阿德里亚诺·蒙特雷奥内和西班牙画家克里斯托弗·奥尔兰迪发生了争吵。有消息暗示，卡拉瓦乔也参与了这次争吵。据说，奥尔兰迪可能在卡拉瓦乔的陪同下来到了特拉瓦尼的住所，在进入房间之前，卡拉瓦乔找借口离开了。这位西班牙画家刚刚跨进门槛，就被特拉瓦尼、蒙特雷奥内和几位妇女殴打了。现场不知为何出现了几位妇女，可能与特拉瓦尼的内弟安东尼奥·莫雷利有关。

在去莫雷利工作室时，特拉瓦尼大概12岁，根据莫雷利与特拉瓦尼父亲所签订的合同，老师莫雷利要确保徒弟的“膳食和穿戴”。作为交换，特拉瓦尼要在工作室中提供全天候的服务，除节假日允许在其他画室作画之外，其他时间一律不得离开。莫雷利的众多学徒们很可能被要求为一幅名人画绘制各个名人的头部。这些名人的面部肖像是由人文主义者保罗·乔维奥为纪念过去的名人而幸运地收集起来的，这也是他众多历史和传记研究的对象。

这种题材的绘画随着乔维奥的著作《意大利名人传》的出版而得到了推广，并大获成功。柯西莫·美蒂奇、费德里科·博罗梅奥和法国的卡特丽娜·美蒂奇也做过类似的收藏。紧接着，知识分子与资产阶级也加入到了这一队伍之中来，极大地促进了这类绘画的传播。

左图，第336页，卡拉瓦乔，《朝圣者的圣母》，1604－1605年，罗马，圣奥古斯丁教堂，局部。

莫雷利专门从事的这一领域应该能够为其带来可观的收益，因为他可以在神庙遗址圣母堂旁边的皮尼亚区拥有一间宽敞舒适的家用画室。在那里，莫雷利所接待的热心客户主要为附近教堂的西班牙道明会僧侣，这些僧侣对收集此类肖像画颇有兴趣，他们还会将这些画寄送回西班牙。这些肖像画与保罗·乔维奥那些文艺复兴风格的肖像画风格不尽相同，更类似于西班牙爱国人士阿隆索·查孔（1530－1599年）的风格。阿隆索·查孔也是一名道明会士，在平丘山上的住所中设有画廊，其中所陈列的肖像画带有很强的反改良主义特征。

西班牙人认为，莫雷利得到资助所画的肖像有100多幅，每幅的售价约1个斯库多币。莫雷利在当时很可能有一本画册给顾客做展示，上边有85幅肖像画。这85幅肖像画是梵蒂冈禁书宗教团顾问——道明会士迭戈·德尔·卡斯蒂略的订单，卡斯蒂略的要求如下：这些画要“用肖像的形式绘画，其风格和质量要与莫雷利大师家中的画作相符”。所以，这些肖像画是由人物的头部和注有人物姓名的胸部组成的，就像乌菲齐和安布罗画廊中看到的那些肖像画一样。考虑到绘画的总体风格大致雷同和庞大的工作量，莫雷利在绘画的过程中更多地将注意力集中在了背景上，而并没有太强调风格的准确性，这导致画中人物的背景越来越丰富，从而满足资助人随文化时代和条件而改变的各种要求。

不过，莫雷利并非只擅长画肖像画（当然，肖像画是他最主要的收入来源）。根据客户的需求，他也从事更大尺寸绘画的创作，如《柱子上的耶稣》和《基督和通奸者》，这些画作的价格大概在10个斯库多左右。同时，他也绘制祭坛画，从中可以得到60个斯库多的酬劳。

1588－1593年间，其他的重要人物纷纷委托莫雷利绘画祭坛画，这些人包括宗教界人士，如方济各会在罗马的小兄弟会士牧师阿尔康杰洛·塞尔米尼亚尼；也有当地的贵族，如库尔齐奥·维多里和法布里奇奥·纳罗；还有手艺人，如理发师帕特里齐奥·桑科蒂·佩特里。塞尔米尼亚尼、维多里和桑科蒂·佩特里向莫雷利求购了两幅带有圣人的《圣母无染原罪》以及一幅《圣母升天》，纳罗则为自己家在神庙遗址圣母堂新购置的礼拜堂求购了一幅《施洗圣约翰》，这幅画完成后被拒收了。莫雷利还临摹当时重要艺术家的画作，譬如1587年他为西班牙人乔万尼·德·卡布雷拉临摹了一幅塔迪奥·祖卡里的《慈悲天使》，此画被挂在马德里圣彼得教堂中。

尽管我们现在无法寻得这些画作中任何一幅的踪迹，但可以断定，莫雷利很可能凭借这些画作跻身16世纪末晚期的题材主义者之列。为了应付所有求购的画作，莫雷利除了找徒弟帮忙之外，还会用合作画家的作品来交付，譬如锡耶纳画家文图拉·萨林贝尼——他也会找一些画家来绘画部分作品，如安蒂维杜多·格拉玛蒂卡。

萨林贝尼与格拉玛蒂卡都师从佩鲁贾画家詹多梅尼科·安杰利尼，后者像莫雷利一样，也长期接受大规模系列画的订单。安杰利尼的工作室1590年之前一直在圣奥古斯丁教堂附近，随后搬到了纳沃纳广场。他的画室生产著名画家的临摹画，包括宗教风格的肖像画和其他画作。因此，他的工作室在当时被看作是最具吸引力的画室之一，这不仅是对圣艾乌塔基奥区的顾客来说的，对那些寻找重要资助或希望被梵蒂冈画室雇用的画家来说也是如此。这些画家常年在画室中进修，将自己的画作出借给安杰利尼。譬如萨林贝尼，他来到了教皇格列高利十三世（1572－1585年）治下的罗马，开始为安杰利尼打工。在1590年之前，他都会时不时地就去到安杰利尼的工作室。1588年，也就是两年前，萨林贝尼已经与莫雷利签署了一纸合同，建立了一所绘画团体“公司”。

根据合同，双方的共同作品仅限于单幅价值高于40个斯库多的画作或“礼拜堂壁画”，而非总价值加起来等于40个斯库多的多幅画作。这项在两年后就终止的协议，实际上仅涉及祭坛画，因为祭坛画是唯一单幅价值高于40个斯库多的绘画体裁。不过可能也包括一些教堂授权的任务，如1588－1589年，萨林贝尼与巴利奥内参与到了西斯廷教堂壁画的绘画项目中，这个项目很有名，也许莫雷利也参与到了其中。在这一协议之后，莫雷利便不再仅局限于为唯一的资助人画系列肖像画了，开始自由挣钱。

萨林贝尼可能在1588年之前就进入了莫雷利的画室——因为在1587年，他与乔万尼·巴利奥内发生了纠纷，而双方的和解就是在莫雷利家里进行的。

特拉瓦尼与格拉玛蒂卡的绘画团体

在这个背景下，莫雷利为了应付名人肖像画的大量需求，需要另寻帮助，他也很可能不止一次地向安蒂维杜多·格拉玛蒂卡求助过。初到罗马时，卡拉瓦乔曾在格拉玛蒂卡麾下打工。由于在绘画生涯初期善于肖像画创作，格拉玛蒂卡有着“大头”的美誉。

1590年，莫雷利与西班牙人雅各布·帕拉福克斯签订合约，为其创作130位名人的肖像画和6幅其他画作。在合同中出现了维多里奥·特拉瓦尼和格拉玛蒂卡的名字，他们是这桩交易的证明人，这也许能够说明这两个人可能与莫雷利达成了某种私下协定，瓜分酬劳。

特拉瓦尼和格拉玛蒂卡在当时已经在各自师父的画室完成了学徒生涯，已经自立门户了。同年，特拉瓦尼与莫雷利家联姻，娶了莫雷利的妹妹卡米拉，随后与妻子搬到圣奥古斯丁教堂附近居住，而格拉玛蒂卡之前也在那一带居住过。安杰利尼结婚之后搬到了纳沃纳广场，格拉玛蒂卡继承了的安杰利尼的画室。最早从1593年之后，格拉玛蒂卡就在“圣特里弗内”居住了。随后在1596年，他搬到了斯克罗法路，在那里租了一套住宅，包括画室、地下室、水井和二层房间，一直居住至1599年。之后他搬到了科尔索路。

很可能在莫雷利与帕拉福克斯制定合约之时，特拉瓦尼和格拉玛蒂卡两人就已经开始合作了，二人在两年后签订合约，建立绘画团体公司，公司经营时间为两年，类似于莫雷利与萨林贝尼所签合约。

考虑到特拉瓦尼和格拉玛蒂卡最初所在的画室，以及当时社会各阶层对肖像画的明显需求，可以推断，两人的绘画团体专门从事的业务是名人肖像绘画。此外，选择在意大利本土艺术家和外国艺术家的发掘地斯克罗法区定居，也表明两位艺术家全身心投入艺术市场和系列画作交易的愿望。

实际上，16世纪末的圣王路易广场与战神广场南部区域云集着各大艺术工作室：除了被特拉瓦尼和格拉玛蒂卡公司取代的原安杰利尼的画室外，很多其他艺术家也拥有工作室，如凯撒兄弟（在托雷塔广场），洛伦佐·卡尔利（卡拉瓦乔初到罗马时曾寄居在他的画室，卡尔利的画室最开始在尼科西亚广场，随后于1591年迁往斯克罗法路，靠近圣奥古斯丁教堂），还有从事壁画的画家，这些画家在必要的时候也做家装和镀金工作，如乔万尼·彼得·特兰奎利，马尔坎通尼奥·马尼，乔万尼·巴蒂斯塔·卡瓦尼亚和塞巴斯蒂亚诺·圭拉，这些画家都在圣阿波利奈尔广场拥有自己的工作室。此外，卡拉瓦乔的朋友，被称作：“旧画买卖商”的康斯坦丁·斯帕达，在圣王路易

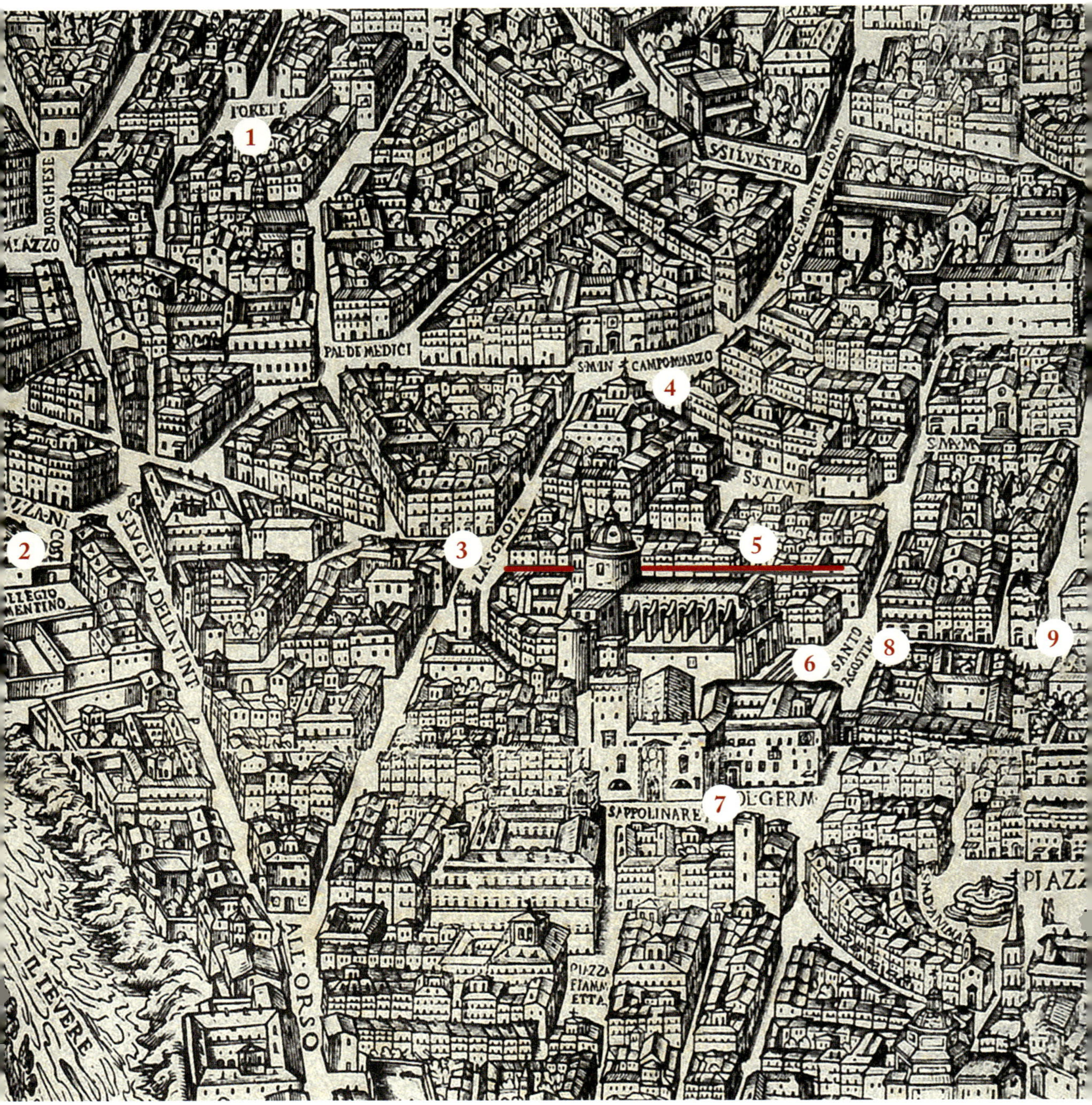

1　托雷塔广场（“达尔皮诺骑士”在此地设有工作室）
2　尼科西亚广场（1591年前，洛伦佐·卡尔利的住宅画室设在此地）
3　斯克罗法广场
4　战神广场区的圣母广场
5　斯克罗法路（洛伦佐·卡尔利，安蒂维杜托·格拉玛蒂卡与维多里奥·特拉瓦尼在此设有住宅工作室）
6　圣奥古斯丁教堂与广场（1590年前，詹多梅尼科·安杰利尼在此设有工作室）
7　圣阿波利奈尔广场（乔万尼·彼得·特兰奎利，马尔坎通尼奥·马尼，乔万尼·巴蒂斯塔·卡瓦尼亚与塞巴斯蒂亚诺·圭拉在此设有工作室）
8　理发师马尔科·贝尼的工作室
9　波佐德莱科尔纳基耶路
10　圣王路易教堂与广场
11　夫人宫
12　康斯坦丁·斯帕达的住宅工作室
13　朱斯蒂尼亚尼宫
14　纳沃纳广场（詹多梅尼科·安杰利尼在此地设有画室）
15　神庙遗址圣母堂
16　弗朗切斯科·莫雷利的住宅工作室

广场也拥有着自己的画室住宅，地址就位于德尔蒙特主教的官邸后边。

这些工作室在上述区域的集中，可能是得益于16世纪的罗马正在为斯克罗法路修整一条新的干线，这条新干线是莱奥尼纳路的最后一段。弗拉米尼亚大道有三条岔路，在人民广场处分开。莱奥尼纳路是其中一条，也是罗马城入口处人气最高的一条，因为它连接了佩塔之门与罗马市中心和纳沃纳广场。在莱奥尼纳路的干线上，聚集着极为活跃的手工业和商业阶层，这个阶层的人群主要来自伦巴第地区。这条路的修整抬高了圣奥古斯丁教堂和圣王路易广场间区域建筑的价格。这一区域也成为了教宗家族颇为青睐的选宅之地——从美第奇到朱斯蒂尼亚尼，再到阿尔多布兰迪尼和克莱申奇在此都拥有房产，他们都想为自己的府邸添置艺术收藏品。

尽管根据纸面协议，合作期只有两年，但事实上，特拉瓦尼和格拉玛蒂卡的共事时间要长得多，两人愉快的合作一直持续到了1599年。在这一期间，他们进行了画家和佣金的交易，譬如西班牙画家克里斯多弗·奥尔兰迪于1598年来到罗马时，首先在特拉瓦尼帐下打工，大约一年之后便转至格拉玛蒂卡的画室发展。

在与特拉瓦尼（即莫雷利的妻弟）结束绘画团体合同之后，格拉玛蒂卡在1596年与师父安杰利尼签订了另一份合约，而事业蒸蒸日上的特拉瓦尼，则在1601年3月与佩鲁贾画家阿德里亚诺·蒙特雷奥内及罗马人乔万尼·马里奥·杰拉尔迪签署了一份与之前格拉玛蒂卡所签协议完全相同的绘画团体合同，绘画的体裁仍是肖像画。

萨利尼与巴利奥内的绘画团体

而在一年前的8月，蒙特雷奥内和杰拉尔

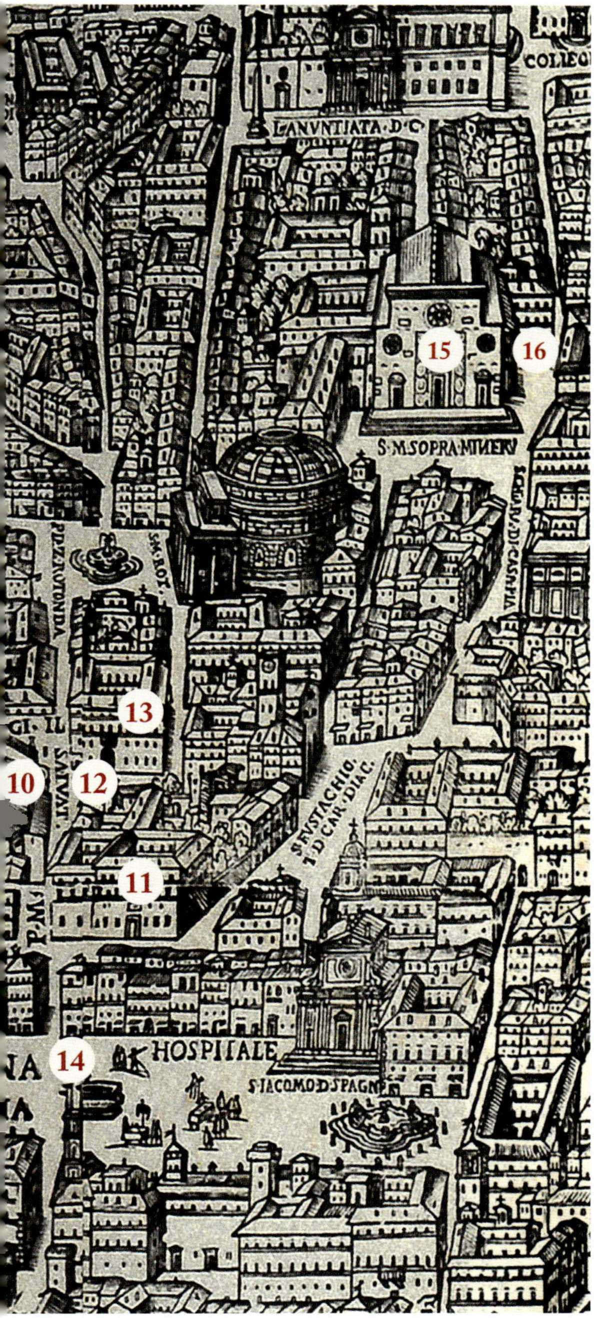

上图，乔万尼·马吉，《罗马平面图》，1625年，战神广场区和圣艾乌斯塔基奥之间区域的局部。

迪就已经开始合作，几个月后，1600年12月，托马索·萨利尼也加入到合作中来。这是关于萨利尼作为画家的第一则消息，因此，人们自然而然地会好奇该绘画团体以何种合同成立，又以何种模式工作。根据条款，绘画团主要负责复制教皇、皇帝、名人以及女巫的肖像画，这些画在杰拉尔迪的工作室都出现过。杰拉尔迪的身份只是商人，从事绘画转卖，而蒙特雷奥内和萨利尼也亲自负责绘画工作。1600年年末，仍在生涯起步期的萨利尼负责肖像画的复制工作，之前特拉瓦尼和格拉玛蒂卡曾尝试过这种体裁，而卡拉瓦乔在初到罗马时也曾创作过同一体裁的绘画。仅仅一个月之后，这个绘画团体就遇到了问题。1601年1月12日，萨利尼控告蒙特雷奥内在与杰拉尔迪到其家中会晤时偷窃。这一指控似乎是不公正的，作为证人，杰拉尔迪在法官面前被迫指控萨利尼诽谤。

3月11日，两人决定解散绘画团，不过，这一要求并非由蒙特雷奥内提出，而是由杰拉尔迪提出的，后者也同样受到了萨利尼的指控，并作为被告在维卡里奥法庭里受到审判。在绘画团解体五天后，特拉瓦尼顶替了萨利尼的位置，开始与蒙特雷奥内和杰拉尔迪合作。

也就是说，从1601年起，萨利尼与三名和特拉瓦尼有合作关系的画家结仇，这三人分别是蒙特雷奥内、杰拉尔迪和卡拉瓦乔。关于这最后一位，根据法律文书记载，卡拉瓦乔于1601年在斯克罗法路对萨利尼进行了人身攻击。此外，萨利尼与特拉瓦尼的另一位会员格拉玛蒂卡的关系也不融洽，后者“非常憎恨萨利尼”，这种敌意随后让格拉玛蒂卡丢掉了圣路加学院的院长职位。

萨利尼与特拉瓦尼也是老相识，因为他们年轻时都在莫雷利的画室培训，从某种意义上来讲，他们还沾亲。事实上，1591年9月，也就是在特拉瓦尼来到莫雷利画室6年后，莫雷利娶了寡妇朱丽亚·博斯基为妻，后者的亡夫是巴蒂斯塔·萨利尼，也是托马索·萨利尼的母亲。这一婚姻使得同一社会阶层的两个家庭得以长期交往。莫雷利和萨利尼两个家族实际上都来自于塞蒂尼亚诺，世代从事着同样的职业：弗朗切斯科·莫雷利的父亲多梅尼科·莫雷利是一名石匠，和托马索·萨利尼的祖父和父亲从事的职业相同。在母亲改嫁给莫雷利时，萨利尼还不满14岁（1577年11月21日出生），这个年龄正好是做画家学徒的好时期，这样，他到莫雷利的画室做学徒就显得顺理成章了。在莫雷利工作室，萨利尼一定结识了特拉瓦尼，后者刚刚娶了萨利尼继父莫雷利的妹妹卡米拉。同时，萨利尼也一定认识了乔万尼·巴利奥内，后者在学徒期结束后，还经常去到莫雷利的住宅画室，萨利尼与巴利奥内应该自一开始就建立了良好的关系。除此之外，萨利尼应该与乔万尼·巴利奥内的弟弟雅各布·巴利奥内相识，1595年，二人参加了匈牙利战争。

同年6月17日，未满18岁的萨利尼与莫雷利签订了一份合约。根据合同，莫雷利借给萨利尼15个斯库多去罗马参加与土耳其的战争。1596年，萨利尼只身回到家乡，雅各布·巴利奥内则在战争中牺牲了。这一时期，萨利尼的家庭状况发生了显著变化。莫雷利在1595年11月去世，妻子博斯基带着与莫雷利的生女亚历山德拉相依为命，而莫雷利在生前已经指定亚历山德拉为自己的继承人。根据莫雷利的安排，在他死后，他所有的动产，包括他工作室中所有的画作，都将被变卖，所得收入将购买不可转让的山地地产，而这些地产的产权都归亚历山德拉所有。

没有了继父的支持，萨利尼很可能是在莫

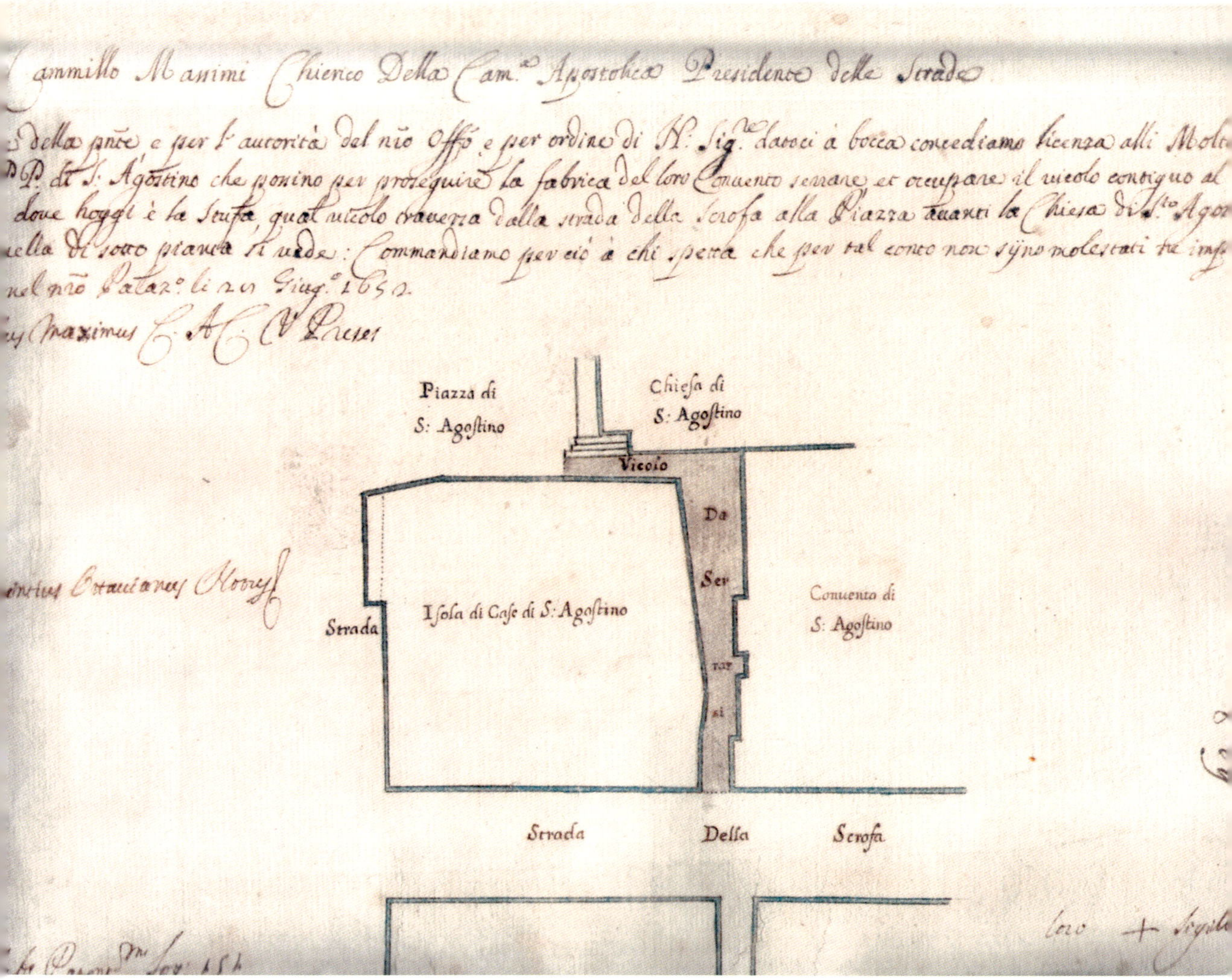

雷利最有才华的爱徒——大他将近10岁的乔万尼·巴利奥内身上得到了支持，完成了学徒培训，并开始了画家生涯。对于巴利奥内来说，萨利尼可以说算得上是一位弟弟了，在爱弟雅各布去匈牙利参战牺牲之后，他在萨利尼身上重新找回了昔日的兄弟之情。

莫雷利死后留下了一笔收入，这笔收入可能就是造成特拉瓦尼与格拉玛蒂卡团体和萨利尼与巴利奥内团体陷入冲突的根源。实际上，由于与莫雷利沾亲，特拉瓦尼可能想获得莫雷利至少一部分的生意，这就与之前同在莫雷利画室中共事过的巴利奥内和萨利尼形成了利益冲突。巴利奥内是莫雷利生前最青睐的徒弟，而萨利尼则是莫雷利的继子，二人都认为自己

上图，关于关闭斯图法巷的授权信，1652年（由圣奥古斯丁教会档案馆授权提供）。

lombardo per che lui porta alla lombarda, et
lo cognosco da q.ti quattro giorni prossimi passati
in fuora l'anno ed oltre, che praticava ne-
lla bottegha di un pittore, che teneva
la strada per andare alla Scrofa incontro la
bottegha di m.ro Marco barbiero mio padro-
ne al detto cantone, quale morse q.ti quattro
mesi prossimi passati che si chiamava m.ro
Lorenzo, la moglie del quale essendo sola
m.ro Marco ci mandava li sui garzoni a
fare et farli li servitii sera, et mattina.
Ed q.to oltre venne a cognoscere d.o Michelan-
gelo, che era lavorante più volte da lui et
venuto a trovarci poi nelle alla bottegha
mia, et a medicarsi di una grattatura
di una gamba che lo medicava il figlio-
lo del padrone chiamato Luca

Et dicente Int.s se sa saperia dire il Cognome di
detto Michelangelo pittore della sua presenza

Resp.t ut infra cognome d.o Michelangelo
giovane

Q.e il q.o Michelangelo pittore è di età di 28 anni
grossa di guisa statura più presto gr-
ande che altrimenti grande, sol molto bian-
che fa faccia sua anco bruno, et ha un poco
di barba negra ma poca, et veste di negro
di mezza statura negra non troppo bene in or-
dine, et alle volte va bene in ordine et alle
volte no, et porta spesso un cappello di feltro
negro

才应该是莫雷利艺术财产的合法继承人。

关于洛伦佐·卡尔利

像上文提到的一样，自1591年起，西西里画家洛伦佐·卡尔利曾在斯克罗法路，更确切地说是在斯图法迪圣奥古斯丁定居。根据卡拉瓦乔传记的记载，此人是卡拉瓦乔到罗马后第一个提供给他工作的人。根据巴利奥内的叙述，卡拉瓦乔在罗马“大部分时间住在一位西西里画家的工作室中，该画室主要从事绘画粗糙的创作。随后，卡拉瓦乔在被称作“达尔皮诺骑士”的朱塞佩·凯撒的家中寄居了数月。之后，卡拉瓦乔开始尝试自立门户，照着镜子画了几幅小型的肖像画”。随后，贝洛里在巴利奥内的文案中加的批注指出：“初到罗马时，卡拉瓦乔经济拮据，急需找工作，在西西里画家洛伦佐先生的画室中从事肖像画创作，每天画三幅，每幅画质量粗糙，随后在安蒂维杜多•格拉玛蒂卡家中绘画半身肖像。”最后，1724年，梅西纳传记家弗朗切斯科·苏西诺在撰写锡拉库扎画家马里奥·米尼蒂的传记时写道，米尼蒂来到罗马工作时，正是在西西里画家卡尔利的工作室中结识了卡拉瓦乔，“两人每天都到这位粗糙的艺人那里”。卡尔利来自梅西纳省的纳索镇，1589年娶了法奥斯蒂纳·尤瓦拉为妻，后者的父亲是西班牙人，母亲则是一位来自那不勒斯的旅店店主。卡尔利与妻子生有五位子女，于1597年三月底至四月初之间去世。

丈夫死后，尤瓦拉为保护唯一存活的襁褓中的儿子，曾要求起草一份丈夫的财产清单。通过这份清单我们可以知道，卡尔利的住所很简陋，是一座两层的阁楼，一层作为画室，二层有一个房间。画室中有四个画架、三个小型调色板、一张上边放着用来研磨颜料的石头和一些板岩末的桌子，另一块用来研磨颜料的石头，一个用来放颜料的土质罐子，一个里边放着画笔、小罐子和其他绘画工具的大橱柜，还有一张给学徒的床，这位学徒名叫安布罗吉奥·夸特里尼，1593年至1596年在卡尔利门下学徒。一个红色的行李箱中装着画家所有的绘画必需品，包括草纸、模板、小罐子和一个木制的袋子型调色板。里边还有一个皮革垫子，用于切割金属的镀金作业。此外，还有石膏或蜡做的脚部、手部和头部模型，用于绘画练习。工作室中的画作也很多，有27幅，都是没有装框的画布。有一幅画是圆形的，用来画徽章，其他是用来画头部的没有画架的画布。通过对其画作进行分析，可以证实关于卡尔利绘画活动的传闻：他工作室中的画都是宗教画，大部分是耶稣与家人的主题，尺寸很大，“譬如其中有一幅画中画的是圣母怀中抱着圣婴耶稣，还有圣安妮和圣约瑟，这幅画长6掌，宽4掌，没有画框”。也有一些小尺寸的连环画，譬如有两幅是“长宽均约3掌的画，上边画着形象模糊的圣母，一手怀抱着圣婴，一手拿着一支玫瑰”。不过，卡尔利似乎专门从事肖像和圣像的复制工作，并在工作室外进行展览，对此，财产清单记述了一个“没有玻璃窗的新式画览”。也就是说，卡尔利，这位与特拉瓦尼和格拉玛蒂卡住所相距不远的画家，也从事着与两位画家同样风格的绘画。这样说来，工作室距离的相近也绝非偶然。很多从事同一产品贸易的画室鳞次栉比地排列在一起，根据这一点可以断定：卡尔利也曾经参与过特拉瓦尼和格拉玛蒂卡的画家交流活动，甚至有可能在必要时与两人瓜分订单。

考虑到毋庸置疑的才华和之前建立的商业

左图，杂工彼得保罗·佩莱格里尼证词中关于卡拉瓦乔的一段话，1597年，区长犯罪法庭，案件号467, c. 201v。

资本，我们可以推断格拉玛蒂卡有时会从卡尔利的工作室提货，卡尔利的画室似乎是格拉玛蒂卡画室的卫星画室。需要时，卡尔利会应格拉玛蒂卡的要求完成一些订单，与之前莫雷利与特拉瓦尼和格拉玛蒂卡的绘画团体的合作模式类似。

除格拉玛蒂卡与特拉瓦尼之外，卡尔利在斯克罗法区也曾与已经崭露头角的“达尔皮诺骑士”朱塞佩·凯撒交往。众所周知，后者也在自己的画室中收留过卡拉瓦乔。实际上，1593年，卡尔利喜获一女，取名阿波罗尼亚，卡尔利曾邀请凯撒作为教父为爱女做洗礼。

卡拉瓦乔到罗马

以上我们介绍了在卡拉瓦乔初到罗马时，在他居住区域的主流艺术家圈子。这些艺术家基本上都相互认识，并不止一次地进行过合作：特拉瓦尼、巴利奥内和萨利尼都师从莫雷利，而格拉玛蒂卡则是莫雷利的合伙人，卡尔利从格拉玛蒂卡处转包业务，后者也肯定认识“达尔皮诺骑士”朱塞佩·凯撒——因为两人都住在同一条街上。凯撒可谓当时罗马人气最高的艺术家，他与临近工作室的画家都有交往，其中包括卡尔利。

这样的社会和艺术背景，可以清晰地再现传记中所记载的卡拉瓦乔初到罗马时的情景，也可以解释他选择特定画室工作的原因。这样就可以理解为什么卡拉瓦乔在结束了与卡尔利的合作后会转投到格拉玛蒂卡和“达尔皮诺骑士”的帐下，也可以理解为什么他对特拉瓦尼和格拉玛蒂卡的亲近会遭到萨利尼和巴利奥内的仇视。随着时间的推移，仇恨持续升级，最终演变成了1603年那场巴利奥内起诉卡拉瓦乔的著名官司。

初到罗马时，卡拉瓦乔曾在潘多尔弗·普齐主教的官邸中居住。普齐是圣彼得教堂的管理员，在一段时间里担任卡米拉·佩雷蒂的家庭教师。很快，卡拉瓦乔就融入到了特拉瓦尼和格拉玛蒂卡所经营的斯克罗法大街画室圈子中。这一带画室从事着大规模的系列画作生产活动，由于市场空间巨大，为应对庞大的订单数量，画室之间经常开展形式灵活的合作，如相互交换学徒、画家和临时工，这其中应该也包括卡拉瓦乔、奥尔兰迪和米尼蒂。

在为卡尔利和格拉玛蒂卡打工时，卡拉瓦乔的经济状况应该不是很好。他当时从事的工作是绘画系列肖像草图，这些草图画完之后，需要根据出资人的需求进行修改，每幅草图的价格在画之前就已经定好了。卡拉瓦乔很可能是通过卡尔利才得以进入“达尔皮诺骑士”凯撒的画室。由于该画室生意兴旺，卡拉瓦乔希望能够更好地发挥自己的潜质，但很快他就失望了，因为凯撒只让卡拉瓦乔从事静物画。

期间，卡拉瓦乔因一条腿受伤而被迫住进了忧苦之慰圣母堂，这使他与“达尔皮诺骑士”的合作关系被迫中断——可能是凯撒兄弟不愿意承担对卡拉瓦乔的照顾，因为当时生病的卡拉瓦乔还住在两兄弟家。出院之后，卡拉瓦乔的生活举步维艰，几位“业内好心人”拯救了他，其中包括普罗斯佩罗·奥尔西（卡拉瓦乔很可能是在凯撒的画室中认识他的），奥尔西在方丁·佩特里尼亚尼的官邸中为卡拉瓦乔找到了住所；此外还有一位叫作“瓦伦蒂诺老师”的旧画倒卖商，根据史料记载，此人应该叫做康斯坦丁·斯帕达，他与奥尔西一起帮助卡拉瓦乔卖掉了几部早期画作。这些人的帮助让卡拉瓦乔得到了弗朗切斯科·玛丽亚·德尔蒙特主教的青睐，后者将他收留在自己的府

右图，卡拉瓦乔，《抹大拉的玛利亚的忏悔》，1596年，罗马，多利亚潘菲利美术馆。

第334-335页，卡拉瓦乔，《纸牌老千》，1594年，得克萨斯，沃斯堡金贝尔艺术博物馆。

邸，并为其打开了通向成功的扬名之路。

不久前，舆论还都认为卡拉瓦乔是在1593年到达罗马的，因为当时的研究显示卡拉瓦乔出现在米兰的时间要回溯到1592年（当时最晚的记载是在当年的7月1日）。在这一日期左右，卡拉瓦乔将自己的画作出借给卡尔利。这一推断的依据是一份1594－1595年间的史料，被称作“四十小时祈祷之页”，存于帕特农维尔拓西档案馆。这份史料显示，卡拉瓦乔出现在宗教庆祝活动圣路加节的参加者名单之中，与他同时出现在名单之中的还有好友奥尔西。

不过，最近刚刚发现了一份新的史料，是一位理发店的伙计彼得保罗·佩莱格里尼的审讯记录，日期为1597年7月11日。其中，很多关于卡拉瓦乔的信息值得关注，如卡拉瓦乔曾在1596年出入卡尔利的画室，以及“四十小时祈祷之页”的确切日期——1597年10月，这些信息推翻了之前关于卡拉瓦乔1593年出现在罗马的论断，同时留下了从1592年（“四十小时祈祷之页”所记载的日期）到1596年（卡拉瓦乔第一次出现在罗马的时间）这四年间的史料空白。

佩莱格里尼的证词是在托尔·迪·诺纳监狱中陈述的，这位理发店伙计因拒绝为两天前发生的一起案件提供口供而入狱，该起案件与一位叫作安杰洛·坦科尼的音乐家受到伤害有关，卡拉瓦乔也恰好卷入其中。1597年7月8日晚，坦科尼在家门口遭到陌生人的棍棒袭击，这位音乐家随后成功逃脱，在逃到圣奥古斯丁街和波佐德莱科尔纳基耶街时丢失了自己的斗篷，这件斗篷随后被卡拉瓦乔发现并带走。当时卡拉瓦乔正好从一家叫作“雌狼”的酒馆回家，与他同行的还有奥尔西和旧画倒卖家斯帕达。卡拉瓦乔把斗篷交给了佩莱格里尼，后者的老板理发师马尔科·贝尼在圣奥古斯丁教堂附近开设了工作室，而斗篷就是在这座工作室前丢掉的。

两天后，这位音乐家向总督法庭上诉，法庭为调查这一事件审讯了奥尔西、斯帕达和马尔科·贝尼的儿子卢卡·贝尼。除斯帕达外，奥尔西和贝尼都描述了丢斗篷的一幕，还简要描述了卡拉瓦乔的相貌。贝尼还补充说卡拉瓦乔因与朱斯蒂尼亚尼家或皮内利家的一位马夫发生了口角而被马踢伤，贝尼本人则为卡拉瓦乔疗了伤。尽管佩莱格里尼说出了卡拉瓦乔的名字，但贝尼坚称不记得他治疗的那位画家的名字。

但是，最重要的证词还是由佩莱格里尼提供的。在这份证词中，这位理发店伙计承认他看到了音乐家坦科尼被几个人追赶着逃跑，特别指出是卡拉瓦乔将斗篷交给了他。他细致地描述了卡拉瓦乔的外貌（身板壮实，中等身材，略蓄胡须，黑衣黑帽，“衣着不是很整齐”），并着重指出卡拉瓦乔操着一口伦巴第口音——但这种口音并非米兰口音，由于佩莱格里尼本人是米兰人，所以他对米兰口音非常了解。同时，佩莱格里尼也指出自己是如何认识卡拉瓦乔的：他于1596年的大斋期在卡尔利的画室第一次遇见卡拉瓦乔，在那一段时间里，佩莱格里尼每天早晨陪伴马尔科·贝尼的孙女们去帮助卡尔利的妻子照顾孩子。此外，佩莱格里尼还透露，卡拉瓦乔之前不只一次去到马尔科·贝尼的理发店，同时让马尔科·贝尼的儿子卢卡·贝尼为其治疗腿伤。

卡拉瓦乔在凯撒的画室

卡拉瓦乔在与马夫吵架后腿部受伤的细节，对推断他去到“达尔皮诺骑士”画室打工的日期是至关重要的，因此，也就有助于回顾他初期的罗马生活。

实际上，锡耶纳医生朱利奥·曼齐尼在其所著的卡拉瓦乔传记中也提到过一次卡拉瓦乔的受伤事件，这一事件很可能与佩莱格里尼和卢卡·贝尼所述的受伤事件是同一件事。根据曼齐尼的传记所述，当时卡拉瓦乔正在凯撒的画室中打工，期间因为被马所踢到，一条腿受伤。凯撒兄弟似乎并不想为这么严重的伤势寻医，随后卡拉瓦乔被一位来自西西里的画室老板所救，后者将他带到了忧苦之慰圣母堂，而这个人被证明就是卡尔利。

卡拉瓦乔是被马踢伤的，随后，卢卡·贝尼亲自为卡拉瓦乔提供了治疗，贝尼本人根据伤口的形状将伤势定义为被马蹄铁所踢伤。被马踢伤的推断很可信，因为与卡拉瓦乔争吵的正是一位负责照顾马匹和马匹装备的马夫。很可能双方的争吵就发生在马尔科·贝尼的理发店附近，因为不论是朱斯蒂尼亚尼家族还是皮内利家族的府邸，都坐落在那条科佩莱大街上。而受伤后的卡拉瓦乔理所当然地跑向了附近贝尼家的理发店，需要指出的是，当时的理发店除了美容之外，还从事疗伤和接骨等低端手术。

卡拉瓦乔的伤势很严重，在治疗后的数日内程度加深。当时的情况已经很明显了，卡拉瓦乔急需一位专职医生来为其进行手术，医生很可能需要开具一份账单，上边的手术费不但卡拉瓦乔自己付不起，而且凯撒兄弟也不愿意为其承担，所以任凭卡拉瓦乔自生自灭。幸运的是，在卡尔利的救助下，卡拉瓦乔得以住院治疗，直到最后康复。

根据曼齐尼的描述，由卡尔利的救助可以推断出卡拉瓦乔的受伤不可能发生在1597年2月之后，因为卡尔利在生病治疗两个月之后，于同年3月底到4月初之间去世，所以这一事件应该发生在2月之前。

同时，这一事件也不可能发生在1596年之前，因为在卢卡·贝尼讲述他帮助卡拉瓦乔疗伤时，并没有说出卡拉瓦乔的名字，尽管彼得保罗·佩莱格里尼说出了卡拉瓦乔的名字。卢卡·贝尼是这样说的："彼得保罗说出了这位画家的名字，但我不记得这位画家的名字了。"

所以，在卡拉瓦乔与马夫发生争执时，佩莱格里尼就已经认识卡拉瓦乔了。而就像上文所提到的，两人相识于1596年3月，所以可以得出的结论是：与马夫的争吵和之后在凯撒兄弟画室的打工时期都必须发生在这一日期之后和1597年3月之前。根据曼齐尼所述，卡拉瓦乔在凯撒的画室中逗留了八个月，而考虑到住院的时间起码要几个月，根据史料记载，卡拉瓦乔在1597年就已经开始为德尔蒙特主教效力了，所以几乎可以断定卡拉瓦乔去凯撒画室的时间在1596年春末，于同年年底因受伤住院而离开。实际上，根据佩莱格里尼的证词，1596年3月，卡拉瓦乔已经在卡尔利的画室工作了数月，并将自己的作品出借给附近格拉玛蒂卡的画室，而格拉玛蒂卡很可能在当时正与卡尔利开展合作。出院后，可能是在1597年年初，卡拉瓦乔面临着无处可住的窘境，因为他不能也不想再回到凯撒的画室，也不能去找卡尔利，因为后者在1597年年初便病倒，并于同年3月末到4月初之间去世。

1597年的转折：友谊、敌对和成功

就是在这样的窘境下，奥尔西和斯帕达向卡拉瓦乔伸出了援助之手。奥尔西帮助卡拉瓦乔在佩特里尼亚尼主教的官邸找到了住所，并帮助他卖出了部分画作，这些画作可能是在佩特里尼亚尼的官邸中完成的，包括《占卜者》（现存于巴黎卢浮宫），《逃往埃及途中的休息》（现存于罗马多利亚·潘菲利美术馆）和《抹大拉的玛利亚的忏悔》（现存于罗马多利亚·潘菲利美术馆）。《逃往埃及途中的休息》发挥了至关重要的作用，很可能就是通过这幅画，德尔蒙特主教随后连续购买了《纸牌老千》（现存于美国德州沃斯堡肯贝尔美术馆）和《被蜥蜴咬到的少年》（现存于伦敦国家美术馆和佛罗伦萨隆吉基金会）。斯帕达的住所就在佩特里尼亚尼主教的官邸后边，为圣王路易教堂所属住宅，圣王路易教堂的这些住宅都位于夫人宫的后面。斯帕达的住宅画室位于圣王路易广场，正对着朱斯蒂尼亚尼宫，在16世纪初由斯帕达的父亲购置，对于当时喜好收藏艺术品的贵族们来说，这座住宅应该是一个非常重要的地标性建筑。

佩特里尼亚尼主教于1597年4月回到罗马，卡拉瓦乔在这位主教的官邸中只住了两到三个月，因为正如上文所提到的，同年7月

初，卡拉瓦乔就搬到了德尔蒙特的府邸了，随后，他的职业生涯发生了根本性的转变。德尔蒙特先是让卡拉瓦乔脱离了贫困，随后又鼓励他为其创作极富文化底蕴的作品，如《鲁特琴演奏家》（现存于纽约大都会博物馆）和《音乐家》（现存于纽约大都会博物馆）。随后，德尔蒙特将卡拉瓦乔带到了上层的艺术品收藏圈，使其得以接触到其他的资助者，如朱斯蒂尼亚尼家族。

也许正是得益于德尔蒙特的青睐，卡拉瓦乔在1599年得到了第一件公款资助的订单，为圣王路易教堂肯塔瑞里小堂画圣马太，这次契机得以让卡拉瓦乔在罗马艺术界崭露头角。

尽管当时已经功成名就，卡拉瓦乔仍然与初到罗马时结识的画家和朋友们交往着，这些朋友们曾在卡拉瓦乔的困难时期为他提供过帮助。他常常与奥尔西去酒馆。1597年10月，两人一起参加了“四十小时祈祷”活动。同时，他也常常去斯帕达家里做客，1599年，斯帕达购置了一件家具，卡拉瓦乔还为其担任了见证人。此外，斯帕达与圣奥古斯丁教堂关系密切，他的小叔子乔万尼·巴蒂斯塔·戈里在教堂担任要职。卡拉瓦乔曾获得资助为该教堂绘画《洛雷托的圣母》（又名《朝圣者的圣母》，现存于罗马圣奥古斯丁教堂），不排除这其中就有斯帕达的帮助，因为这位旧画倒卖商总是甘愿为这位画家朋友肝脑涂地。

此外，卡拉瓦乔与特拉瓦尼的关系也非常要好：1600年11月，特拉瓦尼在为商人法比奥·努蒂交付画作时，曾请卡拉瓦乔当见证人。不久之后，卡拉瓦乔就给予了回报，将西班牙画家奥尔兰迪骗到了特拉瓦尼家，后者与蒙特雷奥内一起教训了奥尔兰迪。

从这一点可以推断，卡拉瓦乔与特拉瓦尼的业务关系也非常密切。考虑到二人的友谊，以及特拉瓦尼与蒙特雷奥内所从事的系列画生意，不能排除的是，当时在绘画界已经如雷贯耳的卡拉瓦乔，可能准许两位绘画商人以他的风格作画或临摹。

支持这一观点的一个论据是：两位商人都与卡拉瓦乔前期画派风格的画家打过交道。从1603年起，卡拉瓦乔派画家朱塞佩·韦尔米利奥开始在蒙特雷奥内的画室中效力，而在特拉瓦尼留给女儿克莱利亚的遗产中，除了特拉瓦尼的财产清单外，还有风格鲜明的卡拉瓦乔式主题画作，如一幅《马大与抹大拉的玛利亚》和一幅以菜园“夜景”为背景的《耶稣被捕》。

可以想象，卡拉瓦乔只在自己的社交圈子中予以了授权，十七世纪初也有其他的艺术家绘画与特拉瓦尼画室风格类似的作品，但卡拉瓦乔肯定不会允许这些艺术家来对自己的作品进行临摹，其中就包括托马索·萨利尼。如果萨利尼在与蒙特雷奥内和杰拉尔迪争吵之后，也开始从事系列画之外的卡拉瓦乔式绘画，那么卡拉瓦乔很可能会因此恼怒，1601年萨利尼在斯克罗法街散步时被卡拉瓦乔袭击就是证据。

如果卡拉瓦乔没有出现在特拉瓦尼身旁，莫雷利徒弟间的仇恨也不会暴露得那般明显。卡拉瓦乔暴躁的脾气和爆炸性的艺术表现力激化了双方的矛盾，一方面对当时被认为前途无量的巴利奥内形成了威胁，另一方面也对萨利尼的生意造成了影响——尽管巴利奥内不断为其提供支持，但他经营的画作主题与卡拉瓦乔所画的人物如出一辙，除此之外就是静物画，这也似乎是萨利尼唯一擅长的画种，巴利奥内在为其撰写的自传中特别提到了萨利尼的静物画，并赞誉有加。

IV

Michel.° da Caravaggio

卡拉瓦乔的人生

米凯莱·库波内

要了解卡拉瓦乔的人生，人们往往需要从最初的传记中寻找答案，特别是被誉为卡拉瓦乔研究专家的朱利奥·曼齐尼、乔万尼·巴利奥内和乔万尼彼得·贝洛里等人的著作。不过，这些传记均属间接记载，内容也不尽相同，特别是对卡拉瓦乔艺术巅峰和不幸人生的描述似乎并不全面。幸好，那些最确凿的文件帮助我们加深了了解（包括资助合同、公证书、口供、法庭证词和通信等）。同时，也不断地出现一些成果不是很明显的新发现，这些信息也会丰富和修正我们的理解。最后，一些当时的文学性信息（短诗、田园诗、绘画论著等）也会让我们进一步了解这位绝世天才。本文旨在以最新的研究成果，简明地呈现各个一手信息，包括那些极易被忽略的权威可信的信息（信息源包括传记等各类文件，甚至包括财产清单等）。同时，通过展现现代艺术评论界的观点与科学研究成果，本文试图打破长时间积累下来的不恰当论断与观点，并聚焦分析卡拉瓦乔最著名的真迹。不过，笔者认为，还是应该首先以严谨的态度解开关于这位艺术巨匠的众多谜团。

米开朗基罗·梅里西于1571年9月29日生于米兰。那天是天使米迦勒的纪念日，因此为卡拉瓦乔选取了与之对应的名字米开朗基罗，并于9月30日为其在圣斯德望教堂施洗。他的父亲是建筑工长费尔莫·梅里西，母亲是露西亚·阿拉托里，两人都来自贝加莫南部小镇卡拉瓦乔，此地是弗朗切斯科·斯弗扎侯爵领地的中心地带。斯弗扎侯爵是卡拉瓦乔父母的证婚人，斯弗扎的夫人科斯坦扎·科罗纳当年可能与家人一起担任着小米开朗基罗的保护人。而米开朗基罗·梅里西的绰号——卡拉瓦乔，实际上就是他父辈及家乡的名字。卡拉瓦乔大部分的青少年时光都是在米兰城度过的。1577年，也就是大霍乱之后的一年，瘟疫仍然肆虐流行。这一年对于卡拉瓦乔来说刻骨铭心，他的父亲和外公相继去世。1584年4月，12岁的卡拉瓦乔正式走上了艺术之路，来到西蒙尼·皮特扎诺的画室。在自我介绍的时候，卡拉瓦乔总会称自己是“提香的徒弟”。经过商议，卡拉瓦乔同意以年薪24个斯库多币在画室学徒四年。在这期间，家里又发生了新的悲剧：弟弟乔万尼·彼得与母亲相继去世。卡拉瓦乔迅速成长起来，20岁时就已经准备好离家打工了。1592年5月，他与幸存下来的哥哥乔万尼·巴蒂斯塔和妹妹卡特丽娜分割了父母的遗产。根据史料记载，同年7月1日是卡拉瓦乔最后一次出现在伦巴第地区的日子，之后的三年便杳无音讯。一本传记称，卡拉瓦乔在这期间可能犯下了人生中的第一次罪行，被迫逃往威尼斯，关于这次罪行没有确切记载。

不过，在1596年3月，卡拉瓦乔就已经身处教皇克莱芒八世治下的罗马了，对于一位寻找机遇的雄心勃勃的艺术家来说，当时的罗马城是一片理想之地。然而，初到罗马的生活并

左图，奥塔维奥·莱奥尼，《卡拉瓦乔肖像》，1615－1620年，佛罗伦萨，马鲁切利图书馆，设计与印刷基金。

上图，特色插页：静物，卡拉瓦乔青年时期在罗马的作品。卡拉瓦乔，《鲁特琴演奏家》，1597—1598年，圣彼得堡，埃尔米塔日博物馆，局部。

不顺利，他要么被迫混迹于当地的画家和画商圈子，创作廉价的市场畅销品（临摹宗教画、肖像画和静物）；要么寄居在教会人士家中——这些人都完全低估了这位青年艺术家的才华。很难详细说明卡拉瓦乔确切的辗转路线和时间。可以肯定的是，他曾在圣彼得教堂管理员潘多尔弗·普齐位于博尔戈区的府邸中寄宿。普齐是一位来自马尔凯的简朴教士，因饮食简单，随后得到了“沙拉主教”的绰号。卡拉瓦乔为普齐画过几幅以其家乡的雷卡纳蒂路为背景的宗教画。同时，为了在市场上卖画，他画出了早期几件著名作品，包括《被蜥蜴咬到的少年》和《捧果篮的少年》。虽然稍显稚嫩，但已经为其潜能的厚积薄发埋下了伏笔。关于这几部作品，出现了不同的版本。对于哪一个版本才是真迹，评论界也众说纷纭，这同时也暴露出了一个问题：在画畅销人物时，卡拉瓦乔掌握了好几个变化不算太大的版本，从而能更省力地去满足当时的市场需求。

卡拉瓦乔还画过一些系列式的肖像画。这些画几乎千篇一律，不需要太多的即兴发挥，他为不止一位画室老板画过这样题材的画作，包括西西里人洛伦佐·卡尔利和安蒂维杜多·格拉玛蒂卡。在为卡尔利打工时（来自1596年3月的史料），他结识了同行马里奥·米尼蒂，当时卡拉瓦乔有可能也同时与格拉玛蒂卡合作，但关于这方面的记载甚少。两家画室都坐落在斯克罗法路，而卡拉瓦乔在罗马的大部分时间都在这条街附近逗留。

在这一阶段，卡拉瓦乔迈出的最重要一步便是进入生意兴旺的“阿拉·托雷塔”画室。画室的老板是“达尔皮诺骑士”朱塞佩·凯撒，当时罗马城内最大牌的画家之一。此后，凯撒的财产被没收，并被西皮奥内·博尔盖塞主教占有。在这些财产中，人们可能发现了一

幅《生病的酒神》和一幅《捧果篮的少年》。不能排除这两幅作品是卡拉瓦乔在凯撒画室打工之余所作的可能性。至少可以确定的是，《生病的酒神》是卡拉瓦乔的亲笔作品。据传言，阿拉·托雷塔画室没有让卡拉瓦乔画人物画，只让他画一些花草和水果，这种驾轻就熟的工作并没有太大意思，尽管卡拉瓦乔在这一领域也不乏杰作，譬如《果篮》，之后由费德里科·波罗梅奥收藏。1596—1597年，卡拉瓦乔与一位马夫发生了争吵并被马踢伤，这让他离开了效力八个月之久的凯撒画室。为避免麻烦，朱塞佩·凯撒和贝尔纳尔迪诺·凯撒两兄弟抛弃了卡拉瓦乔。随后，卡拉瓦乔得到了洛伦佐·卡尔利的照顾，后者将其送往忧苦之慰圣母堂进行治疗。住院期间，他为梅西纳修道院院长卢齐亚诺·比安奇创作了几幅作品，后者将画作带回了西西里。

1597年春天，出院后的卡拉瓦乔寄宿在方丁·佩特里尼亚尼主教的官邸（今仁慈山宫）。在那里，他可能创作了《抹大拉的玛利

上图，纳沃纳广场和夫人宫，德尔蒙特故居，卡拉瓦乔曾在此寄居。安东尼奥·坦佩斯塔，《罗马平面图》，局部。

Contra Michelangelum de Caravaggio pro delatione ensis et pugionis

vide etiam Const. fol. 193

relaxatus gratis et restitutae sibi arma

Die sabbati 28 Maij 1605

Comparuit coram me notario etc. in officio etc.

Capitaneus Pinus Bonincellus Curie Capitolii ex debito sui officii Curie denuntiavit prout infra

Questa notte passata su le sette hore stando io appresso con mie sbirri à far la ... al Santo Ambrosio al Corso venne uno chiamato Michelangelo quale portava spada et pugnale, et fermato et addimandatolo se haveva licenza di portarle dette armi mi ha detto di no, l'ho fatto pigliare et menar prigione et credo che la relatione sia conforme al mio debito acciò sia castigato à forma del giusto

Quibus etc.

Die 29 Maij 1605

Comparuit coram me notario etc. in officio etc. ex debito

Contra Catherinam Sperellam et Franciscum Michaelem

vide etiam ord. fol. 203 et 204

Jo. Franciscus ... Brancelli Capitolii ex debito sui officii Curie denuntiavit ut infra

fuit relaxatus ... 31 Maij 1605

Havendo io havuto un mandato contro Catherina Sperelli che ... accompagnata con lettera à Giovanni Brancati et havendo hoggi havuto notitia detta Catherina stava accompagnata con un giovane à porta serrata ... con li miei essecutori, et trovate le porte serrate ho bussato dalla banda di dietro et ci è stato aperto da un giovane chiamato Francesco Micaeli quale è venuto ad aprire senza cappa et ... dentro habbiamo trovato la spada

亚的忏悔》和美妙绝伦的《逃往埃及途中的休息》。这两部作品的画布很可能是从维特里切家购买的，因为在维特里切家的财产清单中出现过类似的画布，同时还出现了另一部作品——《占卜者》。这幅作品之后归潘菲利家族所有，现藏于卢浮宫。吉罗拉莫·维特里切是普罗斯佩罗·奥尔西的妻子的弟弟，后者是佩特里尼亚尼的邻居，同时也为佩特里尼亚尼效力，此外，他也是卡拉瓦乔的好友（两人在1597年一起参加过圣路加节的"四十小时祈祷"活动，这也是第一批见证卡拉瓦乔在罗马活动的史料之一）。奥尔西因从事装饰工作被称作"玩弄图案的小普罗斯佩罗"，卡拉瓦乔日后在罗马出人头地，与他所提供的帮助密不可分。

在旧画倒卖商康斯坦丁·斯帕达的店中，卡拉瓦乔终于有机会得到了上层社会的赏识，他的才华受到了弗朗切斯科·玛利亚·德尔蒙特主教的青睐，后者购买了他的作品《纸牌老千》，并将这幅画收藏在夫人宫附近的厢房里。《音乐家》也是卡拉瓦乔早期专门为德尔蒙特创作的作品，从一定程度上反映了这位红衣主教所在精英阶层广泛的文化爱好，而卡拉瓦乔本人则迅速进入了主教的朋友圈。其他同时期的作品还有现存于罗马的《占卜者》。从色彩上来说，由于青少年时期的卡拉瓦乔曾在威尼斯学习绘画，这幅画带有很强的威尼斯画派风格；而在《鲁特琴演奏家》和《亚历山大的加大肋纳》中，卡拉瓦乔的色彩变得"阴暗"起来；《美杜莎》是一幅画在圆形凸面木板上的作品，德尔蒙特随后将这幅画送给了挚友——托斯卡纳大公美第奇费迪南多一世（复制品收藏在乌菲齐美术馆中，其原作由私人收藏），德尔蒙特完全有可能也将《生病的酒神》送给了他。

在德尔蒙特在波尔塔宾奇亚纳的一所小宅（这所小宅现为邦孔帕尼·卢多维西所有）的筒形穹顶上，装饰着卡拉瓦乔的《朱庇特、尼普顿和普鲁托》。这幅画也展示出了卡拉瓦乔的绘画技巧，但这并不是一幅传统意义上的壁画，而是一幅画在墙上的"干画"。卡拉瓦乔显然并没有掌握太多壁画技巧。

德尔蒙特官邸的奢华生活让卡拉瓦乔的社会地位迅速提升，他甚至开始公开炫耀贵族式的生活格调：穿着引人注目的服饰（即便是很旧也会穿在身上），腰间挂着剑，有佣人同行。由于当时随身携带刀剑是违法的，他甚至还因为蔑视警察而被捕。根据第一份直接的相关记载，"德尔蒙特的私人画师"卡拉瓦乔身材匀称，壮实但不肥胖，蓄着很少的黑胡子渣，头戴黑色的毡帽，身着黑衣，装扮邋遢，鞋子还有些破洞，操着一口"伦巴第口音"。1597年的一个晚上，他在一家理发店附近拾到了一件某人遭遇袭击后丢下的斗篷。至少，这一次事件应该和卡拉瓦乔没有太多瓜葛。事实上，传记之外的卡拉瓦乔正是因为他的坏脾气而声名远扬，暴躁的脾气甚至在最后演变成了真正的暴力。但不管怎么说，夫人宫为卡拉瓦乔开启了一扇更为广阔的大门，使他终于能够在私人收藏家的基础上，拥有更多官位显赫的拥趸和资助人。这一时期的作品包括为奥林皮亚·阿尔多布兰迪尼夫人所画的《马大与抹大拉的玛利亚》。

1599年4月的一份史料将卡拉瓦乔称作"大人"，这再次证明了他已经达到了贵人的社会地位。同年7月，卡拉瓦乔获得了圣王路易教堂肯塔瑞里小堂的资助，这是卡拉瓦乔首次得到公款资助，也一举奠定了其在艺术史中的地位。他为礼拜堂绘画了几幅关于马太的《圣经》故事画。首先画的是《圣马太蒙召》，次年完成了《圣马太殉难》。在聘用卡拉瓦乔之

左图，卡拉瓦乔的剑和匕首，当时因过多携带武器而被捕时的供词（1605年5月28日），文件号：ASR，TCS，reg. 611，c. 145v。

前，这座礼拜堂的绘画装饰工作一直没有完成，朱塞佩·凯撒只完成了穹顶的壁画。而对于卡拉瓦乔来说，此次的创作也是困难重重，因为他需要在一张画布上画出马太殉难的情形。最终交付的作品成为了旷世佳作，在绘画界引起了强烈的反响。

1600年4月，商人法比奥·努蒂也出资请卡拉瓦乔作一幅画，记载中只提到了该画的大致规格，没有提到主题。1969年的一项研究表明，这幅画应该是巴勒莫圣洛伦佐礼拜堂里的《圣方济各、圣洛伦佐与耶稣诞生》，这幅画从最开始就已确定要从罗马寄往这座礼拜堂。在这幅画的酬劳结算之前，罗马教廷财务长蒂贝里奥·切拉西又委托卡拉瓦乔绘制人民圣母大教堂礼拜堂的侧壁画，这再一次印证了卡拉瓦乔的成功。罗马教廷委托卡拉瓦乔在他不常用的木板上绘画《扫罗王的倒下》（现由奥德斯卡尔基家族所有）和《圣彼得殉难》（目前下落不明），这两幅作品随后被贾科莫·萨内西主教买走，替换的画作至今还留在原处。

上图，卡拉瓦乔惯用的模特。左侧，《朱迪斯与荷罗孚尼》，1599－1600年，罗马，巴尔贝里尼宫古代艺术国家美术馆，局部；右侧，《圣方济各、圣洛伦佐与耶稣诞生》，1600年，巴勒莫圣洛伦佐礼拜堂，局部。

此时的卡拉瓦乔已经贵为“罗马城内的卓越画家”，受到越来越多同时代文学家的追捧，马尔齐奥·米莱西、加斯帕莱·穆尔托拉和乔万尼·巴蒂斯塔·马里诺都将卡拉瓦乔用在了自己的文学创作之中。与此同时，他也得到了越来越多达官贵人的青睐。譬如，他为来自利古里亚的银行家奥塔维奥·科斯塔创作了《圣方济各接受圣痕》《朱迪斯与荷罗孚尼》以及现存于堪萨斯城的《施洗圣约翰》。此外，根据我们掌握的零散史料，卡拉瓦乔还为裁缝安东尼奥·瓦伦蒂尼画了一幅《圣塞巴斯蒂亚诺》，根据遗嘱，这幅画在裁缝去世后归阿斯德鲁巴莱·马太伊所有。此外，史料显示，卡拉瓦乔与克莱申奇家族也有交情。但在所有的拥趸中，尤为值得一提的是朱斯蒂尼亚尼兄弟——文琴佐·朱斯蒂尼亚尼侯爵和贝内

德托·朱斯蒂尼亚主教，两人共收藏了约十五幅卡拉瓦乔的佳作。文琴佐兴趣广泛，他收藏的《丘比特的胜利》就是很好的例子，此外，他还拥有《鲁特琴演奏家》（现存于俄罗斯埃尔米塔日博物馆）《圣多马斯的疑惑》《荆棘加冕》（现存于维也纳）以及一些肖像作品，如《妓女菲利德·梅兰德罗尼肖像画》。在贝内德托死后，他的收藏均汇聚到了文琴佐之处，其中包括一幅贝内德托的肖像画、一幅《圣耶柔米》（很可能是蒙塞拉特修道院的那一幅）和《果园中的耶稣与门徒》。得到朱斯蒂尼亚尼家族青睐的同时，卡拉瓦乔还得到了马太伊家族的资助，而且资助力度可与德尔蒙特媲美。阿斯德鲁巴莱·马太伊的两个兄弟都对卡拉瓦乔的画作很感兴趣。克里亚科·马太伊购买了现存于罗马的《施洗圣约翰》、以果园为背景的《耶稣被捕》以及现存于伦敦的《以马忤斯的晚餐》。至于《以马忤斯的晚餐》，卡拉瓦乔之后又画过另一个版本，这一版由帕特里齐侯爵获得，现存于布雷拉画廊；而担任主教的吉罗拉莫·马太伊则于1601年6月在自己的官邸款待过卡拉瓦乔；同月，法学家拉埃尔特·凯鲁比尼向卡拉瓦乔求购了一幅《圣母之死》，稍后完成的这幅作品被用来装饰圣母斯卡拉教堂。

1602年，教会又委托卡拉瓦乔绘画其他主题的作品。2月份，卡拉瓦乔为肯塔瑞里小堂又画了一幅“圣马太”和一幅天使像，但第一版没有得到圣王路易教堂神职人员的认可，这一版随后由文琴佐·朱斯蒂尼亚尼收藏。朝圣者天主圣三堂联系卡拉瓦乔求购一幅三位一体主题的画作，该画作原本会寄往墨西哥，但最终是否完成却不得而知。没过多久，卡拉瓦乔为罗马新堂的维特里切礼拜堂绘画了《耶稣下十字架》。在私人收藏家方面，卡拉瓦乔又收到了一个贵族的订单——来自巴尔贝里尼家

上图，“神圣之爱”巷，原为圣比亚乔巷，19号为卡拉瓦乔曾经居住的房子（1604年5月4日至1605年7月），前景左侧的入口。

族的马费奥·巴尔贝里尼主教，后来的教皇乌尔班八世。卡拉瓦乔为他画了一幅肖像和一幅《以撒的献祭》。

职业生涯和社会地位的蒸蒸日上没有让卡拉瓦乔避免人性的错误与挫折。他总是官司缠身，经常被拘捕，甚至因随身携带武器、侮辱警察和攻击他人（手法往往很卑劣）而被拘留在托尔·迪·诺纳监狱。他的犯罪同伙之一是建筑师奥诺里奥·隆吉，后者也是1603年那场著名官司的主角。事件大致是这样的：画家乔万尼·巴利奥内在当年的复活节之际为耶稣教堂绘画了一幅巨大的《耶稣复活》。8月，他将卡拉瓦乔、隆吉和其他两位画家奥拉齐奥·真蒂莱斯基和菲利普·特里塞尼告上法庭，理由是这些人撰写下流的十四行诗诋毁了他和他的朋友托马索·萨利尼。这也反映了当时罗马艺术圈内激烈的竞争和紧张的气氛。在法官面前，卡拉瓦乔做了他一生中最长的证词。在证词中，我们能够精练出这位艺术天才对美学的诠释，他对包括阿尼巴莱·卡拉奇、费德里科·祖卡里和波马拉乔在内的同时期艺术家的评估，以自然主义为主的艺术的表现力，以及他置评画家才华的评判标准。最终幸好从轻发落，卡拉瓦乔只是被禁止在没有书面批准的情况下离家。得益于他的上层人脉，这个惩罚之后很快就被撤销了，这让法国大使颇感不快。

卡拉瓦乔的名声早已翻越罗马城墙来到荷兰，彼时，弗兰德斯艺术家卡勒尔·凡·曼德尔为卡拉瓦乔撰写了一部初期的短篇传记。他在这篇传记中如是写道：1604年1月，卡拉瓦乔出现在马尔凯，有机会为托伦蒂诺的一座教堂绘画装饰画。这幅画可能是为圣奥古斯丁教堂卡瓦雷蒂礼拜堂所画的《洛雷托的圣母》，也叫作《朝圣者的圣母》。与圣家大教堂传统的圣母和耶稣主题绘画相比，这幅画尤为新颖，

上图，晚期作品：画面中间第二排的形象经鉴定为卡拉瓦乔的自画像。《圣厄休拉的殉难》，1610年，那不勒斯，泽瓦洛斯宫，局部。

应该是结束在圣家大教堂一带的旅行时构思的。卡拉瓦乔在4月前回到罗马。4月份，卡拉瓦乔在抹大拉的玛利亚教堂附近的莫罗酒馆用一盘洋蓟砸了酒保，这让他重陷舆论风波。5月，卡拉瓦乔在圣比亚吉奥巷租了一套住宅，与他的伙计弗朗切斯科同住。根据与女业主达成的协议，出于居住舒适和创作大规模作品的考虑，卡拉瓦乔可以将一个厅的假平顶掀开一部分。当时所画的大型画作中包括《圣母之死》。1605年6月，已经拥有一幅《荆棘加冕》的（应该是现存于普拉多的那一幅）老客户马西莫·马西米请卡拉瓦乔绘制了一幅相似的画。几乎可以肯定，这幅画就是《看，这个人》。

尽管事业蒸蒸日上，但暴躁的脾气也为卡拉瓦乔添了不少麻烦：当年7月，他先是在两位女士住宅的前门搞破坏，随后又在纳沃纳广场从背后袭击了公证员马里亚诺·帕斯夸洛尼。第二起事件的导火索是卡拉瓦乔的女友莱娜，她曾在《洛雷托的圣母》中担任模特。随后，卡拉瓦乔在热那亚避了避风头，期间收到了一份高达6000个斯库多的订单：装饰多利亚王子的阳台。然而，卡拉瓦乔并没有接受。类似的情况并不常见，但没过多久，卡拉瓦乔又拒绝了切萨雷·德斯特公爵的订单，最开始接收的预付款也没有退还。

在罗马，业主普鲁登扎·布鲁尼为了维权，将拖欠半年房租的卡拉瓦乔赶走，同时查封了他留在家中的财产。这份财产清单生动地反映了卡拉瓦乔这座家庭画室中的陈设，部分陈设还出现在了卡拉瓦乔的画作中，如凸面镜、耳环和乐器。从热那亚回来，距离上次卡拉瓦乔袭击帕斯夸洛尼过去不到一个月的时间，在刚上任的教皇保禄五世的侄子西皮奥内·博尔盖塞的宅邸，表面上看似改过自新的卡拉瓦乔在奎利纳莱宫与帕斯夸洛尼讲和。卡拉瓦乔曾经为保禄五世画过肖像画。然而，卡拉瓦乔对业主普鲁登扎却实施了报复，向她房子的窗户扔了石头。被迫寻找新住所的卡拉瓦乔在10月份住进了法学家安德烈·鲁菲蒂位于科罗纳广场的家养伤。关于自己的受伤，卡拉瓦乔做出了牵强的解释，“我在走路时摔倒了，被自己的剑伤到了”。正是在那一段时间，卡拉瓦乔还接到了圣彼得大教堂的委托，为祭坛画《马夫的圣安妮》绘画一幅双联画。据记载，1606年春天，卡拉瓦乔交付了大型画作《圣母与毒蛇》，但作品并没有进入圣彼得大教堂，而是被运往附近的圣安妮教堂，最后进入西皮奥内·博尔盖塞收藏室。作为卡拉瓦乔画作的“发烧友”，博尔盖塞还拥有一幅《写作的圣耶柔米》。就这样，卡拉瓦乔没能在基督教最著名的教堂里留下自己的作品。与此同时，卡拉瓦乔在私生活方面犯下了足以断送前途的错误：5月28日，在一座老式网球场内，卡拉瓦乔将自己的死对头拉努齐奥·托马索尼杀死。他被迫逃离罗马，而在死刑的威胁下，他也无法再回到这座永恒之城了。他先是在帕利亚诺、帕莱斯特里纳和扎加罗洛等科罗纳家族的领地避难。在那里他画了一幅抹大拉的玛利亚的半身像，也可能创作了《圣方济各的冥想》。

10月前，卡拉瓦乔已经出现在总督统治下的那不勒斯，这也预示着他不可能回到罗马了，他失去了在罗马工作的机会。10月，商人尼科洛·拉多罗维奇请卡拉瓦乔画一幅关于圣母、耶稣和其他圣人的祭坛装饰画。有研究者发现，这幅画的原作经过一定修改就成了《玫瑰圣母》。其他人则认为，《玫瑰圣母》就是在罗马创作的，卡拉瓦乔同期还创作了《圣母之死》。但这幅画由于不够得体，被斯卡拉圣母教堂所拒绝，随后，经彼得·保罗·鲁本斯

帮助，《圣母之死》卖给了曼托瓦公爵。不过在1607年，卡拉瓦乔还是收到了来自皮奥蒙特仁慈小教堂的酬劳，他为后者创作了《七件善事》。这幅极富创造力的作品价值连城，卡拉瓦乔在那不勒斯立即引起了轰动。5月左右，卡拉瓦乔又收到了托马索·德·弗朗基斯的资助，为大圣多明我堂绘画《鞭刑》（现存于那不勒斯卡波迪蒙特）。可以推断，《圣安得烈受难》和现存于鲁恩的《鞭刑》等部分作品都是卡拉瓦乔第一次来到那不勒斯时所画，而非第二次到那不勒斯所作。

6月24日，卡拉瓦乔乘船离开那不勒斯，几乎可以确定他所乘坐的是法布里奇奥·斯弗扎·科罗纳（科斯坦扎女侯爵之子）的战船。在梅西纳停歇后，7月12日到达马耳他，进入了马耳他骑士团的领地。在马耳他期间，他为

上图，已知的卡拉瓦乔的最后签名之作，根据核实，这幅画属于马耳他骑士团。《被斩首的施洗圣约翰》，1608年，瓦莱塔，圣若望副主教堂，局部。

骑士长阿罗夫·德·维格纳科特画过两幅画，一幅为肖像画，现存于卢浮宫，另一幅是《沉睡的丘比特》，这幅作品随后被尼科洛·德兰特拉主教寄往佛罗伦萨。此外，他还为圣约翰教堂意大利国礼拜堂绘画了一幅《写作的圣耶柔米》和一幅《抹大拉的玛利亚》。与很多有记载的作品一样，这幅《抹大拉的玛利亚》直到现在都没有被发现，研究者也已经放弃了继续寻找，并断定该作品已经佚失。此外，研究者普遍认为，同期卡拉瓦乔还画了《圣母领报》（现存于南锡）和《马耳他骑士像》（现存于碧提宫）。同时，维格纳科特有意将卡拉瓦乔收留在骑士团，让其隐姓埋名，随后向教皇争取杀人案的赦免（他将卡拉瓦乔称作是“一位道德高尚、品质优越的人”）。在经历了罗马的挫折后，卡拉瓦乔在马耳他得到了解脱。他创作了大型作品《被斩首的施洗圣约翰》，并将自己的名字签在了骑士团守护者圣约翰的鲜血之中。一年后的1608年7月14日，卡拉瓦乔荣获忠诚骑士头衔。然而，这一殊荣被笼罩在新的罪行下：卡拉瓦乔在一位教会管风琴手的家中制造了骚乱，造成另一位骑士受伤。卡拉瓦乔因此被囚禁。不过，卡拉瓦乔最后还是在无人协助的艰难条件下，成功逃出了圣安杰洛堡。

由于逃跑未出席审判，卡拉瓦乔被骑士团除名，并背上了“卑鄙下流团员”的骂名。随后，卡拉瓦乔逃亡到西西里岛，先是到了锡拉库扎，在那里与老朋友马里奥·米尼蒂重逢，并为圣露西教堂创作了《圣露西下葬》。随后又转辗至梅西纳，在那里又完成了多部作品，但留存下来的不多，其中包括1609年为圣彼得和保禄教堂拉撒路施洗约翰礼拜堂画的《复活的拉撒路》和为圣母无玷始胎教堂绘画的《牧人来拜》。在之后发现的一份间接手稿中，我们得知，卡拉瓦乔还到过卡尔塔吉隆。在西西里期间，卡拉瓦乔的脾气和心理状态变得愈发糟糕，在留存下来的为数不多的作品中，我们可以看到，他的笔触显得很急躁，且画面缺乏色彩。

焦虑让卡拉瓦乔离开了西西里岛，很可能直接去了那不勒斯（有些传记也指出卡拉瓦乔在巴勒莫做过短暂停歇）。在那不勒斯，卡拉瓦乔再一次得到了科斯坦扎·科罗纳的庇护。不过，他曾在切里利奥街的酒馆内被一伙身份不明的人袭击，出酒馆时的卡拉瓦乔狼狈不堪，甚至还被划破了脸。尽管如此，卡拉瓦乔还是完成了好几幅堪称佳作的画作。有研究推测，为博尔盖塞画的《拿着哥利亚头颅的大卫》和《圣彼得的否认》，为讨好维格纳科特而画的《莎乐美和施洗圣约翰的头颅》（至少有两版，分别存于伦敦和马德里），还有其他没有找到的作品（如为伦巴第的圣安妮教堂画的《耶稣复活》，随后该地区遭遇地震，教堂被摧毁），都是这一时期在那不勒斯所画。可以肯定的是，他还为马尔科安东尼奥·多利亚亲王绘制了《圣厄休拉的殉难》，这是他晚期的悲情作品之一。

彼时，卡拉瓦乔得到了教皇即将赦免他的消息，于是他带上了那幅现存于博尔盖塞美术馆的《施洗圣约翰》，偷偷登上一条在第勒尼安海航行的战船。之后的记载出现了相互矛盾的信息，让人联想到卡拉瓦乔遭人陷害的可能。根据最可信的记载，卡拉瓦乔可能是在帕洛停歇的过程中被当地驻军关进监狱，而这条船随后驶向了波尔托埃尔科雷。根据之后的记载，卡拉瓦乔被释放了，但却也无济于事，因为船已经返回了意大利，连着他的财产一起带到了基艾亚的科罗纳女侯爵的别墅。1610年7月18日，卡拉瓦乔死于重病，享年不到39岁。

关于卡拉瓦乔真迹画作的种种争议[1]

法比奥·斯卡莱蒂

要判断作品是否为真迹，就不可避免地会触及一个常见问题：艺评家对于这位艺术家的总体观点会决定他认为哪些作品是真迹，而被认为是真迹的作品反过来也会决定这位艺术家给艺评家留下的形象。

（摘自《艺术史写作原则》，D.卡里尔，1991年）

在近年关于卡拉瓦乔的研究中，“限制派”和“扩充派”之间的争论从未平息过：“限制派”批评对方只因绘画风格相似，就胡乱接受一切将争议画作定义为真迹的观点；而“扩充派”则批评对方只因画作没有史料记载，就机械地认定所有有争议的画作都不是原作。一方靠文字记载，另一方则靠眼力。根据认识论中核实派与伪造派之间的争论，可以得出以下结论（尽管这一结论还不够完善）：在没有史料支持的情况下，“限制派”总会倾向于拒绝一幅新的“卡拉瓦乔真迹”，除非出现相反的情况（如果没有史料记载，至少要有科学的鉴定）；而“扩充派”则认为，如果画作是卡拉瓦乔式的画风，评论界就要接受一幅新的“卡拉瓦乔真迹”，直到被证明画作是赝品为止（可以由科学鉴定得知，也可以由多数学者的否认来证明）。简单来说，“限制派”是提出观点的人，而“扩充派”则是负责评论的人，他们负责汇集观点以证明画作并非卡拉瓦乔原作（这种方式显得更加合理，也能够在评论界中站得住脚）。所以，要从系统上来解决某幅画作是否为卡拉瓦乔真迹的问题，姑且可以这样做初判：如果没有画风的支撑，某幅画作疑似为卡拉瓦乔的真迹；如果没有记载，某幅画作是不太可能成为卡拉瓦乔的真迹的；而没有科学的支撑，某幅画作绝不可能是卡拉瓦乔的真迹。那么，如果将否定命题从肯定的角度来看，可以说，如果有画风的支撑，某幅作品会使人感觉它是卡拉瓦乔的真迹；如果有记载的支撑，会令人相信它是真迹；而如果在这些基础上再加入科学的支撑，那么这幅画作就是真迹无疑了。同时，商业价值让某些画作的真伪鉴定更成问题[2]。此外，在如今的77幅被认定是卡拉瓦乔的画作中，画家只在一幅画上签下了自己的名字（那幅画是一直存于马耳他骑士团教堂的《被斩首的施洗圣约翰》，教堂位于马耳他瓦莱塔），所以也无法从签名上来判断。尽管如此，我们还是可以从文学和逸事的浩瀚海洋中找到一个判断方向的，也就是我们所说的三个判断卡拉瓦乔画作真伪的标准：首先是从风格上判断，包括从宏观上对绘画形态和笔触的判断（类似于判断书法笔触的方法）；其次，从历史角度进行研究，收集和比对关于这幅画的史料记载，同时分析与之相关的卷宗（这些卷宗可能具有书面鉴定书的效力）；最后是科学来鉴定，也就是通过X光、反射技术和化学技术来进行分析。这些技术往往用于一幅画的修复，如

同于DNA鉴定一样，这样的鉴定结果可以从科学的角度来判定画作是否与卡拉瓦乔独特的绘画手法相吻合。

为了说起来顺口，这三个基本的判定方法可以形象地被统称为鉴定卡拉瓦乔画作的“3个P”，即意大利语中的“笔迹”（Perizia）“血统”（Pedigree）和“验证”（Prove）。尽管从理论上来讲，这三个方面看似没有联系，但在鉴定的过程中，它们被越来越多地放在一起考虑，根据重要性来进行递增排序。回过头来看，本文最开始的推测就显得更加简单了。如果一幅画不具备卡拉瓦乔的风格（这里所指的是卡拉瓦乔独特的光学绘画方式，画面所呈现的光线与现实事物间的角度陡峭而真实，画面外的一束光线让画面明暗对比强烈，将人物突出在黑暗之外），或者在风格上符合卡拉瓦乔的偏好（这里可以直言不讳地说就是像诗一样的绘画风格）却不具备反复出现的绘画元素、惯用的模特和物品，借助直观印象或平面光分析后得出笔触不符合卡拉瓦乔的事实，我们就可以说，这幅画只是在某种程度上具备了卡拉瓦乔所有珍贵而充分的主体元素。这些元素只处于观察者眼睛和头脑的范畴，因此会有误差，这也是艺术评论史的一个常见现象（所以反过来讲，也就不能主要通过风格来判断一幅画作是否为真迹了）。

总的来说，如果某幅画作没有足够可信的史料来源，特别是不具备关于这幅画的描述和出处的记载，那么其成为真迹的可能性就会打折扣。而记载时间离这幅画创作的时间越近就越可信。因为在当时，无论是学者，写日记的人，还是简单的评论者，没有理由去搬弄原画作者的是非（在这种情况下，艺术史学家的工作也会变得轻松一些）。而如果记录者就是相关事件的见证者或记载了一些有关该作品的印象，那就更加可信了。只要文字记载没有达到无法甄别的地步，就可以作为佐证。实际上，一幅被认为是出自卡拉瓦乔之手的真迹，是不会连一处记载都找不到的，传记或财产清单都可以算作是卡拉瓦乔亲笔的记载，这类史料只

上图，卡拉瓦乔，《美杜莎》，1596 — 1597 年，私人收藏。在第 352 页可见局部。在第 355 页可见射线分析。

不过没有得到主要记载来源的直接认可，或者只有泛泛的和断断续续的记载证明（这一观点也许会令读者吃惊，但也可以理解，特别是很多挂在室内而没有对外展览的画作都是经过这些记载来得到认证的，如藏于罗马国家古代艺术美术馆的《纳西索斯》和《施洗者圣约翰》、藏于托雷多的《施洗圣约翰》、存于马德里的《拿着哥利亚头颅的大卫》、收藏于纽约大都会艺术博物馆的《圣彼得的否认》、收藏于汉普顿宫的《圣彼得和圣安得烈的召唤》和分别存于卡皮内托罗马诺和克雷莫纳的两幅《圣方济各》）。

部分古早的教堂装饰画由于就在教堂内创作（因算作是教堂遗产，所以从来没有被移动到他处），故具备完全没有争议的、权威且前后一致的史料。这些画作包括圣王路易教堂中的三幅关于圣马太的《圣经》故事画——《圣马太蒙召》《圣马太殉难》与《圣马太与天使》，罗马圣奥古斯丁教堂中的《朝圣者的圣母》，以及那不勒斯皮奥蒙德拉仁慈山小教堂中的《七件善事》。除这些画作外，其他被认为是卡拉瓦乔作品的画作，如果没有经过科学的鉴定，都不能百分之百地被认为是真迹。换句话说，这些画的内容是必须要经过专家推敲的，这个步骤是无法替代的（正如在医学界中，医学泰斗的经验可以让仪器和实验室的鉴定成果的分析最大化一样）。而通过仪器鉴定出的结果，则会随着技术的进步而逐渐精确，从X射线到红外线反射，从超紫光到X光，从画层分析到化学分析，这些技术可以对画作表面下所有关于作者的内容进行全方位剖析。

至于对卡拉瓦乔画作的分析，一方面要从画作的材料入手，包括画布（如画布材质，除了木质圆桌画和壁画外，卡拉瓦乔画作基本上都用同一材质的画布）和颜料（如卡拉瓦乔要表现浅红色调时常用少许琥珀，而在表现天蓝色调时则常用天青石，这两种颜料与浅白、铜绿、烟黑、赭石和影色土等其他惯用颜料相比显得格外明亮，接近于“不自然”的假色）；另一方面则要考虑到卡拉瓦乔个人的绘画技

术：与传统的草稿绘画方式不同——甚至可以说完全摒弃传统的绘画方式——卡拉瓦乔通常在模特正前方（很可能是看着镜子中的图像）直接在画板上绘画。他用的底布颜色偏深（只有青年时期的画作用过偏亮的灰色画布），在深色的底布上用笔尖或笔刷勾勒人物轮廓，然后用线条校对，随后从底部的人物或物品形象开始一层一层地上色。因此，他的画整体上是由不同色层叠加起来的（或者是由可见的褐色底色分割成不同画层）。在创作过程中，卡拉瓦乔还会对作品进行修改，这在传统的绘画技巧中属于第一步，即先在纸上打草稿，然后再把整幅画搬到画布上[3]。

被宣称是卡拉瓦乔真迹的画作

鉴定卡拉瓦乔的画作是一项需要严谨态度对待的复杂工作。仔细地鉴定出一幅画非卡拉瓦乔所作，也要比大胆地鉴定出十幅画为卡拉瓦乔所作要好得多。因为要鉴定卡拉瓦乔这么一位绘画巨匠的作品，正面的观点往往比负面的观点更不具备价值。此外，如果意大利和国际艺术评论界宣称某幅作品是卡拉瓦乔的真迹，或者某幅作品重新被认定为真迹，那么这样的新闻会造成关注者情感上的大起大落，这种现象在近年来已经屡见不鲜了。

譬如那幅《弹鲁特琴的阿波罗》（规格为96厘米×121厘米），这幅画曾被认为是一名卡拉瓦乔画派画家的作品，在2001年以75000英镑的价格被拍卖，并于2002年在摩纳哥首次展出。如今，这幅画仍属于私人收藏。最近，它被认为是卡拉瓦乔的真迹（持这一观点的评论家包括丹尼斯·马洪、米娜·格雷戈里、克劳迪奥·斯特里纳蒂和克洛维斯·维特菲尔德）。

甚至有人认为这幅画毫无疑问就是从1808年起收藏于圣彼得堡埃尔米塔日的那幅画作，也叫作《阿波罗》（因为人物的肖像很像神话人物阿波罗而引人关注），曾在一段时间里归文琴佐·朱斯蒂尼亚尼所有。1726年，画作被

上图，复制品（？），卡拉瓦乔，《鲁特琴演奏家》，1594－1595年，巴黎，萨利尼收藏会。

右图，（卡拉瓦乔范畴），《鲁特琴演奏家》，1600或1610－1615年，慕尼黑，巴伐利亚国家绘画收藏馆。

第三位博尔福公爵收购，出售人可能是一位马耳他骑士团的骑士长，此后三个世纪一直存于格洛斯特郡伯明顿庄园。与现存于俄罗斯的作品相比，这幅画更宽扁，有人认为其特征更符合乔万尼·巴利奥内（当时为卡拉瓦乔的竞争对手）所著传记《画家、雕塑家和建筑师的人生》（1642年出版）中所描绘的那幅画："一位生龙活虎的少年正在演奏鲁特琴。他手拿盛满水的花瓶，花瓶内的水清晰地映衬出房间里的一扇窗和其他事物，而花朵上有一颗精心雕琢的晶莹露珠。"

这幅画与伯明顿的《鲁特琴演奏家》在局部上有一些差别：水瓶上倒映的窗户和花朵上[4]的露珠在后者中变成了一只手套。而2004年的一次清洁和X光检验结果显示，这幅画具有卡拉瓦乔原作的一些有利佐证，如一些切口和笔触的变化，特别是在手的轮廓和静物等局部位置的变化都很像卡拉瓦乔的笔触。花瓶的位置曾经是一个画好的盘子[5]。

不过也有持反对意见的人，琳达·鲍尔和斯蒂夫·科尔顿[6]认为这幅画是埃尔米塔日博物馆原作的复制品；塞巴斯蒂安·舒茨[7]认为，埃尔米塔日博物馆中的那幅原作"不论是少年的体态、表情和服饰，还是整体的画面气氛"，都要优于这幅画；约翰·斯派克[8]也认为这幅画是复制品；毛里齐奥·马里尼[9]则认为这幅画是普罗斯佩罗·奥尔西画的复制品。奥尔西是卡拉瓦乔的推广者，在卡拉瓦乔死后，他可能集中开展了一项卡拉瓦乔作品的复制行动。复制的部分作品于17世纪20年代成为了阿尔腾普斯宫中的财产，这其中就包括一幅"一位演奏鲁特琴的少年与一个花瓶"，一幅"演奏卡拉瓦乔的鲁特琴的天使"，他同时指出，伯明顿的那一幅画是由复制者在卡拉瓦乔不情愿的情况下将两幅画合并在一起生成的（卡拉瓦乔认为艺术是一件个人的事情，而不是画室的工作，这种理念在当时也是很前卫的），即从《被蜥蜴咬到的少年》（如今有两版，一版存于伦敦国家美术馆，一版存于佛罗伦萨隆吉基金）中复制了水瓶和部分花朵，从埃尔米塔日博物馆中的那幅《鲁特琴演奏家》中复制了余下的花朵。

同时，马里尼[10]还谨慎地将另一幅同样绘于1594－1596年的《鲁特琴演奏家》（现存于巴黎，规格为97.7厘米×120.5厘米，萨利尼收藏）定义为卡拉瓦乔的真迹。这幅画据称是画给亚利桑德罗·维特里齐的，也有可能是画给罗马忧苦之慰圣母堂的院长的，卡拉瓦乔从米兰初到罗马时曾不幸受伤住院。马里尼认为，这幅画现存纽约大都会博物馆（与埃尔米塔日博物馆中的那幅相比，纽约大都会博物馆中的那幅出现了一个小刺、一个口笛和一个鸟笼，琴上端有七个调音钮，而非六个）。关于纽约大都会博物馆中那幅画的归属问题，最开始在评论界是有分歧的[11]，但现在专家们一致认为，它属于德尔蒙特主教。不管怎样，从马里尼指认出巴黎的那幅画也是卡拉瓦乔真迹的事件中可以得到两组结论：巴黎的那幅可能是纽约的模板，而伯明顿的那幅可能是埃尔米塔日博物馆的模板。但是，这些结论还有待验证，需要我们对那两幅有争议的画进行进一步研究，因为这一结论势必会打乱这一批《鲁特琴演奏家》的分布。由于鲁特琴演奏家的题材画非常多，如果把这几幅画作中的演奏家合起来，我们都可以组成一支鲁特琴乐队了。

这些信息让被鉴定过的很多画作和相关解读又有了新的疑问，包括西尔瓦诺·洛迪在意大利金皮庸收藏的那幅《鲁特琴演奏家》（规格为88.9厘米×107.9厘米）。这幅画曾在1975年出现于伦敦艺术市场，之前在伦敦的

布洛克收藏，更早则由B. 里奇奥收藏于罗马。费德里科·泽里[12]认为这幅画是卡拉瓦乔的真迹，米娜·格雷戈里则持反对意见（“这幅画不可能是原作”[13]），维特费尔德[14]则认为，这幅画是奥尔西的作品。还有一幅画叫作《大鲁特琴演奏家》（而这幅画中的乐器是另一种鲁特琴——大鲁特琴，画作规格为110厘米×81厘米），现存于慕尼黑巴伐利亚国家绘画收藏馆。著名的卡拉瓦乔研究家罗贝托·隆吉对这幅画赞誉有加，他曾经表示这幅画“非常卓越”，还指出“卡拉瓦乔研究者们从来没有对这幅画是真迹的推测提出过任何疑问”[15]，然而，这一观点随后遇挫，关于它的作者和日期目前也没有定论[16]。斯特法诺·托佛洛[17]认为，有些许迹象表明，马特奥·赛拉斯曾于1637年在威尼斯画过一幅类似的画作（这幅画现存于伦敦维多利亚和阿尔伯特博物馆）。1802年，罗马牧师彼得·加利亚尔迪[18]在遗产中留下了一幅“大幅尺寸、金画框、具有皇家装饰风格的画作，画中是一位正在演奏卡拉瓦乔的鲁特琴的西班牙少年”，根据尺寸和画中明确描述的少年的国籍（西班牙），我们可以认为，这幅画就是收藏于巴伐利亚的那一幅。

在这些以鲁特琴演奏家为主题的匿名画作中，还有一幅上边画了两位鲁特琴演奏者，这幅画还有个名字叫作《阿敏塔的抱怨》，规格为82.5厘米×106.5厘米，目前存于都灵阿科尔西基金会，之前由皮埃笛蒙特收藏于那不勒斯[19]。这幅画可能是由卡瓦罗齐绘制[20]，也可能是卡瓦罗齐与另外一位画家一起画的——另一位画家可能是乔万尼·巴蒂斯塔·克莱申奇[21]，也可能是一位自称 “阿夸韦拉静物画大师”的匿名画家[22]。也有人认为这幅画是卡拉瓦乔的真迹[23]：一方面因为所绘人物形象并不失高雅，一方面也因为韦拉梅迪亚纳伯爵于1615年在锡耶纳收购过一幅类似的画作，这位公爵声称自己拥有过一幅卡拉瓦乔的画作，上面画着“两位少年，一位在吹笛子，另一位则放置了一把小提琴”[24]。

另一幅卡拉瓦乔真迹也不断受到舆论的质

上图，巴尔托洛梅奥·卡瓦罗齐（或卡拉瓦乔？），《阿敏塔的抱怨》，又名《两位鲁特琴演奏家》，1597或 1614－1615 年，都灵，阿科尔西基金会。

疑。尽管质疑程度轻一些，但同样不仅仅停留在真迹问题的讨论，还可能颠覆卡拉瓦乔的整体艺术形象。因为，这幅画是罗马多利亚潘菲利美术馆中的一幅名画《施洗圣约翰》（规格为132厘米×98.5厘米），如果这幅画遭到质疑，也就意味着罗马卡皮托利欧博物馆中那幅被认为百分之百是原作的《施洗圣约翰》（通过肉眼观察，与多利亚潘菲利美术馆的那幅画相比，这幅只在次要的局部有稍许差别：山羊额头前的暗斑颜色更轻，右下角的一片树叶，镉色斗篷中间的纵向褶皱更细，下侧具有边缘）也将遭到抨击。

罗马多利亚潘菲利美术馆的那幅《施洗圣约翰》，因绘画技法问题被大部分的学者认为是马里奥·米尼蒂或普罗斯佩罗·奥尔西所作的复制品，但也不排除是由卡拉瓦乔自己私下里画的，因为在当时，卡拉瓦乔可能会在原作的基础上投机取巧地多画一张以应付多张订单[25]。

关于这幅画有一些史料记载，其中，画家加斯帕莱·切利奥记述称，马太伊家族于1602年得到了这幅画的真迹（之后在18世纪中叶先后由德尔蒙特主教和教皇比奥收藏[26]）。在1620年再次造访马太伊家族的画廊时，他看到了这幅画，并否定了这幅画关于圣约翰的宗教主题，认为画面上画的是古典文学中与羊有关的希腊神佛里克索斯。近年来，也有学者推断这幅画的主题是“被拯救的以撒”[27]。他们将画上的男孩与《圣经》中亚伯拉罕的爱子以撒联系起来。据《圣经》记载，上帝为考验亚伯拉罕，要求其将爱子以撒作为羊皮来燔祭，亚伯拉罕做好一切准备，正欲将儿子屠宰时，神的使者制止了他。而这幅画中所表现的就是以撒、公羊、亚伯拉罕和上帝间的这一故事。这一观点与施洗圣约翰的主题相悖，而在这幅画上，圣约翰的元素也比其他相关画作要少（没有水盆和饰带做的十字架，也没有绵羊和指引性的手势）。不过需要考虑到的一点是：卡拉瓦乔习惯用“自己的方式”将一些宗教元素和神圣主题“自然化”，这其中也包括对宗教英雄人物的“自然化”。

上图，复制品（？），卡拉瓦乔，《施洗圣约翰》或《牧羊人与山羊》，1602年，罗马，多利亚潘菲利美术馆。

这幅画可能是马里奥·费洛纳尔迪于1644年通过罗马教廷作为继承物转移到多利亚潘菲利美术馆的（根据罗马教廷1666年的史料记载，有一幅长8臂、宽5臂的画，上边画着“一位上身白衣，下身红绸，足下有草的男孩正在抚摸一只被阉割的羔羊”）。在一次现代的修复过程中，这幅画中半面冲着观众的少年的红衣得到了修正，延伸到少年私处的红衣边被去掉了。修复让作品成为几十部复制品中最好的一幅，唯一留下的遗憾是，20世纪90年代末，人们将这幅画与原作做了进一步对比（只在20世纪50年代和1990年进行过相关比对，但成果甚微[28]），没有得到这幅画具备更高原创性价值的结论。因此，《施洗圣约翰》并没有像《被蜥蜴咬到的少年》那样具备两个真迹版本。

另一幅值得一提的画作是现存于都柏林爱尔兰国家美术馆中世界闻名的《耶稣被捕》。这幅画同样作于卡拉瓦乔高产的1602年，是其为马太伊家族所绘的作品，这幅画的发现纯属巧合。画作于1990年由塞尔吉奥·贝内德蒂在都柏林当地的耶稣会团体发现，经过三年的修复后公之于众。截至这次发掘，在众多《耶稣被捕》的复制品中（还有一幅规格更小的复制品，规格为100厘米×132厘米，现属于私人收藏），只有几幅可能是卡拉瓦乔真迹的画作，其中包括存于敖德萨乌克兰东西方艺术国家博物馆的作品，其134厘米×172.5厘米的规格更接近于爱尔兰的真迹；还有一幅规格更大的作品（164厘米×245厘米），由拉迪斯·桑尼尼于2003年收藏于佛罗伦萨。

其中，第一幅画在19世纪到20世纪间收藏于圣彼得堡美术馆（之前存于巴黎），1955年进行过一次修复，它曾被认为是最接近于遗失真迹（我们暂且将丢失的那幅定义为原作）的一幅，但现在很少有人支持这一观点（在当代文学界，只有瓜斯蒂和内里[29]错误地认为这幅画是评论界认可的原作。这幅画曾在2008年7月失窃，在2010年6月寻回。部分报纸也认为，这幅画才是卡拉瓦乔原作，而不是都柏林那幅），最多认为这是一幅卡拉瓦乔与他人合画的作品，如马里尼[30]认为，这幅画的中央人物为卡拉瓦乔所绘，其他人物则由奥尔西所绘。他因此把这幅画与1688年在那不勒斯记载的“一半人物由卡拉瓦乔所画的《耶稣被捕》”相联系，那幅画被朱利亚诺·科罗纳·迪·斯蒂利亚诺王子收藏。

后边提到的画作在1943年由罗伯特·隆基公之于众，他推断这幅画就是丢失的原作，并作为原作在那次幸运又极具历史意义的米兰王宫展览中展出，使之再次得到了舆论甚至是司法界的关注。这幅画最初由桑尼尼以13.5万欧元的价格从一位古董商处购得。这位古董商在罗马人民广场附近拥有一间实验性画室。随后，桑尼尼对画作进行了改善画面质量的保存修复处理。在这之后，这幅画开始引发争议[31]。先是司法界命令宪兵将这幅画扣押，一方面要对这桩交易进行核查（这桩交易的一位出资人决定走法律程序），另一方面也要检验这幅画是否为原作。文化部认为，这幅画可能具备极高的艺术价值。

司法部门裁决，这幅之前属于桑尼尼的画作如今由罗马市政府所有。多名专家认为，这一裁决证明之前的科学鉴定没有白做。持这一观点的人除克劳迪奥·斯特里纳蒂、丹尼斯·马洪（这位专家签署了收藏于爱尔兰的《耶稣被捕》的鉴定书）、科洛维斯·维特费尔德[32]、米娜·格雷戈里（称“我对这幅画进行了逐厘米的细致研究，这幅画画得很出色”[33]）外，还包括玛利亚·莱蒂齐亚·保莱蒂[34]。而从财产转移的角度来看，还应该加上另一位专家——斯特法尼亚·马乔切，她认

为，《耶稣被捕》的原作“从17世纪20年代末就已经从乔万尼·巴蒂斯塔·马太伊的画廊转移到了他叔叔阿斯德鲁巴莱那里，原作很可能并不是都柏林那幅，而是另一幅”[35]。

保莱蒂认为，桑尼尼这幅画的优势除了被认为是真迹的画框模板外，更在于通过反射技术鉴定出来的多处“修改”，其中最重要的一处是关于耶稣的形象的：修改之前耶稣的位置更靠左，在现在逃跑的人的位置（几乎确定是圣约翰）；犹大的食指处也有一处修改，突出了卡拉瓦乔细致且通常带有瑕疵的现实主义曲线。同时，这幅画与长期租借给爱尔兰国家美术馆的那一幅相比尺寸更大（纵向要超出半米！）。她强调，总体来讲，一位临摹者不会冒险将画作缩小或扩大（维克多·拉萨雷夫认为桑尼尼的这幅画“将原作的构图进行了拉伸，在两边加入了空白，这两处空白的加入显得很肤浅，失去了卡拉瓦乔画作原有的紧凑感和活力”，换句话说，卡拉瓦乔充满电影镜头感的风格被复制者不假思索地去掉了[36]）。最后，这幅画中的“那不勒斯黄”底色影响了画作的原创性。因为尽管这种颜料是在卡拉瓦乔死后才在罗马流行起来的，但之前也并非没有人使用过（譬如拉斐尔、罗马尼诺和提香），也不排除卡拉瓦乔对之进行过开拓性的使用试验。他可能看到过陶瓷匠和玻璃匠提取这种颜料。此外，卡拉瓦乔在最后一幅杰作——现存于那不勒斯意大利联合圣保罗美术馆的《厄休拉的殉难》中，也使用过这种颜料。

另一方面，如果这幅画具有真迹的原始尺寸，那么都柏林那幅毫无争议的原作的规格就显得小了一些（马里尼的观点[37]）[38]。而从之后

上图，复制品，卡拉瓦乔，《耶稣被捕》，1602 年（？），乌克兰敖德萨，东西方艺术国家博物馆。

哈尔[39]等人鉴定出的可观的修改痕迹来看，这幅画可能是由一位复制者在被允许观摩原作之后，在自己的画室依靠记忆所画，之后再看原作比对时，修改了画的尺寸（不过这幅应该不是由乔万尼·迪·阿蒂里于1626年为马太伊家族所作的《耶稣被捕》，那幅画是复制者在很从容的状态下画出来的，在1802年被定为马太伊家族遗产。贝内德蒂认为，这是今天收藏于乌克兰敖德萨的那幅画）。

总之，舆论希望了解这幅画在桑尼尼收藏之前都经过了哪些地方（卡雷塔和斯加尔比指出，1814年的一份清单显示这幅画曾位于弗朗切斯科·安东尼奥·科尔西·萨尔维亚蒂[40]侯爵在佛罗伦萨的宅邸）。这幅画的情况决定了搞清这些信息是很必要的，因为人们要等到真相（或者说是那启司法案件的真相）大白的那一刻。

最近，还有一幅画被认为很可能是卡拉瓦乔复制的自己的作品，有些专家则认为这一结论论据不足[41]。这幅画就是如今私人收藏在摩德纳的《以撒的献祭》（规格为114厘米×170厘米，发现于那不勒斯，1989年在罗马的一次拍卖中被买下，1995年9月在罗马的另一次拍卖会上再次被收购，如今在摩德纳）。毛里齐奥·马里尼[42]在仔细研究过后认为这幅画是卡拉瓦乔的真迹，这一观点得到了丹尼斯·马洪的赞同，舒茨[43]则对这一观点持反对态度。卡拉瓦乔可能于同一时刻在两个平行画板上画了两幅作品，这幅画是第二幅，第一幅目前存于新泽西普林斯顿附近的劳伦斯威尔，由巴巴拉·皮亚塞卡·约翰逊收藏，米娜·格雷戈里在1989年将这幅画定义为卡拉瓦乔的原作。马

上图，卡拉瓦乔（？），《耶稣被捕》，1602年，罗马，私人收藏，（曾）佛罗伦萨，拉迪斯·桑尼尼收藏会。

里尼认为，约翰逊收藏的原作很早就到达了西班牙，实际上很多卡拉瓦乔的复制品都是在西班牙找到的，另一幅“姊妹画”（2013年夏天曾在埃尔米塔日博物馆展出）则由奥苏纳公爵带到了那不勒斯。这位公爵曾在1616－1620年期间担任那不勒斯总督，这幅画很可能从那时起就一直收藏于那不勒斯，一直到现代时期。这幅画在古时经历多次复制，其中一幅复制品现存于斯塔比亚海堡。马里尼认为，这两幅画在光照处理方面有所不同，摩德纳的那幅在描绘和笔触方面都要比普林斯顿的那一幅要画得早，所以实际上这两幅画向我们展示了在先后两个时段发生的同一事件：其中一幅是在夜里画的（也就是摩德纳的那一幅，所以这幅也叫作“夜间版以撒的献祭”），另一幅是在早晨画的（即约翰逊收藏的那一幅，所以这幅也叫作“早间版以撒的献祭”）。这样说来，乌菲齐美术馆中傍晚所画的带有景色的《以撒的献祭》，可能就是这两幅之外的另一幅（画中的人物形象与前两幅是不同的）。

一份玛塔·加尔文发表于1995年的科学报告和一份大卫·布索拉尼发表于2007年的科学报告似乎证实了一些结论，这些结论是从史料和画风角度出发的。所作的科学核查涉及到在模板上直接打上的底稿（包括亚伯拉罕的头发和胡须，屠刀和以撒的绳子）以及一些修改的部分，譬如双手和右下部的枝条，后者显示了画作的时刻（在夜间版中，枝条还没有完全燃烧，而在早间版中已经开始有火苗了）。在这样的特殊情况下，两幅画作不应该被作为原作和复制品来定义，而是一套同时创作的姊妹画。如果说卡拉瓦乔偶尔复制自己画作的说法比较难验证，那么也不排除他偶尔会在极为粗糙的画布上画出两幅同样的作品，这种工作也

上图，复制品（？），卡拉瓦乔，《以撒的献祭（夜间版）》，1602年，摩德纳，私人收藏。

并不见得有多么省力。

此外，还有一幅以施洗圣约翰喂羊为主题的画作被认为可能是真迹，这幅画由罗马（规格为78厘米×112厘米）的某藏家收藏。前不久，其刚与其他被认为是卡拉瓦乔真迹的画作（包括《主教肖像》[44]、《“穆尔托拉”美杜莎》[45]和《被斩首的圣人》[46]）在南美进行了巡展。该巡展的画册[47]中标注了1951年泽里、卡斯特尔弗朗科和马尔特赛对这幅画的研究成果，他们认为这是卡拉瓦乔的真迹。这幅画当时的收藏者[48]曾试图将其卖到国外，随即意大利政府介入，与收藏者对簿公堂，最终官司在1958年以收藏者的胜诉告终。在此期间，这幅画暂藏于罗马巴尔贝里尼宫国家古代艺术博物馆。1955年，它还以“一幅非常接近原作的复制品”的身份进行过展览，展览由诺尔弗·迪·卡尔佩尼亚策划。

2001年，这幅画在罗马的画展中重新出现，贾尼·帕皮认为这幅画由斯帕达里诺绘制。他认为《喂羊的施洗圣约翰》在规格上与乔治·德·拉·图尔的那幅圣约翰画作相似，后者如今存于塞尔河畔维克以拉·图尔名字命名的博物馆中。帕皮坚持认为：“尽管目前还没有发现，但并不能排除存在多件由斯帕达里诺复制的卡拉瓦乔画作，或许其中一幅就传到了法国，被乔治·德·拉·图尔看到。后者在绘画生涯晚期也可能想创作一幅自己的圣约翰主题画作，而现存于塞尔河畔维克的这幅被一致认为是乔治·德·拉·图尔晚期的作品，尽管风格与卡拉瓦乔极其相似。”[49]然而，大家却都想看到关于这幅画更可能是卡拉瓦乔真迹的论断，因为看到乔治·德·拉·图尔的真迹要比看到卡拉瓦乔的真迹要容易，而看到卡拉瓦乔的真迹要比看到斯帕达里诺真迹的可能性大。克劳迪奥·斯特里纳蒂认为这幅画是卡拉瓦乔真迹的论断值得推敲，他认为这幅画太过

上图（上），卡拉瓦乔（舆论认为是原作），《喂羊的施洗圣约翰》，1604 — 1609 年，罗马，私人收藏。第 365 页为局部。

上图（下），卡拉瓦乔（舆论认为是原作），《喂羊的施洗圣约翰》，罗马，X 光检验。

忧郁内省，像是卡拉瓦乔末期（也许作于1609年）的简约风格。[50]

支持这幅画是真迹的学者认为，这幅画所用的画布密度为12×8线每平方厘米，与罗马圣奥古斯丁教堂的那幅《朝圣者的圣母》相似，持这一观点的有沃德雷特、维特费尔德和舒茨。随后，乔治·莱奥内[51]也支持这一观点，认为这幅画所用的模特与切拉西礼拜堂的《圣保罗的改教》中的保罗相似（实际上相似度很低，非要说相似，这位圣约翰要更像《纸牌老千》中被蒙骗的少年，两人的燕尾鬓角相似）。另一方面，最近对这幅画进行了修复和科学鉴定。对此，克劳迪奥·法尔库齐[52]表示，鉴定结果显示，画布下面有一层清晰的底稿（如右腿上的披风），同时有修改，特别是羊鼻子和约翰的耳朵处修改痕迹很重，约翰握住竹竿的手指在底稿上的位置与最终的位置不同。根据这些鉴定结果，卡罗·詹托马西和多娜戴拉·扎里断定这幅画作并非复制品，而是一幅经过多处修改循序渐进画出的真迹[53]，这一观点得到了毛里齐奥·卡尔维西[54]的支持。此外，一份1681年的史料资料记载了一幅“规格较大的施洗圣约翰，画中的约翰身穿皮衣戴着红色斗篷，右手喂绵羊吃草，这幅画出自卡拉瓦乔之手”[55]（画作如今存于贾科莫·菲利普·尼尼主教的府邸兰齐阿尔科尔索宫）。描述似乎跟这幅画完全一样，从风格上来看，这幅画似乎介于堪萨斯城那幅画面偏暗的作品与罗马科尔西尼宫里的那幅看似漫不经心的作品之间（也可能是两幅作品风格的结合体），瓦莱斯卡·冯·罗森在论著中写道，斯帕达里诺（罗森当时保存着这幅作品[56]）在画之前就已经猜到“卡拉瓦乔想去掉画边的十字架，将其变成一根普通的牧羊棍”。几乎与巴西那次画展同时，朱塞佩·波尔齐奥认为这幅作品是由与卡拉瓦乔同期的年轻画家里贝拉所画（日期推断为1611年），并称这幅画质量下降太多，“无法甄别”是否是那不勒斯国立卡波迪蒙特博物馆中的那一幅[57]。

同时，人们还希望能够早日鉴定出圣奥古斯丁教堂中一幅遗失的卡拉瓦乔画作，这幅画曾经为朱斯蒂尼亚尼侯爵所有。西尔维亚·达内西·斯夸尔齐纳[58]声称在鉴定工作中犯下一些明显的错误后，终于发现了一幅有可能是真迹的画作。画作来自西班牙，现由私人收藏于伦敦，规格为120厘米×99厘米，2011年6月首次在加拿大渥太华展览。在此之前，评论界有一部分专家认为这幅画出自其他画家之手，尽管有卡佩来蒂[59]和沃德里特等专家认为这幅画可能是卡拉瓦乔的真迹，但持反对意见者还是很坚决地将这种观点定义为“无稽之谈”。在策划一次罗马的画展[60]时，沃德里特曾将这幅作品归到了“新发现的卡拉瓦乔真迹”目录中，并同时指出，通过X光鉴定出的几处局部的修改中，可以看到“约翰的耳朵有了一次稍微的偏移，偏移之前的耳朵与卡拉瓦乔的画风非常相似”。不过，她也同意一些场景元素“不像卡拉瓦乔常见的风格”。之后的一次圆桌研讨会也没有解决上述疑点。玛利亚·克里斯蒂纳·特尔扎吉[61]指出，初期的技术鉴定表明，这幅画在画技方面与卡拉瓦乔有重合之处，这似乎预示着鉴定会以积极的成果结束。然而，之后的两次鉴定却显示出与原作背道而驰的结果：约翰的衣服款式在卡拉瓦乔死后才开始流行，同时，17世纪的部分诗歌也对这幅画进行过相关描述，但描述的内容与被鉴定的这幅画不符（“卡拉瓦乔，你把圣人约翰的能量翻了一番：战争的文字在威胁，战争还在蔓延，战争被你画到了一幅画里”）。

现在需要指出的是，在卡拉瓦乔死后的第

四个世纪里，人们对于卡拉瓦乔的痴迷一发而不可收，这场追捧狂潮使得人们很浮夸地将若干画作草率地定义为卡拉瓦乔的真迹；同时，媒体也起到了推波助澜的作用，我们时常可以在报纸的头条看到某某画作被冠上卡拉瓦乔真迹的名号，而在之后几天就被一一推翻，有些甚至在同一篇文章里就露出了破绽。譬如，在帕拉佐洛阿克雷伊德（位于西西里希拉古萨）的圣伊波利托教堂有一幅被认为是米尼蒂[62]的作品（这幅画，特别是画中的恶棍，让人想起了那幅存于罗马的《圣塞巴斯蒂亚诺》[63]），曾有小部分评论家认为，卡拉瓦乔可能直接参与了这幅画的创作。除此以外，最近的一个例子是罗马耶稣会中的一幅《圣洛伦佐》（规格为130.5厘米×183厘米，可能出自阿奎拉），这幅画被萨尔维奥齐·因索雷拉[64]认为是真迹，但这则消息只持续了一个早晨，随后伯纳·卡斯特罗蒂[65]马上就发表了一篇持反对意见的文章。此外，在西班牙塞哥维亚的圣玛利亚大教堂中也有一幅相同的画作[66]，但却没有人认为是卡拉瓦乔的作品。

关于“姊妹画”的新问题

在现在这种充满变数的背景下，我们可以重新拾起“姊妹画”这个烫手山芋了。这里所说的“姊妹画”，指的是在一幅百分之百（或者至少是绝大多数评论家都认可的）的原作基础上，还存在另一幅或多幅类似的画作，后者可能已经被认为是真迹，也可能还没有。这个

上图，卡拉瓦乔（舆论认为是原作），《被斩首的圣人》，1609年，罗马，帕拉斯特里纳，神圣艺术教会博物馆。

右图，卡拉瓦乔（舆论认为是原作），《圣塞巴斯蒂亚诺的殉葬》，1607年，罗马，私人收藏。

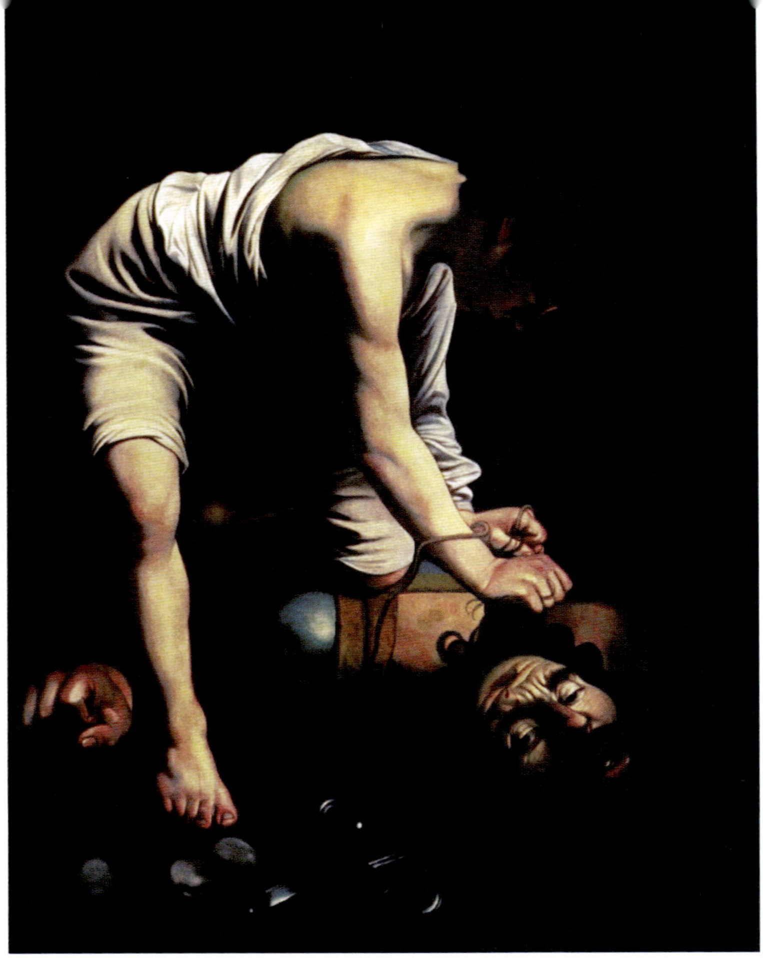

棘手的问题如今重新成为了评论界热议的话题。因此，以下我们按照签名时间的先后顺序来罗列出评论家争论过的主要案例，这里不包括分别存于伦敦国家美术馆和佛罗伦萨隆基基金会的两幅《被蜥蜴咬到的少年》，那两幅画都已经被认为是真迹。

《纸牌老千》
（沃斯堡与马洪基金会）
《神魂超拔的圣方济各与天使》
(哈特福与乌迪内民众博物馆)
《带花瓶的鲁特琴演奏者》
(埃尔米塔日博物馆与私人收藏，后者先前存于伯明顿)
《带花刺的鲁特琴演奏者》
(纽约大都会博物馆与巴黎私人收藏)

上图，卡拉瓦乔与其他人合作（？），《大卫与哥利亚》，1600年（？），纽约，私人收藏。

《美杜莎》
(乌菲齐美术馆与米兰私人收藏)
《砍下哥利亚头颅的大卫》
(普拉多博物馆与纽约私人收藏，后者如今存于萨尔瓦多)
《以马忤斯的晚餐》
（伦敦国家美术馆；洛什圣安东尼教堂；的里亚斯特私人收藏）
《圣多马斯的疑惑》
(波茨坦；洛什圣安东尼教堂；的里亚斯特私人收藏)
《以撒的献祭》
(普皮斯顿与摩德纳私人收藏)
《施洗圣约翰》
（卡比托利欧博物馆与多利亚潘菲利美术馆）

《耶稣被捕》
（都柏林；敖德萨博物馆；罗马私人收藏，先前由桑尼尼收藏）
《荆棘加冕》
（普拉多与里瓦罗洛加尔都西会圣巴尔托洛梅奥教堂）
《圣方济各的冥想》
（卡皮内托罗马诺；罗马圣母无玷始胎教堂；伦敦私人收藏）
《圣耶柔米》
（瓦莱塔；泽尔比奥堂区；私人收藏）
《沉睡的丘比特》
（佛罗伦萨碧提宫与印第安纳波利斯艺术博物馆）
《拿着哥利亚头颅的大卫》
(博尔盖塞美术馆与伦敦私人收藏)

其中的一些我们在前面已经提到过，现在来看其他画作[67]。在这些画作中，专家们曾围绕一幅《砍下哥利亚头颅的大卫》探讨了很长时间。这幅作品（规格为129厘米×101厘米）最早发现于古巴，随后被运往萨尔瓦多，目前被私人收藏于纽约。同样引发了持久讨论的还有一幅《神魂超拔的圣方济各与天使》，现属于乌迪内民众博物馆，由法加尼亚圣亚哥教堂代为保存（规格为93厘米×129厘米）。

马里尼认为，纽约的大卫题材作品最初反映了原作的整体框架，但随后被裁减了规格，所以这幅画可能是在“卡拉瓦乔原作停留在罗马期间”由卡拉瓦乔本人参与完成的[68]。同时，马里尼认为，在乌迪内那幅画中“可以看出一些非常具有质量意义的特点，特别是在天

上图，卡拉瓦乔与其他人合作（？），《神魂超拔的圣方济各与天使》，乌迪内，民众博物馆。

使与方济各的局部，反映出了卡拉瓦乔真迹的风格”[69]。作品因此被认为是真迹，尽管米尼蒂的参与使得这幅画仅局部体现出了真迹的特点。萨尔维也持同样观点（“不排除这幅画是在卡拉瓦乔的参与下完成的”[70]）。在反派观点中，特尔扎吉[71]认为，这幅画“画得过于生硬，笔触过于做作”，遂将其定义为复制品。[72]

2006年12月5日，资深学者丹尼斯·马洪爵士以5万英镑的价格从伦敦的一家拍卖行里收购了一幅《纸牌老千》（规格为104厘米×131.5厘米，需要指出的是，这家拍卖行目前正与画作的前拥有者打官司）。除马洪外，米娜·格莱格里与毛里齐奥·马里尼这样重量级的卡拉瓦乔研究者都认为这幅画是真迹。这幅画于2013年4月份由马洪基金会出借给伦敦克勒肯维尔圣约翰博物馆，由于与得克萨斯沃斯堡金贝尔艺术博物馆中的那幅（经史料证实，先后出现在德尔蒙特、巴尔贝里尼和夏拉的府邸）相似，所以在展出期间，这幅画被冠以原作的标签进行展出[73]。除这两幅之外，第三幅被认为是真迹的“姊妹画”（发现于波兰，现由意大利私人收藏）于2012年在佩鲁贾蒙泰圣玛利亚蒂贝里亚展出。[74]

1999年，法国图赖讷区洛什圣安东尼教堂收藏了一幅圣多马斯用手指触摸耶稣伤痕的画作（规格为116厘米×147厘米）。2006年年初举办的一场推介会将之定义为波茨坦那幅绝世佳作的姊妹真迹画。同时，该教堂的一幅关于耶稣在以马忤斯朝圣的画作（规格为126厘米×178厘米）也很快地被打上了“姊妹画”的标签，专家认为这幅画与伦敦国家美术馆的《以马忤斯的晚餐》一样出自卡拉瓦乔之手。

支持这两幅画是真迹的专家还有若泽·弗莱切斯[75]，他根据法国文化部2005年的一次修复成果得出了结论：“这幅画作所用支架的质地和质量、红色的底色，以及底色上的笔触、优秀的文体，都可以用来确认这幅画属于原作。”

此外，这些画作都有一个与众不同的地方——没有用画布。它们有可能是卡拉瓦乔送给法国驻罗马大使贝蒂纳公爵的礼物（部分专家认为，画中耶稣的肖像就是照着这位公爵的面孔绘制的），用以换取在1603年发生的巴利奥内诉讼案中的帮助（这些画先是由公爵带到了他在法国瑟莱的城堡，随后出现在了附近的利盖特加尔都西会中，法国大革命期间被转移到了洛什医院的礼拜堂中，1813年转移到了圣安东尼教堂乌尔苏拉会修道院的旧宿舍中）。在这一有利论据的支持下，另外两幅相关画作也浮出了水面，马里尼认为这两幅画可能是卡拉瓦乔与好友普罗斯佩罗·奥尔西[76]合作完成的。一幅是纽约一家美术馆的《以马忤斯的晚餐》（规格为143厘米×199.5厘米）。通过X光技术，可以看出这幅画中耶稣的面孔与伦敦那幅相比有微妙的差别（马里尼将这一变化定义为画作构思者/绘画者的风格）；另一幅是没有公之于众的《圣多马斯的疑惑》（存于的里亚斯特，规格为118厘米×156.5厘米），画的背面用16世纪的字体写着“安杰洛·米凯莱·卡拉瓦乔先生所绘”。

有观点说从两幅画中不容易区分卡拉瓦乔具体参与了绘画的哪些局部，这一观点在这几幅存于法国的画作中被表现得淋漓尽致，因为这些画作中的轮廓已经变形了，好像原作被放进了月亮公园的镜子中一样[77]，这让画作的鉴定工作几乎无法推进（萨尔维坚称：“有时想找到这些画的作者就是天方夜谭，甚至是妄想。”[78]）。

2006年，专家就若干幅卡拉瓦乔的“姊妹画”进行了持久讨论。那一年年初，他们对两幅发掘于1999年的画作产生了兴趣，到了年

右页（上图），卡拉瓦乔亲笔复制，《以马忤斯的晚餐》，1601（？），纽约，私人收藏。

右页（下图），卡拉瓦乔亲笔复制，《圣多马斯的疑惑》，1601－1603年，的里亚斯特，私人收藏。

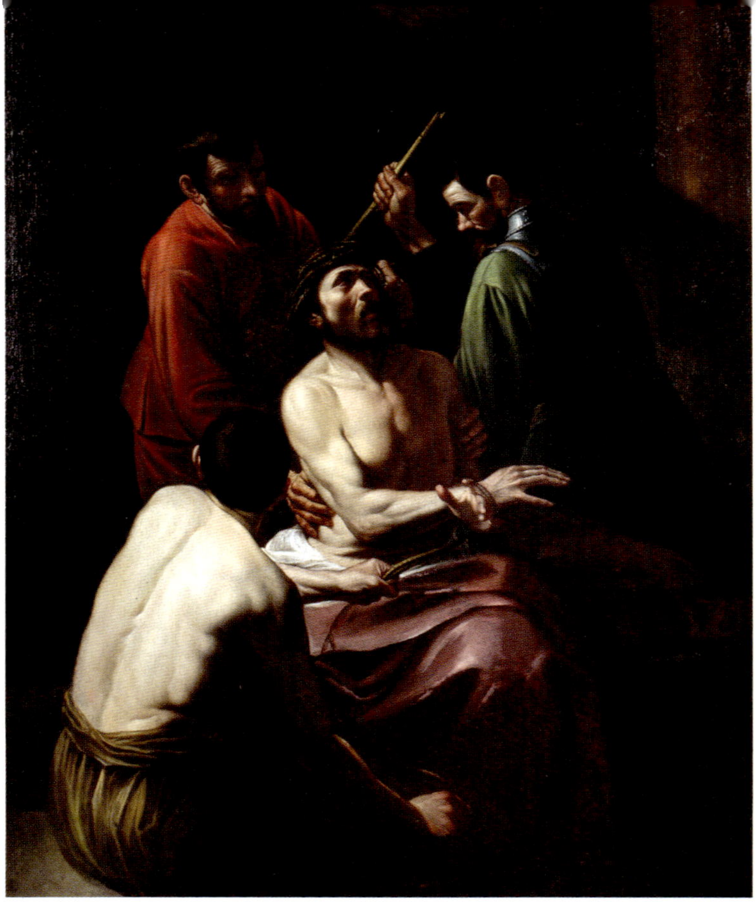

末，又有人宣称1997年发现的另一幅画作也可能是真迹：目前收藏于热那亚附近里瓦罗洛加尔都西会圣巴尔托洛梅奥教堂小礼拜堂的《荆棘加冕》（规格为203厘米×166厘米）。利古里亚艺术遗产局人员[79]认为，这幅画可能是卡拉瓦乔在1604－1605年仿照那幅为罗马富商马西莫·马西米所画的作品（从1916年到1970年代一直由安杰洛·切科尼存于佛罗伦萨，随后归维琴察人民银行旗下的普拉多储蓄银行所有）而绘制，当时卡拉瓦乔可能只画了一半，另一半可能是由其他人（可能是乔万尼·巴蒂斯塔·卡尔洛内和米开朗基罗·瓦尼）于1650年左右在郊区完成。皮耶罗·多纳蒂也持这一观点，但随后他指出在这幅画中“有两处完全不同，反映了两种完全不同的绘画水平。其中一处画得早一些，并非卡拉瓦乔所画，而是出自一位水平同样较高的画家，我认为是斯帕达里诺”[80]。从规格上来讲，这幅画作比原作尺寸更大，原作中的人物形象在这幅画中被拉长了，但之后又改回了原作的比例（复制者可能是在绘画的过程中又重新观察了原作，意识到尺寸的错误，随后把之前比例错误的那部分删掉了。尽管支持这幅画是真迹的专家认为，两次修改时隔数十年是天方夜谭）。除此之外，为解决争议，人们在2007年1月对这幅画做过一次谨慎的红外线扫描，鉴定结果显示，这幅画并非真迹。同时，卡拉瓦乔的一张手稿上写道，当时“正在为马西莫·马西米先生绘画一幅高价大规格画作，类似于我画的那幅《耶稣的加冕》”，史料中所提及的那幅画应该是先前收藏于热那亚白宫美术馆中的《看，这个人》，所以并非一幅已经“卖出”的画作副本。

专家已经对这幅画展开过研究。米娜·格雷戈里在1985年（之后的修复工作组对这幅画的画

上图，复制品（？），卡拉瓦乔，《荆棘加冕》，1604－1605年，约1630年，里瓦罗洛，加尔都西会圣巴尔托洛梅奥教堂。

质进行了改善。从修复后的版本来看，这幅画并不是一件很劣质的复制品）指出：“一幅在原作比例基础上延伸过的劣质复制品现存于热那亚郊区里瓦罗洛加尔都西会圣巴尔托洛梅奥教堂的圣器室里。作者的身份很难辨别，但通过色调可以确认，作者是一位在1650年左右非常活跃的热那亚画家……另一幅复制品现存于博洛尼亚，由私人收藏，它在规格上更忠实于原作，但却同样无法演绎卡拉瓦乔的笔触。”[81]

从画面来看，一幅私人收藏的《圣耶柔米》（规格为110厘米×150厘米）与卡拉瓦乔于1607年为马耳他骑士团骑士伊波利托·马拉斯皮纳画的那幅《圣耶柔米》十分相似，后者现存于瓦莱塔圣约翰博物馆（由于画中的耶柔米酷似骑士长阿罗夫·德·维格纳科特，所以不妨认为卡拉瓦乔是照着阿罗夫·德·维格纳科特画的）。关于这幅私人收藏的画作是否为真迹，只有通过科学方法来给予公正的鉴定了。2007年，专家对这幅画进行了科学鉴定。

罗贝塔·拉普齐在佛罗伦萨组织了对这幅画的修复试验鉴定。她在一次采访中讲道[82]，在这幅画中有一些卡拉瓦乔的笔触，她说：“这幅画可能是在卡拉瓦乔为骑士团正式画马耳他圣约翰教堂的《圣耶柔米》前的一幅预备版，卡拉瓦乔也可能后来没有及时将作品完成：尽管在之后几个世纪中，这幅画有了很多增添和修改的部分，但作者就是卡拉瓦乔。”拉普齐之后又指出[83]，科学鉴定发现，在这幅画中写有“GNFDC”的字母，可能是画作拥有者“教会基金团体”或是“骑士基金团体”（骑士团的家属们在离开马耳他回国之前，要将最核心的艺术收藏品留在骑士团）的缩写。除此之外，不排除这幅画布比较稀松的画（6×6线每平方厘米，与碧提宫同时期的《沉睡的丘比

上图，复制品（？），卡拉瓦乔，《圣耶柔米》，1607年，私人收藏。

第376—377页，复制品（？），卡拉瓦乔，《圣耶柔米》，1607年（？），科莫泽尔比奥，圣保罗教区教堂。

特》属同一种画布）是为装饰一艘以耶柔米命名的战船所画。这艘战船可能当时还在建造，而当时马耳他骑士团的舰队统帅正是马拉斯皮纳。此外，还有一幅类似版本的《圣耶柔米》，画风有些许改变，2010年在泽尔比奥教区教堂（科莫）的圣器室发现，刚一发现，就有人草率地将其定义为真迹。[84]

上文提到的存于佛罗伦萨的《沉睡的丘比特》可能也有一幅“姊妹画”真迹，即现存于印第安纳波利斯艺术博物馆的作品（规格为65.5厘米×105.5厘米），一个明显的不同就是后者的弓上没有金色的阿拉伯花饰。大概是在十八世纪与十九世纪期间，专家认为这幅画上的人物是耶稣，但在这之后，瓦尔特·弗里德兰德[85]认为人物并非耶稣，而是丘比特，故应为卡拉瓦乔的真迹，他认为：“这幅画并不是碧提宫那幅画的复制品。尽管没有文字记载，这幅画也并非没有成为一幅卡拉瓦乔真迹的可能。卡拉瓦乔第一幅与神话有关的画作是存于柏林的《丘比特的胜利》，是马耳他一位骑士出资请卡拉瓦乔画的。由于丘比特形象喜人，在那幅画之后，卡拉瓦乔可能接到了另一份邀请，为托斯卡纳大公绘画另一幅丘比特作品。”不过，这一观点当时并没有引起艺术史学家的赞同。马里尼则重新研究起了这幅早已被遗忘的画作，他认为这幅画“画得很清晰”，同时将其与诗人加斯帕莱·穆尔托拉于1604年发表的诗歌联系起来，当时距为马耳他骑士团画《沉睡的丘比特》（马里尼认为那幅画作“肯定是真迹”）还差四年时间。马里尼更倾向于将这幅画归到原作的范围。一方面，X光在这幅画的主干中鉴定出了明显的修改和

上图，复制品（？），卡拉瓦乔，《沉睡的丘比特》，1595－1598年，印第安纳印第安纳波利斯，艺术博物馆。

右图，卡拉瓦乔画派画家（或卡拉瓦乔本人？），《大卫与哥利亚》，画中两个人物的肖像都是卡拉瓦乔的自画像，1610年，巴勒莫，私人收藏。

扩充痕迹，另一方面，人物轮廓的风格“与卡拉瓦乔在1594－1595年间的作品有关，这幅画可能绘于罗马，时间为1600年之前。我认为这幅画是穆尔托拉作于1600－1602年的诗歌最先提到的画作，当时穆尔托拉在朱斯蒂尼亚尼的府邸见到了这幅画 ”。[86]

毛里齐奥·卡尔维西[87]将另一幅遗失的《沉睡的丘比特》与穆尔托拉的诗歌联系起来，这幅丢失的画作有一幅“绘画于17世纪”的复制品（规格为61.5厘米×52厘米），由罗马（如今已经转移到了佛罗伦萨）的私人收藏。不过，由于这幅画中的人物形象有些不合理，卡尔维西修正了自己的观点，承认这幅画“可能是一幅变形的复制品”，由一位不知名的画家通过记笔记的方式照着原作临摹的（这位画家可能是站在这幅画允许靠近的范围内做的笔记）。同理可见于《尘世的丘比特》（罗马私人收藏，规格为130厘米×97厘米），后者在1963年被里奥内洛·文图里认为是卡拉瓦乔真迹。而对于罗特根[88]来说，此画可能由奥拉齐奥·波尔贾尼绘制。罗特根认为画中的曲线很多，丘比特“如果被画在1600年所建的罗马式坟墓拱顶上或一扇门前会更好看”。

2000年，米娜·格雷戈里曾协助施奈德修复了一幅《大卫与哥利亚》（规格为106厘米×77厘米，伦敦私人收藏[89]），她认为这是卡拉瓦乔的真迹。这一观点似乎得到了马洪和施莱尔的支持。格雷戈里认为，这幅画作是由另一位画家在卡拉瓦乔的底稿上完成的，这位画家可能是艺名为“加拉尼诺”的巴尔达萨莱·阿洛伊西。费德里卡·帕皮[90]则认为，这幅画“可能是卡拉瓦乔第一幅关于大卫主题的画作，而存于博尔盖塞美术馆中的那幅则是最成熟的版本”。这一理念得到了卡拉·马里亚尼[91]的支持。后者保守地认为，从修改（剑和

上图，卡拉瓦乔的圆环画（原作），《痛苦的抹大拉的玛利亚》，1605－1607年，罗马，私人收藏。

眼睛）和刻印（紧收的胳膊）来看，这幅画应该是“在卡拉瓦乔原作基础上重新创作出来的作品”。

相反，斐迪南多·博洛尼亚则认为这幅画与卡拉瓦乔并无联系[92]，因为其与帕勒莫私人收藏的那幅更加复杂、包含卡拉瓦乔两幅自画像的《大卫和哥利亚》无法相提并论[93]，马里尼也认为这是“一幅在1998年哈特福德沃兹沃斯艺术博物馆（美国康涅狄格州）的研讨会中就已经得出明确结论的画作（非原作）”，同时指出“创作日期应为1607年，也就是在罗马博尔盖塞美术馆的大卫题材作品之前，而这幅画则是后者的一幅复制品，内容有一些变化，但质量不明”，这幅画“可能是巴尔达萨莱·阿洛伊西得到资助所画的两幅复制品之一（其中一幅没有画完），1610年，阿洛伊西得到了十个杜卡特的定金”[94]。

上述两幅复制品也可能是另外两幅画作，一幅存于卡塞尔博物馆，一幅由私人收藏。而我们所谈的这幅画，根据修复过程中得出的技术鉴定结果（特别是因为这幅画人物的肖像与原作不同，画中的剑也不是原作的那一把），与其说是复制品，倒不如说是关于大卫主题的另一幅画。画中的模特与原作不一样，可能是维也纳博物馆的《大卫战胜哥利亚》中的那位模特。[95]

还有一幅《方济各冥想》的“姊妹画”也一直受到舆论的争议。目前为止，评论界主要分为两派，一派认为这幅原作的“姊妹画”应该是存于罗马省卡尔皮内托罗马诺圣彼得教堂中的那一幅（之前很长一段时间存于巴尔贝里尼宫古代艺术国家美术馆，最近被收回，规格为128.2厘米×97.4厘米），另一派认为应该是位于罗马市中心威尼斯路上的圣母无玷始胎教堂中的那一幅

上图，复制品（？），卡拉瓦乔，《大卫战胜哥利亚》，伦敦，私人收藏。

（规格为130厘米×98厘米）。[96]

第一幅画在2000年经过科学鉴定证明是真迹，罗塞拉·沃德雷特多次阐述了这一观点[97]。她写道，从科学分析的结果来看，“在卡尔皮内托的《方济各》中，可以看出在绘画时对构图的一系列修改（圣母无玷始胎教堂的那幅就没有这些修改），特别是在笔触，包括底稿和人物的塑造方面，这幅画与卡拉瓦乔的其他画作都很相似，而圣母无玷始胎教堂的那幅就完全不具备这些元素……两幅画的本质差别还是在画中人物的整体造型方面，圣母无玷始胎教堂那幅画中的圣方济各偏柔美，更‘喜人’，暖光将人物形象点亮；原作中的方济各则显得粗糙硬朗，简约，被一道锐利的青灰色光芒掠过”[98]。

而正当评论界为以上两幅画而争论不休时，第三幅画似乎有了渔翁得利之势，被认为是最初的原作，这幅画（规格为136.5厘米×91.5厘米）之前由切科尼收藏，如今由私人收藏于伦敦。科学鉴定出里边可能具有卡拉瓦乔式的修改，因此由维特费尔德定义为原作[99]，塞巴斯蒂安·舒茨认为：“这幅画毫无疑问是一个副本”，因为这幅画在“笔触”方面的水平要明显低于上述两幅画[100]，他认为卡尔皮内托的那幅才是真迹。

找寻丢失的原作

还有一些画作，尽管没有可以与之相比对的原作，但从画面上就几乎可以断定是原作。

在这些最受争议的画作中，有一幅《削水果的少年》（1620年，曼齐尼在回顾这幅画时认为，威尼斯圣马可图书馆的那一版中的少年削的水果是梨，而佛罗伦萨帕拉蒂纳图书馆的那一版削的是苹果，但实际上这一版中所削的水果应该是小柠檬）被认定是卡拉瓦乔的作品，这一观点引发了评论界对一系列类似画作

上图（左），卡拉瓦乔与其他人合作（？），《圣方济各对死亡的冥想》，1606年，罗马，圣母无玷始胎教堂。

上图（右），复制品，卡拉瓦乔，《圣方济各对死亡的冥想》，1620年，罗马，私人收藏。

的讨论，尽管目前还没有搞清哪一幅是最先画出来的（有鉴定意义的画作至少有十二幅）。毛里齐奥·马里尼[101]提议对其中的两幅进行鉴定，其中一幅（存于罗马，私人收藏，规格为75.5厘米×64.4厘米）是他自己发现的。这幅画来自法国，古时存于切萨莱·克里斯波尔蒂的府邸，随后由博尔盖塞美术馆收藏；另一幅（规格为64.2厘米×51.4厘米）存于伦敦狄肯森美术馆，1996年由菲利普公司在伦敦拍卖。马里尼认为这两幅画可能分别是两版不同规格的原作的最初版。在稍大规格的那一版中，少年全身都出现在了画作中，稍小那一版中没有少年的肘部，也没有上述那一版中的光线。

大版中被认为是真迹的有现存于佛罗伦萨隆吉基金会中的那一幅（规格为68.5厘米×57.5厘米，来自于罗马布里甘蒂收藏），以及一幅已经由私人收藏于巴黎的画作。而小版中被认为是真迹的画作有三幅：一幅由英国皇室收藏于汉普顿宫（规格为61厘米×48.3厘米），怀塔克和克莱顿认为这幅画可能是真迹，因为画作中出现了一定数量的卡拉瓦乔式修改，同时，这幅画还出现在詹姆斯二世十七世纪的财产清单里[102]；第二幅由私人收藏在柏林（规格为 67厘米×51厘米），德拉·齐耶萨认为这幅画是“掉色最严重的一幅”[103]；还有一幅（规格为65厘米×52厘米）存于东京石冢研究所，于二十世纪50年代由伦敦萨宾拍卖行收藏[104]。

由克拉拉·奥特罗·席尔瓦在卡拉卡斯收藏的一幅《圣母、耶稣与圣约翰》也引起了评论界的注意。从画风上来说，这幅画可能会让人觉得是卡拉瓦乔的真迹，有一定的研究价值，但由于没有史料的支持，专家们还没有达成一致的观点。在这些人当中，肯斯·克里斯蒂安森[105]在经过X光检验之后，将这幅画定义为真迹，毛里齐奥·马里尼[106]则认为这幅画是由艾斯特公爵向卡拉瓦乔预定的一幅历经周折才完成的作品。

上图（左），卡拉瓦乔（？），《削水果的少年》，1592年，罗马，私人收藏。

上图（右），卡拉瓦乔（？），《削水果的少年》，1592年，伦敦，狄肯森美术馆。

斯派克[107]、米娜·格莱戈里[108]和弗朗切斯卡·卡佩莱蒂[109]也认为这幅画是真迹。卡佩莱蒂则认为"这幅画中的面孔让人想起了《玫瑰圣母》中的面容"。

然而，这一观点并没有得到广泛的支持。截止到目前，有一些专家[110]已经发表了论著，将这幅画归结到已存在的副本之列：一幅副本存于图尔博物馆（规格为95厘米×90厘米）；一幅存于柏林国立博物馆（规格为114厘米×92厘米）；还有一幅（规格为113.5厘米×92厘米）开始由皮埃尔·达特里收藏于巴黎，1955年先后转移到了蒙德维的亚和纽约；后两幅于1951年在米兰进行过大规模展览。1963年在那不勒斯曾经展出了一幅《陶醉的抹大拉的玛利亚》（规格为106.5厘米×91厘米），当时由克莱因收藏，如今由私人存于罗马，这幅画被列入到极有可能被鉴定为真迹的画作之列（类似的复制品多达20多版，其中一版在2010年由笔者发现，目前还在研究之中，根据这一版可以推断存在一幅卡拉瓦乔原作[111]）。在一部论著中，毛里齐奥·马里尼[112]认为，"首先，画中所留的空间是所谓卡拉瓦乔晚期的表现手法"，同时，"在强光照耀下的衣衫展开，露出了大部分左肩和乳房，展现出了人物的大部分身材，达到了卡拉瓦乔顶峰时期的塑造效果""一些细节体现出了轻柔的笔触……这样的笔触在卡拉瓦乔后续的作品中成了一大特色"，此外，他还强调了另一个典型卡拉瓦乔式的人物特征——人文主义，"这让画中的人物甚至失去了圣人的特征"，而在表现力方面，这位画家"似乎只想片面地表达出神秘主义的核心概念。也就是说，只有通过全身心地投入对上帝的冥想，从世俗间脱离，才能在现实中实现灵魂的升华，这种升华是超越智力和感官的"。毛里齐奥·卡尔维西[113]也同意这一观点，认为"这幅画的画风突然具有了一定的悲剧表现主义风格，这种风格神秘地潜藏在卡拉瓦乔体内，在他的笔触下得到了爆发"[114]。

上图（左），卡拉瓦乔（舆论认为是原作），《圣母、耶稣与圣约翰》，1607年，委内瑞拉卡拉卡斯，克拉拉·奥特罗一席尔瓦收藏会。

上图（右），复制品，卡拉瓦乔，《圣母、耶稣与圣约翰》，1607年（？），柏林，国立博物馆。

右图，卡拉瓦乔（？），《陶醉的抹大拉的玛利亚》，1606年，罗马，私人收藏。

我们可以毫不犹豫地断定，在分别存于卡塔尼亚卡斯特洛乌尔西诺民众博物馆（规格为150厘米×100厘米）、马切拉塔民众画廊（规格为133×100厘米）和里耶蒂省坎塔卢波萨比诺卡穆齐尼宫（规格为140厘米×106厘米）三处的《柱子上的耶稣》中，有一幅应该是真迹。毛里齐奥·马里尼认为，第三幅画可能是真迹，需要修复[115]，他讲道："腰布打节处的明亮画法（从明暗对比中用快速的笔触着重勾勒出）显示出了底稿的画质，再根据整体的绘画水平和画作来源，可以推断这幅画很可能是真迹。"

加布里埃莱·巴鲁卡[116]则认为，马切拉塔的那幅画"质量不容忽视"，尽管也可以认为是一位匿名复制者所画，但"畅快淋漓的笔触让人认为这幅画就是卡拉瓦乔的作品，这种笔触在耶稣的上半身和附有张力的脖子上特别明显"。在等待真迹浮出水面时，专家也开始对上述复制品进行思考（存于卡塔尼亚那幅画作被认为是米尼蒂或萨拉切尼所绘），最终，几乎所有的人，包括欣克斯[117]和贝尔尼－霍弗洛伊，都认为《鞭刑》（由马切拉塔和卡塔尼亚的两幅复制品可以得出结论）能够跻身于卡拉瓦乔巅峰之作的行列。[118]

还有一幅半身像《拿着玫瑰花瓶的少年》也被认为可能是卡拉瓦乔的真迹。尽管类似的版本没有那么多，似乎比较好鉴定，但也需要仔细研究。专家们开始认为1958年从伟大绘画基金存入亚特兰大高等艺术博物馆的那一版为真迹（在这之前，分别存于英国、由穆萨利收藏在巴黎以及纽约佩斯画廊的三幅都曾被认为是真迹），但随后得出的结论是：这幅画也只是一幅复制品。[119]

毛里齐奥·马里尼认为，另一幅《拿着玫瑰花瓶的少年》（规格为66厘米×52.5厘米，在2010年10月的一次拍卖会上由卢加诺意大利瑞士银行以三百万瑞士法郎的价格拍下）可能为真迹，这幅画在1950年前一直归威尔特郡库姆比西特的博里尼厄斯家族所有，之后在巴黎艺术品市场上由它的前拥有者（也是一位卢加诺的收藏家）购买。在1995年经过修复之后，马里尼[120]更加确信这幅画是真迹："从第一层画布上"可以判断出，玫瑰花瓶是最后画出来的，这种独特的绘画方法"很可能是在罗马炎

上图（左），复制品，卡拉瓦乔，《柱子上的耶稣》，1600年（？），马切拉塔，民众画廊。

上图（右），卡拉瓦乔（舆论认为是原作），《柱子上的耶稣》，1600年，里耶蒂坎塔卢波萨比诺，卡穆齐尼宫。

右图，复制品，卡拉瓦乔，《拿着玫瑰花瓶的少年》，1594年，佐治亚亚特兰大，高等艺术博物馆。

热的夏日里进行的”，因为“卡拉瓦乔总是倾向于抓住事物瞬间的感觉，他特意选择了这种极端炎热的天气，用即将凋零的花瓣来表现一种虚幻主义”。

泽里认为这幅画是亚特兰大美术馆那幅真迹的复制品[121]，而米亚·齐诺蒂则认为，一方面，瑞士的那幅画可能是“一幅完全复制出来的卡拉瓦乔画作”；另一方面，那幅画中“人物的尺寸变小，这是复制画家的普遍风格”，所以成为真迹的可能性很小。[122]

静物与肖像

鉴定卡拉瓦乔画作时，静物与肖像是两个比较特殊的领域。静物画应该是卡拉瓦乔最早从事的画种，而肖像画则可能是卡拉瓦乔的短板。

在静物画领域，唯一一幅公认的真迹就是现存于安布罗画廊的《果篮》[123]，其他作品都没能成为公认的原作，特别是现存于华盛顿国立艺术画廊的《残羹冷炙》（规格为51厘米×72厘米）——尽管罗贝托·隆吉在1928年从一位罗马收藏家那里发现这幅画之后，曾费了九牛二虎之力来阐释这幅画的原创性。[124]

我们来深入地分析一下现存的画作。约翰·斯派克[125]曾经努力证明一幅《石阶上的水果》（规格为87.2厘米×135.4厘米）为真迹。这幅画作发现于1992年，归瑞士安东纽斯基金所有（先出租给丹佛艺术馆），创作年代为1602－1605年。除了一份与安东尼奥·巴尔贝里尼有关的晚期（1671年）财产清单外，就没有其他相关的史料记载了。在这份仅有的清单中，可能记载了亲王兼红衣主教弗朗切斯科·德尔蒙特收藏的几幅卡拉瓦乔画作。《石阶上的水果》在财产清单上标价为50个斯库多，这幅画中的两个水果可能有两层特别的意思：一层是对德尔蒙特帮助的感谢，另一层反映了卡拉瓦乔自由放纵的生活。彼得·罗布[126]认为，在这幅“庞大的水果狂欢式静物画”中，“一根长南瓜与水平的架子相比，画得方向有些斜，延伸向了南瓜裂开的湿润缝隙中；在后方，另一个稍微长些的南瓜也在观察者眼中显得很暧昧”。总之，这是一个田地里的淫荡鬼脸。除罗布外，约翰·瓦里亚诺认为 “这幅画清晰地体现了卡拉瓦乔古灵精怪的绘画概念，其他任何艺术家都不具备这种鬼才”[127]。米娜·格雷戈里[128]也持同样观点，其他人则认为这幅画并不是原作。[129]

毛里齐奥·马里尼[130]认为一幅由私人收藏于罗马的《花瓶》（规格为44.6厘米×33.4厘米）是卡拉瓦乔的真迹。不过，这一观点并没有得到支持，甚至还得到了反对：贾科莫·贝拉认为，从风格上来讲，这幅画“水平较低，完全游离于卡拉瓦乔的风格之外”[131]，弗朗

上图，卡拉瓦乔（舆论认为是原作），《拿着玫瑰花瓶的少年》，1594年，卢加诺，私人收藏。

右图，卡拉瓦乔（舆论认为是原作），《石阶上的水果》，1602－1605年，科罗拉多丹佛，艺术博物馆（归瑞士安东纽斯集团所有）。下边是画作全貌，上方是两处的局部。

格·帕里亚加[132]也同意这一观点。而在肖像画方面，只有三幅被确认是真迹（1945年在柏林被毁的《菲利德》，藏于卢浮宫的《维格纳考特》以及碧提宫的《马耳他骑士》）。有观点认为，很多肖像画都被遗弃了[133]，而在现在具有争议的一些肖像画中，有一幅成为真迹的可能性最高。笔者指的是《马费奥·巴尔贝里尼肖像》，贝托·隆吉[134]在1963年宣称这幅画是真迹，随后，这一观点逐渐被其他卡拉瓦乔学者和绝大部分技术工作人员认可。

模棱两可多年之后，最近，那幅目前由佛罗伦萨科尔西尼皇室收藏的以书和花作衬的《马费奥·巴尔贝里尼肖像》（规格为21厘米×95厘米）重新走进了舆论的旋涡。这幅画是在巴尔贝里尼的遗产中发现的，经过修复，人们对其进行了重新评估。克里斯蒂安森[135]认为："该作品对于每一段巴洛克肖像画历史都是至关重要的，肯定是由伟大的卡拉瓦乔所画。"从画质和笔触上来看，佩特鲁奇（"花朵和缩短的手都是卡拉瓦乔亲笔绘制"）和马兰德尔[136]认为，从雕刻和底稿来看，这幅画应该是真迹。

有一幅《保禄五世肖像》（规格为218厘米×136厘米）由卡米洛·博尔盖塞亲王（这位亲王还有一座保禄五世的肖像雕塑）收藏于罗马博尔盖塞美术馆，至今没有被公开认定为是卡拉瓦乔真迹。最早在1910年，里奥内洛·文图里就曾提出这幅画是真迹，不过，这一观点既得到了支持，又受到了否定。大约是在首次公开亮相100年后，这幅画在罗马的画展中再次展出。克劳迪奥·斯特里纳蒂[137]认为，通过最近的一次清洁工作可得知："这幅画本身就能明显地体现出卡拉瓦乔强大的笔触。之所以会引起判断者的疑虑，可能是因为画布又脏又厚，让画作失色不少。"而费德里卡·帕皮[138]则在其论著中写道，正是修复工作得以"重新展现这幅画原有的色彩表现力和光感，这些元素只有在卡拉瓦乔的笔触下才能够实现"。而卡拉·马里亚尼[139]则根据一次新的鉴定得出了结论，画中的修改和刻印（"眼部的虹膜和瞳孔画得有些特别"）不是卡拉瓦乔的风格。[140]这一次新的科学鉴定，一方面确认了这幅画是在博尔盖塞的府邸收藏品中被发现的，同时也从绘画的角度确定了这幅画可能是经"他人之手"所画。这让画作的魅力大打折扣，同时造成今天评论界认定其为真迹却不能证实的局面。

卡拉瓦乔还有一幅《乔万尼·巴蒂斯塔·马里诺》（规格为73厘米×60厘米），传记作家贝洛里曾于1672年这样写道："这是一幅卡拉瓦乔所作的画。"毛里齐奥·马里尼[141]在经过仔细研究后认为，一幅由私人收藏在伦敦的画作就是这幅画（不过首先宣称这幅画是真迹的人是海伦·兰格顿[142]）。然而，这一观点并没有得到评论界的认可，只有斯派克（"可能是真迹"，不过对于所画人物的身份持谨慎意见[143]）和舒茨[144]表示赞同。

最近还有几幅肖像画被认为是真迹，譬如私人收藏的《佩剑戴手套的男人》（来自英国，规格为87厘米×72厘米，可能画在杨树干木板上），罗伯托·孔蒂尼[145]在这幅画上看到了卡拉瓦乔的笔触和理念。还有一幅《西皮奥内·卡法雷利·博尔盖塞》（规格为77厘米×69厘米，藏于锡耶纳蒙特普尔齐亚诺民众博物馆）[146]。与上一幅一样，两幅画都没有史料记载，所以必须经过科学鉴定。而鉴定结果显示，第二幅画很有可能是真迹，媒体也开始热炒，同时还"得到了米娜·格雷戈里和毛里齐奥·卡尔维西的支持"[147]。一幅由私人收藏在纽约的《绅士肖像》（规格为72.5厘米×56.5厘米）真迹的身份也没有得到确认。米娜·格雷戈里从风格上[148]判断这幅画可能是真迹，但各版传记并没有提及这幅画。1644年弗朗切斯科·桑内西奥的财产清单中有一幅“白菜形领子的绅士肖像”，但这个记载对鉴定工作并没有多大帮助，因为没有指出画作的作者。笔者在拙著中指出[149]，一份1647年的有关卡布雷拉[150]在西班牙的艺术收藏史料曾提及“一幅卡拉瓦乔亲笔绘制的穿着圈状褶领的人物肖像”，收藏清单里列出的桑内西奥的资产便包括卡拉瓦乔为切拉西礼拜堂所画的两幅画作。

米娜·格雷戈里认为：“偏离轴线的嘴唇从另一个角度证实了卡拉瓦乔作画不打草稿的风格，同理可见两只不对应的眼睛。”她另指出，“角膜上的浅蓝色是卡拉瓦乔本能的笔触”。不过，除了斯特法诺·祖菲[151]、约翰·斯派克（“我认为这幅肖像画很可能是卡拉瓦乔在第一次到达那不勒斯期间所画”[152]）和部分专家以外，评论界并不赞同这幅画是卡拉瓦乔真迹的说法[153]。

其他争议画作

上述画作可以说覆盖了卡拉瓦乔所有的创作领域。通过对其中一些画作的深入分析我们可以看出，学者们往往有一幅自己比较“宠爱”的画作，他们试图将这幅画作推荐给同行，以期证明它是真迹。

格雷戈里正在竭尽全力证明一幅《江湖牙医》（藏于佛罗伦萨碧提宫帕拉蒂纳美术馆，规格为139.4厘米×194.5厘米）是卡拉瓦乔的真迹。她强调，这幅画（有几处史料记载）的构图从一方面来说“极为简约。这种简约因为与众不同，所以不好模仿”。同时，这幅画重现并修正了“对‘自然美’的定义，这种自然主义以一种权威的形式表现出来，在卡拉瓦乔之后的任何一名画家都不具备这种权威”。另一方面，画面中人物的耳朵和双手“画得十分简单，简单得甚至有些‘不真实’，没有任何一名卡拉瓦乔的拥趸敢于模仿他这种简单概括的画法”[154]。然而，这一观点并没有得到评论界的支持，围绕这幅画的争议仍然绵延不绝。

斐迪南多·博洛尼亚曾将一幅《将圣约翰头颅放在盆中的莎乐美》（由阿尔迪蒂·卡斯泰尔特韦雷收藏，规格为91.8厘米×71.5厘米）[155]定义为卡拉瓦乔的原作，但这一观点没有得到支持。之后，他又认定一幅《带十字架的神魂超拔的圣方济各》（规格为103厘米×76.5厘米）是真迹。这幅画最开始由伦敦麦西森美术馆收藏，1987年被转移到普林斯顿收藏家皮亚塞卡·约翰逊的住所（今天存于美国洛伦佐维尔）。从史料、艺术风格和科学鉴定的角度来讲，证明这幅画是真迹有足够的论据[156]。但除了弗朗切斯卡·卡佩莱蒂等少数学者[157]支持外，大部分学者并不认为这幅画是卡拉瓦乔真迹，部分学者持保留态度[158]。

毛里齐奥·马里尼[159]认为美国伍斯特美术馆中的《圣耶柔米的观望》（规格为73厘米×97.5厘米）是卡拉瓦乔的真迹，传记作家苏西诺在1724年提到，安东尼诺伯爵拥有两幅《圣耶柔米》。马里尼认为这幅画可能是这两幅中的一幅，但是这一观点没有得到评论界的关注[160]。2005年，丹尼斯·马洪认为一幅可能由私人收藏于特尔尼奥尔韦托的《忏悔的圣彼得》（规格为143.5厘米×109.5厘米）是真迹[161]，但这一观点也并没有得到评论界的认可。

贾尼·帕皮[162]认为一幅现存于布拉格耶稣圣婴堂受难礼拜堂的《民众面前的耶稣》（或叫作《看，这个人》）是真迹，这幅画之前存于圣安妮卡尔梅利塔尼修道院。不过，与这幅画相比，评论界认为有另外两幅同样主题的画

作更有可能是真迹：一幅由科尔特斯收藏于纽约（规格为78厘米×102厘米），其原创性得到了马里尼[163]的支持；另一幅由私人收藏于都灵（规格为83.3厘米×104厘米），其原创性得到了格雷戈里[164]的支持，但两人的观点都没有得到评论界的一致认可。[165]

卡拉瓦乔从那不勒斯去波尔托埃尔科雷的途中携带了两幅圣约翰主题的画作。已经确定的一幅是现存于博尔盖塞美术馆中的《施洗圣约翰》，另一幅还没有得到确认。斐迪南多·佩雷蒂认为，第二幅应该是由私人收藏在伦敦的《饮泉水的圣约翰与绵羊》（规格为127厘米×95厘米）。他解释称，科学鉴定显示，“铅白色的区域是画在铅白色的底稿上的。两层的铅白凝结成块，原因可能是因为油制颜料在还没有完全风干时受到了附近一处热源的影响，或者是处在温度格外高的环境里，热源可能是6月里制造干酪的篮子”[166]。至少到目前为止，还有两幅画可能是卡拉瓦乔携带的第二幅《圣约翰》（在德国发现的《躺着的圣约翰》的创作日期被认为是卡拉瓦乔逃难的那几个月）：一幅是《饮泉水的圣约翰》（由私人收藏于罗马，规格为45.5厘米×65.5厘米），经过科学鉴定后，米娜·格雷戈里[167]在1993年将这幅画定义为真迹；另一幅是《圣约翰在风景下饮水》（规格为100厘米×73厘米），由博内洛收藏于瓦莱塔，这幅画在1951年由罗贝托·隆基认定为卡拉瓦乔的真迹，至今还有部分学者同意这一观点[168]。

最后，毛里齐奥·卡尔维西在最近的一部著作中[169]又吊足了广大卡拉瓦乔学家的胃口。他宣称，斐迪南多·佩雷蒂发现并认定另一幅杰作为卡拉瓦乔真迹，他表示：“这幅画中五位少年在歌唱，第六位歌唱者的嘴半张成正圆形，看着一张非常清晰的乐谱。我认为这是卡拉瓦乔年轻时代所画的最美妙柔和的画作之一，或者说是最美的一幅。画中央一只缩短的手伸向前方，其笔触能够与安东内洛·达·梅西纳的笔触相媲美，但比他的要更加自然。”学者们希望这一风格上的判断能够有史料和科学鉴定的支持（笔者认为，这幅画可能指的是《房间中的音乐会》，规格为128厘米×161.5厘米，这幅画于2006年11月份在米兰拍卖，画中的卡拉瓦乔元素只有那位低头专注的少年和左侧的歌唱者。其中，少年与康塔雷利教堂中的《圣马太蒙召》里的人物相似，歌唱者与普拉多的那幅《荆棘加冕》中的刽子手形象相似）。

附：有争议的真迹作品集

以下根据意大利文字母排列顺序，列出了已经提及或目前正在研究的卡拉瓦乔画作（标黑的画作是在本文已经提及的，同时笔者在注解中加入了一篇发表于2008年的专题论文的观点，或指出相对应的画作）。列表中没有提及

上图，卡拉瓦乔（舆论认为是原作），《花瓶》，1597年，罗马，私人收藏。

右图，卡拉瓦乔（？），《马费奥·巴尔贝里尼肖像》，1598年，佛罗伦萨，私人收藏。

已经确认的真迹，也没有提及可能是真迹但没有反映到史料上的画作。除特殊情况外，列表中标注了画作可能的创作日期。

注意：《“穆尔托拉”美杜莎》（米兰私人收藏）已经被证实为真迹了。

《沉睡的丘比特》
1595－1598年，印第安纳波利斯（印第安纳），艺术博物馆[170]
《弹鲁特琴的阿波罗》
1595年，私人收藏
《酒神》
1597年（？），瑞士，私人收藏
《纸牌老千》
1594年，英格兰，马洪基金会
《得到祝福的农民伊西多尔》[171]
1603－1604年，阿斯科利比切诺，市政画廊
《花瓶》
1597年，罗马，私人收藏
《江湖牙医》
1607－1609年，佛罗伦萨，碧提宫帕拉蒂纳美术馆
《以马忤斯的晚餐》
1603年，洛什，圣安东尼教堂
《以马忤斯的晚餐》
1601年（？），纽约，私人收藏[172]
《耶稣的割礼》
非真迹（？），1610年，那不勒斯，安康圣母大教堂
《室内音乐会》
1600或1615年，所在地不明（2006年已在米兰拍卖）
《耶稣和通奸者》
1609年，所在地不详[173]

《柱子上的耶稣》
1600年，坎塔卢波萨比诺（里耶蒂），卡穆齐尼宫
《柱子上的耶稣》
1600年（？），马切拉塔，博纳科尔西宫民众博物馆
《柱子上的耶稣》
1600年（？），卡塔尼亚，卡斯特罗乌尔西诺民众博物馆
《被狱吏捆绑的耶稣》
1600年（？），佩鲁贾，圣彼得大教堂
《民众面前的耶稣》
1609年，都灵，私人收藏
《民众面前的耶稣》
1609年，纽约，科尔特斯收藏
《民众面前的耶稣》
1609年（？），阿伦扎诺（热那亚），布拉格耶稣圣婴堂
《耶稣为病人治病》
1604－1606年，佛罗伦萨，私人收藏
《圣彼得殉难》（第一版）
1599年（？），塞维利亚，圣阿尔贝托修道院

左图，卡拉瓦乔（舆论认为是原作），《在花瓶旁读书的马费奥·巴尔贝里尼肖像》，1597－1598年，佛罗伦萨，科尔西尼收藏。

上图，卡拉瓦乔（舆论认为是原作），《乔万尼·巴蒂斯塔·马里诺肖像》，1600－1601年，伦敦，私人收藏。

《圣彼得殉难》（第一版）
1599年（？），圣彼得堡，埃尔米塔日
《沉睡的丘比特》
17世纪，罗马，私人收藏
《砍下哥利亚头颅的大卫》
1600年（？），纽约，私人收藏[174]
《大卫战胜哥利亚》
1607年（？），伦敦，私人收藏
《拿着哥利亚头颅的大卫》
1610年，伦敦，私人收藏
《面孔均为卡拉瓦乔自画像的大卫与哥利亚》
1610年，巴勒莫，私人收藏
《看，这个人》
1609年（？），西西里，私人收藏
《看，这个人与士兵》
1605－1606年（？），多特蒙德，民众博物馆（其他两版存于罗马）
《神魂超拔的圣方济各》
1606年（？），乌迪内，卡斯特洛民众博物馆
《神魂超拔的圣方济各》
1603或1630年，雷卡纳蒂（马切拉塔），私人收藏
《拿着玫瑰花瓶的少年》
1594年，卢加诺，意大利瑞士银行
《拿着玫瑰花瓶的少年》
1594年，佐治亚亚特兰大，高等艺术博物馆
《朱迪斯砍下荷罗孚尼的头颅》
1607年，那不勒斯，皮尼亚特利博物馆，联合圣保罗银行收藏[175]
《荆棘加冕》
1604－1605年，热那亚里瓦罗洛，圣巴尔托洛梅奥卡尔特教堂
《圣多马斯的疑惑》
1603年，洛什，圣安东尼教堂
《圣多马斯的疑惑》
1601－1603年，的里亚斯特，私人收藏
《阿敏塔的抱怨》（又名《两位演奏家》）
1597 或1614－1615年，都灵，阿科尔西基金会
《痛苦的抹大拉的玛利亚》
1605－1607年，罗马，私人收藏[176]
《陶醉的抹大拉的玛利亚》
1606年，罗马，私人收藏（之前由克莱因收藏）[177]
《抹大拉的玛利亚半身像》
1607－1608年，马耳他拉巴特，维格纳科特教团（另一版私人收藏于罗马）
《莎拉圣母》
17世纪初，马切拉塔雷卡纳蒂，蒙特莫雷洛圣母教堂
《马尔斯惩罚丘比特》
1594－1595年，佛罗伦萨，私人收藏[178]
《圣加大肋纳的殉葬》
1608－1614年，马耳他，圣格雷戈里教堂[179]
《圣洛伦佐的殉葬》
约1620年，罗马，耶稣修道院，诺比利礼

上图，卡拉瓦乔画派画家，《西皮奥内·博尔盖塞肖像》，1600 年，锡耶纳蒙特普尔齐亚诺，民众博物馆。

拜堂

《圣塞巴斯蒂亚诺的殉葬》

1607年，罗马，私人收藏[180]

《美杜莎》

1596－1597年，米兰，私人收藏

《甜瓜静物》

1595 或 1615－1620年，所在地不便透露

《石阶上的水果》

1602－1605年，苏黎世，安东纽斯集团[181]

《静物与鸟》

1593年，博尔盖塞美术馆

《静物与人物》

1595年（?），米兰，私人收藏（已在曼佐尼美术馆收藏）[182]

《花瓶静物》

1593或1605年（？），康涅狄格哈特福德，沃兹沃斯艺术博物馆

《南瓜静物》

1605年（?），所在地不便透露

《蔬菜，水果和花》

1593年，罗马，博尔盖塞美术馆[183]

《蔬菜、果园、花和玻璃缸》

1595年（？），已存于纽约，F.蒙特收藏

《碎酒瓶中的罂粟》

1597或1640年，马萨诸塞波士顿，美术馆

《残羹冷炙》

1593－1596年，华盛顿，国立艺术馆

《耶稣被捕》

1602年，罗马，私人收藏（前拉迪斯·桑尼尼收藏，佛罗伦萨）[184]

《耶稣被捕》

1602年（？），乌克兰敖德萨，国家博物馆

《削水果的少年》

1592年，伦敦，迪肯森美术馆（曾收藏于飞利浦收藏会）

《削水果的少年》

1592年（？），汉普顿宫，皇家美术馆

《削水果的少年》

1592年（？），东京石冢研究所（曾收藏于萨宾收藏会）

《削水果的少年》

1592年，罗马，私人收藏

《被龙虾咬到的少年》

1592年或17世纪（？），斯特拉斯堡，美术馆

《耶稣复活》

1609－1610年，曾藏于那不勒斯，伦巴尔迪圣安妮教堂

《贝尔纳尔迪诺·凯撒肖像》

1593年，罗马，圣路加学院[185]

《主教肖像》

1594－1599年（？），佛罗伦萨，乌菲齐美术馆

《拿茉莉花瓶的女郎》

1593年，罗马，私人收藏

《金项链女郎》

1594年，加利福尼亚圣迭戈，艺术馆[186]

《绅士肖像》

1606年，纽约，私人收藏[187]

《乔万尼·巴蒂斯塔·马里诺肖像》

1600－1601年，伦敦，私人收藏

《马费奥·巴尔贝里尼肖像》

1598年，佛罗伦萨，私人收藏[188]

《在花瓶旁读书的马费奥·巴尔贝里尼肖像》

1597－1598年，佛罗伦萨，科尔西尼收藏

《保禄五世肖像》

1605年，罗马，卡米洛·博尔盖塞亲王收藏会

《西皮奥内·博尔盖塞肖像》

约1600年，锡耶纳蒙特普尔齐亚诺，民众博物馆

《佩剑戴手套的男人肖像》

1609年，私人收藏

《坐着的维格纳科特肖像》

1607年，马耳他拉巴特，维格纳科特教团[189]

《坐着的维格纳科特全身肖像》

1607年，马耳他拉巴特，卡诺尼奇教堂

《圣母，耶稣与圣约翰》

1607年，卡拉卡斯，克拉拉·奥特罗-席尔瓦收藏会[190]

夜间版*《以撒的献祭》*

1602年，摩德纳，私人收藏

《将圣约翰头颅放在盆中的莎乐美》

1609年，罗马，阿尔迪蒂迪卡斯泰尔维特莱收藏会[191]

《圣奥古斯丁》

约1601年，伦敦，私人收藏

《带十字架的神魂超拔的圣方济各》

1597年，新泽西洛伦佐维尔，约翰逊收藏会[192]

《圣方济各的冥想》

1606年（？），伦敦，私人收藏

《圣方济各的冥想》

1606年，罗马，圣母无玷始胎教堂

《展示圣物的圣亚纳略》

1607年，宾夕法尼亚，国家学院（哈里斯收藏）[193]

《圣耶柔米》

1607年，私人收藏

《圣耶柔米》

1607年（？），泽尔比奥，圣保罗教堂

《狮子坑里的圣耶柔米》

1608－1609年（？），利卡塔，仁慈兄弟会

左上图，卡拉瓦乔（舆论认为是原作），《江湖牙医》，1607－1609年，佛罗伦萨，碧提宫，帕拉蒂纳美术馆，第400、401页为局部。

《喂羊的施洗圣约翰》
1604－1609年，罗马，私人收藏
《在花丛中喂羊的施洗圣约翰》
约1610年，巴塞尔，公共艺术收藏
《饮泉水的圣约翰》
1608年，曾收藏于罗马，私人收藏[194]
《圣约翰在风景下饮水》
1608年，马耳他瓦莱塔，博内洛私人收藏
《饮泉水的圣约翰与绵羊》
1610年，伦敦，私人收藏
《圣约翰与绵羊》
约1595年，罗马，私人收藏
《圣约翰》（又名《牧羊者与山羊》）
1602年，罗马，多利亚潘菲利美术馆
《忏悔的圣彼得》
1601－1603年，奥尔维托，私人收藏
《圣彼得治愈圣阿加莎》
1608－1609年，卡尔塔吉罗内，卡普齐你修道院博物馆[195]
《圣罗克》
1602年，所在地不便透露
《圣塞巴斯蒂亚诺》
1602年，所在地不便透露[196]
《被斩首的圣人》
（亚纳略或阿加皮托？），1609年，罗马帕莱斯特里纳，教区博物馆[197]
《鲁特琴演奏家》
1594－1595年，巴黎，私人收藏
《鲁特琴演奏家》
1600 或 1610－1615年，慕尼黑画廊
《苏珊娜和老人》
1601年，米兰，科埃利克尔收藏[198]
《圣耶柔米的观望》
1608－1609年，马萨诸塞伍斯特，美术馆

注释

[1] 多年来，越来越多的争议画作与卡拉瓦乔扯上了关系。在这些画作之中，我想首先谈谈近年来的一些讨论。在我认为是真迹的这些画作中（一共77幅），还要加上一幅《“穆尔托拉”美杜莎》（由私人收藏于米兰），这幅画在最近才被确认是真品。（见下文注解45）。

在图注中，注有“由卡拉瓦乔复制？”的地方指的是这幅画或是复制品，或是在原作基础上进行了进一步修改；注有“被认为是真迹”的地方是指部分学者认为这幅画应为卡拉瓦乔所画；注有“卡拉瓦乔？”是指这幅画可能是卡拉瓦乔的原作。

[2] 举一个例子，《耶稣降生》于1969年在巴勒莫被盗之后，目前是全世界范围内最抢手的画作之一。在一场国际研讨会期间，它被标上了6亿美元的价格。而这幅无迹可寻的画作的创作日期可以追溯到卡拉瓦乔的罗马时期（见《现代与当代的罗马》，M.库波内，2011年2月，第363-372页）。

[3] 关于打草稿的问题，需要说明的是，不存在任何被认为是卡拉瓦乔手稿的草稿（这一点毋庸置疑），尽管分析人士做过这方面的尝试。最后一次是在2012年，两位历史学家出乎意料地宣称米兰斯福扎城堡皮特扎诺基金所存的一百多张草稿是卡拉瓦乔的亲笔手稿，但并没有被认可。关于卡拉瓦乔绘画步骤的进一步信息可参见文集《卡拉瓦乔的绘画技巧》，佛罗伦萨，2012年。

[4] 见合集《暗房之内》中马丁·坎普的文章，第257-259页。

[5] M.格雷戈里在文集《十八世纪卡拉瓦乔所绘的意大利静物》中的观点，米兰，2003年，第139页。

[6] 参见《伯灵顿》杂志，142册，第1168期，2000年7月，第434-436页（由图片得出结论）。

[7] S.舒茨，《卡拉瓦乔，完整画作》，科隆，2009年，第五册。

[8] J.T.斯派克，《卡拉瓦乔》，纽约-伦敦，2001年（2010年再版），第10册。“这幅画作是由‘装饰家的小普罗斯佩罗’（奥尔西的绰号）绘制”；艾伯特-施费勒也持相同观点，《卡拉瓦乔时代》，巴黎，2009年，第99-277页，注解95、96。

上图（左），卡拉瓦乔（舆论认为是原作），《莎乐美和施洗者圣约翰的头颅》，1609年，罗马，阿尔迪蒂迪卡斯泰尔维特莱收藏会。

上图（右），卡拉瓦乔（舆论认为是原作），《带十字架的神魂超拔的圣方济各》，1597年，新泽西劳伦斯威尔，巴巴拉·皮亚塞卡·约翰逊收藏会。

[9] 见合集《卡拉瓦乔与17世纪》，日内瓦—米兰，2006年，第28页。

[10] 见M.马里尼所著《卡拉瓦乔："最杰出的画家"》，罗马，2001，第九册。格雷戈里（"我认为这幅画是一幅古老的复制品"，见文集《杰作是如何诞生的》（米兰，1991，第139页）和舒茨（见上文注解所提）也提出了同样的观点。

[11] 这位学者一直将这一结果归功于与助手马里奥·米尼蒂的合作，二人的合作是在罗布的研究成果上延续进行的《卡拉瓦乔之迷》（米兰，1998年，第529页），斯加尔比则将这些研究归结为"不合适的研究"（《卡拉瓦乔》，2005年出版于米兰，第12页）。

[12] 见泽里基金会网上画册，第44753号。

[13] 文集《意大利静物……》，2003年，第33页。

[14] C.维特费尔德，《卡拉瓦乔之眼》，伦敦，2011年，第37页；在J.米齐所著《卡拉瓦乔镜中的反射》一书中又重新提到了这一观点，2012年，第41页。

[15] R.隆吉，《卡拉瓦乔》，1968年出版于罗马，第153页。

[16] 参见G.帕皮所著《天才匿名画家，罗马和那不勒斯的卡拉瓦乔画派大师》，米兰，2005年，第51-55页。

[17] 文集《16和17世纪的鲁特琴和布雷西亚乐器》，第一册，1992年，第56页。

[18] 见文集《卡拉瓦乔与马太伊的收藏》，米兰，1995年，第101页。

[19] 冯·贝尔恩托夫指出，另一个版本现存于卢浮宫（文集《卡拉瓦乔和他的环境》，齐尼塞洛·巴尔萨莫著，米兰，2007年，第219页，注解16，同见卢瓦雷省博物馆目录）；其他的版本还存于贝加莫佩罗拉里收藏，美国费城和私人收藏。G.帕皮认为，正文中所提的这一版是最初模板（见书《比较》，第695期，2008年，第39-51页，同见文集《意大利的卡拉瓦乔画派画家》，2013年，第57页）。

[20] 见S.贝内德蒂在文集《黑暗与光：卡拉瓦乔与他的世界》中的观点，悉尼，2003年，附注号22。

[21] 参见M.马里尼的观点，已提及著作，第581页。

[22] 见A.科蒂诺在文集《意大利静物……》中的文章，以及L.劳雷亚蒂的文集《罗马的天才》，米兰，2001年，附注号25。

[23] M.博纳·卡斯特洛蒂在文集《卡拉瓦乔，伦巴第绘画之光》（米兰，2000年，第222页），F.博洛尼亚在《卡拉瓦乔的怀疑》（都灵，2006年，第305页，第20行）中将这幅画定义为"一幅不错的复制品，很可能由巴尔托洛梅奥·卡瓦罗齐所作"，原作已经丢失。

[24] 参见 S.贝内德蒂在文集《卡拉瓦乔与欧洲》中的文章，米兰，2005年，第67页。

[25] 持这一观点的人有R.帕帕（卡拉瓦乔，《艺术与本源》，佛罗伦萨，2008年，第94页），瓦莱斯卡·冯·罗森在他的散文中也谈到了几幅没有被卡拉瓦乔署名的《施洗圣约翰》（见文集《卡拉瓦乔与他的环境》第59-85页，在冯罗森再版，"卡拉瓦乔与他所代表的范围"，柏林，2009年，第172-200页）。

[26] 见塞尔吉奥·瓜里诺在文集《卡拉瓦乔与马太伊收藏》中的文章，第120-123页。

[27] 持这一观点的人包括R.帕帕与G.雷斯卡（《卡拉瓦乔与暴力恶魔》）。

[28] 参见G.科雷亚莱所著《卡拉瓦乔一幅画作的鉴定，新技术重新解读〈施洗圣约翰〉》，威尼斯，1990年。

[29] A.瓜斯蒂，F.内里 《卡拉瓦乔画作全集》，圣阿尔坎杰洛迪罗马涅，2004年，第91页。

[30] 同上书，2001年，第577-578页。

[31] 见卡拉·马里亚尼于2005年5月所作报告文字，收录于P.卡罗法诺的著作《17世纪托斯卡纳的卡拉瓦乔主义与现实主义，研究文集》，彭特德拉镇，比萨市，2009年，第265-278页。该文章随后又经过素材补充，收录在《卡拉瓦乔的艺术与科学》，帕切利编，那不勒斯，2012年，第147-155页。

[32] 已提及著作，2011年，第119页。

[33] E.特隆贝塔在《艺术报》中提出这一观点。

[34] 《艺术报》，2008年3月，第41页。

[35] 见S.马乔切著《米开朗基罗·梅里西·卡拉瓦乔，文件，史料，财产（1513－1875）》，罗马，2010年，第404-405页。雅各布·库尔切蒂也持同样观点，见文集《罗马巴洛克研究》，米兰，2004年，第29-34页。

[36] 见文集《笔述艺术史，致敬马里奥·萨尔米》，

第三册，罗马，1963年，第275-285页。

37 C.斯特里纳蒂在《画作与雕塑》中的特稿，第15篇，1995年7—8月，第33页。

38 参见贝内德蒂在文集《卡拉瓦乔与马太伊收藏》以及《卡拉瓦乔，〈耶稣被捕〉》中的文章，米兰，2004年，第28页。

39 J.哈尔，《遗失的卡拉瓦乔画作》，2006年，第287页。

40 见文集《卡拉瓦乔与欧洲》，已提及著作，第176页。如果说这幅画所说的就是1697年多梅尼科·玛利亚·科尔西主教在罗马官邸中的那幅“卡拉瓦乔式”的画作，那么相比起来，这幅画更宽一些，因为那幅画只有“七掌宽”（见The Getty Provenance Index），与这幅画的十掌宽相悖。

41 舒茨指出，“介于原作和复制品在画质上的差别，这种推断基本上不可能”（已提及著作，第241页）。这种相当于处理品的画作只可能出现在一间由卡拉瓦乔在罗马经营（或因为经济原因而委屈求全所开设）的画室之中。关于复制画的作者问题参见A.莫伊尔的著作《卡拉瓦乔与他的复制者们》，纽约，1976年。

42 参见M.马里尼的作品《米开朗基罗·卡拉瓦乔 1602：亚伯拉罕的夜晚》，罗马，2007年。

43 已提及期刊，第71期，斯派克认为这幅画是复制品，第438页。现在专家开始对另一幅画作开展研究。

44 佛罗伦萨，乌菲齐美术馆（60厘米×48厘米）。卡尔维西大胆地推断，这幅画有可能属于“卡拉瓦乔亲笔所绘的几幅并非完全没有强烈现实主义风格的作品”（《卡拉瓦乔的真相》，都灵，1990年，第168页）。这一观点得到了斯派克（已提及著作，第31期）和贾尼·帕皮（见文集《佛罗伦萨的卡拉瓦乔和卡拉瓦乔派画家》，佛罗伦萨，2010年，第4版目录；同样的观点在《卡拉瓦乔与他的追随者们》中再次提及，巴西，2012年，第3版目录，安娜·佩拉戈蒂在做了关于修复的注解）的支持，帕皮认为这幅画中画的主教并非凯撒·巴罗尼奥，而是贝内德托·朱斯蒂尼亚尼。马里尼等人认为这幅画不可能是真迹（参见《触觉》专刊，2012年，第48页）。

45 米兰，私人收藏（直径为48米的圆形画）。笔者在前文已经提到（见注解1），笔者亲自对这幅作品进行过细致鉴定，断定这幅画应该是真迹，见《戈耳工的两张面孔》，《艺术与专题》杂志

上图，卡拉瓦乔（舆论认为是原作），《圣耶柔米的观望》，1608－1609年，马萨诸塞伍斯特，美术博物馆。

第289期，2012年6月，第58-63页。特别需要参见《卡拉瓦乔：第一幅〈美杜莎〉》中M.马里尼，M.格雷戈里，C.斯特里纳蒂，F.卡梅罗塔与M.塞拉齐尼的文章，2011年。

46 帕莱斯特里纳（罗马），神圣艺术教区博物馆，之前存于圣安东尼教堂时（116.5厘米×98厘米），画中的人物就已经被毛里齐奥·马里尼鉴定为是圣亚纳略了（已提及著作，2001年，第106期），毛里齐奥·卡尔维西（已提及著作，1990年，第162-163页，第370-371页）则认为画中的人物是圣亚加。不过，科学鉴定的结果似乎并不能证明上述观点（见朱丽亚·基亚在文集《内政部和锡耶纳牧山银行收集的16－17世纪意大利艺术》中的观点，2007年，第56-57页），以及M.卡尔迪纳利和M.G.德鲁杰里在文集《宗教建筑基金财产中的卡拉瓦乔画派作品》（米兰，2010年，第38-41页）中的观点。

47 文集《卡拉瓦乔与他的追随者们》，2012年，附注号6。

48 见《共和国报》，1998年3月7日，第二版。

49 见《基督教艺术》杂志，第830期，2005年，第347页。这幅画被B.尼科尔森列入到了“最近似于卡拉瓦乔的模仿者所作”名录之中，《国际卡拉瓦乔画派运动》，牛津，1979年，第37页。

50 参见文集《卡拉瓦乔和他的追随者们》，120-121页（莫伊尔认为托雷多的那幅《圣约翰》与马耳他的那幅《圣耶柔米》风格相近，已提及著作，1976年，160页，第282期）。

51 同见第56页。

52 同见第123-127页。

53 同见第128页。

54 同见第129页。

55 参见瓜里诺的观点，同见第123页。

56 见文集《卡拉瓦乔和他的环境》，第73页。

57 见文集《卡拉瓦乔时期的罗马》，第二卷，米兰，2012年，第399-400页。

58 参见文集《卡拉瓦乔在罗马，真实的罗马生活》，罗马，2011年，第155-156页，《24小时太阳报》，2011年6月12日。

59 参见文集《在罗马的卡拉瓦乔与他的拥趸》，渥太华，2011年，第236页，37号文章。

60 参见R.沃德雷特和M.迪·蒙特在《卡拉瓦乔时期的罗马：1600－1630》中的论述，米兰，2011年，第10号文章；画展的画册分为两册，目录由S.达内西·斯夸尔齐纳制定。

61 《24小时太阳报》，2012年2月26日。

62 参见“RagusaNews”，2011年1月16日。

63 规格为170厘米×120厘米，尽管在最近斯特里纳蒂表示出了些许赞同，但总的来说，马里尼关于这幅画是真迹的观点没有人同意，尽管最近斯特里纳蒂对此观点开始持开放意见（《卡拉瓦乔在罗马》）。

64 见《罗马观察报》，2010年7月18日。

65 见《24小时太阳报》，2010年7月27日。

66 G.基恩茨在《艺术法庭》中指出。

67 如果科学鉴定的结果与史料档案相符，那么现存于阿尔本加教区博物馆的一幅《施洗圣约翰》（规格为170厘米×136厘米）也可能成为堪萨斯城那幅真迹的“姊妹画”（见笔者相关文章，2013年3月，第17页）。最近，拉迪尼、特德斯基、马里尼和斯特里纳蒂等专家鉴定出一幅存于瑞士的《酒神》（规格为98厘米×85厘米）局部可能为卡拉瓦乔所画，是乌菲齐美术馆那幅画的“姊妹画”。同样是在最近一段时间，部分论著认为一幅从瑞士卖到伦敦的《音乐会》和一幅西西里私人收藏的《看，这个人》（见A.戈维尔纳莱的文章《卡拉瓦乔在西西里》，巴勒莫，2012年）分别与纽约和热那亚的那两幅对应的真迹如出一辙。关于《圣安德烈受难》（克利夫兰博物馆的那幅为原作，存于瑞士、托雷多和第戎的三幅为复制品）和《鞭刑》（鲁昂的那幅为原作，存于瑞士的那版为复制品）的“姊妹画”问题很早就有讨论，现在已经得出了结论。关于整个“姊妹画”主题的信息见文集《卡拉瓦乔：原作与副本研究的镜子》（2006年出版于杜塞尔多夫）以及B.萨维纳的著作《卡拉瓦乔的原作与复制品》，弗利尼奥，2013年。

68 参见已提及著作，2001年，第577页，与《1602年的卡拉瓦乔……》，第23页。

69 M.马里尼，《卡拉瓦乔，加斯帕来·穆尔托拉和美杜莎的毒发》，威尼斯，2003年，第120-121页。

70 萨尔维，《卡拉瓦乔》，2008年出版于巴黎，第

72页。

[71] M.C.特尔扎吉，《艾雷拉与科斯塔桌上发现的卡拉瓦乔，阿尼巴莱·卡拉奇与圭多·雷尼画作》，罗马，2007年，第302页。

[72] 例，博洛尼亚（“毋庸置疑的复制品”，已提及著作，第242页），莫伊尔（《卡拉瓦乔》，1982年出版于米兰，7号目录），斯派克（已复制画作，8号目录，第一章），舒茨（已提及著作，第255页），艾伯特-施费勒（已提及著作，第89-90页）。乌迪内那幅画拥有一份极具参考意义的财产清单记载，因此被认为是真迹，见G.贝尔加米尼在文集《神奇与荣耀》中的阐述，米兰，2007年，第46号文章。

[73] 见齐尼塞洛·巴尔萨莫在文集《卡拉瓦乔》中的文章《马洪收集的纸牌老千》，第50-56页。史料，风格和科学三个方面似乎都证明了这幅画的真迹价值，斯皮尔持反对观点（见《阿波罗》一文，2010年6月），艾伯特-施费勒（已提及著作，第287页）和舒茨（已提及著作，附注8），斯派克（已提及著作，2010年，附注100）将这幅画归于有争议的真迹作品。

[74] 参见P.卡洛法诺所著《几幅纸牌老千的对比》，彭特德拉，2012年。2013年在蒙塔莱再次阐释了这一观点。

[75] 参见2007年版《卡拉瓦乔，画家与杀人犯》的增补文章，巴黎，第150-151页。

[76] 已提及著作，2001年，附注Q48与Q51，第576-577页。

[77] 其他被认为是真迹的《圣多马的疑惑》还包括艾里斯托夫在巴黎收藏的一幅（104厘米×139.5厘米），斯派克认为这幅画“可能是在卡拉瓦乔的监督下画出来的”（已提及著作，2010年，附注33，第14章），还包括一幅私人收藏的画作（莱切？106厘米×146厘米，几年前在拍卖会上被

上图，复制品，卡拉瓦乔，《民众前的耶稣》，1609年（？），阿伦扎诺，布拉格圣婴耶稣堂。

D.博达尔特鉴定为真迹）。

78 已提及著作，2008年，第112页。

79 见巴卡尔多/奥尔朗多在文集《卡拉瓦乔与欧洲》中的论述，第113页，注解2。

80 见文集《回归的杰作》目录，米兰，2008年。

81 参见文集《卡拉瓦乔与他的时代》，那不勒斯，1985年，附注81。博洛尼亚的那幅复制品可能就是2010年5月在米兰拍卖的那幅。

82 见《晚邮报》，2007年7月11日。

83 参见R.拉普齐的著作《卡拉瓦乔画技在那不勒斯，西西里和马耳他的传承》中的《南部卡拉瓦乔主义逸事》一章，帕多瓦，2009年，第69-73页，第154-155页将两幅画作进行了对比。

84 西尔瓦娜·米莱西在谈到这幅画作时（《无与伦比的卡拉瓦乔》，贝加莫，2010年，第8页）写道："这幅画之前一直被精心地保存在圣器室里，却在这个卡拉瓦乔四百年诞辰年的8月被斯加尔比草率地认定为是卡拉瓦乔的真迹。"

85 W.弗里德兰德，《卡拉瓦乔研究》，普林斯顿，1955年，第212页。

86 已提及著作，2001年，附注14。舒茨（已提及著作，附注55a），K.斯齐贝拉斯，D.斯通（见《卡拉瓦乔：艺术，骑士精神与马耳他》，2006年，瓦莱塔，第85页 "一幅从某种意义上被美化的佛罗伦萨式复制品"） R.斯皮尔（《从卡拉瓦乔到阿特米西亚》， 2002年出版于伦敦，第85页）和L.塞布雷公迪（见文集《卡拉瓦乔的末期》，2004年出版于那不勒斯，附注8）不同意这幅画是真迹的观点。

87 已提及著作，第232与273页，附注239。

88 H.罗特根，卡拉瓦乔，《尘世之爱还是肉欲的胜利》，2006年出版于摩德纳（1992年扩增版），第42页。

89 参见《比较》，第11-28页，同见文集《卡拉瓦

上图，卡拉瓦乔（舆论认为是原作），《人民面前的耶稣》，1609年，纽约，科尔特兹收藏会。

乔末期》，第179页，附注8。

90 见文集《卡拉瓦乔在罗马》，2011年，附注23。

91 见《触觉》杂志，1月－6月刊，2011年，第19-24页。

92 已提及著作，第442页。

93 规格为125厘米×94厘米。2011年12月在蒙塔莱（皮斯托亚）作为卡拉瓦乔画派无名画家的作品进行展览（见文集《卡拉瓦乔之光》，皮斯托亚，2011年，附注16，E.德罗万迪尼、E.雷杰里、V.坎佩吉亚尼的观点），这幅画在X光鉴定时显示出了一处非常引人注意的修改。那幅《痛苦的抹大拉的玛利亚》（罗马，私人收藏，112厘米×92厘米）也同样进行了X光鉴定，弗朗切斯科·佩特鲁齐（见《比较》杂志，655期，2004年，第6页）认为这幅画是真迹，这一观点得到了马洪（见文集《卡拉瓦乔与17世纪》，第56-67页），克劳迪奥·斯特里纳蒂（见文集《卡拉瓦乔在罗马》，第30页）以及皮埃尔路易吉·卡罗法诺（见文集《在光里……》，附注1）等人的支持。

94 已提及著作，2001年，第608页，整页都有阐述。

95 有专家认为，维也纳的那幅《大卫》也有副本，该副本目前存于伦敦，由私人收藏，规格为100厘米×125厘米（见A.蒙塔纳罗在文集《卡拉瓦乔：原作与复制品》附注4），马里尼认为，这幅画作缺少科学鉴定和风格方面的支持，因此不是真迹。

96 笔者曾在著作《一个席位中的两幅画：论圣方济各在骷髅头上冥想画作的真伪》（2009年，卡拉瓦乔400组织出版）中指出，卡尔比内托的那幅画是真迹，圣母无玷始胎教堂的那幅可能是卡拉瓦乔与其他画家合作绘画的。

97 例，G.泰斯塔所著《米开朗基罗·梅里西·达·卡拉瓦乔，一个永久的问题》，2002年，出版于卡拉瓦乔，第81-89页，沃德雷特所著《卡拉瓦乔，两幅〈圣方济各的冥想〉的秘密》，米兰，2009年，第21-57页。

98 见合集《卡拉瓦乔的末期》，附注20。

99 见合集《卡拉瓦乔：原作与复制品》，附注11。斯特里亚蒂也认为，这幅画“从根本上就是卡拉瓦乔的原作”（见文集《卡普齐尼博物馆》，2012年出版于罗马，第79页）；在同一篇论著中，斯特里亚蒂还认为，兰普隆蒂在罗马收藏的那幅《圣方济各》（规格为127厘米×95.7厘米）是原作。

100 已提及著作，附注44、44a、44b。马耳他的那幅私人收藏的画作也是复制品，但克劳迪奥·法尔库齐的技术分析显示，这幅画可能是介于卡尔皮内托那幅原作和圣母无玷始胎教堂的那幅画作的过渡性画作（见文集《卡拉瓦乔与他的拥趸》，附注7）。

101 已提及著作，2001年，附注2、3。蒂莫西·威尔逊与史密斯也认为罗马的那一幅是真迹（《卡拉瓦乔》，伦敦，第11页），斯派克（已提及著作，2010年，附注1）则认为狄金森美术馆的那一幅是真迹。参见L.特扎所著《卡拉瓦乔和美德之果》，米兰，2013年。

102 参见《皇家收藏的意大利艺术品：文艺复兴与巴洛克》，伦敦，2007年。格拉汉姆与迪克逊支持这一观点（《卡拉瓦乔，神圣与世俗生活》，米兰，2011年，英文版于2010年出版，第82页）。

103 A.奥蒂诺德拉吉耶萨，《卡拉瓦乔完整作品》，米兰，1967年，附注2。

104 参见B.路易斯·布朗（文集《罗马的天才》，附注1）与F.罗西（文集《光芒……》，附注8）。

105 见《比较》杂志，第593期，1999年，第3-11页。

106 已提及著作，2001年，附注80。

107 已提及著作，附注40。

108 参见M.格雷戈里，《卡拉瓦乔》，米兰，1994年，第152页，附注64。

109 F.卡佩莱蒂，《卡拉瓦乔，一幅相似的肖像画》，米兰，2009年，第136页。米亚·齐诺蒂也谨慎地同意这一观点（《米开朗基罗·梅里西·卡拉瓦乔的全部作品》，书中附有G.A.德拉夸的评论，贝加莫，1983年，附注5）。

110 例如凯瑟琳·普利西（《卡拉瓦乔》，伦敦，1998年，附注66）。

111 大体来说，可以依照的原则是类似的复制品越多，就越可能找出一幅原作，原作很可能在复制品最多的地理位置找到（例如，可以参见最近由英国皇室购买的《圣彼得与圣安得烈蒙召》）。

112 马里尼：《帕利亚诺的抹大拉的玛利亚》，罗马，2006年。

[113] 已提及著作，第127页。

[114] 这幅画属于卡拉瓦乔真迹的观点得到了孔塔尔迪（《卡拉瓦乔》，罗马，1979年，第2页）斯特林纳蒂（有书面文字证明）的认可，本桑蒂（《卡拉瓦乔》，佛罗伦萨，1984年，第63页），马斯凯尔帕（《卡拉瓦乔，伟大的伦巴第人》，1995年，第89页），弗里杰里奥（《卡拉瓦乔，光芒与黑暗》，米兰，2010年，275页），帕切利（《最后的卡拉瓦乔，1606－1610年，死因：被国家谋杀？》，托迪，2002年，第161-197页），加什：《卡拉瓦乔》，2003年出版于伦敦，附注56，第15页）持反对观点的专家有希巴尔德（《卡拉瓦乔》，伦敦，1983年，第323页），努里德桑尼（《卡拉瓦乔》，巴黎，2010年，第303页），他认为这幅画是一幅“无法令人信服的混合品”，以及博拉尔德（《卡拉瓦乔》，巴黎，2010年，第145页）。

[115] 已提及著作，2001年，附注33。

[116] 见文集《卡拉瓦乔末期》，附注号27。

[117] R.欣克斯：《米开朗基罗·梅里西·卡拉瓦乔，人生，传奇与作品》，1953年，第72页。

[118] A.伯尔尼-霍弗洛伊：《卡拉瓦乔专题研究》，米兰，2005年（1959年版的再版），第382页。R. 朱利安（《卡拉瓦乔》，里昂-巴黎，1961年，第175页）对一幅原始真迹画作的存在持怀疑态度。

[119] 参见F.罗西在文集《卡拉瓦乔的图像》中的观点，齐尼塞洛巴尔萨默（米兰），1973，附注

上图，卡拉瓦乔（？），《饮泉水的圣约翰与绵羊》，1610年，伦敦，私人收藏。

5。本幅画作曾于2009年在法兰克福展览，当时这幅画被认为是一幅可能的副本（见B. 埃克莱尔希在文集《卡拉瓦乔在荷兰》中的论述，2009年出版于法兰克福，附注26）。

120 已提及著作，2001年，附注7。

121 F.泽里：“卡拉瓦乔——《圣马太蒙召》”，《百画》丛书。

122 已提及著作，1983年，附注72。她认为，如果角度更近，则说明可能是原作。总的来说，可以首先考虑复制者对画中主要人物的集中绘画程度，其他元素的可以抛开暂不考虑（也可以以此来判断《削水果的少年》画作）。

123 笔者需要引起注意的是，在评论界鉴定这幅杰作时，不知是何原因，总是错误地说错画作的尺寸（见笔者文章“果篮画作的尺寸也代表着一种观点”，《艺术报》，第278期）。

124 已提及著作，1968年，第19-20页。

125 已提及著作，2001年，目录号35。

126 已提及著作，第336-339页。

127 J.瓦里亚诺：《卡拉瓦乔，现实主义艺术》，大学园，宾夕法尼亚，2006年，第69页。

128 已提及著作，1994年，第16页。

129 例如，可见凯瑟琳·普利西的观点，已提及著作，目录号45；克劳迪奥·斯特里纳蒂开始似乎还支持这一观点，但随后持怀疑态度（《共和国报》，1996年4月24日，第38页）。多名学者都不认为这幅画是卡拉瓦乔的单一作品。

130 已提及著作，2001年，附注30。

131 见齐尼塞洛·巴尔萨莫文集《卡拉瓦乔，美杜莎》，米兰，2004年，第81页，注解47。

132 F.帕里亚加：《玻璃中的静物，卡拉瓦乔的花瓶研究》，罗马，2012年，第114-115页。

133 莫伊尔也持同样观点，认为这些肖像画“可能遗失在意大利了，很可能大部分遗失在罗马和周边”（以提及著作，1976年，第154页）。L.希克尔对卡拉瓦乔的肖像画有了进一步论著，见文集《卡拉瓦乔与他的环境》（已提及著作，第111-117页）。

134 参见《比较》杂志，第165期，1963年，第3-11页。很多专家都支持这幅画为真迹（见马里尼的观点，2001年，附注31），但稳妥起见，本书将这幅画定义为有争议的原作（例见M.乔维尔著作《卡拉瓦乔的时代》，巴黎，2007年，第161页）。

135 参见文集《卡拉瓦乔与卡拉瓦乔画派画家在佛罗伦萨》，2010年，附注1。 G. 帕皮与格雷戈里也同意将这幅画定义为真迹。笔者不清楚在本书左侧的缩写为何意（“IfA”？“IM”？）。

136 分别参见F.佩特鲁奇在（《罗马肖像画：17世纪》第二册，2008年出版于罗马）与文集《卡拉瓦乔与他的遗产》，2012年出版于洛杉矶，附注2。马里尼则将这幅画定义为“没有音信的复活作品”（已提及著作，2012年，第48页）。

137 见文集《卡拉瓦乔在罗马》，2011年，第30页。

138 同上书，附注24。

139 同上书，第226-228页。

140 见F.帕皮、C.法尔库齐著作《现代与当代罗马》，第311-354页。安东尼奥·瓦努利（文集《卡拉瓦乔在康塔雷利教堂的第四百周年》，齐塔迪卡斯特洛，2002年出版于佩鲁贾，第267页），阿诺德·布雷洪·德·拉维尔涅（见著作《艺术评论》，第94册，1991年，第66页）J.加什（已提及著作，附注23）和认为这幅画是真迹。

141 已提及著作，附注45。

142 H.兰格顿：《卡拉瓦乔的一生》，巴勒莫，2003年（英文版1998年出版），第429页。

143 已提及著作，2010年，附注101。

144 已提及著作，附注26。

145 见文集《赞美卡拉瓦乔1610—2010》，2010年出版于柏林，附注4。

146 M.普里尼：《卡拉瓦乔，黑烟》，米兰，2010年。在这部著作中，佩特鲁齐对普里尼的观点表示赞同。

147 见《日报》，2012年1月15日。

148 见《比较》杂志，第583期，1998年，第3-14页。

149 在即将出版的一篇文章中，笔者专门阐述了这份财产清单与纽约那幅画的关系。

150 见布尔克与切利在《收藏史文献：西班牙财产清单1，马德里收藏1601—1755》中的观点，洛杉矶，1997年，第422页。需要注意的是，文中的“cuello”就是“圈状褶领”的意思，这个细节说明了画作的特点。

151 S.祖费：《卡拉瓦乔》，米兰，2007年，第155页。

右图，卡拉瓦乔（舆论认为是原作），《圣约翰在风景下饮水》，1608年，瓦莱塔，博内洛收藏会。

152 已提及著作，2010年，附注91。

153 凯瑟琳·普利西认为这幅画“可能出于卡拉瓦乔的画派”，而马里尼（已提及著作，2001年，第98页）和舒茨（已提及著作）则认为这幅画是一位那不勒斯的卡拉瓦乔画派画家。

154 见文集《卡拉瓦乔与他的时代》，1985年，附注98；这一观点在文集《卡拉瓦乔与欧洲现实主义绘画》中得到了证实，最近，在文集《卡拉瓦乔与卡拉瓦乔画派画家在佛罗伦萨》（2010年，附注8）中得到了确认。M.伯纳·卡斯特洛蒂（见《卡拉瓦乔的怪诞》，米兰，1998年，第132页）承认这幅画“非常有争议，专家更倾向于不是卡拉瓦乔的原作”，而E. 科尼格（见著作《米开朗基罗·梅里西·卡拉瓦乔1571－1610》，科隆，1997年，译版2007年，第65页）则认为这幅画“出奇地粗糙，画面不佳”。

155 参见文集《卡拉瓦乔的末期》，附注23，第35-36页。

156 已提及著作，2006年，第237-262页及第465-471页。

157 见文集《卡拉瓦乔与他的拥趸在罗马》，第221-225页，附注30（贝内迪克特·尼科尔森对这幅画的原创性持肯定意见，《卡拉瓦乔主义在欧洲》，都灵，1990年）。

158 见普利西（已提及著作，第396页）和斯派克（已提及著作，附注第93页）的观点。

159 已提及著作，2001年，第88页。

160 罗多尔弗·帕帕（已提及著作，第210页）与费德里科·泽里（已提及著作，第45页）支持这一观点，后者认为“这幅画作笔触很流畅，画得很快”。持反对意见的学者中有R.斯皮尔（“我不同意马里尼的观点”），见文集《卡拉瓦乔与他的拥趸》（纽约，1975年，附注76，第229页）。

161 D.马洪：《卡拉瓦乔，忏悔的圣彼得引争议：修复成果》，威尼斯，2005年。

162 见《比较》杂志，第489期，1990年。亚利桑德拉·卡贝拉认为，“这幅画虽然质量不错，但笔触显得太‘弱’了”，因此将其定义为复制品（见文集《卡拉瓦乔在皮埃蒙特》2010年出版于都灵，第34页），特尔扎吉也认为这幅画是副本（见文集《卡拉瓦乔画派画家的发展与代表人物》，第一册，2010年出版于米兰，第114页）。

163 已提及著作，2001年，附注102。同时，马里尼还认为一幅由私人收藏在巴塞罗那的类似画作是复制品。

164 参见文集《卡拉瓦乔的末期》，附注22。同见P.萨波里在《卡拉瓦乔与欧洲，艺术家，历史，画技与传承》（米兰，2009年，第49页）中与斯佩扎费洛的观点。

165 见舒茨（已提及著作，附注85、85a）与博洛尼亚的观点，后者甚至认为“这幅画如果不是假画，可能是另一幅临摹的卡拉瓦乔作品”（已提及著作，2006年，第488页，注解7）。

166 见文集《卡拉瓦乔的末期》，附注24，尼克拉·斯皮诺萨认为这幅画可能是原作（见著作《17世纪的那不勒斯绘画，从卡拉瓦乔到马西莫·斯坦齐奥内》，那不勒斯，2010年，第380页）。

167 格雷戈里在文集《卡拉瓦乔的末期》（附注21）中重申这幅画是真迹。

168 比如，罗萨·乔尔吉（见著作《卡拉瓦乔，一场可怕又崇高的革命》，米兰，1998年，第123页）与斐迪南多·博洛尼亚（已提及著作，第345页，附注97）都持这种观点。

169 见《艺术史》杂志，附注128，1月－4月，第18-47页。

170 “经过多次X光鉴定，这幅画被认为是真迹，卡拉瓦乔可能以这幅画作为标杆画出了碧提宫的那一版”（第92页）。

171 “这幅画是经过加工后的衍生作品”（第69页）。马里尼认为（已提及著作，第62页，注解12），2010年的那次修复“可能为这幅画还原了应有的质量，使得这幅作品从风格上具备了成为原作更大的可能性”，这幅画可能与《朝圣者的圣母》和《耶稣为病人治病》（这幅画从来没有被列入到卡拉瓦乔的相关画册之中）有关。

172 “……由私人存于纽约的复制品（有人将这幅画定义为原作或是卡拉瓦乔与别人合作的作品），这幅作品中耶稣的面孔上有一处引人注目的‘修改’（第57页）”。

173 “这幅画还没有被确认为是真迹”（第95页），与那幅《耶稣为病人治病》的情况类似，这幅画也被马里尼认为是真迹（已提及著作，2001年，附注103与64）。

174 “可以认为，这幅画是由卡拉瓦乔本人认定为是自己的原作的，通过X光鉴定可以看到这幅画与原作中相同的一处修改，也就是大卫脚（还有不可或缺的粘着泥土的脚趾）上所穿的那只经典的鞋，之后这只鞋被抹掉了，可以推断复制者有可能是跟着卡拉瓦乔同时绘画的”（第48页）。

175 “复制品”（第49页），见齐尼赛洛·巴尔萨莫文集《那不勒斯圣保罗的艺术品收藏》，米兰，2004年，附注100，以及文集《朱迪斯砍下荷罗孚尼的头颅，路易·芬松，卡拉瓦乔的演绎者》，那不勒斯，2013年。

176 “这幅《痛苦的抹大拉的玛利亚》中的人物画得很细致，会让人认为可能是《圣母之死》的延伸作品，与《圣母之死》相比，这幅画并没有开创性意义，只具有少许的试验意义 ”。

177 “这幅画可能是卡拉瓦乔作品中的一朵‘红色迎春花’，一幅新的真迹。作为‘新达·芬奇’，卡拉瓦乔在流浪中带的唯一画作就是这幅。作品被模仿过很多次，作者究竟是谁却一直不明。当从罗马的某位私人藏家那里被发现时，人们认为这幅画可能是苦苦寻觅了几个世纪的画作，可能很快就会成为卡拉瓦乔的第77幅真迹”（第80页）。

178 “传记作家曼奇尼和部分学者认为，根据一幅由私人收藏的佛罗伦萨的画作判断，这幅画可能是卡拉瓦乔年轻时的作品”。见马里尼的观点，已提及著作，2001年，附注13。

179 拉普奇（已提及著作，2009年，第87页）推断，这幅画是由卡拉瓦乔参见《施洗圣约翰被斩首》中的人物开始绘画的，但随后由其他画家完成。

180 “由私人收藏在罗马的那幅画可能是真迹，也可能是一幅非常忠实于原作的副本”（第85页）。

181 “需要再考虑”（第43页）。

182 有一篇论文中提到，这幅画是由卡拉瓦乔参与绘画的，这一观点在很久之前被否定，最近又得到了支持（参见奥塔尼·卡维纳的著作《泽里的透视》，都灵，2009年）。

183 马里尼认为（已提及著作，2001年，附注1），这幅画局部为卡拉瓦乔所画。K.赫尔曼·费奥雷不同意这一观点（见文集《绘画中的光》，已提及著作，第64页）。

184 “值得注意”（第127页）。

185 马里尼提出这幅画可能是原作（已提及著作，2001年），但这一观点没有得到学者们的重视，学者们更倾向于其是复制品或衍生品（见M.尼克拉齐在文集《卡拉瓦乔在罗马》中的观点，已提及著作，附注7，以及S.布鲁诺在文集《卡拉瓦乔，资助者与画家们》，2010年，第66-68页）。

186 “评论界曾经热议过一幅《金项链女郎》（现存于加利福尼亚圣迭戈艺术馆），这幅画被认为是卡拉瓦乔早期的作品，画风与《邻家菲利斯》有相似之处，但要证明这幅画为真迹还很困难，甚至是不可能达到的目标”（第46页）。这一观点最初是由马里尼提出的（已提及著作，2001年，附注8），之后又有学者重新支持这一观点，M.卡里尼亚尼也认为这幅画是真迹（《从影到光》，那不勒斯，2013年，第19-22页），不过他认为画中的人物应该是卡米拉·法尔内塞，也就是罗马收藏的那幅《茉莉花女郎》中的人物。

187 “少数人支持”（第36页）。

188 “专家们同意将这幅画作为真迹来鉴定”（第36页）。

189 “复制品”（第88页）。见马里尼的观点，已提及著作，2001年，附注89。

190 “有争议的观点”（第83页）。

191 “……至少从近乎幽默的非正统画风来看，这幅画是卡拉瓦乔的作品”（第98页）。

192 “这幅画很喜人，但其是否为真迹也令人怀疑，因为仔细看，画作上没有卡拉瓦乔的元素”（第33页）。

193 “复制品”（第83页），见马里尼的观点，已提及著作，附注84。

194 根据部分史料，这幅画作可能存于瓦雷塞。

195 斯帕达罗推断这幅画作是一幅已经遗失的卡拉瓦乔画作的复制品（《卡拉瓦乔在西西里，遗失的道路》，阿奇雷亚莱－罗马，2008年，第137-139页）。

196 “一幅由私人收藏的画作被认为是卡拉瓦乔真迹”（第68页）。画作上的人物是圣罗克，见马里尼，已提及著作，2001年，附注49与50。

197 “关于画作上的人物形象也有争议”（见第16页）。

198 “如果不做科学鉴定，目前还不能确定这幅画作是否是《苏珊娜与老人》”，马里尼认为这幅画是真迹（已提及著作，2001年，附注号46）。

Die X. Julij 1597.

Investigatio ex officio super vulnere ad querelam Angeli Sarasini remanenti ad pistores de Cremaschi con

N. cit. negò dar nome questi nel tre suspecto quando marcad a tre della botte cominciata in una strada nuova che andavano calamaria delle mane catene alli uno me attraverso la strada et la non mancando me ancora me cascai in peso colui me dette una botonata nel gonbalio et me fece cascar il cappello, et me messo per rechali altri

rifra. 182. lespade me le misero di che vostre lespade et me forniva havendo finalmente et carichi stavano in un altra contrada, così non ne volle respinse li benché continuava a gridare, che sapessimo fussi venuti colloro ... rame che volletti me ... Et per vedere per Pietro paolo garzone de domino Marco Antonio barbiero a Santo Agostino me respose il detto non finora alli quale me furono in quell lateri per speciatamente che li favano venir de Pietro paolo che lui sapera chi me ha alla letto

meas Et ...

Die X. Julij 1597.

Exta in officio meis

Petrus paulus Peregrinus mediolanensis famulus domini Marci barberij ad Sanctum Augustinum ... mediolani ... Demencat dicens quod cadens ad oppanar meas ... marcad a tre che potria essere poco più di una hora

关于卡拉瓦乔档案史料研究的一些思考

雅各布·库尔切蒂

距卡拉瓦乔去世已经过去了400个年头。在2009－2011年这三年间，世人通过各种活动、展览和研讨会在意大利庆祝这位伟大艺术家的诞辰。然而，直到今天，无论是对卡拉瓦乔其人还是对其作品，相关的研究工作依然进行得很复杂，原因不仅来自于其画作和艺术本身的重要性，还来自与历史学、方法论和解释方式相关的多方面因素。卡拉瓦乔用他的笔触进行了一场西方艺术史中非常重要的绘画革命。评论界对卡拉瓦乔的研究兴起于20世纪初，在里奥内洛·文图里和罗贝托·隆吉[1]开辟先河后，越来越多的意大利和欧洲学者开始致力于有关卡拉瓦乔的研究活动，挖掘这位艺术巨匠短暂又耀眼的艺术人生。在这一背景下，研究者们开始根据历史文献找回卡拉瓦乔的知名画作，也找出了一些之前并不为人所知的画作。此外，他们还展开了对17－18世纪史料的筛查，这些史料研究活动进行缓慢，但却成果丰硕，为我们提供了精确的历史指正，填补了历史空白，而卡拉瓦乔的一生也逐渐浮出水面。在此之前，卡拉瓦乔的传记仍然以负面逸事为主，相关的文学作品也对这位艺术家充满敌意。20世纪中叶，关于卡拉瓦乔的历史档案研究并没有停滞，反而开展得更加如火如荼。随着时间的推移，研究活动围绕卡拉瓦乔的个人信息、画作和所在的历史背景等领域展开，取得了意义非凡的进展。这些研究成果逐渐拨开了历史云雾，为我们展现出一个更丰满的卡拉瓦乔形象。这也进一步提升了卡拉瓦乔的价值和重要性，学术界对卡拉瓦乔的研究日益重视，大众也对卡拉瓦乔越来越痴迷与好奇，当今世界，卡拉瓦乔已经无可争议地成为了“通俗”艺术的代表。

正如某些一发而不可收的现象一样，卡拉瓦乔名气的节节攀升也带来了一些副作用，如今他几乎成为一种广告营销式的产品。特别荒诞的是：正当评论界以严谨的学术态度将卡拉瓦乔从历史的负面泥潭中解救出来时，大众却抱着一种病态的心理跑去观看一些关于卡拉瓦乔的展览（这些展览一般都会滥用卡拉瓦乔的名字来招揽顾客）。他们非常好奇，一位好动、好斗而又悲剧的天才会画出怎样的绝世佳作。这种现象过去存在，现在也存在。老百姓带着一种饥饿感观赏卡拉瓦乔“过分表现”的绘画，他们总是希望能欣赏并消化新发现的卡拉瓦乔画作，消化卡拉瓦乔的每一处笔触时，就像在消化卡拉瓦乔的每一寸痛苦。这种过饥的渴望，驱使大量的学术界人士抱着投机的圆滑心态，将某些画作草率地定义为卡拉瓦乔的真迹。这种负面现象迅速蔓延，在近年来达到了顶峰。显然，从逻辑上来讲，这种现象造成的直接后果是市面上的卡拉瓦乔画作变得越来越多，而从总体上来说，更深远的负面影响则是为艺术史这门历史科学打上了功利的标签。不少人利用卡拉瓦乔的影响力为自己谋得了体

左图，音乐家安杰洛·坦科尼的官司文件，文件号：ASR，TCG，Investigazioni，reg. 274，c. 180r，1597年7月10日。

面的地位，其他人则更直接地为了短期利益，为一些显然不是卡拉瓦乔的画作牵强地戴上了“卡拉瓦乔真迹”的帽子。[2]

在很长一段时间里，学术界是依靠相关档案的研究和史料信息的发布来遏制上述现象的。近年来，关于卡拉瓦乔的史料研究力度逐年加大，研究成果提供了关于卡拉瓦乔与其作品的确定资料和真实证明，这些史料构成了一笔详实可信的信息财产，在今天，这些信息还反映在大规模的卡拉瓦乔画展之中。比如，为纪念卡拉瓦乔逝世四百周年，罗马奎利纳莱马厩展览馆举办了一场重要的展览，展出的画作都是经过严格遴选的真迹。[3]

当然，文献研究活动本身也并非没有错误和值得推敲的地方。不要忘记安东尼诺·贝尔托洛蒂在19世纪末所从事的开拓性研究。人们确实了解到不计其数未发表过的史证（其中包括1603年乔万尼·巴利奥内控告卡拉瓦乔的诉讼文件）。但在研究过程中也暴露了一些缺漏。其中首先就是在誊写史证的过程中缺少档案标注，这实际上也给其他学者的后续研究造成了困难。[4]除了这一基本的要点外，如今的研究活动还面临着其他问题。与19世纪末相似的状况是，如今，新发现的史料并非与所研究的问题完全对应。此外，要对一份历史档案进行解读，需要与其他史料进行对比，而在这一过程中，还会发生史料间相互矛盾和信息不完整的情况。

在这些总体困难的基础上，一些研究人员为了给自己的论著和论断增添佐证，还可能会出现给档案填加字句与主观臆断的现象。更不要谈一些关乎职业道德与操守的现象了，有些人会利用一些不攻自破的研究成果从事冒险性的危害行为。近年来，这方面就出了不少荒唐的事情[5]，有人为了搞所谓的文史活动，抑或是为了一己私利，利用媒体大肆宣扬卡拉瓦乔，滥用卡拉瓦乔之名。

这种对卡拉瓦乔与日俱增的饥渴，从另一个侧面反映出了史料研究界正在无限接近卡拉瓦乔本身。在档案研究领域也出现了“卡拉瓦乔热”，这种现象在近年来衍生出了数量惊人的特定题材出版物，并使得几百条关于卡拉瓦乔的信息公之于众。现象很快引发了评论界的关注，由此衍生出的消息数量成井喷式增长。在古今档案中简单地鉴定部分信息，就可以看到有关卡拉瓦乔的史料研究有多大的发展前景。第一部相关史料发表在1951年一次关于卡拉瓦乔展览的画册中，其中包含了按照年代顺序排列的四十多条档案信息。它们用通俗易懂的语言呈现，以单纯的出版物题材发表。[6]

除去少部分内容外，这四十多条史料中的大部分信息都来自相关著作的引用，其中以贝尔托洛蒂在19世纪末与里奥内托·文图里在20世纪初的研究成果为主。贝尔托洛蒂发表的研究成果包括卡拉瓦乔的诉讼案件，以及其在罗马期间被捕、被起诉，以及之后打官司的大致介绍[7]；文图里则发表了埃斯特家族派驻罗马的大使法比奥·马塞蒂与切萨莱·埃斯特公爵的秘书乔万尼·巴蒂斯塔·拉德尔基之间的信件往来，以及曼图亚公爵文琴佐·贡萨加所派大使乔万尼·马尼与大臣阿尼巴莱·基耶波之间的信函交往。这些珍贵的信息为卡拉瓦乔曾辗转于罗马、热那亚、那不勒斯和马耳他[8]等地的事实提供了有力佐证，引起了评论界的关注。两人进一步的研究还包括：1584年4月6日卡拉瓦乔在米兰[9]与西蒙尼·皮特扎诺签署学徒合同；1604年1月[10]在托伦蒂诺短暂停留；卡拉瓦乔最著名画作的确切年代。这些画作包括那不勒斯皮奥蒙特仁慈小教堂[11]中的《七件善事》，罗马圣奥古斯丁教堂的《朝圣者的圣母》和小谷圣母教堂的《下十字架》[12]。

在米兰的那次画展之后仅仅四年，瓦尔特·弗利德兰德出版了一部专门研究卡拉瓦乔的著作。书中的附录列出了70多部史料原文，其中除了1951年已经提到过的一些信息外，还包括1951年之前就已经编辑过的史料，以及之后发布的新史料。[13]

这些研究成果都是值得关注的。因为其本身就能够为以卡拉瓦乔为中心的研究提供指引，系统地整合素材，以方便查阅。当时的研究者们急需将这些信息分为三大类：第一类主要以17世纪传记中关于卡拉瓦乔整个人生的信息为主[14]。第二类则按照年代将卡拉瓦乔一生不同阶段的信息进行排序，这些信息主要来源于贝尔托洛蒂发表的卡拉瓦乔诉讼案件史料。此外，还有一封于1610年8月19日寄给负责托斯卡纳卫戍部队军事事务法官的信件。其中重要的史料信息也许能够解决有关卡拉瓦乔遗留在波尔托埃尔科雷财产的争论。[15]第三类则是纯粹关于卡拉瓦乔画作的相关史料。这里还附上了一份清单，其中包括已提及的、丢失的以及复制的画作。第三类史料中所包含的资料比1951年画册中的还要丰富，包括雅各布·赫斯、丹尼斯·马洪和哈克·博斯克提供的关于圣王路易教堂肯塔瑞里小堂[16]以及人民圣母教堂中[17]装饰画的重要信息。

特定研究的史料持续增长，直到1971年，吉安·阿尔贝托·德拉夸发表了专题研究著作[18]。在这部庞大的著作（从书的外观上看就已经很庞大了）中，米亚·齐诺蒂编纂了一份信息量庞大的附录，其中共有包括史料和文学作品在内的138处材料。还包含了整整21处在过去收集史料基础上的补充素材，其中不乏重要信息，譬如加斯帕莱·穆尔托拉在1603年创作的六首田园诗歌，这些诗歌与卡拉瓦乔的部分画作有联系；再比如弗朗切斯科·苏西诺在1724年编纂的一部传记，内含关于卡拉瓦乔在西西里时期的珍贵史料[19]。在纯史料方面的信息中，这份附录不但誊写了已经发表过的史料，还以特别的形式呈现了赫尔沃斯·罗特根关于肯塔瑞里小堂装饰画的一些最新研究成果[20]和玛莉莲·阿隆贝格·拉文在巴尔贝里尼档案馆的研究。后者的成果揭示了马费奥在成为教皇乌尔班八世之前，于1603－1604年间付给卡拉瓦乔的酬劳[21]。齐诺蒂编的这部附录最别出心裁的地方在于将涉及年代的区间进行了扩展，使得所涉及的史料不再局限于卡拉瓦乔传记的年代：实际上，编者根据罗特根的研究，已经不再将卡拉瓦乔于1584年在西蒙尼·皮特扎诺画室签订学徒合同作为第一份史料了，而是将1565年9月13日作为第一份史料的年代，所对应的内容是马修·克因特雷尔在成为主教之前与吉罗拉莫·穆齐亚诺签订的一份关于为圣王路易教堂绘画装饰画的合同。而附录中的最后一份史料也并非关于1610年卡拉瓦乔去世，而是博尔盖塞所收藏的卡拉瓦乔画作名录，该名录中所提到的画作与1693年4月7日的财产清单内容一致。就这一年代的跨度来讲，现在我们可以说，尽管这种编纂附录的模式很快就被评论界所接受，并且还进一步拓宽了年代跨度，但就在当时来讲，米亚·齐诺蒂的这种编纂选择确实并不常见。因为在关于其他任何一部17世纪的伟大艺术的专题研究著作中，从来没有出现过这种形式的附录。譬如，就贝尼尼这位伟大的艺术家来讲，没有任何一位专门的研究者会考虑在

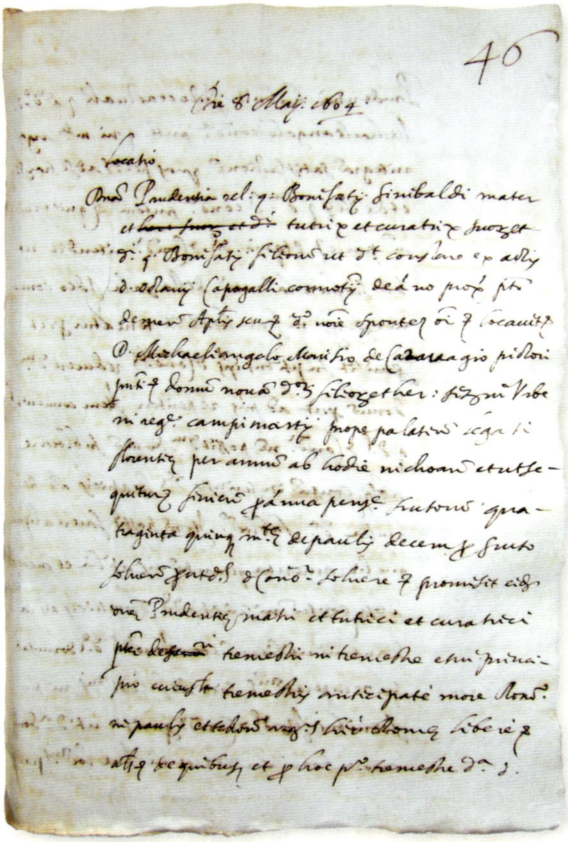

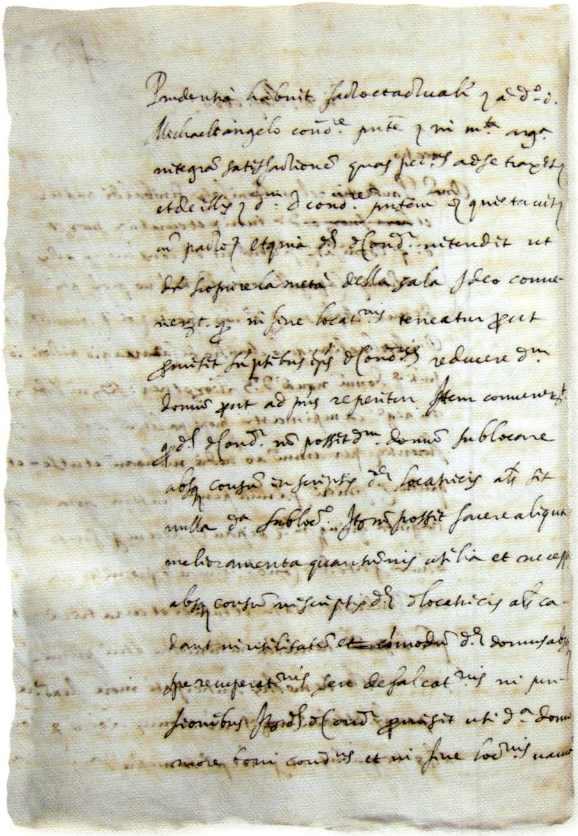

自己的附录中加入贝尼尼于1651－1657年为基吉礼拜堂完成装饰的史料（再看康塔雷利教堂的话题，没有任何一位专门研究吉罗拉莫·穆齐亚诺的专家会在自己的著作中提到与卡拉瓦乔有关的史料，尽管这些史料能够揭示其他艺术家在之后为康塔雷利教堂进行的装饰活动）。以至于从那一刻起，关于卡拉瓦乔的档案研究就已经不仅仅局限于对这位画家本身的研究了，而是向一些与传记没有特别紧密联系的领域扩展。

利用这种方法拓宽研究年代区间，得以将研究起点提前到卡拉瓦乔以主人公身份参与历史事件之前。在这些时间段里，卡拉瓦乔并没有直接参与事件，而是间接地参与其中，而最终时间点则延伸到一份收藏清单的出现，这份世代相传的罗马艺术藏品清单收录了卡拉瓦乔的画作。这样的研究方法能够暴露一些之前没有发现的问题，足以证明卡拉瓦乔传记中按时间区间开展研究所存在的缺陷。所以，当米亚·齐诺蒂根据明确史料编纂卡拉瓦乔的详细传记，将重心选在一处历史空白上时，也并不显得稀奇了。在1951年那部老版传记的基础上，齐诺蒂选择以谈话的形式呈现（尽管如此，所引用的史料都是准确的，同时，所引用的著作也都是详尽的），誊写出部分关于卡拉瓦乔青年时期在伦巴第的未发表史料[22]。而在附录中，齐诺蒂补充了关于卡拉瓦乔成熟时期的一些信息，包括关

上图，普鲁登扎·布鲁尼租给卡拉瓦乔一所位于战神广场的“新”住宅合同，文件之前没有发表。文件号：ASR，TNC，Ufficio 37，not. Joseph Frosciante，vol.46，cc. 46rv，1604年5月8日。

于《圣母玛利亚与马夫》[23]和卡拉瓦乔在那不勒斯时期[24]的重要信息。除此之外，齐诺蒂还加入了大量关于卡拉瓦乔家庭的研究成果，相关研究由斯特里奥·布拉基在1966年开展[25]，齐诺蒂对此进行了进一步的严谨研究。[26]这些信息首先是关于卡拉瓦乔的父亲费尔莫·梅里西的。1563年3月6日，费尔莫收到了第一任妻子马达莱纳·瓦基的部分嫁妆，之后发现了多处卡拉瓦乔家庭成员的宗教活动记载和公证书，这些史料清晰准确地构成了一部卡拉瓦乔全家的复杂传记。我们可以从这部传记中了解到有关卡拉瓦乔两个妹妹卡特丽娜和玛格丽特的洗礼。1577年10月20日，卡拉瓦乔父亲去世，叔叔卢多维科于1590年卖掉了部分田产为卡拉瓦乔家提供资助。而最重要的史料则是关于父亲费尔莫的第二次婚姻的。1571年1月14日，费尔莫与露西亚·阿拉托里成婚。史料还包括卡拉瓦乔的弟弟乔万尼·巴蒂斯塔在次年11月26日的洗礼。这些信息足以推断出卡拉瓦乔的出生日期区间。

这些新的史料信息为研究工作带来了突破，特别是齐诺蒂的贡献，更是拓宽了研究渠道，使得评论界很快就转向了更为全面细致的调查研究。同时，越来越多的学术界人士也开始更多地考虑到一些已知的事件和背景，这样便能更准确地确定和补充历史信息，在总体上确保研究更加确切翔实。随后，研究者们发表了一系列非常重要的学术著作，其中包括路易吉·斯佩扎费罗和阿尔马玛利亚·米尼奥西·坦提洛关于切拉西礼拜堂装修事件的研究[27]，桑德罗·科拉迪尼关于卡拉瓦乔杀害拉努齐奥·托马索尼事件的系统研究[28]，以及马尔科·卡尔米纳蒂关于卡拉瓦乔在1571年9月30日接受洗礼的记述[29]。随着20世纪末研究成果的显著增加，2003年，斯特法尼亚·马乔切[30]发表了一部新的档案录，档案数量达到493份之多。除此之外，他还单列了一个专区，介绍有关17世纪和18世纪卡拉瓦乔画作收藏的信息，这也再次证实了当时卡拉瓦乔研究的“史料热”现象。在这部档案录发表七年之后[31]，2010年，马乔切又发表了一部更新版档案录，又加入了约600份关于卡拉瓦乔家族的信息，相关研究是由贾科莫·贝拉于2005年进行的[32]。

尽管近20年的研究和努力绝对值得赞誉，但随着这种研究方式的蔓延，不可避免地出现了一种与上述“卡拉瓦乔现象”相似的新概念。在这种概念的引导下，学者们对卡拉瓦乔的研究已经不仅仅局限于卡拉瓦乔本身，而是延伸到了资助人、与卡拉瓦乔有关或没有关联的画家，甚至是卡拉瓦乔在罗马时期的次要人物、直系亲属、远方表亲、当时的社会、宗教、文化氛围等相关内容[33]；尽管对这些不同方面和人物的研究有助于在卡拉瓦乔的人际关系背景下准确具体地把握其文化艺术特点，但由于信息过于迥异，一些与卡拉瓦乔联系甚远或是完全没有直接联系的人物都成为了研究对象[34]。似乎出于必要，研究者们开始努力运用与所谓边缘人物有关的次要信息来填补一手信息的漏洞。这样的趋势持续了几年后，造成的后果就是档案研究的质量被无比庞大的次要信息稀释。

任何一位艺术史学家，特别是专门从事卡拉瓦乔研究的艺术史学家，都知道非常重要的一点，那就是需要读懂卡拉瓦乔在伦巴第时期所受绘画启蒙的信息，或者更全面地掌握他于16—17世纪间在教皇治下的罗马的错综复杂的职业和人际关系。与此同时，在支离破碎或纯地方新闻的信息体系下，史学家们很容易忽视对17世纪30年代卡拉瓦乔亲戚的史料鉴定，这些史料包括公证书与经济活动事件等内容。而在研究拉努齐奥·托马索尼与卡拉瓦乔的死因时，同样被忽视的还有关于托马索尼亲戚的传记研究。事实上，近年来，评论界所关注的档案文献范围过大，内容过杂，这使得学术界开始考虑不再将档案的研究范围扩大，而是缩小：与卡拉瓦乔绘画方面的研究已达到的无限扩张趋势相比，档案研究的文献则更加严谨，所涉及的范围标准更“窄”。在不久的将来，似乎有必要将研究重心重新调整到对卡拉瓦乔本身的历史和人物研究，所涉及的文化、社会和宗教背景也应该与卡拉瓦乔本人更加贴近。

在上述考量下，学术界做出了一些改变，这其中尤其需要关注的是近年来米凯莱·迪西沃与奥列塔·维尔迪领导和协调的研究项目。该项目由多位艺术史学家和档案学家合作进行，取得了丰硕的成果，研究成果在2011年于罗马国家档案馆进行了展示[35]。这一学术团队对公共档案机构中的素材进行了研究——档案研究通常枯燥无味，同时，意大利的档案机构常年缺少资金扶持——即便是在这样的情况下，这一研究项目还是取得了可喜的研究成果，它们也必然会在不久的将来，对卡拉瓦乔的研究产生显著影响。研究团队很清楚，国家档案馆中的史料“通过有效的研究方法，也许可以挖掘出很多隐藏信息”[36]，所以，初期的研究集中在对卡拉瓦乔已知史料的誊写方面。随后，研究团队对被火烧坏的文献和被墨水酸性腐蚀过的模糊文件进行了修复，继而将研究重心转移到了史料的分析方面。分析不仅仅局限于古今专家修复的文件，还包括以新的视角对文件进行再次评估[37]。评估从史料的原始形态开始，对之前评论界忽视的相关法律和文学史料进行了补充。这一研究成果不仅为专家的研究工作提供了可行方法，还对16世纪末到17世纪初有关罗马的史料进行了“重新发现”，提供了至今为止最为清晰详尽的总览。还有非常重要的一点，尽管这次研究并非以寻找未发表的史料为目的，但确实发现了很多非常值得研究的重要新史料。

此次发现的最重要史料包括1597年7月10日音乐家安杰洛·坦科尼对卡拉瓦乔的起诉书和之后理发师马可的伙计彼得·保罗·佩莱格里尼的质询记录。记录记述了前一晚，即7月8日晚发生在波佐德莱科尔纳基耶路和圣奥古斯丁教堂一代的纠纷。在这起案件中，科斯坦蒂诺·斯帕达、普洛斯佩罗·奥尔西以及卡拉瓦乔都是证人[38]。通过对这些新史料的分析，人们不但可以将几年前评论界所述的历史信息补全和更正[39]，还可以证明坦科尼就是卡拉瓦乔所攻击的人，而佩莱格里尼归还了卡拉瓦乔的披风[40]。佩莱格里尼的问询提到了“画家米开朗基罗”（即米开朗基罗·梅里西·卡拉瓦乔）在“一位画家的画室里工作，这座画室位于通向斯克罗法的那条路上”。随后，这份史料还为有关西西里画家洛伦佐·卡尔利[41]的研究提供了新的素材，拓宽了研究渠道，证实了评论界[42]之前已经提出的推断：卡拉瓦乔初到罗马时就是寄居在卡尔利的画室中，这让研究取得了积极成果。[43]

此外，根据这份重要文件，学术界做出了一个推断：根据佩莱格里尼所描述，卡拉瓦乔在1596年3—4月可能到马可的理发店去了两次。其中一次是去“治疗脚部划伤”，马可的儿子卢卡的质询记录显示，这次受伤的情况是足部因被踩而分叉。这一证词与朱利奥·曼奇尼所提到的卡拉瓦乔在初到罗马时曾在忧苦之慰医院“养病”联系了起来，朱利奥·曼奇尼在自己的论著中评论称那次住院是因为“被马踢伤了”[44]。上述这些史料的发现和更正至关重要，因为这些文件是第一份证明卡拉瓦乔曾在罗马旅居的史料。在此之前，关于卡拉瓦乔到达罗马的时间一直被认为是在1594－1595年，这一判断的依据主要是因为，卡拉瓦乔的名字出现在了那张著名的“四十小时祈祷”参加人士的名单中（那份史料还记载了1595－1596年圣路加学院宿舍的租金）[45]。而通过进一步研究，“四十小时祈祷”活动的时间被延后至1597年10月的圣路加节。为那次罗马展览所做的研究又可以证实：“四十小时祈祷”活动并非由帕特农艺术家社团组织，而是由圣路加善会组织，这推翻了最初的结论。这一新结论可以解释，为什么画家凯鲁比诺·阿尔贝尔蒂是以“校长”的身份出现在名单里的（阿尔贝尔蒂于1596年11月－1597年10月期间担任圣路加学院校长）。[46]

这一发现意味着研究者们需要重新评估卡拉瓦乔青年时期大部分画作的创作时间。因为从佩莱格里尼的问询记录来看，卡拉瓦乔来到罗马的时间比之前认定的1596年春天要提前了数月，他到达罗马的确切时间可能是1596年春天之前的任何时间（尽管在这种情况下，“相关史料的缺乏”也可以被看作是“一种史料”）[47]。如果这一推断被证实，那么关于卡拉瓦乔在1592年年底到1596年年初[48]所从事的活动就成为了一个亟待研究的问题了，之前有推断表明，卡拉瓦乔在离开卡拉瓦乔镇和出生地米兰之后，在其他城市又逗留过一段不确定的时间，之后才到的罗马。现在的史料无疑为这一推断提供了新的论据。未来的档案研究需要确认这些推断是否准确，特别是要评估乔万尼·彼得·贝洛里[49]关于卡拉瓦乔在威尼斯逗留的推断，以及贝加莫和最近提出的科莫对他在其他城市的推断。[50]

最后，还要提一下关于17－18世纪罗马与欧洲画廊档案的研究。这些画廊中都曾出现过卡拉瓦乔的画作，其中有些是卡拉瓦乔本人直接收到资助所画，有些是从古董市场上购买的，还有一些是遗产和捐赠作品。这并非一项次要的研究，相反，这项研究具有重要意义。学术界已经在持续发表相关著作，最初的研究成果由里奥内洛·文图里于1909年发表，文献中对西皮奥内·弗朗库齐的部分颂词进行了内容分析。颂词表述了西皮奥内·博尔盖塞主教的艺术品收藏，特别是他拥有的卡拉瓦乔画作[51]。在这一开拓性的研究成果之后，又涌现出了新的发现和论著，这些研究的首要目标是搞清博尔盖塞画廊中的全部画作信息（包括1607年5月4日从朱塞佩·贝洛里处没收来的画作，以及1693年与1700年间所编的一份艺术品清单）[52]，其次需要搞清卡拉瓦乔的画作是否真正出现在了西班牙[53]。鲁易吉·萨莱诺为这项研究带来了实质上的突破：他发现了1638年的一份著名的财产清单，该清单记录了文琴佐·朱斯蒂尼亚尼侯爵所收藏的画作。根据史料显示，这位侯爵是卡拉瓦乔的主要资助人之一[54]，随后，克里斯托弗·鲁伊特波尔德·弗罗梅尔又誊写了另一份遗产清单，这份清单为拉瓦乔的拥趸和保护人弗朗切斯科·玛利亚·德尔蒙特主教所有[55]。在这些研究的基础上，研究者们在几十年的时间内取得了重要成果：不仅获得了大量关于艺术文化资助者的信息，还得到了关于卡拉瓦乔多部画作的辗转历史史料。

评论界已经在很多艺术机构的研究方面取得了积极成果，这些画廊包括巴尔贝里尼宫[56]、科斯塔画廊[57]、多利亚迪安格里画廊[58]、帕特里齐[59]和萨沃伊皮奥画廊[60]。然而，随着时间的推移，这种研究也面临着基本研究方式上的

51

medicare et questa è la
verità et io me ne andai poi
a casa mia à dormire

Cui dictum ut dicat qua de causa
il d.o Andrea si movesse à dar le
sopradette al d.o Flaminio ne-
meno che sapessi fossero [illegible] di
loro

Rndit

Die veneris 29 Julij 1605

Visitatus fuit et examinatus in officio mei

Marianus Pasqualonus de Accumulo
notarius in officio D. Pauli Spadae cui delato
juramento veritatis dicendi tactis etc. fuit [illegible]

Int.s ad quid agendum venerit ad officium

R.t Io sono qui all'offitio perche son stato
assassinato da Michelangelo da Cara-
vaggio pittore nel modo che dirrò
à V.S. Il S.r Galeazzo et me adesso che
può essere un hora di notte in circa spas-
seggiando in navona avanti il palazzo
del S.r Imbasciator di Spagna mi sono
sentito dare una botta in testa dalla
banda di dietro che io sono subbito
cascato in terra, et sono restato ferito
in testa che credo sia stato un colpo
di spada, che come V.S. vede io ho
una ferita in testa dalla banda man-
ca. Et ego not. vidi in eius capite
a parte sinistra vulnus cum magna
sanguinis effusione et carnis incisione
et de mandato D. [illegible] ad effectum etc. et
poi se ne è fuggito via

Int.s an cognoverit et viderit a quo fuerit
vulneratus

R.t Io non ho visto chi sia stato quello che
mi ha ferito, ma io non ho da far
con altri che con d.o Michelangelo [illegible]
à queste sere passate havessimo

parole sul Corso lui et io per causa
d'una donna chiamata Lena che sta
in piedi à piazza Navona passato il
palazzo overo il portone del palazzo
del S.r Sertorio Teofilo che è donna
di Michelangelo e di gratia V.S. mi
spedischi presto acciò mi possa
medicare

Tunc ego not. ipsum licentiavi ad effectum
ut se mederi posset etc.

Inde examinatus

D. Galeatius Roccasecca Vercel-
lensis junior [illegible] existens de [illegible]
domo Ill.mi D. Petri Cusidae [illegible] in
Urbe [illegible] posita ad [illegible] pro-
pe palatium Ill.mi D. Ducis Altaemps
cui delato juramento veritatis dicendi
tactis etc. ad officium mei not.

R.t Io so quanto V.S. mi domanda per
gli dirrò la verità che adesso
adesso che può essere un hora di
notte stando io passeggiando con
il S.r Mariano notaro del vicario in
piazza Navona avanti al palazzo
dell'Imbasciator di Spagna et an-
dando in giù verso il palazzo del
[illegible], et in un subbito ho visto
il d.o S.r Mariano cascare in terra
et voltatomi di dietro ho visto
uno [illegible] arme sfoderata in
mano che mi è parso una spada
ò pistolese che subbito si è rivoltato
ha fatti tre salti et è voltato verso
il palazzo dell'Ill.mo Card.le del Monte
[illegible] in quel mentre che portava un
ferraiolo negro in una spalla sola
et io mi sono accostato à d.o S.r Mariano
dicendoli che cosa è che cosa è, et
lui mi ha risposto son assassi-

隐患，出现越来越多的问题。随着研究项目的增多和艺术收藏史领域不断取得成果，专业研究者对其的研究已经泛滥，这也造成了科学研究力度的减弱。实际上，除艺术之外，现今的研究还应该包含文化、社会和政治信息，而在这样的趋势下，相关研究论著最终很可能会演变为对单一财产清单的分析。希望研究者在分析清单上的人名与画作的同时，更多地去探究资助者的品位、社会背景，以及与艺术家和所收藏艺术品的关系。

事实上，正如历史学家和研究者在研究一段并不遥远的历史所出现的情况一样，艺术收藏史的研究要比简单地誊写一份财产清单复杂得多，而且需要更加准确和具体的信息。

尽管在最开始需要以一种特定的方式来进行正确的分析，但作为档案史料研究时，财产清单不一定要被认作是记录确定事实的客观史料，这是研究时需要格外注意的一点。通常来讲，财产清单是在画廊创建后，或相关画作保存几十年后才由相关人员编写的，因此，清单中所记录的画作不一定配有作者的信息。此外，一个隐藏的编写目的是提供一份出售画作的清单，所以会包含画作的估价。而在这种情况下，编写人员可能会篡改画作的原作者姓名，从而达到单纯的挣钱目的。

根据上述原因，如果不经过进一步的档案证实、风格分析与历史考证，财产清单所反映的信息可能会指向错误的画家和作品，这是由当时编纂者的侥幸心理带来的信息错误，这种现象在卡拉瓦乔身上尤甚。一般对于其他任何艺术家作品的简单鉴定结论的可信度，在卡拉瓦乔画作鉴定的情况下都可能会翻倍，因为卡拉瓦乔的画作在他去世之前就已经广为流传，而在去世之后，大量的复制品都被认为是卡拉瓦乔的真迹，这种现象已经演化到了失控的局面。此外，还有人毫无根据地提出了若干与卡拉瓦乔有关的艺术品清单，将卡拉瓦乔的名字与各种绘画形象联系在一起，这是一种再常见不过的现象了，而这些论证中的大部分很容易被证明是假命题。另外，卡拉瓦乔的名字在一些画作上反复出现，并不仅仅是因为上文所提的营利目的，还因为评论界所说的，有些编纂者编清单时粗心大意，或是离当时卡拉瓦乔活跃于罗马的时代比较遥远，从而传递了错误的信息，以至于将每一幅光线明暗对比强烈，带有卡拉瓦乔风格的画作都当作其真迹。实际上这些画作的质量很值得推敲，有些画作基本上就是临摹作品，而正是这些作品，造成了评论圈里将各种画作都认为是卡拉瓦乔真迹的现象。

在这种情况下，学者们更可能想当然地将无数与卡拉瓦乔风格类似的画作归纳到一些缺少画家名的财产清单里。这种行为势必会造成很多困难，产生牵强附会的推断，将评论界导向与史实相反的极端。如果没有进一步的档案史料研究或其他解决方案，那么这样的推断会沉淀成难以解决的历史迷案[61]。同理，根据清单上的信息将古董市场上风格类似的画作定义为卡拉瓦乔的真迹也会带来非常复杂的问题。按照这样的趋势发展，重要的艺术品收藏清单中将会出现更多形式上类似于卡拉瓦乔画作的作品，但这些作品很可能出自不同画家之手，只是复制品[62]或是临摹品[63]。

所以，如今在研究艺术收藏史时，特别是在调查卡拉瓦乔的画作收藏时，完全有理由以依靠档案研究为工具来判断有争议的推论。在近些年来的研究中，有一条公理需要再次被提及和重视：在艺术史研究中，档案史料是学者的工具，而第一份需要参考的史料，就是艺术品本身。

左图，公证员马里亚诺·帕斯夸洛尼状告卡拉瓦乔为其女友莱娜将其打伤，1605年，文件号：ASR，TCG，Visite dei Notai，reg. 39，cc. 54rv。

注释

1 不包括由安格尔、梅耶尔、施密特、安格尔曼所提及的发卡拉瓦乔文章（《米开朗基罗·梅里西》，《一般艺术家字典》，第一册，莱比锡，1872年，J.梅耶尔著，安格尔曼的文章在第613-625页）以及在18世纪初的部分研究（其中包括V.萨卡在文集《画家米开朗基罗·卡拉瓦乔的研究》中的著作，《梅西纳历史档案》，第七册，1906年，第40-69页；第八册，1907年，第41-79页；E.弗尔诺尼在《米开朗基罗·卡拉瓦乔与他的作品》中的阐述，贝加莫，纸印版与石印版，1907年）。而从整体和细节上来说，第一部真正的研究著作应该是L.文图里在《艺术》杂志中所著《米开朗基罗·卡拉瓦乔研究》第13期，1910年，第191-201页，268-284页，在这篇著作发表不久，R.隆吉就发表了个人第一篇关于卡拉瓦乔的研究文章（《卡拉瓦乔的两幅画作》，发表在《艺术杂志》，第16期，1913年，第161-164页），之后，隆吉又发表了大量的研究著作。

2 深入了解这一现象可参见T.蒙塔纳里的评论文章《卡拉瓦乔的母亲总是怀孕》，米兰：史基拉出版社。

3 该展览由斯特里纳蒂发起，策展人为R.沃德雷特与F.布拉内利，再参见斯特里纳蒂所著该展览画册《卡拉瓦乔》，米兰：史基拉出版社。该展览于2010年2月20日至2010年6月13日在罗马奎利纳莱宫马厩展览馆举行。

4 A.贝尔托洛蒂，《15、16和17世纪的伦巴第艺术家：罗马档案研究》，第二册，米兰：好普利出版社，1881年，第51-66页。

5 在这些自相矛盾的现象中，最荒唐的案例由S.科拉迪尼在论著《关于卡拉瓦乔在罗马的真假消息》揭露，文章收录在国际研讨会（1995年10月5－6日）文集《米开朗基罗·梅里西·卡拉瓦乔，从史料研究卡拉瓦乔的人生与画作》，S.马乔切著，学术合作与编辑：M.加洛与M.普皮洛，编辑协调：M.B.麦克格拉斯，罗马：罗加特出版社，1996年。

6 《卡拉瓦乔与卡拉瓦乔画派画家展览》画册，米兰（皇宫，1951年4－6月），佛罗伦萨：撒索出版社，第5-12页。

7 贝尔托洛蒂，见注解4。

8 文图里，见注解1，第281-284页。

9 见N.佩夫斯纳尔的观点（“卡拉瓦乔数据的修订”，《美术学报》，第61期，1927－1928年，第386-392页，部分文章见第391页），史料由S.萨梅克·卢多维奇全文誊写，“有关卡拉瓦乔学习绘画的文件”，《档案，意大利与国际档案展示》，第二辑，第18册，1951年，第140-142页，部分文章见第141-142页。

10 这一信息是从1604年1月2日由兰切洛托·毛鲁齐寄出的一封信函中得出的，由G.贝纳杜齐发表在著作《关于卡拉瓦乔的一幅画》中，托伦蒂诺：Stab Tip出版社，弗朗切斯科·费勒尔弗，1888年，第7页。

11 M.鲁杰罗（《仁慈山》，《贵族云集的那不勒斯》杂志，第11期，1902年，第7-10页，部分文章收于第10页）曾表示，这幅画作可能是在1607年所画，酬劳为400达克特。

12 L.洛普莱斯蒂（“圣奥古斯丁教堂的《朝圣者的圣母》最可能的创作时间”，《艺术》杂志，第25期，1922年，第176页）将圣奥古斯丁礼拜堂内部装修的来龙去脉限制在了1603年9月4日与1606年3月2日之间，1603年9月4日，圣奥古斯丁礼拜堂的神父们将礼拜堂转让给了彼得·保罗与阿格斯蒂诺·卡拉莱蒂，1606年3月2日，卡拉莱蒂家族决定在装修教堂之前，将教堂中装饰祭坛的那幅画着圣母抱着耶稣尸体的画作赠送给西皮奥内·博尔盖塞。洛普莱斯蒂又写道，在1604年9月6日，瓦利切拉小礼拜堂已经将上述那幅画交给了弗朗切斯科·维特里切，后者却用这幅画交换了卡拉瓦乔的那幅《下十字架》。

13 W.弗里德兰德，《卡拉瓦乔研究》，普林斯顿，1955年。

14 弗里德兰德的科研文章中誊写翻译出的卡拉瓦乔自传是由K. 凡·曼德尔（《现代，经常消失的意大利画家的生活》，1604年，G. 曼奇尼（《关于绘画的一些考量》，1619－1620年）、G. 巴利奥内（“从1572年额我略十三世的罗马教廷到1642年乌尔班八世教皇时期”，《画家，雕塑家与建筑师的道路》，罗马：安德里亚·非印刷厂，1642年，第136-139页）、G.P. 贝洛里（《马斯卡尔迪的继任者》，罗马，1672年，第197-216页）、J. 冯·桑德拉尔特（《托德斯卡建筑，雕塑与绘画学院》，纽伦堡，1675年，第189-190页）等人起草。

15 《卡拉瓦乔之死：一份新的史料》，《伯灵顿》杂志，1951年，第202-204页，部分文章见第202-203页。

16 所涉及的史料包括圣王路易教堂的神父们于1596年年末到1597年年初运作的提交给教皇克雷芒八世的请愿书，内容主要是关于反对维尔吉利奥·克莱申奇继承马特奥·卡塔雷利主教遗产的信息，克莱申齐是卡塔雷利遗嘱的执笔人（赫斯：“肯塔瑞里小堂编年史”，《伯灵顿》杂志，1951年，第186-201页，相关内容见第191页，注解44）。还包括一份1597年7月8日的史料文件，因克莱申齐家族违约，圣彼得工厂通过该文件得到了卡塔雷利的遗产。一份1597年11月6日的文件证明，银行家提贝里奥·切沃利为朱塞佩·凯撒汇款400个斯库多，作为完成肯塔瑞里小堂画作的酬劳（D. 马洪：“卡拉瓦乔附录”，《伯灵顿》杂志，1952年，第3-23页，相关信息在第21页）。最后一份史料是关于木匠格雷戈里奥·切尔维尼的酬劳，卡拉瓦乔当时完成了《圣马太蒙召》等装饰画，这位木匠除了为该画进行装裱外，还完成了室内其他的装修工作，酬劳在1600年12月13日到1603年2月2日间结清。参见J. 博斯克：“未发表的卡拉瓦乔史料，关于圣王路易教堂中的圣马太画作的日期”，《艺术杂志》，1953年，第103-105页，相关信息在第104页）。

17 D. 马洪（“向罗马画家致敬：卡拉瓦乔史料修订”，《伯灵顿》杂志，1951年，第223-234页，所提观点见第226页）发表了1600年9月24日卡拉瓦乔与提贝里奥·切拉西所签订的关于绘画《扫罗王的皈依》与《十字架上的圣彼得》两幅画作的合同，这两幅画日后用来装饰礼拜堂的侧墙。

18 G.A. 德拉夸：《圣王路易教堂中的卡拉瓦乔与卡拉瓦乔画作》，附录由M. 齐诺蒂书写，佛罗伦萨：瑞佐里出版社，1971年。

19 F. 苏西诺：《梅西纳画家与在梅西纳成名画家的人生》，梅西纳，约1724年。评论版由V. 马尔提内利著，佛罗伦萨：莫尼尔出版社，1960年，第109-116页，第219页。

20 H. 罗特根：“朱塞佩·凯撒，康塔雷利教堂与卡拉瓦乔”，《艺术史杂志》，第27期，1964年，第201-227页；H. 罗特根：“康塔雷利教堂在卡拉瓦乔作品中的地位”，《艺术史杂志》，第28期，第47-68页。

21 M. 阿隆伯格·拉文，《巴尔贝里尼档案馆中的卡拉瓦乔史料》，《伯灵顿》杂志，第109期，1967年，第479-473页。

22 M. 齐诺蒂，《米开朗基罗·梅里西·卡拉瓦乔》，G.A. 德拉夸在《13－19世纪的贝加莫画家》发表评论文章，第一册，贝加莫：波利格拉菲齐·波利斯出版社，1983年，第203-641页。

23 这份史料将这幅画作的绘画时间锁定在1605年10月到1606年4月8日之间，齐切内利（存于梵蒂冈的《圣安妮与马夫》，在“罗马各教堂画作”，罗马：玛瑞蒂出版社，1970年，第82页）指出，1606年4月8日，卡拉瓦乔收到了全额报酬75斯库多，L. 斯佩扎费罗对此进行了多处补充（“《马夫装饰画》——卡拉瓦乔与卡拉瓦乔画派画家主题对话”与西班牙和荷兰学术界联合举办，1973年2月12-14日在罗马猞猁之眼国家科学院举行，相关资料请查阅205号笔记本“科学与文化的现实问题”，1974年，第125-137页）。

24 V. 帕切利（“关于卡拉瓦乔在那不勒斯的新史料”，《伯灵顿》杂志，第119期，1977年，第

819-829页）介绍了在那不勒斯银行历史档案馆中所进行的相关研究成果，该研究得以首次证明1606年10月，尼科洛·拉多罗维奇曾经出资请卡拉瓦乔作画，同时也揭示了一些关于卡拉瓦乔为大圣多明我教堂绘画《鞭刑》的信息，一年后，帕切利在《关于卡拉瓦乔在那不勒斯活动的新史料》中做了补充，《贵族云集的那不勒斯》杂志，第17期，1978年，第57-67页。

25 S.帕拉基："教区档案馆中关于卡拉瓦乔家族的部分注解"，《我们的家族》杂志，1966年，第18-22页。

26 M.齐诺蒂与M.L.里扎蒂合著"史料中的传记"，齐诺蒂：《卡拉瓦乔的形象》，文章顾问为吉安·阿尔贝托·德拉夸，教学巡展画册，米兰：皮兹出版社，1973年，第21-47页；见M.齐诺蒂著"卡拉瓦乔的青年时光，研究与发现""卡拉瓦乔新闻"评论文章与相关贡献，《卡拉瓦乔研究国际研讨会文集》（贝加莫，1974年1月第25-26页），齐尼塞洛·巴尔萨莫，皮兹出版社，1975年，第183-214页。

27 L.斯佩扎费罗："史料附录"，来自A.米尼奥西·坦提洛著《现代卡拉瓦乔与卡拉奇，罗马圣母人民教堂切拉西礼拜堂》，齐尼塞洛·巴尔萨莫，席尔瓦那出版社，2001年，第108-124页。

28 S.科拉迪尼：《卡拉瓦乔的一启诉讼案件》，罗马：阿尔玛出版社，1993年。

29 M.卡尔米纳蒂："来自米兰的卡拉瓦乔"，《24小时太阳报》，2007年2月25日，第29页。

30 S.马乔切：《米开朗基罗·梅里西·卡拉瓦乔，1532－1724年的史料》，学术合作与A.利波完成，罗马：乌戈·博奇出版社，2003年。

31 S.马乔切，《米开朗基罗·梅里西·卡拉瓦乔，1513－1875年的史料与财产清单》，第二版，由J.库尔齐耶蒂与I.阿尼奥利参与修订、补充、更新、协调和学术合作等事宜，罗马，乌戈·博奇出版社，2010年。

32 G.贝拉："卡拉瓦乔笔下的耕农与侯爵们"，《在伦巴第的青年卡拉瓦乔，关于卡拉瓦乔的史料研究》，佛罗伦萨，罗贝托·隆吉艺术史研究基金会。

33 这是学术界中普遍流行的一个现象，在当代的展览中也可见一斑，如，最近在罗马威尼斯宫国立博物馆举办了一场名为"罗马时期的卡拉瓦乔 1600－1630"的展览（2011年11月16日－2012年2月5日），这场展览所涉及的年代区间甚至始于卡拉瓦乔到罗马前的几年，终于卡拉瓦乔死后的20年。

34 这种现象的一大症状表现就是在成百上千条已发表的关于卡拉瓦乔的史料信息中，卡拉瓦乔的名字被提及的次数不足300次。

35 参见M.迪西沃在罗马那次展览的画册（国家档案馆，圣依华堂，2011年2月11日至5月15日）中的观点，画册由O.维尔迪著，罗马：德·卢卡艺术出版社，2011年。

36 M.迪西沃，O.维尔迪在《卡拉瓦乔·梅里西的罗马生活轨迹》中认为，"这位画家应该是卡拉瓦乔"，迪西沃与维尔迪观点，注解35，第19-23页，相关内容见第19页。

37 F.库尔蒂，M.迪西沃，O.维尔迪在《卡拉瓦乔与罗马的艺术环境》中的前言部分讲到三人合著书籍《我的职业是画家》，《现当代罗马》杂志，第19期，2011年，第151-165页，相关内容在第151页。

38 起诉书和质询内容全文已经誊写在A.切萨里尼所著的《史料》中，见迪西沃与维尔迪观点（注解35），第233-272页，相关内容见第235页，第237-239页，文件号1*，2* e 5*。

39 S.科拉迪尼与M.马里尼："关于卡拉瓦乔在罗马的最早账目"，《伯灵顿》杂志，第140期，1998年，1138，第25-28页。

40 参见A.切萨里尼：《音乐家、理发师、铁匠，关于卡拉瓦乔早年罗马经历的未发表史证》，见迪西沃，维尔迪观点（见注解35），第54-59页。

41 参见F.库尔蒂：《卡拉瓦乔在罗马崭露头角，洛伦佐·卡尔利的画室与财产清单》，见迪西沃与维尔迪的观点（见注解35），第65-72页。

42 这一推断由M.普皮洛提出（“‘粗鲁的艺术家’：西西里人洛伦佐可能是卡拉瓦乔在罗马的第一位客人”，《艺术史杂志》，第96期，1999年，第117-121页，相关内容见第118-119页），得到了R.沃德雷特（《卡拉瓦乔初到罗马的年月：关于西西里人洛伦佐的新史料，“好兄弟画家洛伦佐”就是洛伦佐·卡尔利》，M.G.贝尔纳尔迪尼，S.达内西·斯夸尔齐纳，C.斯特里纳蒂著，《艺术史研究，致敬丹尼斯·马洪》，米兰：伊莱克提卡出版社，2000年，第53-56页；《圣母赫得哥利亚档案所记16－17世纪罗马的西西里轨迹》，V.阿巴特，G.巴尔贝，C.斯特里纳蒂，R.沃德雷特著《卡拉瓦乔的罗马和西西里情结》，巴勒莫展览画册，齐伊诺宫，2001年3月4日－5月20日，威尼斯：马西利奥出版社，2001年，第39-44页，相关内容在第39页）以及L.西克尔（《卡拉瓦乔在罗马崭露头角，重述卡拉瓦乔初到罗马时的社会环境》，2009－2010年，第225-265页，相关内容在第245-248页）的赞同。

43 巴利奥内（见注解14，第136页）指出，卡拉瓦乔“最初被一位开粗糙画作工作室的西西里画家收留”，之后，乔万尼·彼得·贝洛里在巴利奥内的文章中加入了评注，写道：“卡拉瓦乔在罗马无依无靠，特别需要帮助，于是寄居在西西里人洛伦佐先生的画室中，为画室绘画粗糙的肖像画，每天画三幅”。参见G.巴利奥内：《画家，雕塑家和建筑师的传记，从额我略十三世教皇治下的1572年到乌尔班八世治下的1642年》，V.马里亚尼编，罗马：卡尔佐尼出版社，1935年，第136页。

44 参见O.巴隆切利：《卡拉瓦乔与忧苦之慰医院》，见迪西沃与维尔迪的观点，见（注解35），第60-64页。

45 H.瓦加：“帕特农文学艺术学院的已知与未知传记，帕特农文学艺术学院的史料发现”，《新闻艺术》杂志，罗马，1992年，第220-221页。

46 参见A.潘帕洛内：《“技艺高超”的卡拉瓦乔：传奇？》，迪西沃，维尔迪（注解35），第46-53页。潘帕洛内在著作《参加圣路加节四十小时祈祷活动的人物名单，史料与说明》中又做了进一步说明，库尔蒂，迪西沃，维尔迪（见注解37），第213-235页。

47 库尔蒂，迪西沃，维尔迪，见注解37，第158页。

48 根据M.科明齐尼（《卡拉瓦乔在米兰的时期：关于卡拉瓦乔青年时期的新史料，1571－1592》，2004年，第58页，附录4）的研究，史料显示1592年7月1日是卡拉瓦乔最后出现在卡拉瓦乔小镇的时间。随后，贝拉对这一研究结果进行了修正（见注解32，第425页，文件号378）。

49 贝洛里（见注解14），第202页认为：“由于与某些人意见不和，卡拉瓦乔离开了米兰，来到了威尼斯，在那里他非常欣赏乔尔吉奥内的色彩表现力，将其作为模仿对象。”

50 这一推断由M.卡尔维西（“卡拉瓦乔：史料和其他方面研究”，《艺术史杂志》，第128期，2011年，第22-51页，相关内容在第24页）提出，依据是米兰安布罗图书馆保存的一份关于卡拉瓦乔的19世纪传记。

51 L.文图里：“博尔盖塞美术馆说明”，《艺术杂志》，第21期，1909年，第31-51页，相关内容在第40页。

52 相关画作“由保禄五世的税务员从达尔皮诺骑士的家中取走”，在这些画作中，有卡拉瓦乔的《捧果篮的少年》和《生病的酒神》（罗马博尔盖塞美术馆收藏），画作的名录由A.德·里纳尔迪斯发表于“达尔皮诺骑士与卡拉瓦乔”，《艺术学报》，第三辑，第29期，1935年，第577-580页，相关内容在第579页（只对相关提及内容进行了誊写）；A.德·里纳尔迪斯：“罗马博尔盖塞美术馆史料：从‘达尔皮诺骑士’家里征收的艺术品”，《档案，意大利与国际档案展示》，1936年，第110-118页。关于博尔盖塞画廊财产清单的第一批发表文献见A.德·里纳尔迪斯：《关于博尔盖塞美术馆的未发表史料》，第二册，《关于战神广场博尔盖塞美术馆中画作的一份未发表的18世纪史料》，《档案，意大利与国际档案展示》，1936年，第194-206页；P.德拉·佩尔格拉：《博尔盖塞美术馆的画作》，罗马，1959年（只对相关提及内容进行了誊写）；P.德拉·佩尔格拉："1693年的博尔盖塞财产清单"，《古代与现代艺术》，第26期，1964年，第219-230页；第28期，1964年，第451-467页。

53 参见E.巴蒂斯蒂，关于卡拉瓦乔画作的部分史料，《评论》杂志，第6期，1955年，第173-185页。

54 "文琴佐·朱斯蒂尼亚尼画廊，第三册：第二部分财产清单"，《伯灵顿》杂志，第102期，1960年，第135-148页。

55 C.L.弗罗梅尔："卡拉瓦乔早期作品与弗朗切斯科·玛利亚·德尔蒙特主教"，《艺术史杂志》，1971年，第5-52页。

56 见M.阿隆伯格·拉文的研究著作《巴尔贝里尼宫十七世纪的史料与艺术品清单》，纽约，1975年。

57 热那亚银行家奥塔维奥·科斯塔的画廊中曾存有《朱迪斯与荷罗孚尼》（现存罗马，巴尔贝里尼宫古代艺术国家美术馆），现存于堪萨斯城的那幅《施洗圣约翰》（尼尔森基金，阿特金斯美术馆），以及《神魂超拔的圣方济各与天使》（哈特福德，沃兹沃斯艺术博物馆），这些画作全部被准确地记录在了科斯塔的财产清单里，这份财产清单的编辑日期在1639年1月18日到1月24日（L.斯佩扎费罗，《奥塔维奥·科斯塔与卡拉瓦乔：确定信息与疑问》，见M.齐诺蒂的注解26，1975年，第103-118页，相关内容见第118页）。J.科斯塔·雷斯塔尼奥（《奥塔维奥·科斯塔1554－1638，住宅和画作的史料研究》；利古里亚国立研究所，2004年）财产清单进行了细致调查，并将19世纪50年代之后的财产清单进行了誊写，M.C.特尔扎吉（《赫雷拉和科斯塔银行研究中关于卡拉瓦乔，阿尼巴莱·卡拉奇，圭多·雷尼的史料》，罗马，2007年）也进行了相关研究。

58 关于《圣厄休拉的殉难》（现存那不勒斯，扎瓦洛斯宫，由意大利联合圣保罗银行收藏）被安格里王子兼埃波利公爵马尔坎通尼奥·多利亚收藏的这一议题，V.帕切利与F.博洛尼亚（"卡拉瓦乔1610：马尔坎通尼奥·多利亚收藏的《圣厄休拉被暴君击败》"，《透视》杂志，第33期，第24-45页）进行了初步的研究，随后，D.帕加诺在《保存的史料》中进行了准确的分析，著作收录在文集《最后的卡拉瓦乔，修复后的〈圣厄休拉的殉难〉》中，罗马画展画册（博尔盖塞美术馆，5月21日－6月20日，2004年），联合银行收藏，米兰（安布罗画廊，2004年7月2日－8月29日），威尼斯（莱奥尼蒙塔纳里宫美术馆，2004年9月3日－10月10日），米兰，2004年,第91-99页。

59 R.隆基（"关于卡拉瓦乔的边缘"，《比较》杂志，第二期，1951年，第20-39页，相关内容见第30页，第35期）与E.弗马加利（"罗马帕特里齐宫的拉斐尔·瓦尼画作"，《比较》杂志，第60期，1989年，第129-148页，相关内容见第137-138页，注解14）首先提到《以马忤斯的晚餐》（米兰，布雷拉画廊）和《贝尔纳尔迪诺·凯撒肖像》出现在马里亚诺·帕特里齐侯爵于1654年所列的遗产清单里，该遗产清单全文随后由M.米诺齐发表（文集《财产清单》，A.M.佩得罗基所著，《财长的房间，帕特里齐画廊：17世纪罗马收藏史中的锡耶纳文化》，米兰：阿尔肯收藏会，2000年，第383-437页）。

60 在巴蒂斯蒂（见注解53，第182、184页）最初的发现以及M.E.蒂托尼·蒙蒂之后的修正（"存于卡比托利欧画廊中的圭多·雷尼所画《圣塞巴斯蒂亚诺》"，《罗马市政博物馆学报》，第23期，1977年，第64-69页，相关内容在第64页）之后，F.卡佩莱蒂，L.泰斯塔（《关于卡比托利欧博物馆与多利亚潘菲利美术馆的〈施洗圣约翰〉》，G.科雷亚莱著，《通过新技术重新鉴定一幅卡拉瓦乔的〈施洗圣约翰〉》，威尼斯，1990年，第75-101页）和S.瓜里诺（萨沃伊皮奥收藏的画作，S.瓜里诺，P.马西尼，M.E.蒂托尼著，《圭尔齐诺与卡比托利欧的艺术品收藏》，罗马展览画册，卡比托利欧画廊，1991年12月6日－1992年2月2日，罗马，1992年，第55-62

页；“卡比托利欧画廊的艺术品清单”，《罗马市政博物馆学报》，第7期，1993年，第66-85页；《卡比托利欧画廊历史，1851年的清单》，贝尔纳尔迪尼，达内西·斯奎尔恰，斯特里纳蒂著，注解42，第214-219页）根据所发现的财产清单对萨沃伊皮奥家族收藏的艺术品进行了研究，其中包括卡拉瓦乔的《占卜者》和《施洗圣约翰》（罗马，卡比托利欧画廊），两幅画是从弗朗切斯科·玛利亚·德尔蒙特的画廊中得到的。随后，M.弗拉塔尔坎杰利发表了进一步的研究著作，《卡拉瓦乔画作在十七世纪罗马艺术品收藏清单中的传播》《关于卡拉瓦乔的启蒙与成名》，罗马，第25-40页，相关内容见第30页。

61 在众多案例中，《占卜者》（巴黎，卢浮宫），《抹大拉的玛利亚的忏悔》以及《逃往埃及途中的休息》（罗马，多利亚潘菲利美术馆）是最具典型意义的画作，《逃往埃及途中的休息》在同一世纪的50年代由潘菲利收藏，但评论界也有观点认为这幅画可能是由小奥林匹亚·阿尔多布兰迪尼收藏（L. 泰斯塔，“不管怎样，明早我们出门”：卡拉瓦乔与阿尔多布兰迪尼家族，“在康塔雷利教堂中纪念卡拉瓦乔诞辰400周年”研讨会，罗马2001年5月24－26日，卡斯特罗城， 2002年，第129-154页，相关内容见第133-140页；L. 泰斯塔，“配得上在教廷绘画第一部分……”小奥林匹亚·阿尔多布兰迪尼：艺术品收藏以及与艺术家的关系，S. 瓦雷里：《在泰斯皮的马车上，艺术史研究》，罗马，2004年，第139-167页；L.泰斯塔，《方式与自然：“达尔皮诺骑士”与卡拉瓦乔在阿尔多布兰迪尼家中》，M.卡尔维西，A.祖卡里，“从卡拉瓦乔到卡拉瓦乔画派画家，《逃亡埃及途中的休息》”，《艺术史杂志》，研究丛书，2009年，第289-328页，相关内容见第305-313页），或由吉罗拉莫·为特里切收藏。参见F.卡佩莱蒂，“米开朗基罗·梅里西·卡拉瓦乔，《逃亡埃及途中的休息》”，《多利亚潘菲利收藏的佳作，从提香到维拉斯开兹》，米兰展览画册（艺术与文明基金会，9月28日－12月8日，1996年），米兰：史基拉出版社；画册第四卷，第38-39页；L.斯克尔：《卡拉瓦乔的罗马，接近不协调的环境》，柏林，2003年，第55-64页；A.G.德马尔基：“多利亚潘菲利美术馆中卡拉瓦乔画作的来源以及关于阿尔多布兰迪尼画作中的小月亮的一些新闻”，《艺术学报》，2009年，第49-52页。

62 从这一层面上看，由L.斯佩扎费罗（《卡拉瓦乔被接受，从被拒绝到走向市场》，注解61，第23-43页）发表的关于乔万尼·安杰洛·阿尔坦普斯的艺术品收藏清单是极具意义的，在这份1620年的清单中，记载了与卡拉瓦乔风格有关的画作。根据进一步的研究成果，这些画作被认为是卡拉瓦乔的真迹，但实际上，在根据对这一贵族家庭的账目分类鉴定后，这些画作被证明是卡拉瓦乔本人应普罗斯佩罗·奥尔西的资助人要求根据模板所复制的副本。

63 可能是马太伊家族的收藏艺术品清单，其中包括《耶稣被捕》（F.卡佩莱蒂，L.泰斯塔：“马太伊家族收藏的卡拉瓦乔画作，新史料研究成果”，《艺术史杂志》，1990年，第234-244页；F.卡佩莱蒂，“阿斯德鲁巴莱·马太伊与罗马朱庇特马太伊宫的创建”，《艺术史杂志》，1992年，第257-295页；F.卡佩莱蒂，L.泰斯拉：“挽留住艺术巨匠，罗马马太伊宫十七世纪的收藏”，罗马，1994年），关于这幅画的历史，评论界持不同观点。一种观点认为这幅画是都柏林爱尔兰国立美术馆中的那一幅（S.贝内德蒂：“卡拉瓦乔画作《耶稣被捕》，一幅重新发现的杰作”，《伯灵顿》杂志，第135期，1993年，第731-741页；F.卡佩莱蒂，S.贝内德蒂：“卡拉瓦乔画作《耶稣被捕》的早期史料证据”，《伯灵顿》杂志，第135期，1993年，第742-746页），另一种观点则认为是桑尼尼收藏的那幅，参见J.库尔齐耶蒂：“关于卡拉瓦乔画作《耶稣被捕》的调查研究”，《罗马巴洛克研究》，该文集是为了向毛里齐奥·法焦洛·德拉尔科致敬所编，米兰：史基拉出版社，2004年，第29-34页。

《卡拉瓦乔》附录

（按译名拼音顺序）

人名

A

A. 德·里纳尔迪斯　A. de Rinaldis
A. 戈维尔纳莱　A. Governale
A. 卡斯蒂利奥尼　A. Castiglioni
A. 科蒂诺　A. Cottino
A. 利波　A. Lippo
A. M. 佩得罗基　A. M. Pedrocchi
A. 蒙塔纳罗　A. Montanaro
A. 莫伊尔　A. Moir
A. 潘帕洛内　A. Pampalone
阿德里亚诺·蒙特雷奥内　Adriano Monteleone
阿尔多布兰迪尼　Aldobrandini
阿尔干　Argan
阿尔康杰洛·塞尔米尼亚尼　Arcangelo Sermignani
阿方索·恩里克·德·卡布雷拉　Alfonso Enrique de Cabrera
阿格斯蒂诺·卡拉莱蒂　Pietro Paolo e Agostino Cavalletti
阿夸维瓦　Acquaviva
阿隆索·查孔　Alonso Chacón
阿罗夫·德·维格纳科特　Alof de Wignacourt
阿尼巴莱·卡拉奇　Annibale Carracci
阿尼巴莱·基耶波　Annibale Chieppo
阿诺德·布雷洪·德·拉维尔涅　Arnauld Brejon de Lavergnée
阿斯德鲁巴莱·马太伊　Asdrubale Mattei
阿塔纳斯·珂雪　Athanasius Kircher
阿特里切·琛齐　Beatrice Cenci
艾伯特－施费勒　Ebert-Schifferer
埃里斯托夫　Eristoff
安布罗吉奥·夸特里尼　Ambrogio Quattrini
安布罗吉奥·菲吉诺　Ambrogio Figino
安德烈·德拉格尼　Andrea Dragoni
安德烈·鲁菲蒂　Andrea Ruffetti
安德烈·普拉特　Andreas Prater
安德烈·瓦卡罗　Andrea Vaccaro
安德烈亚·波利诺里　Andrea Polinori
安蒂维杜多·格拉玛蒂卡　Antiveduto Gramatica
安东内洛·达·梅西纳　Antonello da Messina
安东尼安诺　Antoniano
安东尼奥·巴尔贝里尼　Antonio Barberin
安东尼奥·加尔达诺　Antonio Gardano
安东尼奥·瓦努利　Antonio Vannugli
安东尼奥·莫雷利　Antonio Morelli
安东尼奥·坦佩斯塔　Antonio Tempesta
安东尼奥·瓦伦蒂尼　Antonio Valentini
安东尼诺·贝尔托洛蒂　Antonino Bertolotti
安东尼诺·萨乔　Antonino Saggio
安娜·科利瓦　Anna Coliva
安杰洛·切科尼　Angelo Cecconi
安杰洛·坦科尼　Angelo Tanconi
安提维多托·格拉玛提卡　Antiveduto Grammatica
奥德斯卡尔基　Odescalchi
奥尔朗多　Orlando
奥拉齐奥·波尔贾尼　Orazio Borgianni
奥拉齐奥·强卡尔多　Orazio Giancardo
奥拉齐奥·真蒂莱斯基　Orazio Gentileschi
奥雷里奥·奥尔西　Aurelio Orsi
奥古斯丁·兹诺　Agostino Ziino
奥诺里奥·隆吉　Onorio Longhi
奥塔维奥·科斯塔　Ottavio Costa
奥塔维奥·莱奥尼　Ottavio Leoni

B

B. 里奇奥　B. Riccio
B. 路易斯·布朗　B. Louise Brown

左图，卡拉瓦乔，《圣马太与天使》，1602 年，罗马，圣王路易教堂肯塔瑞里小堂，局部。

B. 萨维纳	B. Savina
B. 特雷弗斯	B. Treffers
巴巴拉・皮亚塞卡・约翰逊	Barbara Piasecka Johnson
巴蒂斯塔・萨利尼	Battista Salini
巴蒂斯泰洛・卡拉乔洛	Battistello Caracciolo
巴尔贝里尼	Barbeini
巴尔达萨莱・阿洛伊西	Baldassarre Aloisi
巴尔达萨莱・阿洛伊西	Baldassarre Aloisi
巴尔达萨莱・卡斯提里奥内	Baldassarre Castiglione
巴尔托利	Bartoli
巴尔托罗梅奥・曼弗雷迪	Bartolomeo Manfredi
巴尔托罗梅奥・梅里斯	Bartolomeo Merisi
巴卡尔多	Boccardo
巴内兹	Banez
巴依奥	Baio
邦孔帕尼・卢多维西	Boncompagni Ludovisi
保罗・杰拉尔奇	Paolo Geraci
保罗・乔维奥	Paolo Giovio
保罗・萨尔皮	Paolo Sarpi
贝蒂纳	Béthune
贝尔纳迪诺・利齐尼奥	Bernardino Licinio
贝尔纳尔迪诺・凯撒	Bernardino Cesari
贝尔特・特雷弗尔斯	Bert Treffers
贝尔纳多・斯特罗齐	Bernardo Strozzi
贝里奥・切沃利	Tiberio Cevoli
贝伦森	Berenson
贝内德托・朱斯蒂亚尼	Benedetto Giustiniani
贝内迪克特・尼科尔森	Benedict Nicolson
贝尼尼	Bernini
本桑蒂	Bonsanti
彼得・保罗・本茨・迪科尔托纳	Pietro Paolo Bonzi di Cortona
彼得・保罗・克雷申奇	Pietro Paolo Crescenzi
彼得・保罗・佩莱格里尼	Pietro Paolo Pellegrini
彼得・布雷夏利	Pietro Bresciani
彼得・加利亚尔迪	Pietro Gagliardi
彼得・凯安札	Pietro Caiazza
彼得・罗布	Peter Robb
彼得・蒙托亚	Pietro Montoya
波马拉乔	Pomarancio
波西奥	Bosio
伯纳德・贝雷森	Bernard Berenson
博尔福	Beaufort
博尔格斯	Borghese
博拉尔德	Bolard
博洛尼亚	Bologna
博内洛	Bonello
布德斯塔克	Bundestag
布莱兹・帕斯卡尔	Blaise Pascal
布里甘蒂	Briganti

C

C. 孔特	C. Conte
C. L. 弗罗梅尔	C. L. Frommel
C. 马里亚尼	C. Mariani
查博德	Chabod
查尔斯・勒布伦	Charles le Brun
查尔斯－尼古拉斯・柯升	Charles-Nicolas Cochin

D

D. 博达尔特	D. Bodart
迪・博纳	Di Bona
达尔皮诺骑士	Cavalier d' Arpino
大卫・布索拉尼	Davide Bussolari
达拉斯塔	Dall' Asta
达尼塞・玛利亚・帕加诺	Denise Maria Pagano
丹尼斯・马洪	Denis Mahon
戴尔・蒙特	Del Monte
德・帕斯卡尔	De Pascale
德奥达托・詹蒂莱	Deodato Gentile
德里奥・坎迪莫力	Delio Cantimori
德伊菲博	Deifebo
蒂贝里奥・切拉西	Tiberio Cerasi
迭戈・德尔・卡斯蒂略	Diego del Castillo
丁科・法布里斯	Dinko Fabris
多梅尼科・莫雷利	Domenico Morelli
多梅尼科・帕斯尼安诺	Domenico Passignano
多梅尼坎尼	Domenicani
多米尼基诺	Domenichino
多娜戴拉・扎里	Donatella Zari

E

E. 巴蒂斯蒂	E. Battisti
E. 德罗万迪尼	E. Drovandini
E. 弗尔诺尼	E. Fornoni
E. 弗马加利	E. Fumagalli

E. 雷杰里 E. Leggeri
埃米利奥·德卡瓦利艾力 Emilio de' Cavalieri

F

F. 布拉内利 F. Buranelli
F. 曼塞拉 F. Manzella
F. 帕皮 F. Papi
F. W. 安格尔 F. W. Unger
法奥斯蒂纳·尤瓦拉 Faustina Juvarra
法比奥·马塞蒂 Fabio Masetti
法比奥·努蒂 Fabio Nuti
法比奥·斯卡莱蒂 Fabio Scaletti
法布里奇奥·纳罗 Fabrizio Naro
法布里奇奥·桑塔费德 Fabrizio Santafede
法布里奇奥·斯弗扎·科罗纳 Fabrizio Sforza Colonna
凡·路 Van Loo
凡兰克 Vonranke
方丁·佩特里尼亚尼 Fantino Petrignani
斐迪南多·博洛尼亚 Ferdinando Bologna
菲利普·内利 Filippo Neri
菲利普·特里塞尼 Filippo Trisegni
菲利斯·阿尔德里希奥 Felice Alderisio
菲斯图乔雷 Festugiere
费德里卡·加斯帕里尼 Federica Gasparrini
费德里科·博罗梅奥 Federico Borromeo
费德里科·泽里 Federico Zeri
费德里科·祖卡里 Federico Zuccari
费迪南多·美第奇 Ferdinando de' Medici
费尔墨·卡拉瓦乔 Fermo da Caravaggio
费尔墨·梅里西 Fermo Merisi
费力彻·阿内里奥 Felice Anerio
芬森 Finson
佛罗梅尔 Frommel
弗拉斯卡雷利 Frascarelli
弗兰切斯卡·库尔蒂 Francesca Curti
弗兰刃斯克·里巴尔塔 Francisco Ribalta
弗朗卡·特林凯艾力·卡米兹 Franca Trinchieri Camiz
弗朗切斯科·安东尼奥·科尔西·萨尔维亚蒂 Francesco Antonio Corsi Salviati
弗朗切斯科·琛齐 Francesco Censi
弗朗切斯科·德尔蒙特 Francesco Del Monte
弗朗切斯科·费勒尔弗 Francesco Filelfo
弗朗切斯科·拉尧乐 Francesco Layolle
弗朗切斯科·马太 Francesco Mattei
弗朗切斯科·玛利亚·波尔本·德尔·蒙特 Francesco Maria Bourbon Del Monte
弗朗切斯科·莫雷利 Francesco Morelli
弗朗切斯科·佩特鲁齐 Francesco Petrucci
弗朗切斯科·桑内西奥 Francesco Sannesio
弗朗切斯科·桑索维诺 Francesco Sansovino
弗朗切斯科·斯弗扎 Francesco Sforza
弗朗切斯科·苏西诺 Francesco Susinno
弗朗切斯科·索里安诺 Francesco Soriano
弗朗切斯科·特雷索尔迪 Francesco Tresoldi
弗朗切斯科·维特里切 Francesco Vittrice
弗里杰里奥 Frigerio
弗里休斯 Frisius
福比尼 Fubini
福尔乔内 Forgione
福斯特博尔格·普林瑟利 Furstenberg Princely

G

G. 巴尔贝拉 G. Barbera
G. 贝纳杜齐 G. Benadduci
G. 莱斯卡 G. Resca
G. 迪·米诺 G. Di Minno
G. 弗尔吉奥内 G. Forgione
G. 弗尔乔内 G. Forgione
G. 金兹伯格 G.Ginzburg
G. 蒙塔尼亚 G. Montagna
格拉罕-迪克森 Graham-Dixon
格雷戈里奥·切尔维尼 Gregorio Cervini
格斯坦提诺·斯帕达 Costantino Spada
格斯坦扎·科伦娜 Costanza Colonna
戈麦斯-阿尔萨加 Gomez-Alzaga
圭多·雷尼 Guido Reni
圭多巴尔多·德尔蒙特 Guidobaldo Del Monte

H

H. 兰格顿 H. Langdon
H. 瓦加 H. Waga
汉尼拔·卡拉奇 Annibale Carracci
豪巴特 Hobbart
赫尔曼·费奥雷 Herrmann Fiore
赫里特·凡·洪特霍斯特 Gerrit Van Honthorts
赫沃斯·赫特根 Herwarth Röttgen

L. 希克尔	L. Sickel
拉埃尔特•凯鲁比尼	Laerte Cherubini
拉迪斯•桑尼尼	Ladis Sannini
拉斐尔•波利蒂	Raffaele Politi
拉努齐奥•托马索尼	Ranuccio Tomassoni
莱昂纳德•J. 斯莱特克斯	Leonard J. Slatkes
莱娜	Lena
兰弗兰科•马萨	Lanfranco Massa
兰普隆蒂	Lampronti
兰切洛托•毛鲁齐	Lancellotto Mauruzi
里奥内洛•文图里	Lionello Venturi
理查德•塔塞尔	Richard Tessel
琳达•鲍尔	Linda Bauer
隆巴多	Lombardo
卢多维科•梅里西	Ludovico Merisi
卢卡•贝尼	Luca Benni
卢卡•迪雷伊达	Luca di Leida
卢卡•马伦兹奥	Luca Marenzio
卢齐亚诺•比安奇	Luciano Bianchi
卢哲罗•乔万内利	Ruggero Giovannelli
鲁佛•德拉•斯卡莱塔	Ruffo della Scaletta
露西亚•阿拉托里	Lucia Aratori
路易吉•斯佩扎费罗	Luigi Spezzaferro
路易斯•芬森	Louis Finson
罗贝塔•拉普奇	Roberta Lapucci
罗贝托•隆吉	Roberto Longhi
罗伯特•马克奎恩•格兰特	Robert McQueen Grant
罗德里格斯	Rodriguez
罗多尔弗•帕帕	Rodolfo Papa
罗塞拉•沃德雷特	Rossella Vodret
罗扫	Lossow
洛伦佐•卡尔利	Lorenzo Carli

M

M. B. 麦克格拉斯	M. B. McGrath
M. C. 特尔扎吉	M. C. Terzaghi
M. E. 蒂托尼•蒙蒂	M. E. Tittoni Monti
M. 阿隆伯格•拉文	M. Aronberg Lavin
M. 伯纳•卡斯特罗蒂	M. Bona Castellotti
M. 布尔克	M. Burke
M. 布鲁萨丁	M. Brusatin
M. 弗拉塔尔坎杰利	M. Fratarcangeli
M. G. 贝尔纳尔迪尼	M. G. Bernardini
M. 加洛	M. Gallo
M. 米诺齐	M. Minozzi
M. 鲁杰罗	M. Ruggero
M. 科明齐尼	M. Comincini
M. 普皮洛	M. Pupillo
马达莱纳•瓦基	Maddalena Vacchi
马丁•坎普	Martin Kemp
马丁•鲁特	Martin Lutero
马尔坎通尼奥•马尼	Marcantonio Magni
马尔科•贝尼	Marco Benni
马尔齐奥•米莱西	Marzio Milesi
马尔切诺•维努斯提	Marcello Venusti
马尔斯洛•费奇诺	Marsilio Ficino
马尔特赛	Maltese
马费奥•巴尔贝里尼	Maffeo Barberini
马克安东尼•多里亚	Marcantonio Doria
马里奥•费洛纳尔迪	Mario Filonardi
马里奥•米尼蒂	Mario Minniti
马特奥•卡塔雷利	Matteo Contarelli
马修•克因特雷尔	Matthieu Cointerel
马里亚诺•帕斯夸洛内	Mariano Pasqualone
马里亚诺•帕斯夸洛尼	Mariano Pasqualoni
马斯凯尔帕	Mascherpa
马特奥•赛拉斯	Matteo Sellas
马西莫•马西米	Massimo Massimi
马西莫•普利尼	Massimo Pulini
玛格丽特	Margherita
玛利亚•莱蒂齐亚•保莱蒂	Maria Letizia Paoletti
玛塔•加尔文	Marta Galvan
迈克尔•W. 斯拓顿	Michael W. Stoughton
毛里齐奥•卡尔维西	Maurizio Calvesi
毛里齐奥•马里尼	Maurizio Marini
毛里齐奥•切凯蒂	Maurizio Cecchetti
毛里齐奥•塞拉齐尼	Maurizio Seracini
米凯莱•迪西沃	Michele Di Sivo
米凯莱•库波内	Michele Cuppone
米开朗基罗•梅里西	Michelangelo Merisi
米开朗基罗•瓦尼	Michelangelo Vanni
米纳•格雷戈里	Mina Gregori
米亚•齐诺蒂	Mia Cinotti
莫里那	Molina
莫佩罗拉里	Perolari

右图，卡拉瓦乔，《看，这个人》，1605 年，热那亚，新街博物馆白宫画廊，局部。

让·德鲁梅奥 Jean Delumeau

S

S. 科拉迪尼 S. Corradini
S. 马乔切 S. Macioce
S. 帕拉基 S. Placchi
S. 萨梅克·卢多维奇 S. Samek Ludovici
S. 祖费 S. Zuffi
萨拉塞尼 Saraceni
萨维纳 Savina
塞巴斯蒂安·舒茨 Sebastian Schütze
塞巴斯蒂亚诺·德尔·皮翁布 Sebastiano del Piombo
塞巴斯蒂亚诺·圭拉 Sebastiano Guerra
塞尔吉奥·贝内德蒂 Sergio Benedetti
塞尔吉奥·瓜里诺 Sergio Guarino
桑梯·迪提托 Santi di Tito
圣亚加 Sant' Agapito
斯恩 Schon
斯加尔比 Sgarbi
斯皮尔 Spear
斯蒂芬·佩伯 Stephen Pepper
斯蒂夫·科尔顿 Steve Colton
斯丰德拉托 Sfondrato
斯帕达里诺 Spadarino
斯特法妮雅·马乔切 Stefania Macioce
斯特法诺·托佛洛 Stefano Toffolo
苏辛诺 Susinno
索弗尼斯巴·安圭索拉 Sofonisba Anguissola

T

T. 蒙塔纳里 T. Montanari
塔迪奥·祖卡里 Taddeo Zuccari
塔尔奎托 Tarquito
提贝里奥·切沃利 Tiberio Cevoli
提贝里奥·切拉斯 Tiberio Cerasi
特雷菲斯 Treffers
特林凯艾力·卡米兹 Trinchieri Camiz
托马萨·克朗皮 Tommasa Grampi
托马索·劳雷提 Tommaso Laureti
托马索·萨利尼 Tommaso Salini

U

V

V. 阿巴特 V. Abbate
V. 坎佩吉亚尼 V. Campeggiani
V. 马尔提内利 V. Martinelli
V. 马里亚尼 V. Mariani
V. 萨卡 V. Saccà

W

W. 安格尔曼 W. Engelmann
W. 弗里德兰德 W. Friedlander
W. 施密特 W. Schmidt
瓦尔多·维纳伊 Valdo Vinay
瓦尔特·维兹 Walter Vitzthum
瓦莱利亚·斯嘉尔瓦内 Valeria Schiavone
瓦莱斯卡·冯·罗森 Valeska von Rosen
瓦兹宾斯基 Wazbinski
威尔第 Welti
维多里奥·斯嘉尔比 Vittorio Sgarbi
维多里奥·特拉瓦尼 Vittorio Travagni
维多利亚·阿尔凯雷 Vittoria Archilei
维尔吉利奥·克雷申奇 Virgilio Crescenzi
维罗妮卡·拉波尔塔 Veronica la Porta
维斯孔特 Visconti
文琴佐·伽利莱 Vincenzo Galilei
文琴佐·卡姆基尼 Vincenzo Camuccini
文琴佐·坎皮 Vincenzo Campi
文琴佐·贡萨加 Vincenzo Gonzaga
文琴佐·玛丽亚·莫斯 Vincenzo Maria Mossi
文琴佐·帕切利 Vincenzo Pacelli
文琴佐·朱斯蒂尼亚尼 Vincenzo Giustiniani
文图拉·萨林贝尼 Ventura Salimbeni
韦拉梅迪亚纳 Villamediana
乌埃 Vouet
乌戈·彼安奇 Ugo Bianchi
乌利齐·洛思 Ulrich Loth

X

西比尔·艾伯特·西费雷尔 Sybille Ebert Schifferer
西尔瓦诺·洛迪 Silvano Lodi
西尔维亚·达内西·斯夸尔齐纳 Silvia Danesi Squarzina
西蒙内迪 Simonetti
西蒙尼·皮特扎诺 Simone Peterzano
西皮奥内·博尔盖塞 Scipione Borghese
西皮奥内·弗朗库齐 Scipione Francucci
西皮奥内·普尔佐内 Scipione Pulzone

作品

耶稣复活	Resurrezione di Cristo
耶稣降生	Natività
耶稣下十字架	Deposizione di Cristo
耶稣为病人治病	Cristo risana gl' infermi
以马忤斯的晚餐	Cena in Emmaus
以撒的献祭	Sacrificio di Isacco
音乐	musica
音乐会	Concerto
音乐家	I musici
饮泉水的圣约翰	Giovannino al fonte
饮泉水的圣约翰与绵羊	San Giovannino alla sorgente con agnello
有风景的以撒的献祭	Sacrificio di Isacco con paesaggio

Z

在花丛中喂羊的施洗圣约翰	San Giovanni Battista con agnello e fiori
在花瓶旁读书的马菲奥·巴贝里尼肖像	Ritratto di Maffeo Barberini con libro e fiori
占卜者	La Zingara
展示圣物的圣亚纳略	San Gennaro mostra le proprie reliquie
纸牌老千	I Bari
忠诚爱恋	La fedeltà coniugale
朱庇特、尼普顿和普鲁托	Giove, Nettuno e Plutone
朱迪斯砍下荷罗孚尼的头颅	Giuditta che decapita Oloferne
朱迪斯与荷罗孚尼	Giuditta e Oloferne
朱迪斯与荷罗孚尼的头颅	Giuditta con la testa di Oloferne
主教肖像	Ritratto di cardinale
柱子上的耶稣	Cristo alla colonna
坐着的维格纳科特肖像	Ritratto del Wignacourt seduto

地名、机构名

A

阿尔贝尔提宫	Palazzo degli Alberti
阿尔贝尔提纳美术学院	Accademia Albertina di Belle Arti
阿尔贝罗尼学院	Collegio Alberoni

左图，卡拉瓦乔，《逃往埃及途中的休息》，1596年，罗马，多利亚潘菲利美术馆，局部。

阿拉·蓬佐内市立博物馆 Museo Civico Ala Ponzone
阿科尔西基金会 Fondazione Accorsi
阿斯科利比切诺 Ascoli Piceno
阿特金斯美术馆 Atkins Museum of Fine Arts
艾斯克里修道院 Monastero de El Escorial
埃武拉博物馆 Museo di Evora
安布罗斯圣所 Santuario dell' Ambro
安布罗西阿娜美术馆 Pinacoteca Ambrosiana
安康圣母大教堂 S. Maria della Sanità
安维尔萨市 Anversa
奥迪斯卡契藏品会 collezione Odescalchi
奥普诺堡 Schloss Opocno

B

芭芭拉·皮亚斯卡·约翰逊收藏会 collezione Barbara piasecka Johnson
巴尔贝里尼宫 Palazzo Barberini
巴德明顿院 Badminton House
巴伊亚历史博物馆 Museu Historico di Bahia
贝克－维嘉收藏会 raccolta Back-Vega
比亚齐宫 Palazzo Bianco
碧提宫 Palazzo Pitti
波尔塔宾奇亚纳 Porta Pinciana
波尔托埃尔科雷 Porto Ercole
波考姆帕格尼·路德维希城堡 Villa Boncompagni Ludovisi
波默斯费尔城堡 Pommersfelden Castle
波佐德莱科尔纳基耶街 Pozzo delle Cornacchie
伯明顿庄园 Badminton House
博尔盖塞美术馆 Galleria Borghese
博汉斯拍卖会 Bonhams
博尔戈区 rione Borgo
博纳科尔西宫民众博物馆 Musei Civici di Palazzo Buonaccorsi
博斯艾特与莫斯博物馆 Museo Bossuet e Meaux
博威利山依莲拍卖会 Juliens' Beverly Hills
博须埃博物馆 museo Bossuet
博雅尔斯布里 Boalsbury
布达佩斯美术博物馆 Museo di Belle Arti di Budapest
布克维斯基拍卖会 Casa d' aste Bukovski
布雷拉画廊 Brera

C

查默拉市 Zamora
柴郡 Cheshire
朝圣者天主圣三堂 congregazione della Santissima Trinità dei Pellegrini
储蓄联合会 Confederacion de Cajas de Ahorro

D

达罗卡教区博物馆 Museo Parrocchiale di Daroca
德拉洛卡拍卖会 Della Rocca d Torino
多利亚·潘菲利美术馆 Galleria Doria Pamphilj
迪奥彻萨诺博物馆 Museo Diocesano di Arte Sacar di Albenga
迪乔内博物馆 Museo di Digione
迪亚伦 Dieren
迪扎斯科市 Dizzasco
狄肯森美术馆 Dickinson Fine Art
底特律博物馆 Museo di Detroit
第戎博物馆 Musée des Beaux-Arts de digione
多彻萨诺博物馆 Museo Docesano
多利亚·潘非尔吉美术馆 Galleria Doria Pamphilj
多罗提拍卖会 Dorotheum

E

F

F. T. 萨宾画廊 F. T. Sabin Gallery
法尔塞提拍卖会 Asta Farsetti
法加尼亚圣亚哥教堂 chiesa di S. Giacomo a Fagagna
夫人宫 palazzo Madama
弗拉米尼亚大道 Tridente Flaminio
弗拉斯卡迪 Frascati
弗拉西奥美术馆 Frascione di Firenze
费里德里希皇家博物馆 Kaiser Friedrich Museum
冯芙丝汀宝藏品 Collezione Von Furstenberg
福格艺术博物馆 Fogg Museum of Art

G

格雷乔塔博物馆 Museo della Collegiata
格罗尼亚市 Colonia

H

湖泊圣玛丽圣所 Santuario di S. Maria dei laghi

I

J

基艾亚 Chiaia

基督圣体学院 Collegio Corpus Christi
金贝尔艺术博物馆 Kimbell Art Museum
金皮庸 Campione

K

卡比托利纳美术馆 Pinacoteca Capitolina
卡布奇尼教堂 chiesa dei Cappuccini
卡尔皮内托镇 Carpineto romano
卡梅丽娜圣十字架圣母教堂 Chiesa madre a Santa Croce Camerina
卡普奇尼教堂 Chiesa dei Cappuccini
卡塔尼亚卡斯特洛乌尔西诺民众博物馆 Museo Civico di Castello Ursino a Catania
卡茨画廊 Galleria Katz
凯撒·弗雷德里希博物馆 Kaiser Friedrich Museum
凯撒·兰普隆迪画廊 Cesare Lampronti
坎塔卢波萨比诺卡穆齐尼宫 Palazzo Camuccini a Cantalupo Sabino, in provincia di Rieti
康塔雷利礼拜堂 la cappella Contarelli
科尔西尼宫国家古代艺术美术馆 Galleria Nazionale d' Arte Antica di Palazzo Corsini
科尔索路 via del Corso
科诺德勒画廊 Knoedler Gallery
克勒肯维尔圣约翰博物馆 Museum of the Order of St John di Clerkenwell
克拉拉·奥特罗－席尔瓦收藏会 Clara Otero-Silva collezione
克莱因古董店 Antiquario O. Klein
肯塔瑞里小堂 cappella Contaralli
夸托山 Quartenmont
奎利纳莱宫 Quirinale
奎利纳莱马厩展览馆 le Scuderie del Quirinale

L

拉格圣母玛利亚圣堂 Santuario di S. Maria dei Laghi ad Avigliana
拉维纳艺术博物馆 Museo d' Arte di Ravenna
莱奥尼纳路 via Leonina
兰齐阿尔科尔索宫 Palazzo Lanci al Corso
劳丽娜美术馆 Galleria Laurina
劳伦斯·斯泰格拉德美术馆 Lawrence Steigrad Fine Arts
劳伦斯威尔 Lawrenceville
勒布尔教堂 Loebl a Parigi
勒芒博物馆 Musee de Tasse a le Mans
雷昂教堂 Parrocchiale di Leon
雷卡纳蒂路 via Recanati
里巴尔塔基金会 F. Ribalta
里尔博物馆 museo di Lille
里瓦罗洛 Rivarolo
利勒博物馆 Museo di Lille
伦巴尔迪圣安妮教堂 S. Anna dei Lombardi
罗贝克·多里奥市 Robecco d' Oglio
罗伯托·朗吉艺术史研究基金会 Fondazione di Studi di Storia dell' Arte Roberto Longhi
罗马新堂 S• Maria alla Vallicella
罗杰斯基金会 Rogers fund

M

马德里阿耐斯收藏会 Collezione Madrilena Arnaiz
马尔凯 Marche
马宏基金会 Fondazione Mahon
马鲁切利图书馆 Biblioteca Marucelliana
玛利亚教堂 chiesa della Maddalena
麦克戈隆内·萨巴特拉收藏 McGlone-Sabatella
曼泽拉基金会 F. Manzella
梅西纳地方博物馆 Museo Ragionale di Messina
梅西纳“玛丽亚·卡斯卡纳”地方跨学科博物馆 Museo Interdisciplinare Ragionale “Maria Accascina” di Messina
蒙贝利亚尔博物馆 Museo di Montbéliard
蒙雷奥雷大主教府 Arcivescovado di Monreale
蒙特埃瓦津圣母殿 Santuario della Madonna a Motevergine
蒙特弗尔提诺市 Montefortino
蒙特塞拉特圣玛丽修道院 Monastero di S. Maria
蒙特维德奥 Montevideo
米赛尔科尔迪奥 Misercordia
明斯特博物馆 Museo di Munster
莫罗酒馆 osteria del Moro
姆迪纳 Mdina

N

那不勒斯伦巴第圣安妮教堂 chiesa di S• Anna dei Lombardi

文章、出版物

Seicento• Atti delle giornate di studio

A

阿斯德鲁巴莱·马太伊与罗马朱庇特马太伊宫的创建
La committenza di Asdrubale Mattei e la creazione della Galleria nel Palazzo Mattei di Giove a Roma

艾雷拉与科斯塔桌上发现的卡拉瓦乔，阿尼巴莱·卡拉奇与圭多·雷尼画作
Caravaggio, Annibale Carracci, Guido Reni tra le ricevute del banco Herrera & Costa

埃米利奥·德卡瓦力艾力外交信件中的音乐论述
Musical Asides in the Diplomatic Correspondences of Emilio de' Cavalieri

暗房之内　Inside the Camera Obscura

奥塔维奥·科斯塔 1554-1638，住宅和画作的史料研究
Le sue case e i suoi quadri• Ricerche d' archivio

奥塔维奥·科斯塔与卡拉瓦乔：确定信息与疑问
Ottavio Costa e Caravaggio: certezze e problemi

B

巴贝里尼档案馆中的卡拉瓦乔史料
Caravaggio documents from the Barberini Archive

巴贝里尼宫十七世纪的史料与艺术品清单
Seventeenth-Century Barberini Documents and Inventories of Art

百画丛书　Cento dipinti

保存的史料　La storia conservativa

笔述艺术史，致敬马里奥·萨尔米
Scritti di storia dell' arte in onore di Mario Salmi

玻璃中的静物，卡拉瓦乔的花瓶研究
Natura in vetro: studi sulla Caraffa di fiori di Caravaggio

伯灵顿杂志　The Burlington Magazine

博尔盖塞美术馆的画作 Galleria Borghese• I dipinti

博尔盖塞美术馆说明　Note sulla Galleria Borghese

C

财长的房间，帕特里齐画廊：
17 世纪罗马收藏史中的锡耶纳文化
La Quadreria Patrizi: cultura senese nella storia del collezionismo romano del Seicento

参加圣路加节四十小时祈祷活动的人物名单，史料与说明
La Lista delle Quarantore del 1597 per la festa di san Luca: nuovi documenti e precisazioni

阐释文集　Corpus Hermeticum

忏悔与宽恕，十三世纪至十八世纪忏悔所遭遇的困难
L' aveau et le pardon. Les difficultes de la confession XIIIE- XVIIIE siecle

崇高的文艺复兴　Rinascimento Sublime

重新发掘卡拉瓦乔：鲁特琴演奏家
A Caravaggio Rediscovered: The Lute Player

触觉　Valori Tattili

从 1572 年额我略十三世的
罗马教廷到 1642 年乌尔班八世教皇时期
Dal Pontificato di Gregorio XIII• del 1572• In fino a' tempi di Papa Urbano Ottavo nel

从卡拉瓦乔到阿特米西亚
From Caravaggio to Artemisia

从卡拉瓦乔到卡拉瓦乔画派画家
Da Caravaggio ai Caravaggeschi

从历史看卡拉瓦乔：卡拉瓦乔与欧洲的理论与问题，
国际卡拉瓦乔运动，从卡拉瓦乔到马提亚·普雷提
Caravaggio in una prospettiva storica: proposte e problem, in Caravaggio e l' Europa. Il movimento caravaggesco internazionale da Caravaggio a Mattia Preti

从影到光　Dall' ombra alla luce

"粗鲁的艺术家"：
西西里人洛伦佐可能是卡拉瓦乔在罗马的第一位客人
Il «grossolano artiere»: ipotesi per Lorenzo Siciliano primo ospite del Caravaggio a Roma

存于卡比托利欧画廊中的圭多·雷尼
所画《圣塞巴斯蒂亚诺》
Il San Sebastiano di Guido Reni nella Pinacoteca Capitolina

D

"达尔皮诺骑士"：朱塞佩·凯撒
享誉世界的大画家与飘摇的命运
Il cavalier Giuseppe Cesari D' Arpino: un grande pittore nello splendore della fama e nell' incostanza della fortuna

"阿尔皮诺骑士"与卡拉瓦乔　D' Arpino e Caravaggio

"达尔皮诺骑士"朱塞佩·凯撒的绘画（1583—1592 年）

卡拉瓦乔，论他的矛盾与名望
Caravaggio. Delle sue incongruenze e della sua fama
卡拉瓦乔，马太在何处？ Caravaggio. Dov' è Matteo?
卡拉瓦乔，美杜莎 Caravaggio• La Medusa
卡拉瓦乔，帕利亚诺的抹大拉的玛利亚
Michelangelo da Caravaggio• La Maddalena di Paliano
卡拉瓦乔，神圣与世俗生活
Caravaggio• Vita sacra e profana
卡拉瓦乔，圣马太蒙召
Caravaggio• La vocazione di San Matteo
卡拉瓦乔，现实主义艺术
Caravaggio: the art of realism
卡拉瓦乔，完整画作 L' opera completa
卡拉瓦乔，伟大的伦巴第人
Caravaggio, il gran lombardo
卡拉瓦乔，新理论 Caravaggio. Nuove riflessioni
卡拉瓦乔，研究与阐释
Il Caravaggio. Richerche e interpretazioni
卡拉瓦乔，《耶稣被捕》
Caravaggio• Cattura di Cristo
卡拉瓦乔，一场可怕又崇高的革命
Caravaggio, una rivoluzione terribile e sublime
卡拉瓦乔，一幅相似的肖像画
Caravaggio• Un ritratto somigliante
卡拉瓦乔，资助者与画家们
Caravaggio• Mecenati e pittori
卡拉瓦乔：第一幅《美杜莎》
Caravaggio: la prima Medusa
卡拉瓦乔：画家，天才，杀人犯
Caravaggio: pittore, genio, assassino
卡拉瓦乔：史料和其他方面研究
Caravaggio: i documenti e dell' altro
卡拉瓦乔：原件及复本的镜像研究，奥斯特菲尔德尔恩
Originale und Kopien im Spiegel der Forschung, Ostfildern
卡拉瓦乔：原作与副本研究的镜子
Caravaggio: Originale und Kopien im Spiegel der Forschung
卡拉瓦乔：原作与复制品
Caravaggio: Originale und Kopien
卡拉瓦乔：艺术，骑士精神与马耳他
Caravaggio: art, knighthood and Malta
卡拉瓦乔：音乐与艺术商业
Caravaggio: aspetti musicali e committenza
卡拉瓦乔：“最杰出的画家”
Michelangelo Merisi da Caravaggio "pictor praestantissimus"
卡拉瓦乔·梅里西的罗马生活轨迹
Tracce di vita romana di Michelangelo Meris
卡拉瓦乔 1610：马尔坎通尼奥·多利亚收藏的圣厄休拉被暴君击败
Caravaggio 1610: la 'Sant' Orsola confitta dal tiranno' per Marcantonio Doria
卡拉瓦乔被接受，从被拒绝到走向市场
Caravaggio accettato, dal rifiuto al mercato
卡拉瓦乔笔下的耕农与侯爵们
gli Aratori e i marchesi di Caravaggio
卡拉瓦乔不会运用光学？圣比亚乔的巷子研究以及被破坏的天花板问题
Caravaggio in cattiva luce? Lo studio in vicolo di San Biagio e la questione del soffitto rotto
卡拉瓦乔初到罗马的年月：关于西西里人洛伦佐的新史料，“好兄弟画家洛伦佐”就是洛伦佐·卡尔利
I primi anni romani di Caravaggio: nuovi documenti su Lorenzo siciliano, alias "fratello Lorenzo pittore" alias Lorenzo Carli
卡拉瓦乔的《鞭刑》 La Flagellazione di Caravaggio
卡拉瓦乔的工具 Lo strumento di Caravaggio
卡拉瓦乔的怪诞 Il paradosso di Caravaggio
卡拉瓦乔的怀疑 L' incredulità del Caravaggio
卡拉瓦乔的怀疑与“自然事物”经验
L' incredulità del Caravaggio e l'esperienza delle «cose naturali»
卡拉瓦乔的绘画技巧
Caravaggio' s painting technique
卡拉瓦乔的两幅画作 Due opere del Caravaggio
卡拉瓦乔的罗马，接近不协调的环境
Caravaggios Rom• Annäherungen an ein dissonantes Milieu

右图，卡拉瓦乔，《基督下葬》，1603 年，梵蒂冈，梵蒂冈博物馆，局部。

第 458-459 页，卡拉瓦乔，《沉睡的丘比特》，1608 年，佛罗伦萨，皮蒂宫帕拉提那美术馆，局部。

卡拉瓦乔的罗马和西西里情结
Sulle orme di Caravaggio tra Roma e la Sicilia
卡拉瓦乔的末期 Caravaggio, l' ultimo tempo
卡拉瓦乔的母亲总是怀孕
La madre dei Caravaggio è sempre incinta
卡拉瓦乔的《捧果篮的少年》：音乐画？
Il Ragazzo con il cesto di frutta di Caravaggio: un quadro musicale?
卡拉瓦乔的青年时期 La giovenzza del Caravaggio
卡拉瓦乔的《圣马太蒙召》
Caravaggio' s Calling of the Mathew
卡拉瓦乔的图像 Immagine del Caravaggio
卡拉瓦乔的形象 Immagine del Caravaggio
卡拉瓦乔的一启诉讼案件
Caravaggio• Materiali per un processo
卡拉瓦乔的艺术与科学
Caravaggio tra arte e scienza
卡拉瓦乔的“音乐”圈子：订购者们隐藏的游戏
Il “ciclo musicale” di Caravaggio: gioco nascosto di committenti
卡拉瓦乔的原作与复制品
Caravaggio tra originali e copi
卡拉瓦乔的真相 Le realtà di Caravaggio
卡拉瓦乔的最新研究与发现，杂论集
Ricerche e scoperte, in Novità sul Caravaggio, Saggi e contributi
卡拉瓦乔附录 Addenda to Caravaggio
卡拉瓦乔画技在那不勒斯、西西里和马耳他的传承
L' eredità tecnica del Caravaggio a Napoli, in Sicilia e a Malta
卡拉瓦乔画派画家的发展与代表人物
I Caravaggeschi• Percorsi e protagonisti
卡拉瓦乔画作全集
Caravaggio, l' opera pittorica completa
卡拉瓦乔画作在十七世纪罗马艺术品收藏清单中的传播
La diffusione “caravaggesca” negli inventari romani del Seicento
卡拉瓦乔和美德之果
Caravaggio e il frutto della virtù
卡拉瓦乔绘画中的“音乐”
La “musica” nei quadri di Caravaggio
卡拉瓦乔或寻找救赎之路
Caravaggio o la ricerca della salvazione
卡拉瓦乔技巧的传承
L' eredità tecnica del Caravaggio
卡拉瓦乔镜中的反射
Reflections on Caravaggio' s mirror
卡拉瓦乔《鲁特琴演奏家》鸟笼中关着的音乐小鸟
Il “musico Augellin” rinchiuso in gabbia nel Suonatore di liuto di Caravaggio
卡拉瓦乔诗学中的“现实主义”
Il <realismo> nella poetica del Caravaggio
卡拉瓦乔时代 Caravage
卡拉瓦乔时代的音乐
La musica al tempo di Caravaggio
卡拉瓦乔时期的罗马 Roma al tempo di Caravaggio
卡拉瓦乔时期的罗马：1600 — 1630
Roma al tempo di Caravaggio: 1600– 1630
卡拉瓦乔是音乐的门外汉吗？
Caravaggio dilettante di musica?
卡拉瓦乔数据的修订
Eine revision der Caravaggio-Daten
卡拉瓦乔完整作品
L' opera completa del Caravaggio
卡拉瓦乔研究 Caravaggio Studies
卡拉瓦乔一幅画作的鉴定，
新技术重新解读《施洗圣约翰》
Identificazione di un Caravaggio• Nuove tecnologie per una rilettura del San Giovanni Battista
卡拉瓦乔于 1600 年创作的《下十字架》
Caravaggio 1600 la Deposizione
卡拉瓦乔与 17 世纪 Caravaggio e il Seicento
卡拉瓦乔与暴力魔鬼
Caravaggio e il Demone della Violenza
卡拉瓦乔与弗朗西斯・玛利亚・德尔蒙特主教
Caravaggios Fr hwerk und der Kardinal Francesco Maria Del Monte
卡拉瓦乔与马太伊收藏
Caravaggio e la collezione Mattei
卡拉瓦乔与米兰时期，
画家青年时期新史料 1571 — 1592 年
Caravaggio e il periodo Milanese. Nuovi documenti

L' altro Caravaggio. Apologia per un uomo libero
论卡拉瓦乔　Le realtà del Caravaggio
论肯塔瑞里小堂中《圣马太蒙召》
Sulla vocazione di Matteo nella cappella Contarelli
论国家与教会，
特兰托宗教会议后的地方会议 1564 — 1648 年
Tra Santo e Papato. Concili provinciali post-tridentini(1564-1648)
论绘画　Trattato della Pittura
论卡拉瓦乔与卡拉瓦乔画派中的音乐主题
Variazioni sul tema musicale da Caravaggio ai caravaggeschi
论诺斯替教　Gnosticism
论舞台音乐　Trattato della musica scenica
论心理分析　Trattato di psicanalisi
论宗教　Scritti religosi
论宗教与世俗绘画
Discorso intorno alle Immagini Sacre et Profane
罗马巴洛克研究　Studi sul Barocco romano
罗马博尔盖塞美术馆史料：
从"达尔皮诺骑士"家里征收的艺术品
Documenti per la storia della R. Galleria Borghese in Roma: Le opere d' arte sequestrate al Cavalier D' Arpino
罗马的天才　Il genio di Roma
罗马帕特里齐宫的拉斐尔·瓦尼画作
Raffaello Vanni in Palazzo Patrizi a Roma
罗马人米凯莱·安杰洛·卡拉瓦乔
Michael Angelus Caravaggio Romanus
罗马市政博物馆学报
Bollettino dei Musei Comunali di Roma
罗马肖像画：17 世纪第二册
Pittura di ritratto a Roma: il Seicento

M

马夫装饰画　La pala dei Palafrenieri
马洪收集的《纸牌老千》
I "Bari" della collezione Mahon
马斯卡尔迪的继任者　successore al Mascardi
马太在何处，
论卡拉瓦乔在肯塔瑞里小堂的首次公共创作
Wo ist Matthaus. Beobachrungen zu Caravaggios Anfangen als Monumentalmalet in der Contarelli kapelle
梅西纳画家与在梅西纳成名画家的人生
Le vite de' pttori messinesi e di altri che fiorirono in Messina
梅西纳历史档案　Archivio storico messinese
米开朗基罗·梅里西·卡拉瓦乔，
1513 — 1875 年的史料与财产清单
Michelangelo Merisi da Caravaggio• Documenti, fonti e inventari 1513-1875
米开朗基罗·梅里西·卡拉瓦乔，
1532 — 1724 年的史料
Michelangelo Merisi da Caravaggio• Fonti e documenti 1532-1724
米开朗基罗·梅里西·卡拉瓦乔 1571—1610
Michelangelo Merisi da Caravaggio 1571-1610
米开朗基罗·梅里西·卡拉瓦乔，
从史料研究卡拉瓦乔的人生与画作
Michelangelo Merisi da Caravaggio• La vita e le opere attraverso i documenti
米开朗基罗·梅里西·卡拉瓦乔，人生，传奇与作品
Michelangelo Merisi da Caravaggio• His life, his legend, his work
米开朗基罗·梅里西·卡拉瓦乔，文件，
史料，财产（1513—1875）
Michelangelo Merisi da Caravaggio• Documenti, fonti e inventari (1513-1875)
米开朗基罗·梅里西·卡拉瓦乔的青年时期：
家庭与绘画选择
Il giovane Michelangelo Merisi da Caravaggio: la sua famigia e la scelta dell' ars pingendi
米开朗基罗·梅里西·卡拉瓦乔的全部作品
Michelangelo Merisi detto il Caravaggio• Tutte le opere
米开朗基罗·梅里西·达·卡拉瓦乔，
一个永久的问题
Michelangelo Merisi da Caravaggio, un problema sempre aperto
米开朗琪罗·卡拉瓦乔 1602：亚伯拉罕的夜晚
Michelangelo da Caravaggio 1602:

鸣谢

合作单位：

卡比托利欧博物馆图片档案馆，

斯卡拉图片档案馆，

圣奥古斯丁修道会总档案馆，

多利亚潘菲利艺术责任有限公司，

罗马国立图书馆，

布里奇曼艺术图书馆，

宗教建筑基金，

金贝尔艺术博物馆（得克萨斯州沃斯堡），

大都会博物馆，

蒙达多里图片社，

意大利文化遗产部，

提森·博纳米萨博物馆，

鲁昂美术馆，

伦敦国家博物馆，

佛罗伦萨奥比菲乔艺术品修复研究所修复与图片档案馆，

西西里大区文化遗产与西西里文物鉴定局，

梅西纳大区跨界博物馆，

伊丽莎白二世女皇艺术品收藏，

利古里亚里瓦罗洛区圣巴尔托罗梅奥德拉切尔托萨教堂，

罗马文物局，

沃兹沃思艺术博物馆。